小学校国語科授業アシスト

実物資料でよくわかる！

教材別ノートモデル40

堀江祐爾 編著

明治図書

はじめに

ノート指導が変われば授業も変わる
―「ノート指導」は授業実践の重要な要素―

■ノート指導が充実すれば授業実践自体も変わっていく

本書は、研究会「国語教育の実践と研究をつなぐ会」（「つなぐ会」については奥付をご覧下さい）のメンバーが分担執筆したものです。執筆者たちは、原稿執筆の過程において、自分の学級の子どもたちのノートを「つなぐ会」例会の際に持ち寄りました。実物提示装置によってスクリーン上に拡大提示されたノートを見て、参加者からは、「めあてがくっきりしている」「学習計画を子どもといっしょに立てている」「身につけた力を子どもが書いている」などの声が起こりました。

執筆者たちは、子どもにしっかりとした力を身につけさせるノート指導を行うことについて、改めて考えるようになりました。「子どもとともに学習計画を立てること」、「本時のめあてを明確にすること」、そして、授業の流れがぶれそうになるともう一度めあてに戻ればよいこと、単元の終わりには、「身につけた力を子どもに書かせること」などに取り組み始めました。やがて、「ノートに何を書かせれば良いのか分かった」「どのような授業を展開し、どのように板書すれば、学びの成果がノートにくっきりと記録されるかを意識するようになった」と、自分の授業を振り返ることができるようになっていきました。

「ノート指導が変われば授業も変わる」。当然と言えば当然です。ノート指導は授業実践の中の重要な要素であり、ノート指導が充実すれば、授業実践自体も変わっていくに違いありません。本書がノート指導のあり方を考えるヒントとなり、授業改善につながっていくことを心から願っています。

■ノートの例だけではなく授業実践の展開についても記述

第1章にノート指導の五つのポイントを掲げました。①年間を見通せるノートになっているか？　②つけたい力を目に見える形にするノートになっているか？　③子どもの状況にふさわしいノートになっているか？　④「伝え合い」の過程が記録されたノートになっているか？　⑤つけた力を目に見える形にするノートになっているか？

これらのポイントを押さえたノートの具体例を、学年ごと、教材ごとに示しました。最後には「支援の必要な子どものノートづくり」も提示することができました。本書の特色は、ノートの例だけではなく、授業実践の展開についても記述されているところです。授業実践の改善例としても活用していただければ幸いに思います。

最後になりましたが、明治図書教育書編集部の林知里さんのお世話によって本書を出版できましたことに心より感謝申し上げます。

兵庫教育大学大学院教授　堀江　祐爾

目次

第2章　具体例でよくわかる！　教材別ノートモデル40

3年生

4年生

5年生

6年生

支援の必要な子どものノートづくり

6年間の学習を生かして「卒業論文」作成

第1章　よりよい授業づくりを支える ノート指導の五つのポイント

1　よりよい授業づくりを支えるノート指導の五つのポイント

■「ノートづくりの基本」については、本書の1年生の「ノートづくりの基本①～⑦」(pp.18～24)、そして「いろいろなふね(東書・1年)」(pp.25～27)のノートづくりなどを参考にしていただきたい。

ノート指導の際、次のような「よりよい授業づくりを支えるノート指導の五つのポイント」に留意したい。

(1) 年間指導計画的な観点を持つ［学期つなぎ・学年つなぎ］
―年間を見通せるノートになっているか？―

(2)「つけたい言葉の力」を見通して授業をつくる
―つけたい力を目に見える形にするノートになっているか？―

(3) 学びのめあてをくだく
―子どもの状況にふさわしいノートになっているか？―

(4)「伝え合い」の場を繰り返し設ける
―「伝え合い」の過程が記録されたノートになっているか？―

(5)「メタ認知」まで導き学びの自覚化をうながす
―つけた力を目に見える形にするノートになっているか？―

堀江祐爾『国語科授業再生のための5つのポイント―よりよい授業づくりをめざして―』(明治図書、2007年)参照

2 「よりよい授業づくりを支えるノート指導の五つのポイント」を満足したノート例

「よりよい授業づくりを支えるノート指導の五つのポイント」を満足したノートの例を示す。ノート指導のひとつの到達点と言えよう。三木恵子学級（兵庫県たつの市立東栗栖小学校6年）において生み出されたノートである。教材は「カレーライス」（光村図書）。なお、6年生のノートづくりのところでも、別の子どものノートを用いてこのノートづくりについて考察している。

（1）年間指導計画的な観点を持つ［学期つなぎ・学年つなぎ］―年間を見通せるノートになっているか？―

「学習の見通しをもとう」がノートに貼られている

ノートを開くと、光村図書の教科書の目次の後に掲げられている「学習の見通しをもとう」を印刷したシートが貼られている（著作権の関係があり一部のみを示す）。「身につけたい力」を子どもに自覚させるためのしかけがすでに始まっているということである。

これはまさに、【年間指導計画的な観点を持つ［学期つなぎ・学年つなぎ］―年間を見通せるノートになっているか？―】を満足している。

東京書籍の教科書にも同様に、「『言葉の力』のまとめ」という一欄が、教科書巻末に示されている。

こうしたものをきちんと教師が見ており、そしてそれを印刷し、ノートの最初に貼らせているという工夫はみごと。

子どもたちと一緒にこの表を眺めながら、この一年の間にこのような多種多様な教材を使って、こうした言葉の力を身につけるということを確認していく。

年度初めにおいて、子どもたちに「年間を見通させる」ということを行うことにより、年間を通してじっくりと言葉の力を高めていくということを宣言することになる。

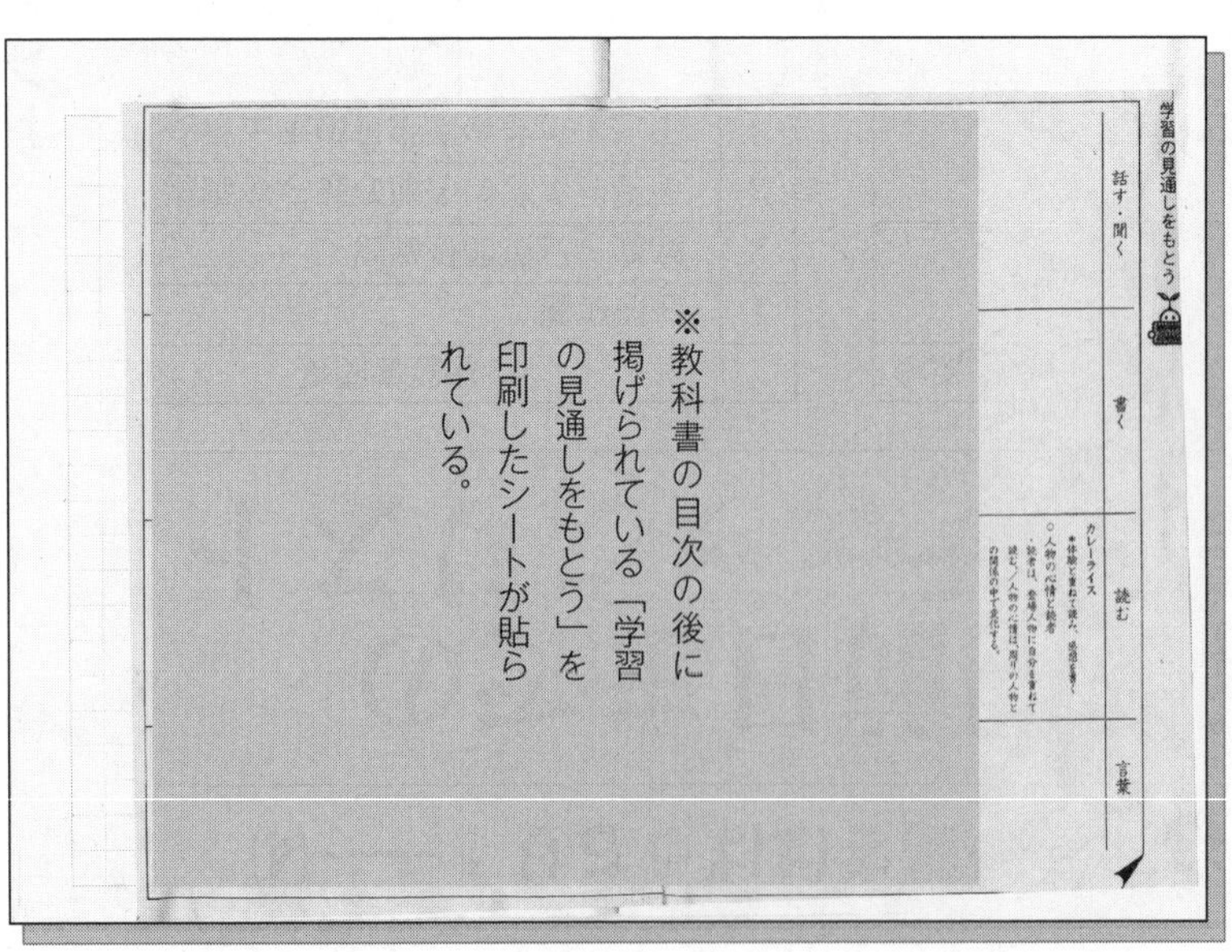

※教科書の目次の後に掲げられている「学習の見通しをもとう」を印刷したシートが貼られている。

（2）「つけたい言葉の力」を見通して授業をつくる

—つけたい力を目に見える形にするノートになっているか？—

5年生までの国語学習でこんな勉強をしたよ　ベスト3　（ 4/8 ）　名前［　　　　　　］

☆　心に残っている学習を３つあげましょう（理由も）。その学習活動で、どんな力を身に付けましたか。

	こんな学習をしたよ	心に残っている理由	身に付けた「ことばの力」（話す・聞く、書く、読む　）
①	（ 2 ）年 題名 （スーホの白い馬　）	スーホが大好きの飼 主にけがをしても必死 帰ってくるのに感動した。	・「　」を工夫して読む。 ・スーホの気持ち ・ ・
②	（ 4 ）年 題名（ ごんぎつね　）	兵十のおかあがうなぎを食 べられなくて死んだ事をしって ごんがつぐないをするのに 感動した。	・キーワード ・テーマ見つけ ・5W1H ・要旨をとらえる事が出来た
③	（ 5 ） 題名（大造じいさんとガン）	仲間を守るためハヤブ サと戦かっているすがた	・残雪の気持ち ・大造じいさんの気持ち

6年生の国語学習わくわくベスト3　**見通しシート**　（ 4/12 ）　名前［　　　　　　］

☆　６年生の国語の教科書全体に目を通してみましょう。どんな学習をするのでしょう。（教科書Ｐ６、７にヒントが……）

☆　楽しみにしている学習を三つ選びましょう。　　選んだ理由も書きましょう。

どんな「ことばの力」を身に付けたいですか。→話す・聞く、書く、読む（音読・読み取り、読書）領域から具体的に書きましょう

	楽しみな学習の題名	選んだ理由	どんな勉強をしたいか どんな「ことばの力」をつけたいか
①	カレーライス	自分にもそんな体験が あってぼくの気持がどん どん変わっていき最後に 仲直りするから。	登場人物の気持の変化を読みとり、 自分との体験を重ねて、読む。
②	平和について 考える	今年のテーマは命でそれ に関連しているから。	意見文の構成。
③	生き物は つながりの中に	生き物はどのようにつな がっているのか興味が あったから。	筆者の意図をとらえる。筆者が文章を書 いた目的を考える。

身につけた力の確認

次には、「5年生までの国語学習でこんな勉強をしたよベスト3」を書かせている。

これまでにどのような言葉の力を身につけているかを確認するための工夫である。

身につけたい力の宣言

さらに、「6年生の国語学習わくわくベスト3」を書かせている。

6年生の教科書を読み、どの教材が楽しみであり、そこでどのような言葉の力を身につけたいかを書かせる。

教師にとっての羅針盤

こうした2つの学習活動の成果を、学級の人数分読むことにより、教師は学級の子どもたちが、「これまでにどのような言葉の力を身につけているか」、そして、この学年において、「これからどのような言葉の力を身につけたいと望んでいるか」をおよそ把握することができる。

教師にとっての羅針盤の働きを果たすものと言えよう。

（3）学びのめあてをくだく―子どもの状況にふさわしいノートになっているか？―

子どもと一緒に学習活動の候補を出していく

いよいよ、文学教材「カレーライス」（重松清）の学習が始まった。「どんな学習をしたいですか」という問いを子どもに投げかけ、子どもと一緒に学習活動の候補を出していく。

「初めの感想」を経て再び子どもと一緒に学習計画を立てる

「初めの感想」を経て、そこから分かったことをもとに、子どもと一緒に「学習計画を立てる」へと展開される。

教師の「つけたい力」を子どもの「つけたい力」へ

この作業は、教師の「つけたい力」を子どもの「つけたい力」へ変換するという意味を持っている。

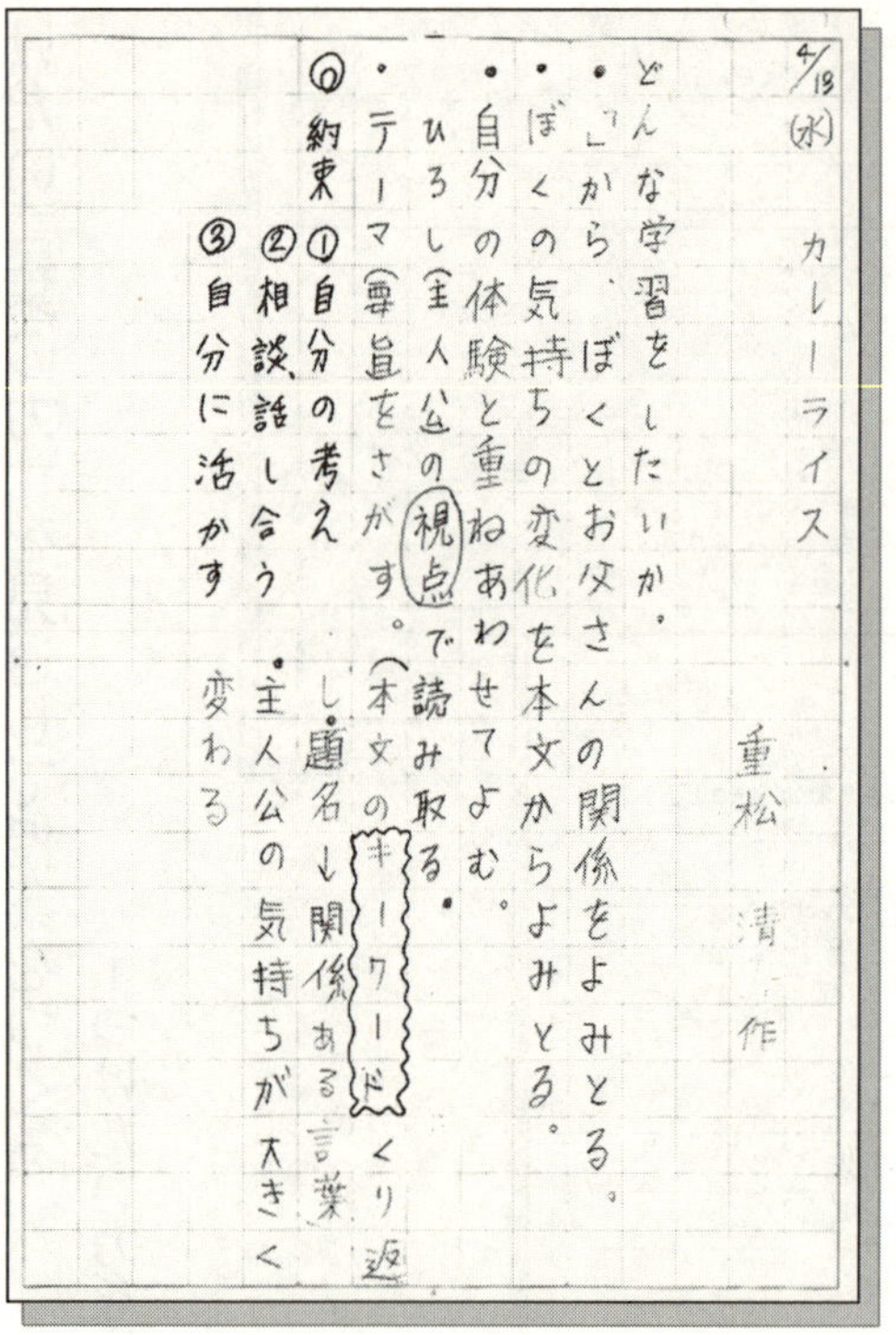
4/18(水)　カレーライス　重松清作
どんな学習をしたいか。
・「」から、ぼくとお父さんの関係をよみとる。
・ぼくの気持ちの変化を本文からよみとる。
・自分の体験と重ねあわせてよむ。
・ひろし(主人公)の視点で読み取る。
・テーマ(要旨)をさがす。(本文のキーワード　くり返し・題名↓関係ある言葉)
◎約束　①自分の考え
②相談、話し合う　・主人公の気持ちが大きく変わる
③自分に活かす

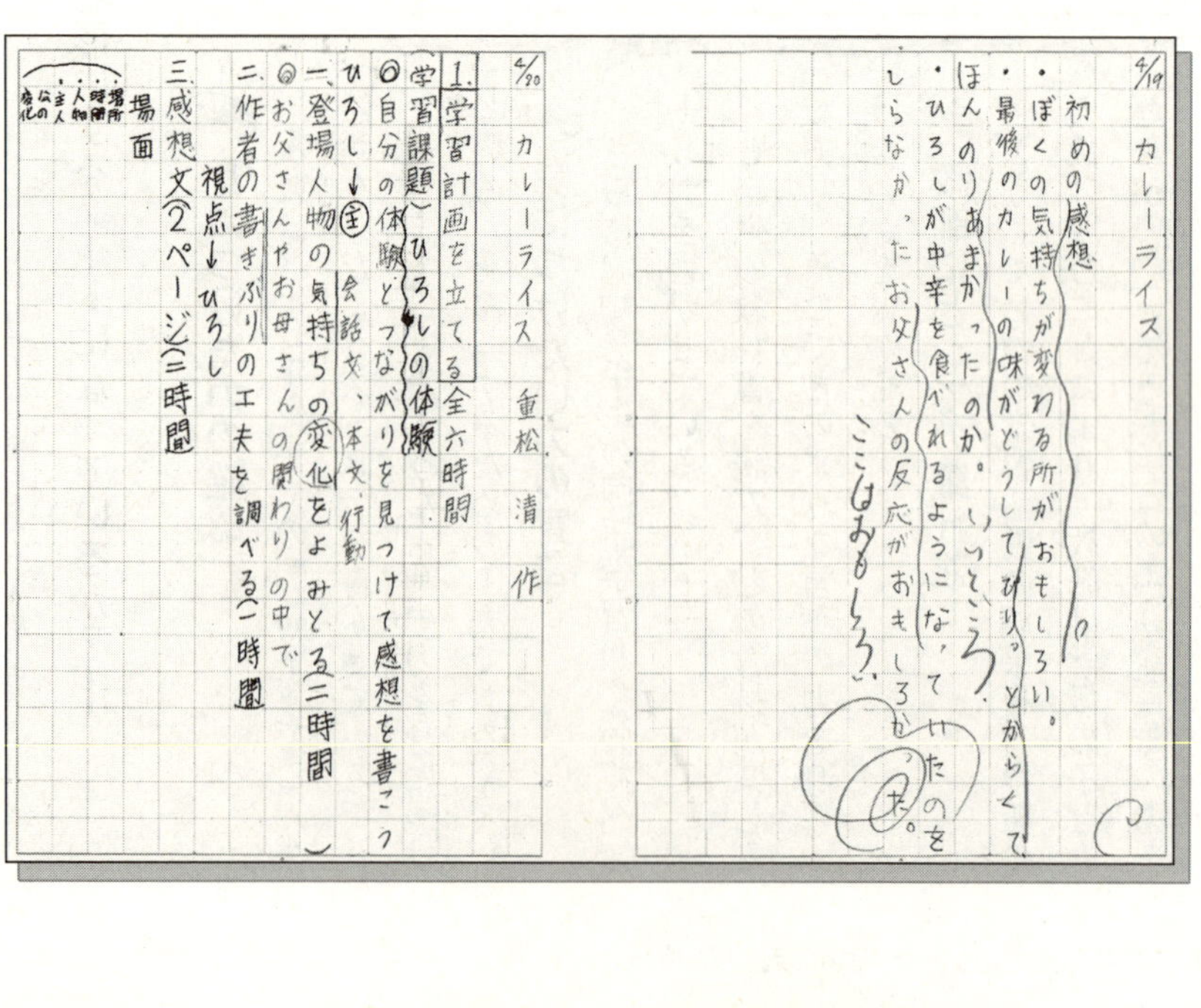
4/19　カレーライス
初めの感想
・ぼくの気持ちが変わる所がおもしろい。
・最後のカレーの味がどうしてぴりっとからくてほんのりあまかったのか。いいところ。
・ひろしが中辛を食べれるようになっていたのをしらなか。たお父さんの反応がおもしろかった。
ここはおもしろい。

4/20　カレーライス　重松清作
1. 学習計画を立てる　全六時間
(学習課題)ひろしの体験
◎自分の体験とつながりを見つけて感想を書こう
ひろし↓主　会話文、本文、行動
一、登場人物の気持ちの変化をよみとる(二時間)
◎お父さんやお母さんの関わりの中で
二、作者の書きぶりの工夫を調べる(一時間)
視点↓ひろし
三、感想文(2ページ)(二時間)
場面
時間・場所・人物・主人公の変化

主役は子ども

次は「登場人物の気持ちの変化を読み取ろう」という課題を具体的な表に整理した作業成果が、ノートの上にまとめられている。

枠組みは教師がある程度提示するが、内容を記入するのは、子どもである。「主役は子ども」ということ。

上のノートの左上に丸印が添えられている。これは教師が読み、授業の中で取り上げたい内容が、このノートに書かれていることを示している。このように子どもたちの学習成果を授業に生かしていくのが教師の役割である。

自分の体験とつなぐ

下のノートでは、最終的な学習活動である「自分の体験とのつながりを考えて感想文をかこう」につなげるために、この物語のテーマと自分の体験とのつながりの整理を行っている。

この物語の世界を支えている「書きぶり」についても押さえているところに注目したい。

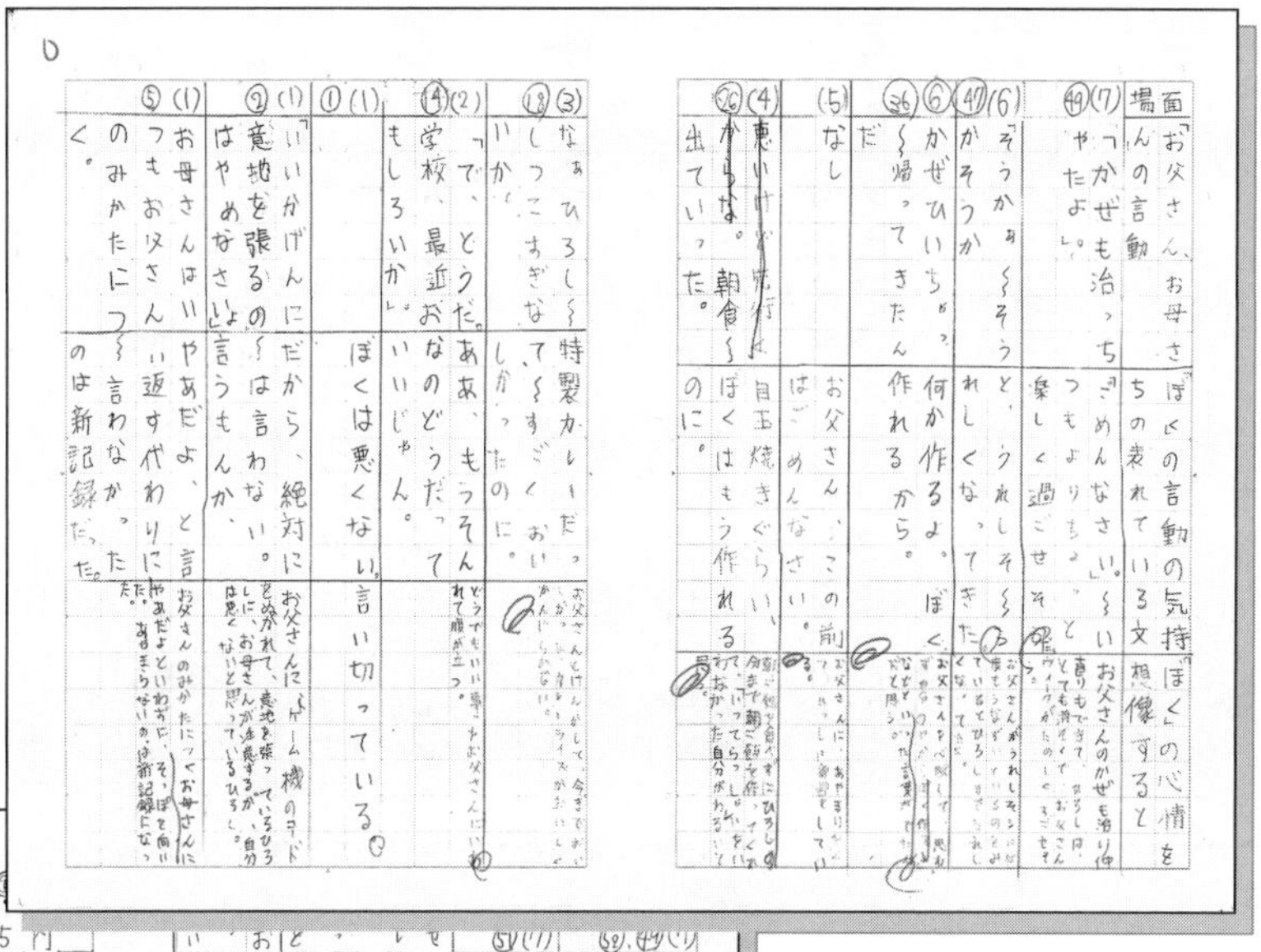

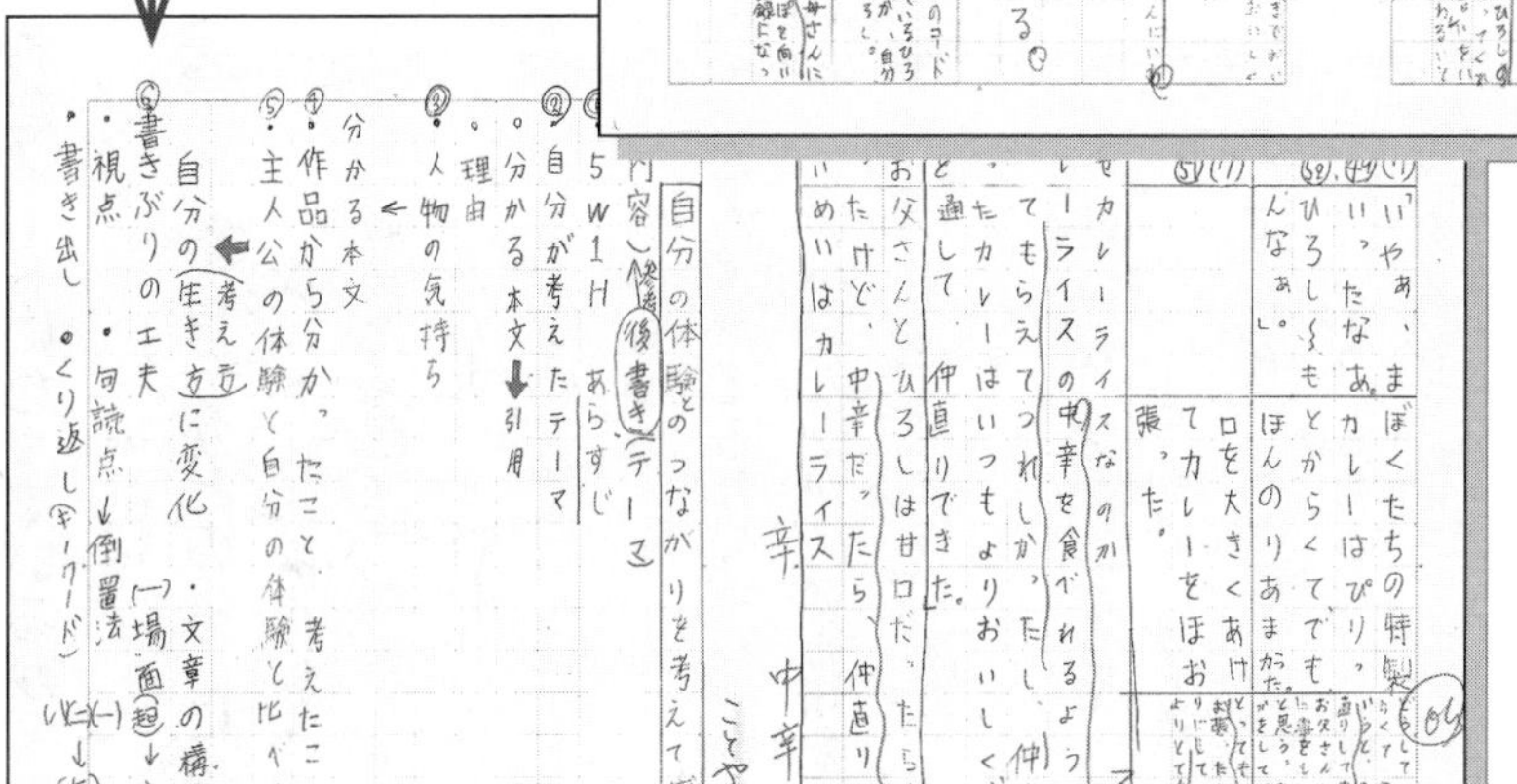

（4）「伝え合い」の場を繰り返し設ける―「伝え合い」の過程が記録されたノートになっているか？―

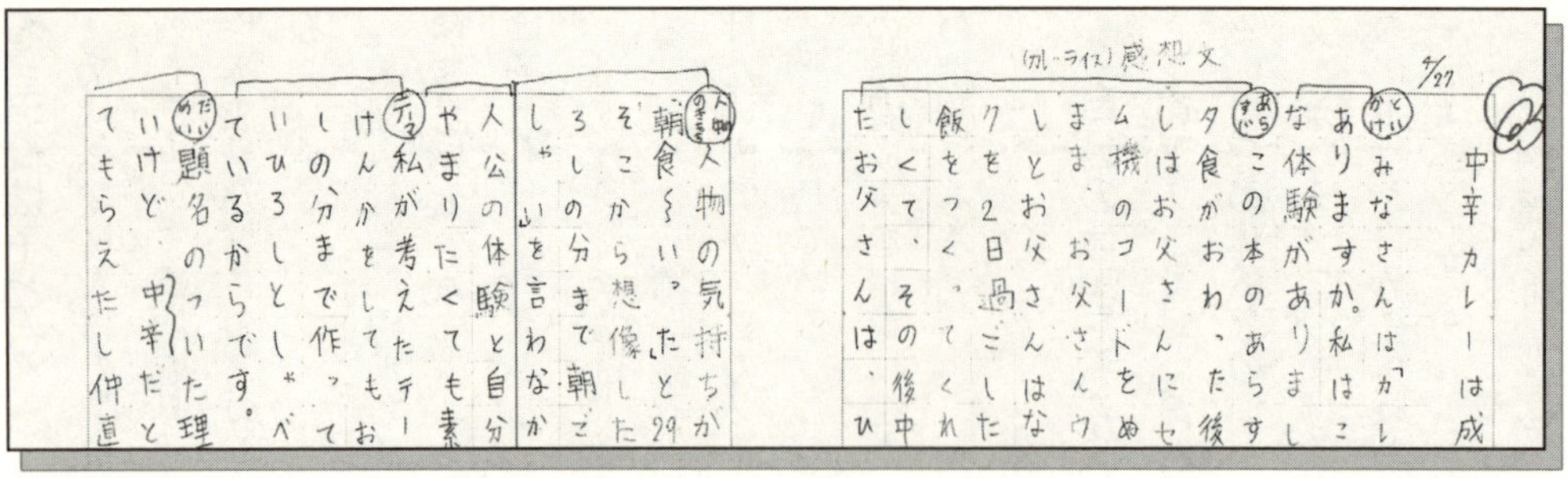

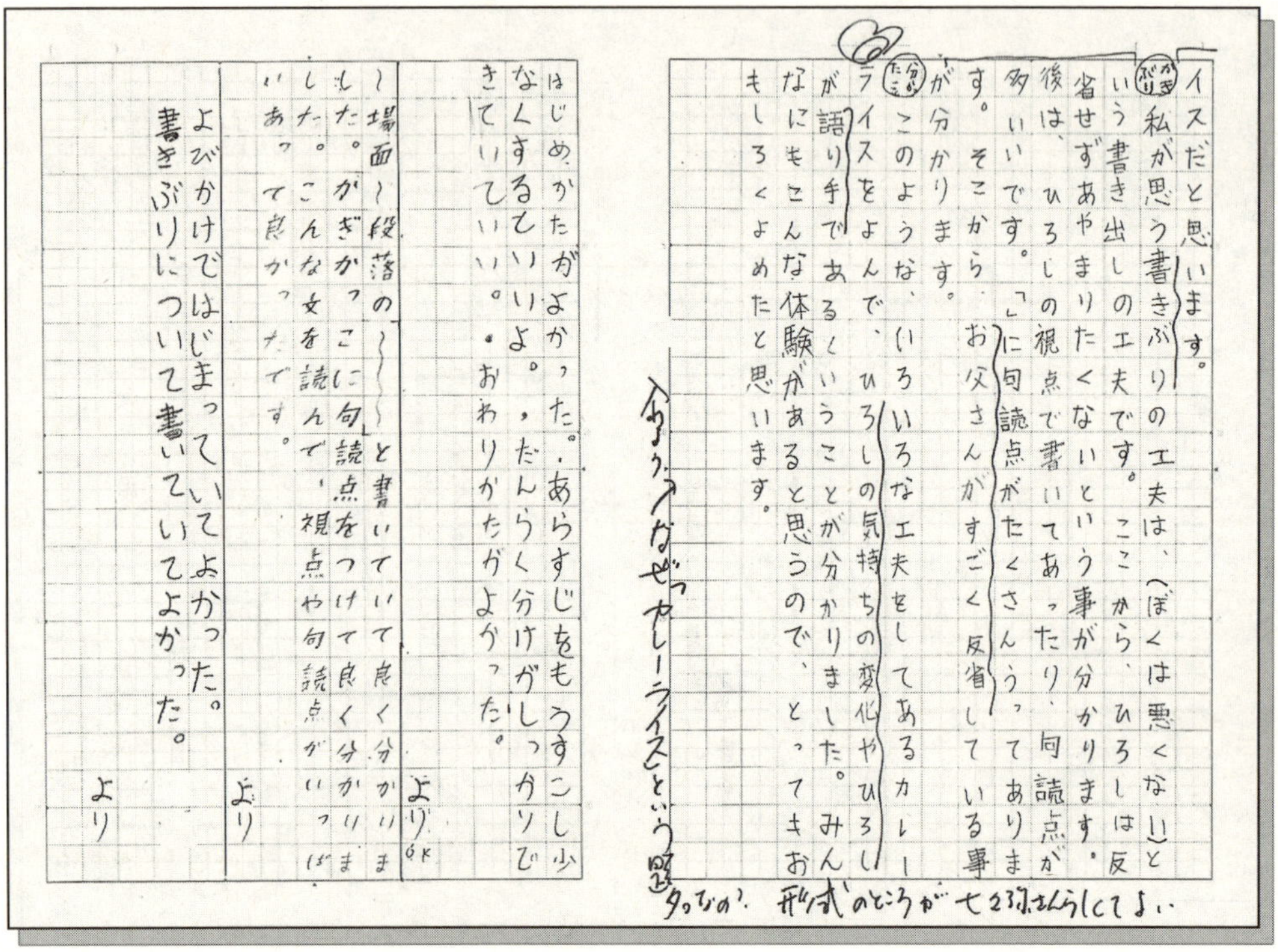

自分がどのように書いたか

次は、「自分の体験とのつながりを考えた感想文」がノートに書かれる。ただ書いて終わりではなく、赤ペンによって、「といかけ―あらすじ―人物の気持ち―テーマ―だいめい」と書き添えられている。自分がどのように書いたかがメタ認知されているところに注目したい。

「伝え合いメッセージ」

下には、三人の学級内他者からの「伝え合いメッセージ」が書き込まれている。もちろん、教師からの赤ペンメッセージも。

こうした他者からのメッセージにより、自分の表現の良さを改めて知ることができる。他者の目をくぐることによって自分の特徴について考えるところまでいってこそ、「伝え合い」なのである。

（5）「メタ認知」まで導き学びの自覚化をうながす

—つけた力を目に見える形にするノートになっているか？—

身につけた力の「振り返り（メタ認知）」まで導く

上の「『カレーライス』を学習して、身につけた力を振り返りましょう。」の一覧は、いわば教師からの「つけたい力一覧」提示である。◎○△によって振り返る。それだけでなく、下のように「言葉でも振り返りましょう」という課題が与えられているところに注目したい。「書きぶりの工夫をたくさん見つける事ができた。」のように、子どもが自分の学びをメタ認知できている。

☆「カレーライス」を学習して、身につけた力を振り返りましょう。
☆友だちの意見も参考にしましょう。

	自己評価の観点	◎○△
読む	①キーワードに気をつけて人物の気持ちの変化を、くわしく読み取ることができた。	○
読む	②筆者の書きぶりの工夫に気をつけて読んだ。	◎
書くこと	③始め・中・終わりの構成で書けているか。	○
書くこと	④テーマを読み取り、本文の引用やテーマを見つけた理由が書けたか。	◎
書くこと	⑤自分の体験と重ね合わせて、感想文を書くことができた。	○
書くこと	⑥読みたくなる題名をつけたか。	◎
書くこと	⑦内容のまとまりで段落をかえているか。	◎

※言葉でも振り返りましょう。
○人物の気持ちをキーワードや本文「」でよみとった。
○書きぶりの工夫をたくさん見つける事ができた。（筆者の書きぶりも）
○ひろし（主人公）が語り手である事が分かった。人物の気持ちの文がたくさん入っている。

1 1年生のノート選び
―発達段階や用途に応じてノートを選択―

※ここに示したのはあくまで、ある学級での例である。実際には、地域や学校ごとに違っている。

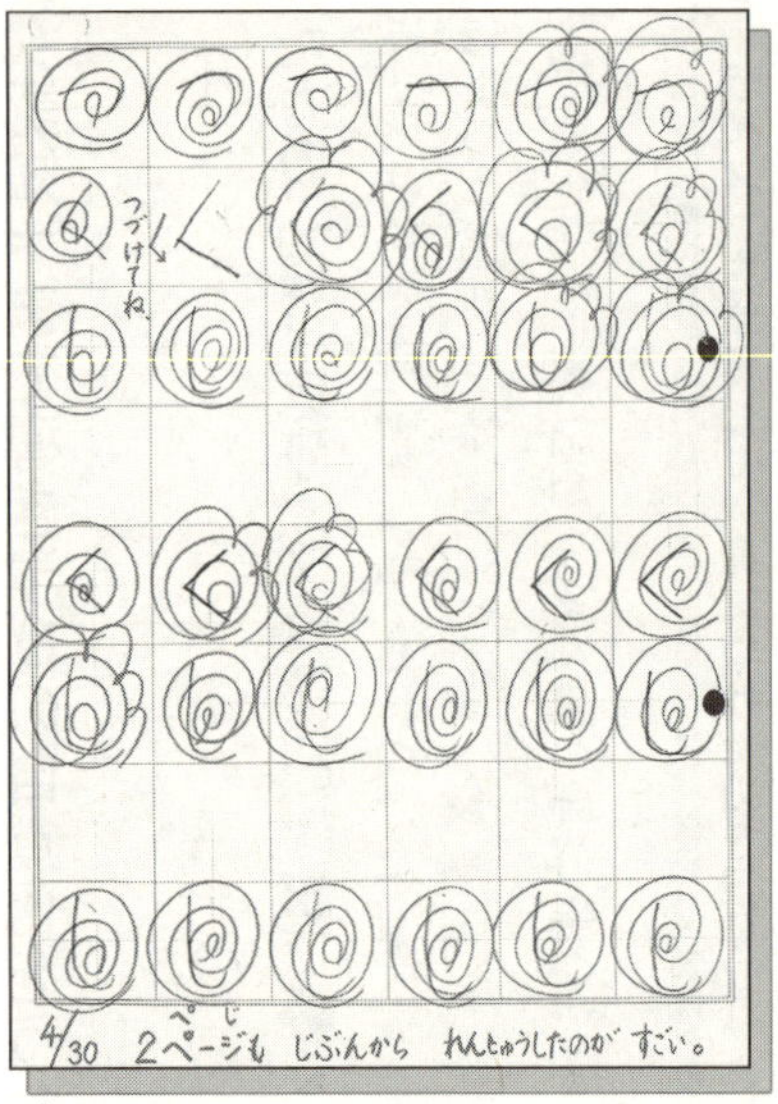

１年生の４月から10月までは「こくごノート」として、「８ます×６行（27mm ます）」を使用。

１年生の**入門期段階**においては、「無地」の「**自由帳**」を併用する場合もある。

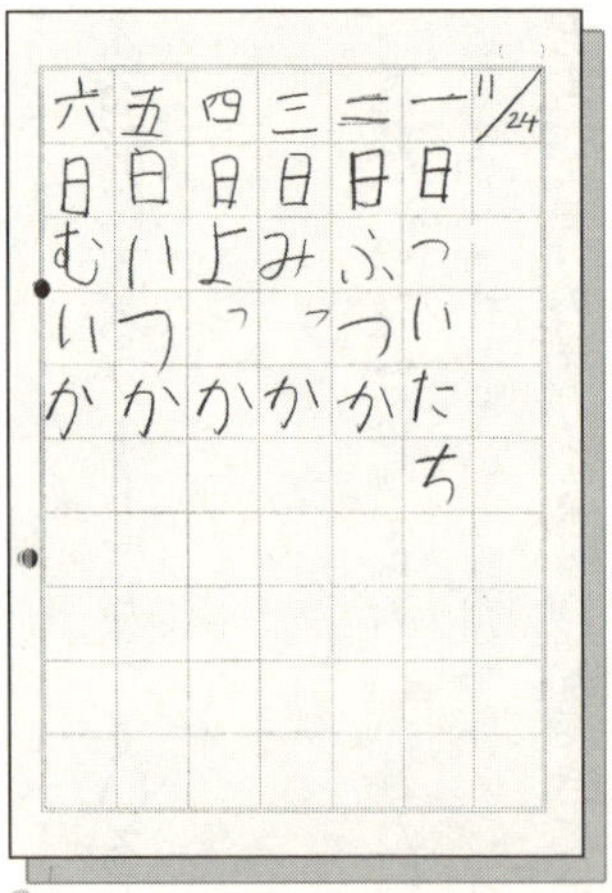

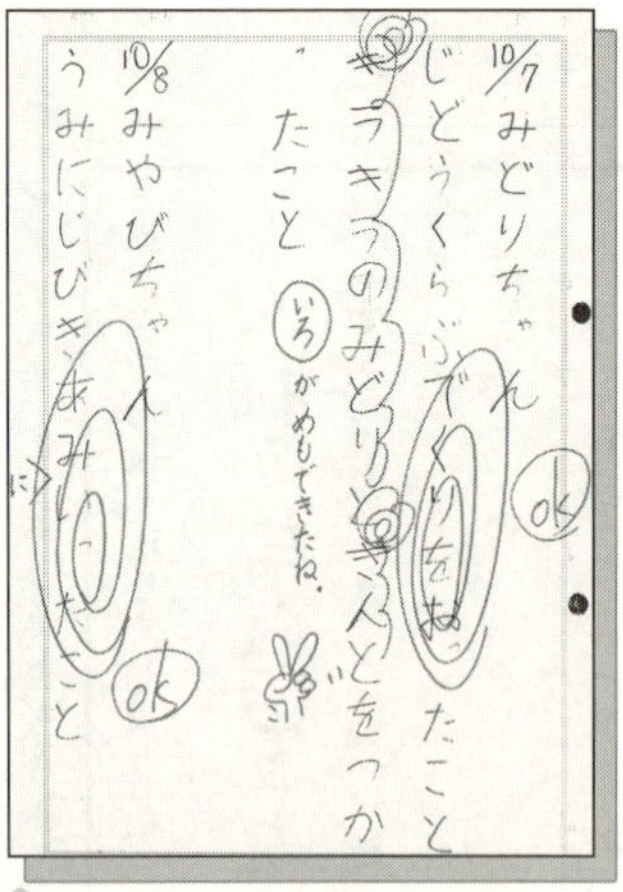

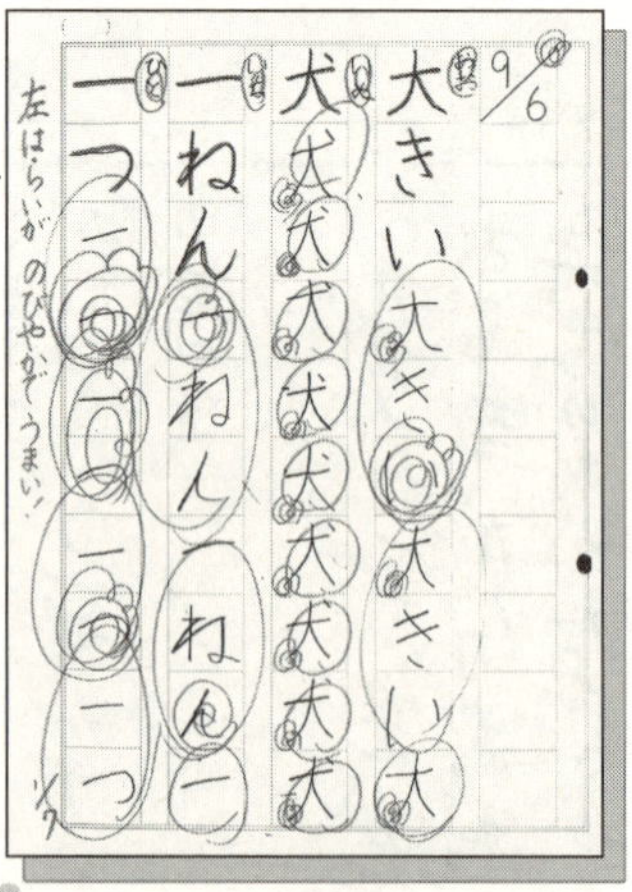

１年生の11月からは「こくごノート」として、「10ます×７行（22mm ます）」を使用。

１年生の10月からは「さくぶんノート」として、「15ます×７行（15mm ます）」を使用。

１年生の９月からは「かんじノート」として、「10ます×５行（22mm ます）」を使用。

2 ２年生以降のノート選び

―発達段階や用途に応じてノートを選択―

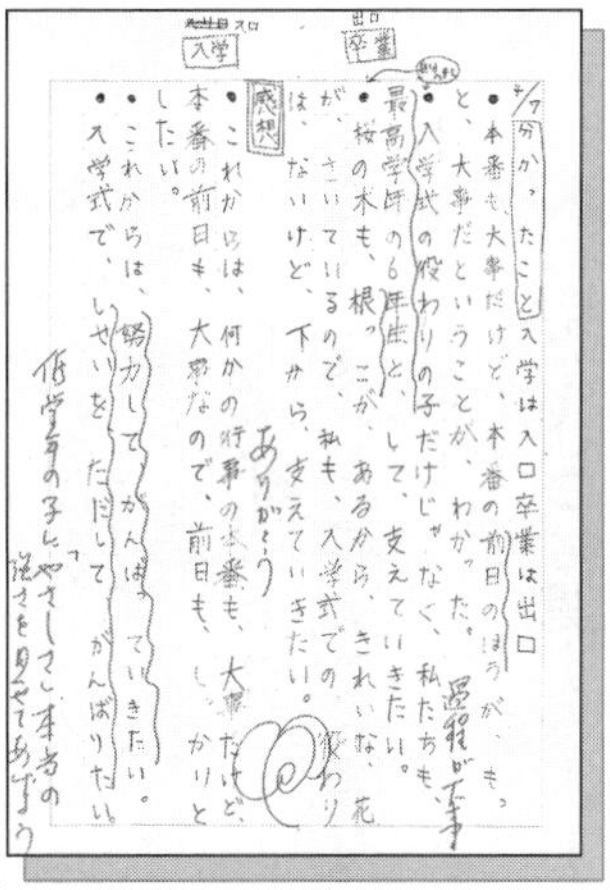

４年生用ノート例：
22字×15行（リーダー入り12mm タテ罫）

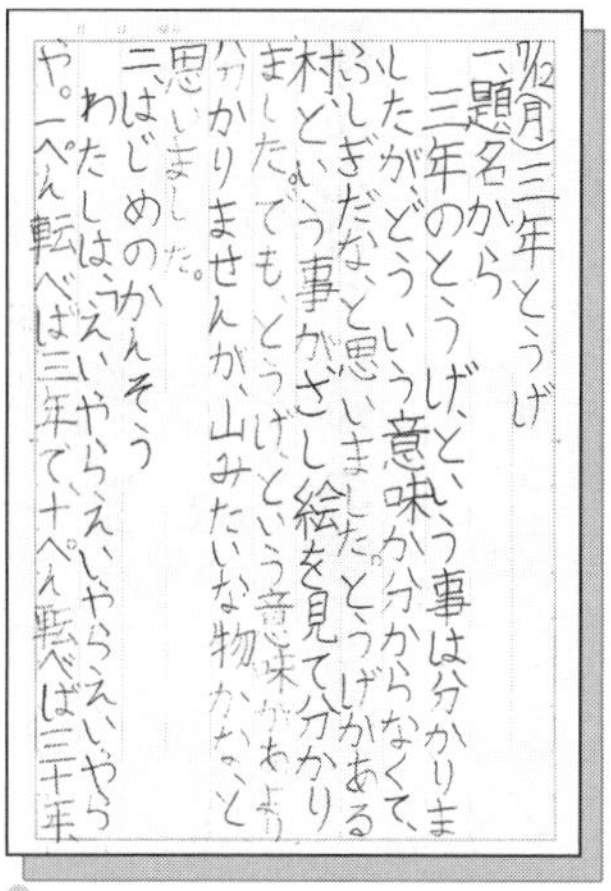

7/12(月)三年とうげ
一、題名から
三年のとうげ、という事は分かりましたがどういう意味か分からなくて、ふしぎだなと思いました。とうげがある村という事かさし絵を見て分かりましたでもとうげという意味がわよりわかりませんか、山みたいな物かなと思いました。
二、はじめのかんそう
わたしは、えいやらえいやらえいやらや。一ぺん転べば三年で十ぺん転べば三十年

３年生用ノート例：
17字×12行（リーダー入り12mm タテ罫）

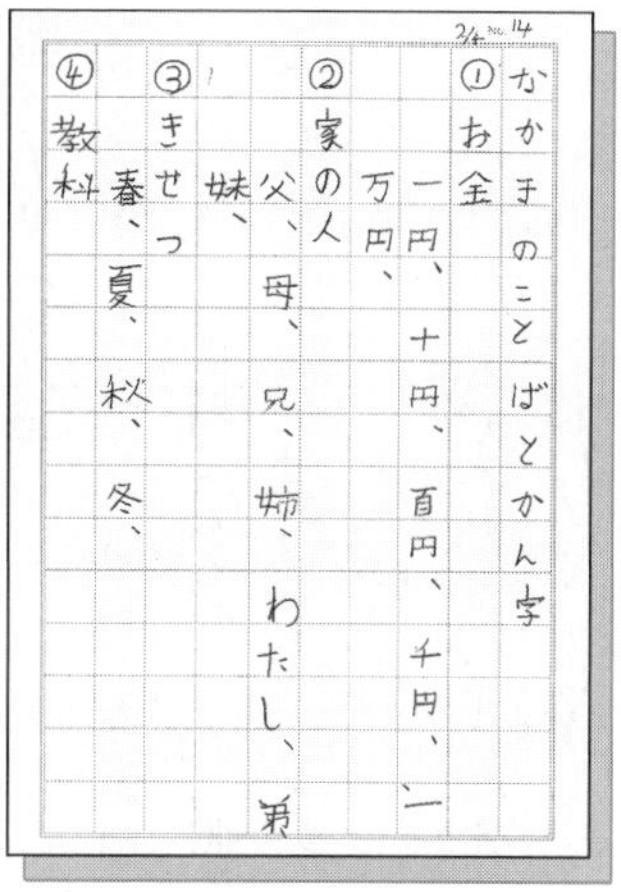

なかまのことばとかん字
① お金
一円、十円、百円、千円、一万円、
② 家の人
父、母、兄、姉、わたし、弟妹、
③ きせつ
春、夏、秋、冬、
④ 教科

２年生用ノート例：
15ます×10行
（15mm ます）

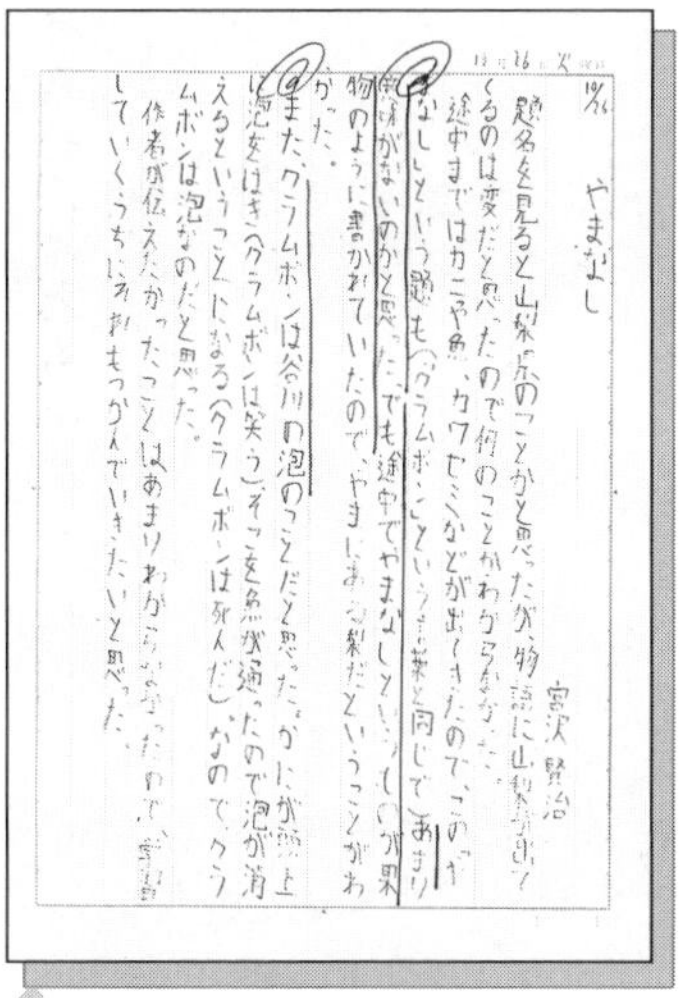

６年生用ノート例：
24字×17行
（マークつき）

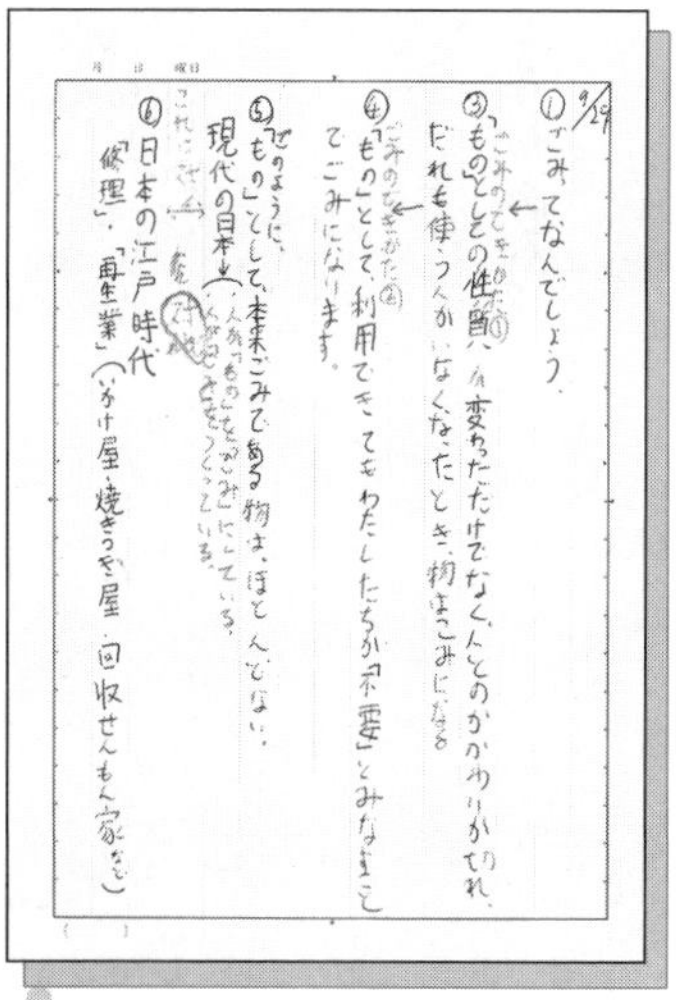

５年生用ノート例：
22字×15行
（マークつき）

２年生以降のノート選び

２年生以降のノートにも様々なものがある。行数や字数が次第に増えているところに注目したい。発達段階や用途に応じて使い分けていく必要があろう。

3 ノートに関する文具選び

―必要なものチェックリスト―

■えんぴつの種類

□1年生については基本は2B（筆圧の高い子にはBを使わせることもある）

※学年に応じてえんぴつの濃さは変わっていく。1・2年生は2BまたはB。3・4年生はBまたはHB。5・6年生はHB。

□かきかたえんぴつは6B（書写用）

□あかえんぴつ

えんぴつに関するルール例

①5本まで。
②家で削ってくる。
③授業中は削らない。
④シャープペンシルは禁止……社会見学などの時はOK（一本ですむため）

■えんぴつ以外の筆記具

□なまえペン

□色鉛筆か「クーピーペンシル」（消しゴムで消せる・削ることができる）

□赤青ペン・蛍光ペン……道具箱の中に入れておかせる場合がある。

□三色ボールペン……4年生以上は可。

■その他の文具

□筆箱……「カンペン」禁止。布製かビニール製。（高学年では一つだけと指定。）

□定規……筆箱に入るサイズに限る。

□消しゴム……白色プラスチック（香りなし）。

□下敷き……できれば無地。

□のり……丸い入れものに入ったものは道具箱の中に入れる。スポンジ水のりははがれにくく、スティックのりはよごれにくく、はがしやすいという特性があるので、用途によって使い分ける。

コラム　ノートづくりの問題点と重要性を物語る二つのエピソード

(1) 子どもが持ってきた国語ノートを見てその教師は思わず言葉を失った

ある年度の学期始めに、教師のところに一人の子どもがやってきた。
「先生、去年の国語のノートを使っていいですか?」
「国語のノートですね。そのノート、見せてもらえる?」
子どもが持ってきた国語ノートを見て、その教師は思わず言葉を失った。
なんと、一年間の間に国語ノートをわずか8ページしか使っていなかった。
そのうち4ページが詩の視写（1行空き）。1ページが自分の名前の練習。2ページが自由学習ノートがわり。残りの1ページでは、国語教材の教材名の後に、本文の中から意味が分からない言葉を書き出し、辞書を使って意味を調べたらその言葉を線で消すという作業をしていた。

どうやら、市販のワークシートを使っていたようである。ノートを使わず授業を進めるということもあってよいであろうが、「言葉の教科」である国語科の場合、やはり、ノートづくりを重視したいものである。

(2) ノート指導を重視する教師―ノートによって説明責任を果たす―

右の教師はこう語っている。

「つけた力」ということはノートに特別には書かせていませんけれど、授業の初めに示す「めあて」が「この時間に身につける力」です、と子どもたちに話しています。

個人懇談や学級懇談のときには、実物のノートを見ていただきながら「このような力を身につけています」というように説明しています。具体的なものがありますので、納得していただきやすいですね。

個人懇談や学級懇談のためのノートではありませんが、保護者にも見て納得していただけるノートづくりができるように、ノート指導をきちんと行っています。

先日、「保護者に対してノートを使って説明責任を果たしていますね」と指摘していただき、なるほどこれも「説明責任を果たすこと」になるのか、と納得しました。

これからもノート指導について工夫を凝らしたいと思います。

第2章　具体例でよくわかる！教材別ノートモデル40

1年生　ノートづくりの基本①

絵ノートから文字ノートへ

時期：4月～5月頃

「始業式」の日に書いた絵日記

「ゆたか」なノート指導を

ゆ っくり……一人一人に合わせて

た のしく……楽しく書くことを重視

か くじつに…基礎をしっかり

※1年生であるため、あえて教師の評語は添えていない。

6月の国語ノート

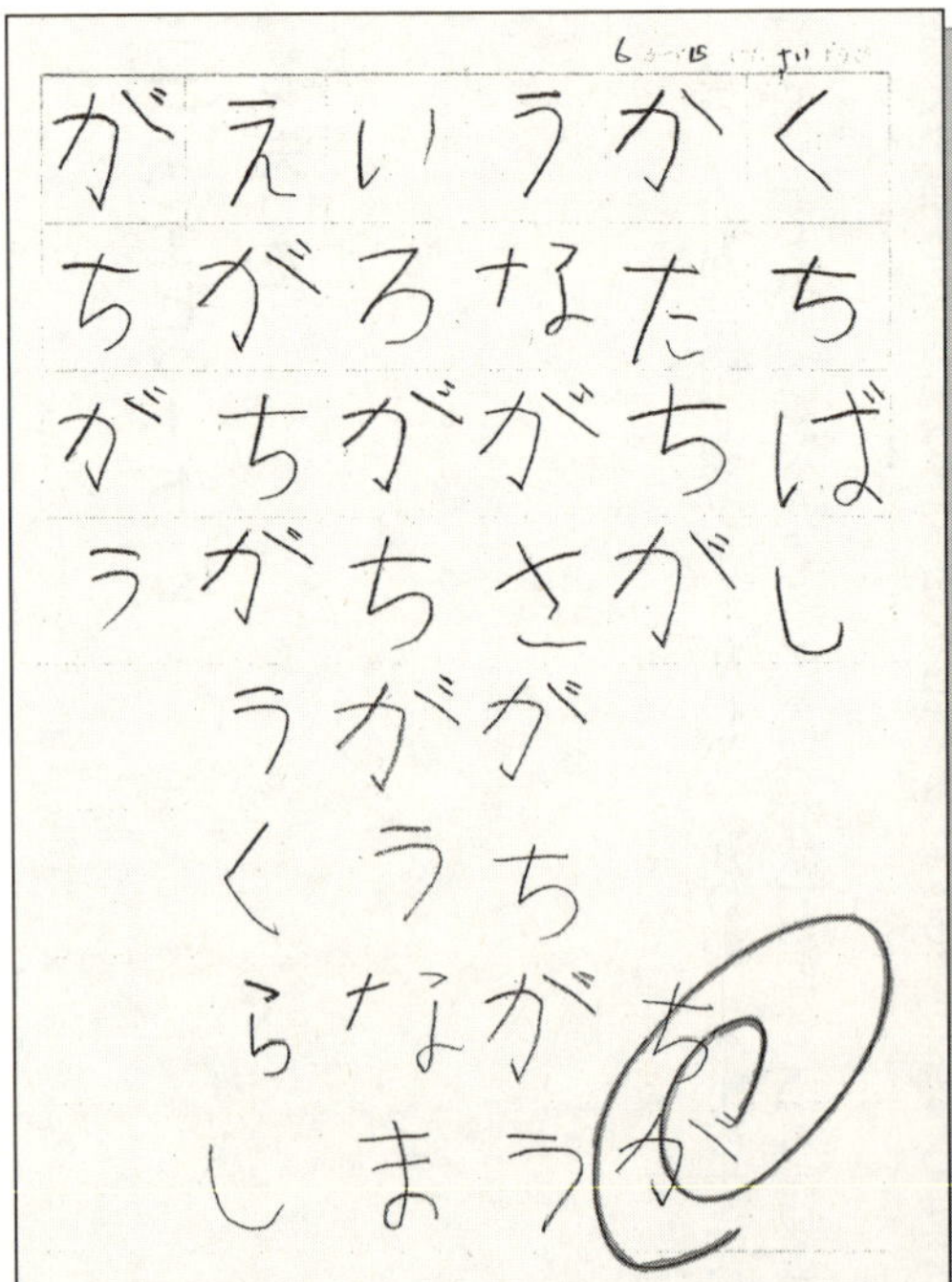

絵

↓

文字

入学の段階においても文字を書くことができる子どももいるであろうが、それでもたどたどしくしか書けない。まずは「絵」から始め、ゆっくりと「文字」へと移行させたい。

どのように書いたかを意識させる工夫を

時期：6月～7月頃

次の文を書くときには、1ます空ける。

日付、曜日を忘れずに。

「題名」を書くときには、2ます空ける。

「だいめい」「いつ」「どこで」「みつけたこと」と、自分が何を書いたかを意識させる工夫。

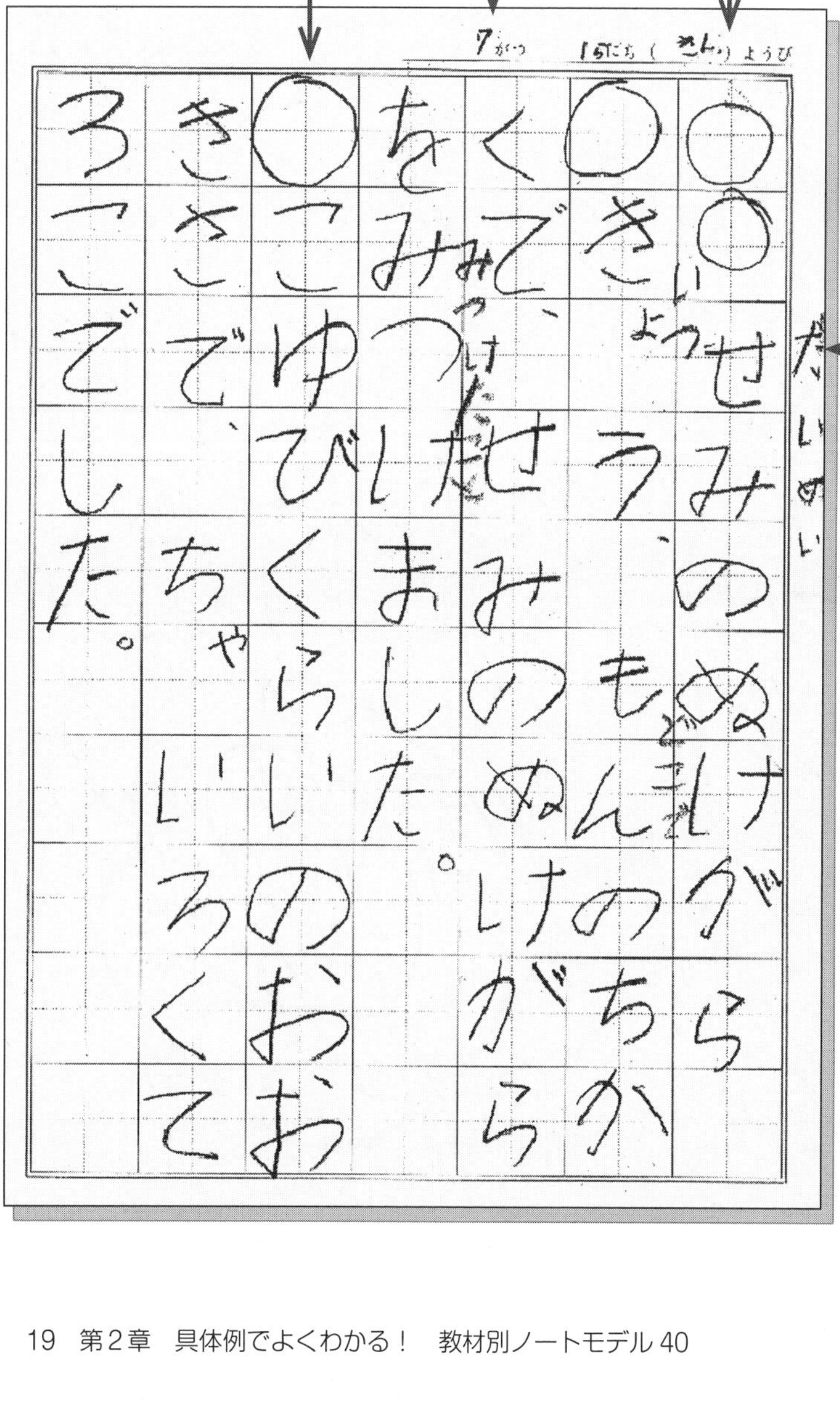

1年生の段階では、「一文一段落」が基本。一ます空けをこの段階において身につけさせておくと、本格的な「段落」指導の際の基礎となる。

語彙を増やす工夫を

時期：５月～６月頃

語彙を増やすための工夫

ひらがなを習得したばかりの1年生は、いわば「運転免許を取得したばかりの人」である。運転したい、つまり「いろいろなものの名前をひらがなで書きたくてたまらない」状態にある。

そこで例えば下のような「しりとり」によって、語彙を増やす工夫を凝らしたい。子どもたちは喜々として取り組むに違いない。

毎日の宿題としての〈ことばあつめ〉

「題材」としては、「どうぶつ」、「くだもの」、「さかな」、「たべもの」などを出した。

○どうぶつ…こあら。らいおん。うさぎ。ねこ。とら。

○くだもの…みかん。りんご。かき。ぶどう。なし。

○さかな……さんま。たい。さば。いわし。

国語の時間に発表させ、自分が書いていなかったものを、ノートに書き加えさせた。

子どもたちは、「あっ、ぼくと同じ。」、「それ、なかった。」などと楽しみながら、語彙を増やしていった。

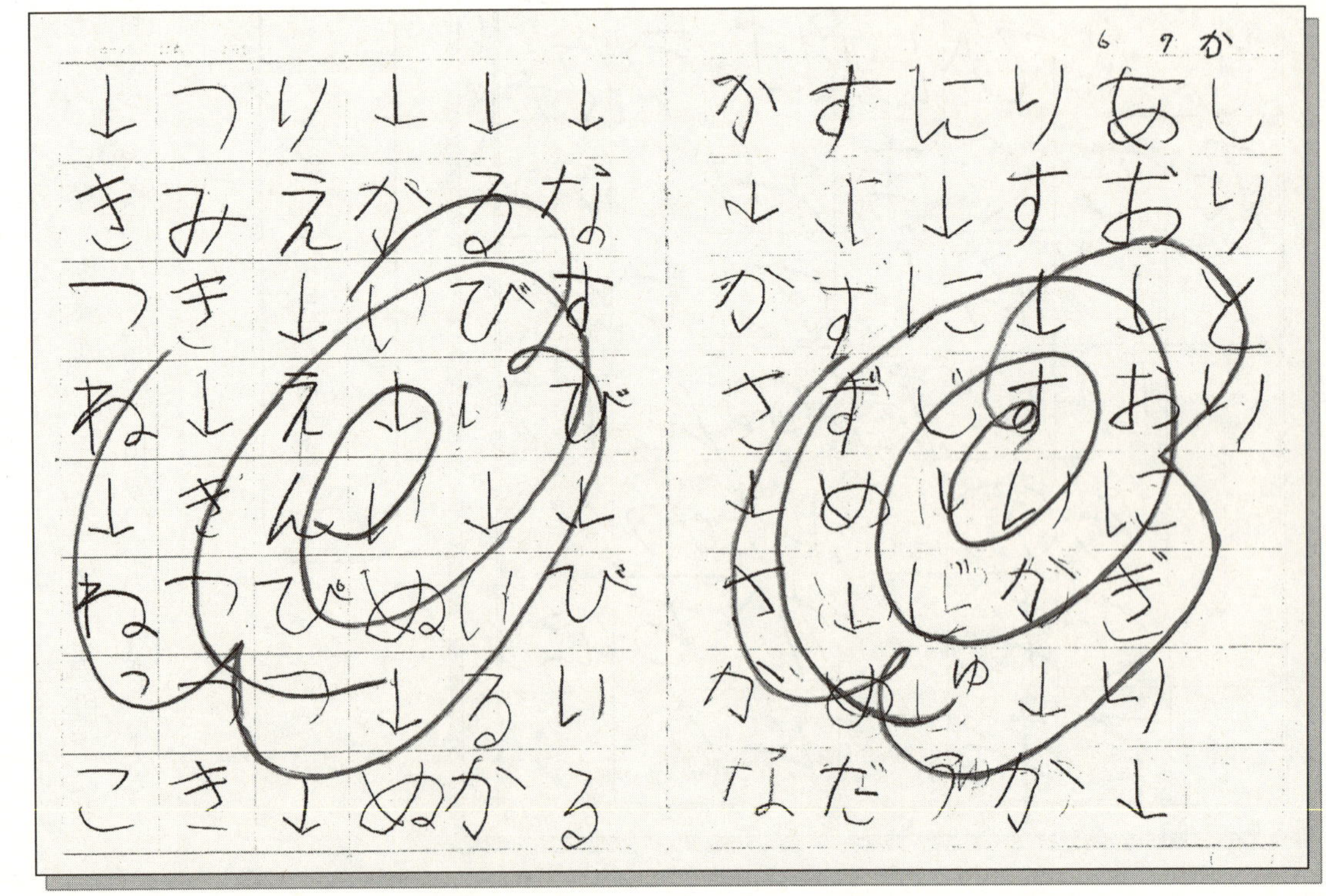

「量」から「質」へ展開する工夫を

時期：７月頃

くっつきの「は」「を」「へ」

７月になると、いわゆる、くっつきの「は」「を」「へ」の学習に入る。量から質への展開と言えよう。

くっつきの「は」「を」「へ」は、書くことの基本ではあるが定着を急いではならない。場合によっては中高学年まで引きずる場合がある。感覚を獲得すれば解決されることであるため急がせず、じっくりと見守りたい。

定着させるための工夫

○じぶんで、ぶんをつくって、はっぴょうしよう。
・わたしは、きゅうりをたべます。
・ぼくは、れすとらんへいきます。
・わたしは、おにごっこがすきです。
・わたしは、まいにちはをみがきます。
○ともだちのぶんを、ききとってかこう。
・はなは、きれいです。
・わたしは、かおをあらいます。
・ぼくは、いえにかえります。
・わたしは、こくごがすきです。
○もんだいをだしあいっこしよう。
・ぼく（　）、ぱんがすきです。
・わたし（　）、ねこ（　）かっています。
・おとうさん（　）、かいしゃ（　）いきます。

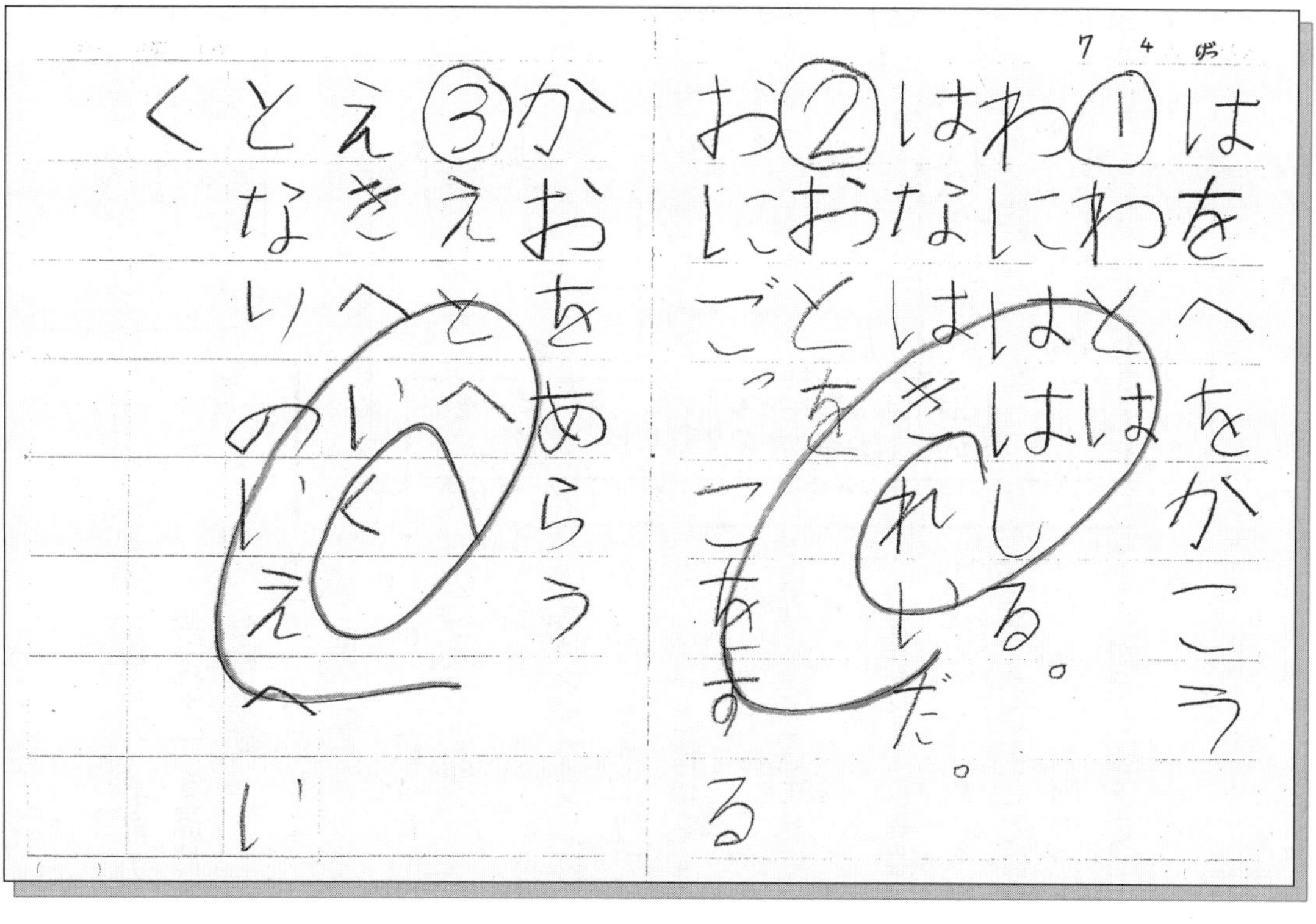

カタカナの練習―留意点を書き込ませる―

時期：カタカナ学習時

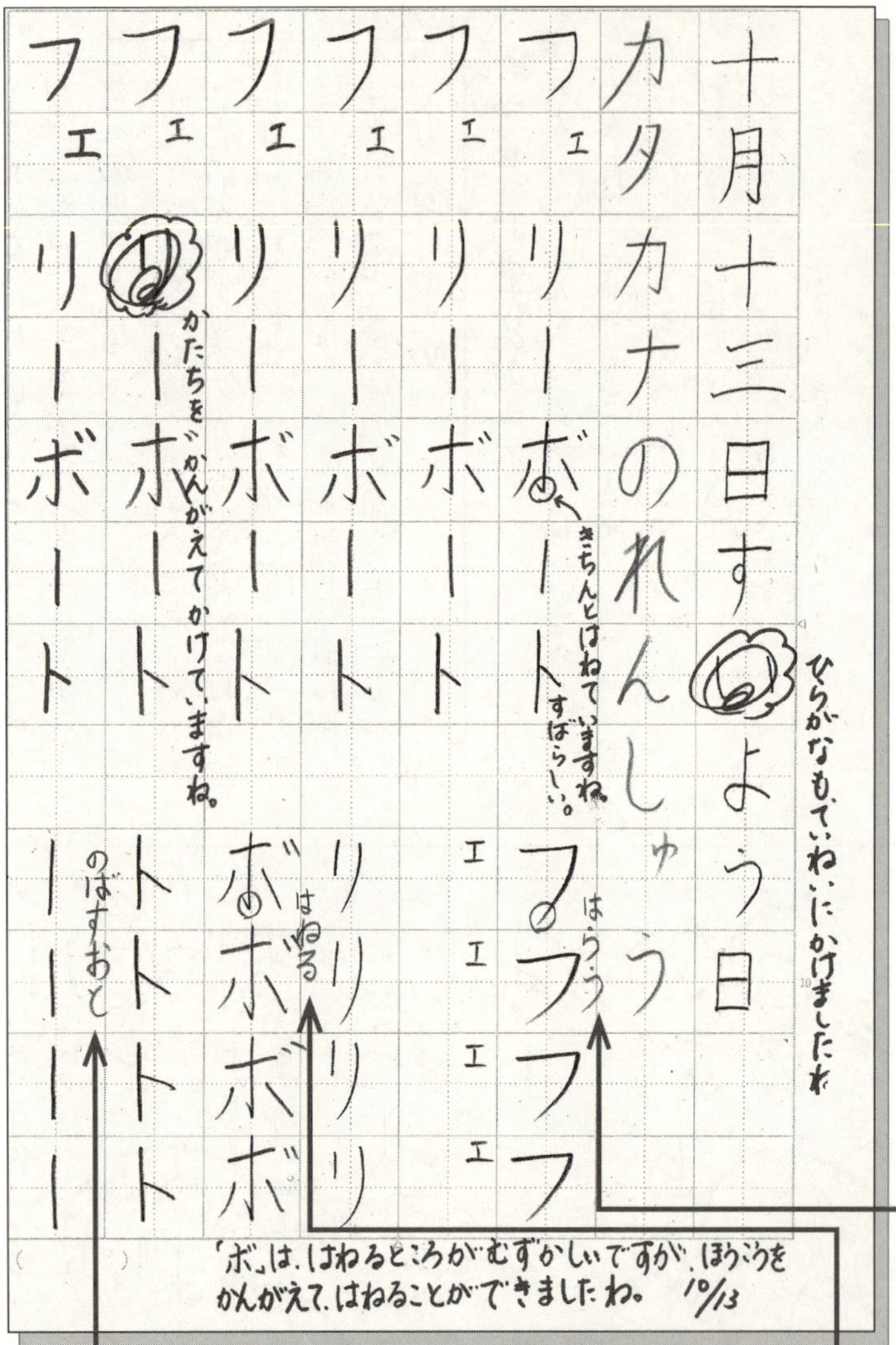
十月十三日すいようび
カタカナのれんしゅう
フェリーボート
ひらがなもていねいにかけましたね
きちんとはねていますね すばらしい。
かたちをかんがえてかけていますね。
はらう
はねる
のばすおと
「ボ」は、はねるところがむずかしいですが、ほうこうをかんがえて、はねることができましたね。 10/13

活用を内包した習得を図る習得学習を

教材「いろいろなふね」（東書・１年）の最初に出てくるフェリーボートの練習をノートの上で行わせている。教材の理解に関係させた習得学習であると言えよう。

「思考力・判断力・表現力」を高める学習活動

○「フ」の最後を「はらう」こと。
○「ボ」の縦線を「はねる」こと。
○長音は「のばすおと」であること。

ただの運筆練習ではなく、どこに留意すべきであるかを、子ども自身に書き込ませている。

「思考力・判断力・表現力」を高める学習活動であるところに注目したい。教師の添え書きがそれを支えている。

漢字の練習ー留意点を書き込ませるー

時期：漢字学習時

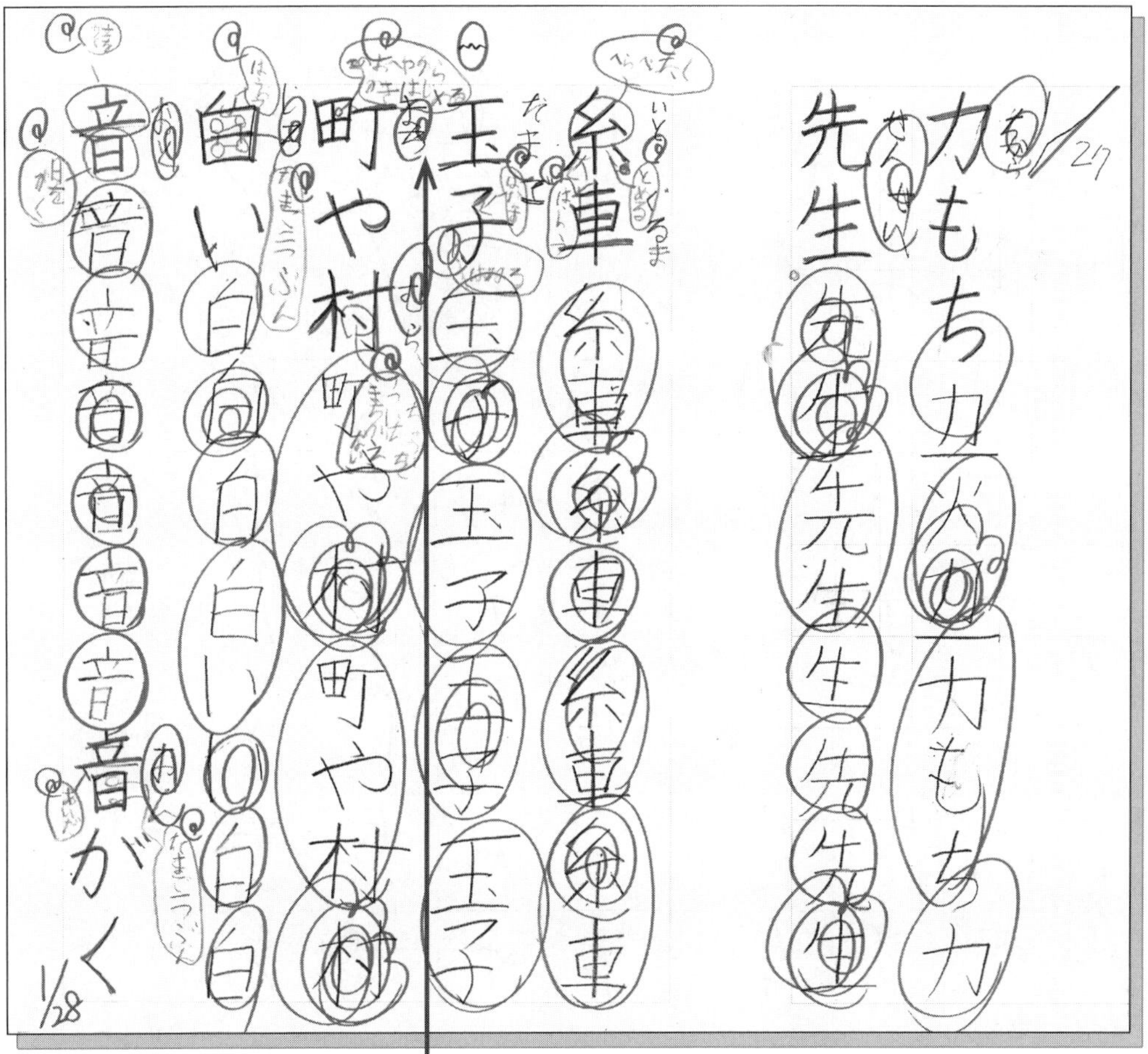

留意点を書き込ませる

〇「とめる」「はらう」「はねる」「はなす」「たまご三つぶん」など、漢字を書く際の留意点を、子どもが書き込んでいるところに注目したい。

音読のワザ―子どもから引き出す―

時期：５月末以降

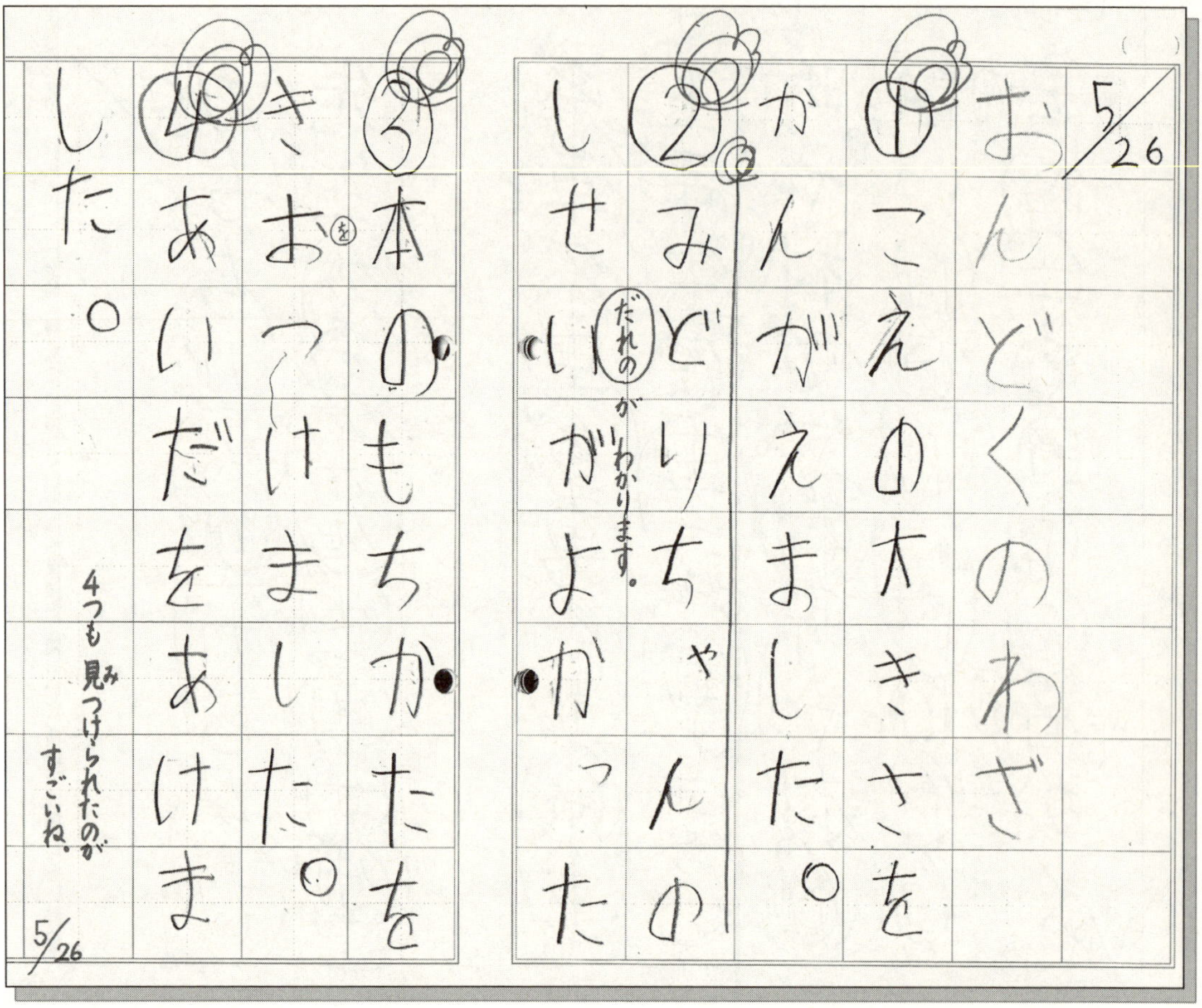
5/26
おんどくのわざ
①こえの大きさを
きこえました。
②みどりちゃんの
しせいがよかった
だれのがわかります。
③本のもちかたを
き、おつけました。
④あいだをあけま
した。
4つも見《み》つけられたのがすごいね。
5/26

思考力・判断力・表現力

ただ音読させるだけでなく、音読の際にどこに留意すべきであるかを、子どもから引き出している。

これも「思考力・判断力・表現力」を高める学習活動である。

ワザを引き出す

①は、声の大きさ
②は、他の子どもの姿勢の良さ
③は、本の持ち方
④は、間の取り方

「４つも見つけられたのがすごいね。」と、教師がほめているように、様々な観点から「ワザ見つけ」ができている。

1 「いろいろなふね」（東書）①
「めあて」と「ふりかえり」を目に見える形に

「ノートのルール」を確実に指導する

①日付を書く。
②教材名（単元名）を書く。
③めあてとふりかえりを書く。

日付には、学習した漢字を用いる。「ふりかえり」は、「めあて」の内容に即して、「◎○△」といった記号による評価とともに、文（章）による記述を大切にしたい。

学習準備と心がけたいこと

①2BまたはBの鉛筆と赤鉛筆を使用させる。
②ます目を意識して、丁寧に書く。
③書いた文（文字）を声に出して読み返す習慣をつける。

黒板では、主として白と黄色のチョークを用い、「白→鉛筆」「黄色→赤鉛筆」という約束をつくると効果的である。

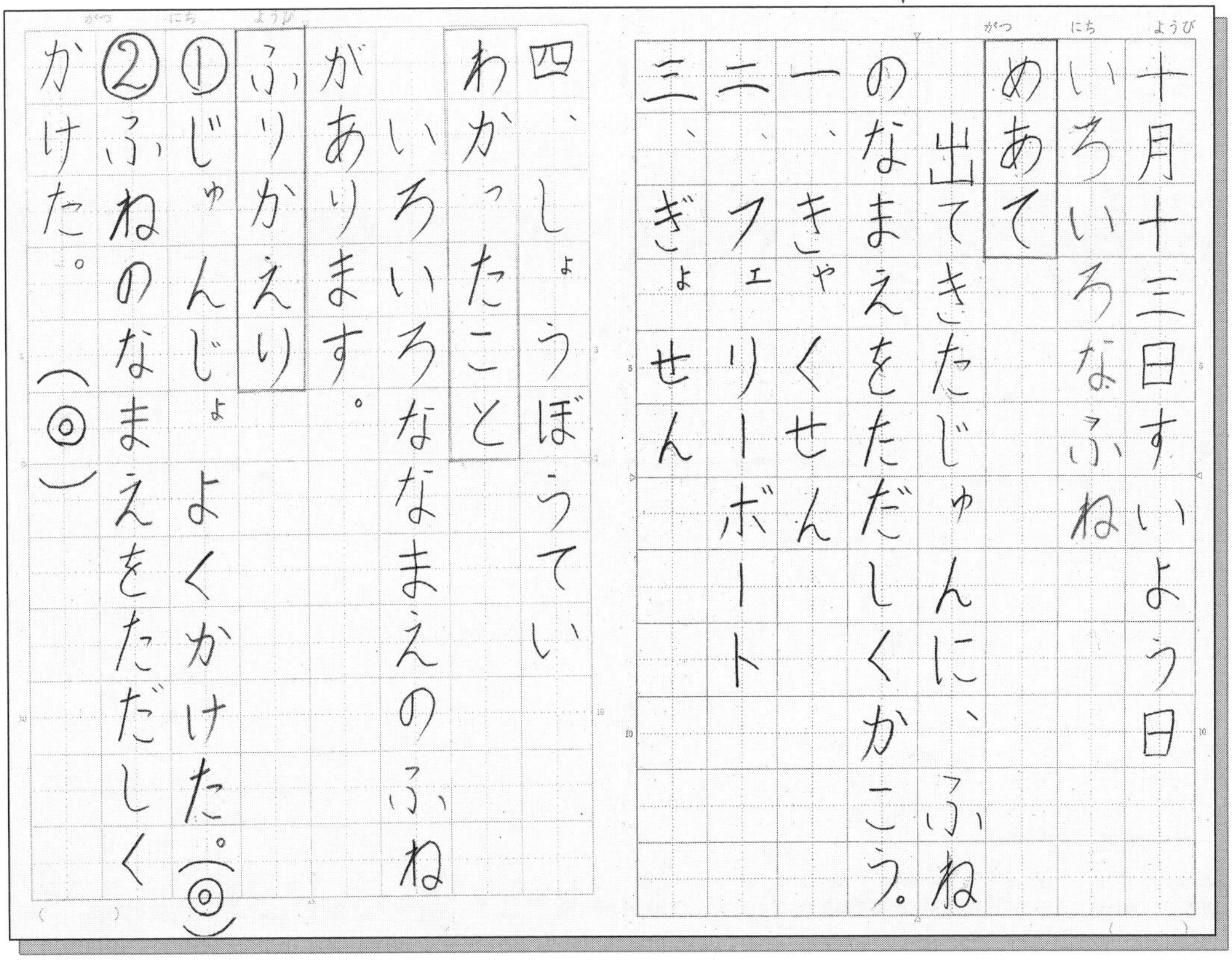
がつ にち ようび
十月十三日すいよう日
いろいろなふね
めあて
出てきたじゅんに、ふね
のなまえをただしくかこう。
一、きゃくせん
二、フェリーボート
三、ぎょせん
四、しょうぼうてい
わかったこと
いろいろなまえのふね
があります。
ふりかえり
①じゅんじょよくかけた。◎
②ふねのなまえをただしく
かけた。（◎）

1年生

「いろいろなふね」（東書）②

教科書の大事な部分を抜き出す

教科書本文の活用

①教科書を、正しく視写する。

②視写した教科書の本文を生かして、自分の考えを書く。

教科書の視写を通して文字や表記、語句の習得につなげることができる。

このとき、「書いた文を声に出して読む」ことを大切にしたい。

「きゃくせん」（拗音）や「フェリーボート」（拗音と長音）、促音などは、語句のまとまりとして習得させたい。

「学びのあしあと」としてのノート

ノートを上段と下段に分け、「事実（本のぶん）」と「自分の考え（しりたいこと）」を明確にする。

上の学年においては、必要に応じて三段にしたり項目を工夫したりして、応用できる。

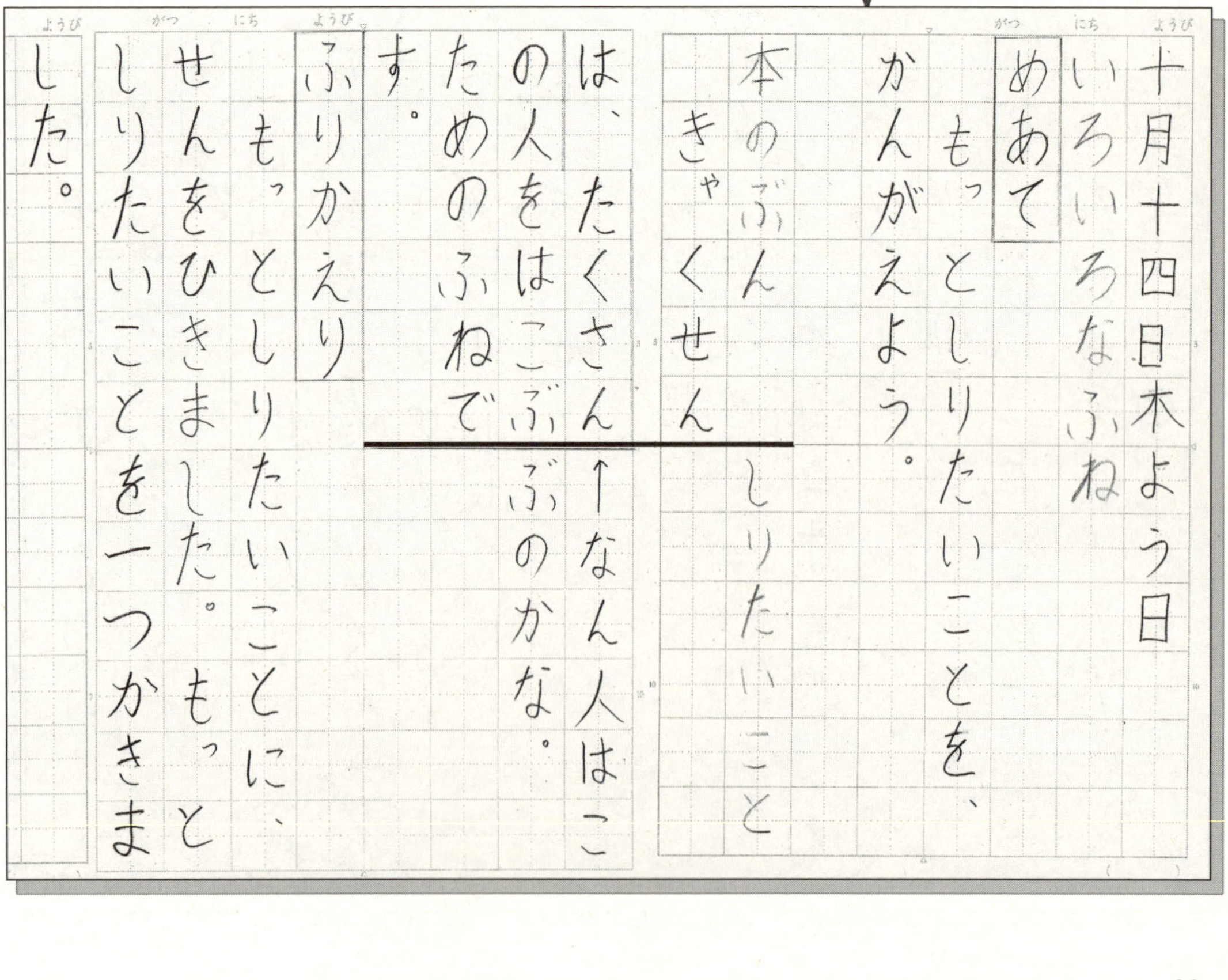
十月十四日木よう日
いろいろなふね
めあて
もっとしりたいことを、かんがえよう。
本のぶん
きゃくせん
は、たくさんの人をはこぶためのふねです。
しりたいこと
なん人はこぶのかな。
ふりかえり
もっとしりたいことに、もっとせんをひきました。しりたいことを一つかきました。

「いろいろなふね」（東書）③

読み取ったことを正確に分かりやすく書く

読み取ったことを正確に分かりやすく

①目的を表す「ための」に着目して読み取り、読み取ったことを正しく記述する。

②番号や矢印（記号）を用いて、分かりやすいノートにする。

本文を視写し、ここでキーワードとなる言葉「ための」を□囲みでチェックする。

四つの船について読み取るので、「フェリーボート」や「ぎょせん」の前に番号を付ける。（単元を通して同じ番号が望ましい。）

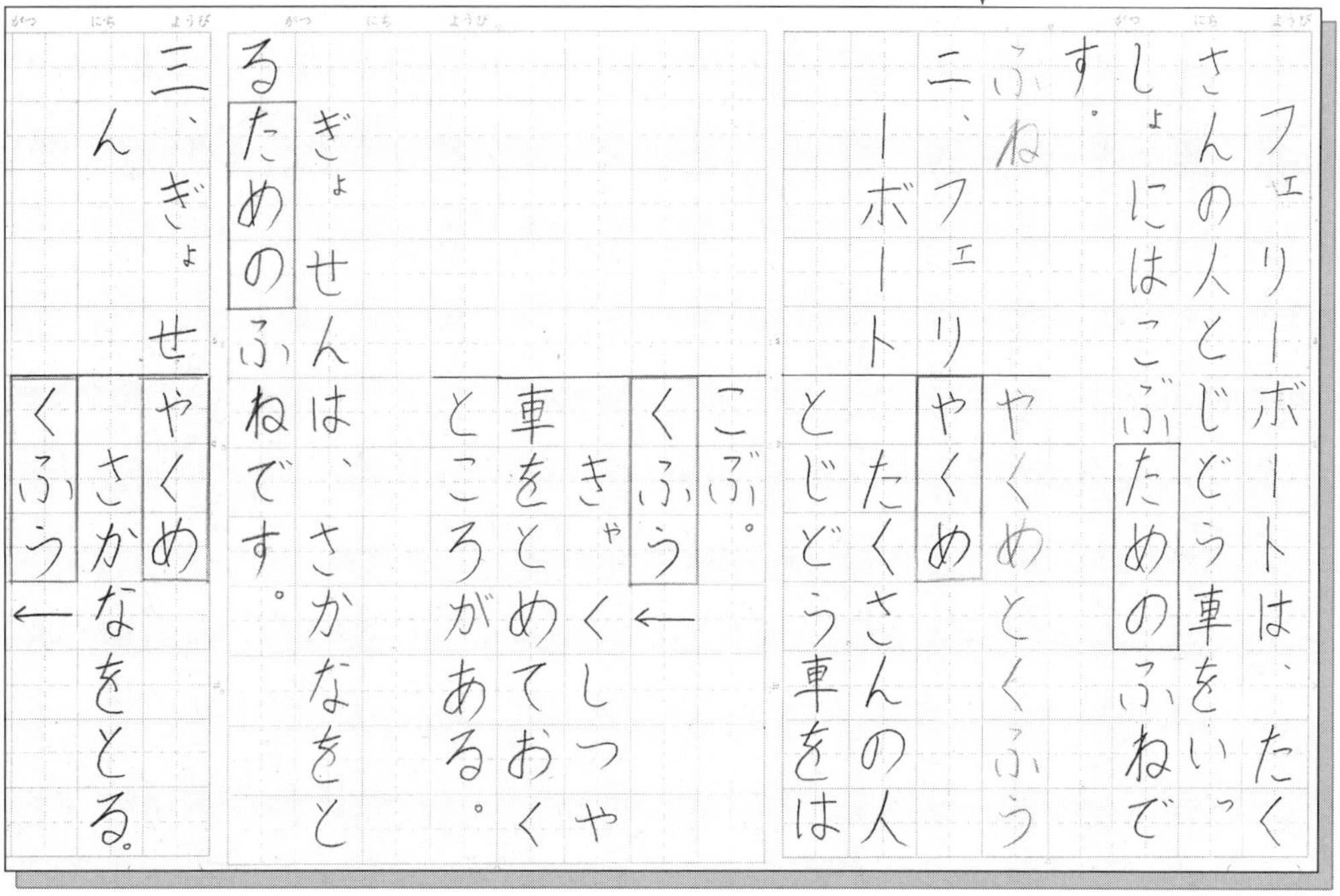

フェリーボートは、たくさんの人とじどう車をいっしょにはこぶためのふねです。
ふね
二、フェリーボート
やくめとくふう
やくめ
たくさんの人とじどう車をはこぶ。
くふう ←
きゃくしつや車をとめておくところがある。
ぎょせんは、さかなをとるためのふねです。
三、ぎょせん
やくめ さかなをとる。
くふう ←

説明的文章におけるノートのポイント

日々の言語活動につながるノートに

日常生活において、説明を行う場面は多い。内容の読み取りにとどまらず、子どもたちが実際に「ための」を用いて説明を行う場面を想定したノートづくりが肝要である。

2 「たぬきの糸車」（光村）①
題名読みを基に初めの感想を書く

題名読みでスタート

興味を持ってお話と出会わせたい。そこで、まず題名読みを行う。「たぬき」という言葉に着目させ、その言葉から思い浮かぶこと、知っていることなどを書き込ませる。その後、伝え合いの場を設け、さらにお話の世界へと入り込ませる。

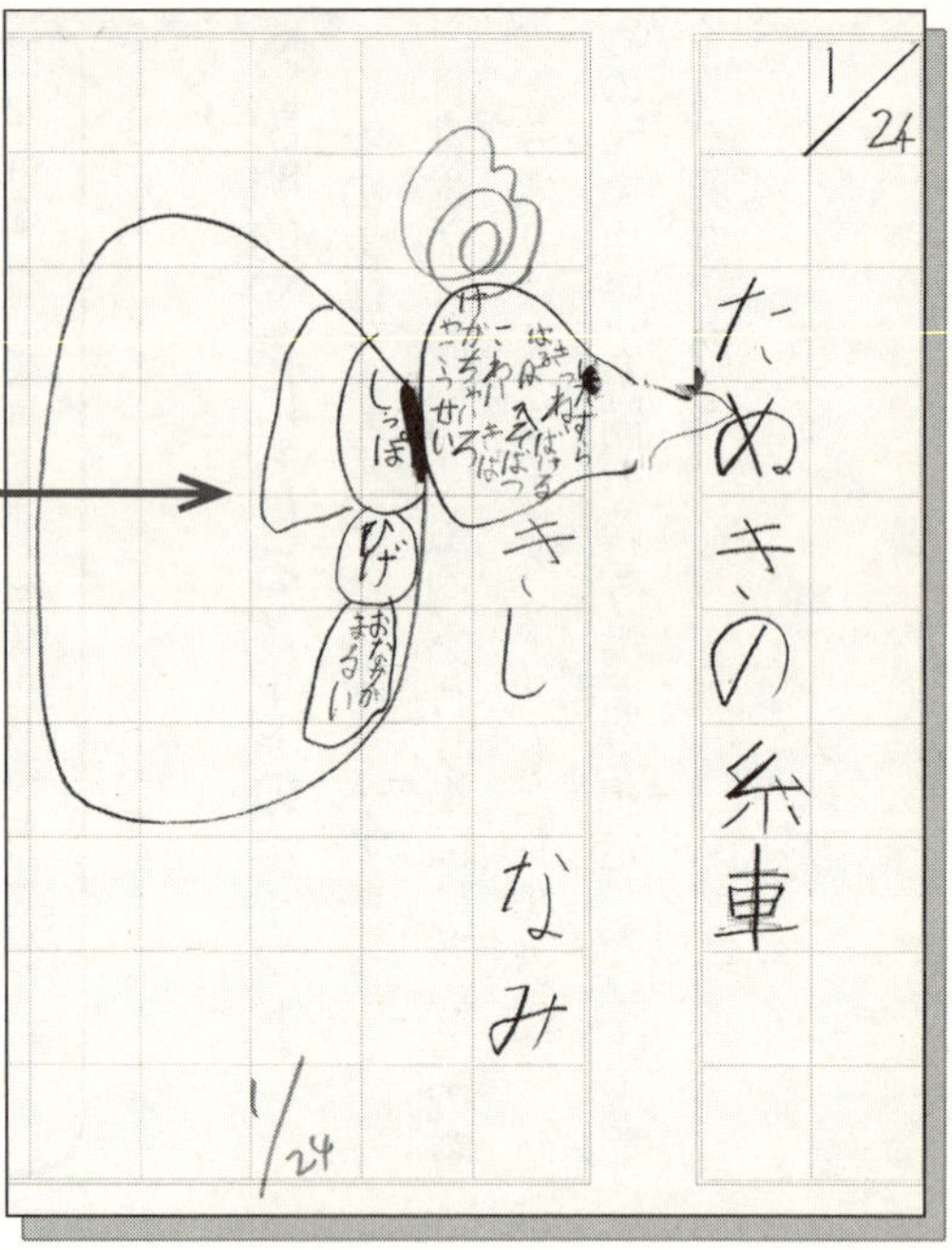
1/24
たぬきの糸車
きし　なみ
しっぽ
ひげ
おなかがまるい
1/24

感想に理由を書き添える

お話を読んだ後、初めの感想を書く。

「わたしが○○だとおもったことは、……。わけは、……。」

1年生の段階から、ただの思いつきにならないよう理由を書き添える習慣を身につけさせておきたい。

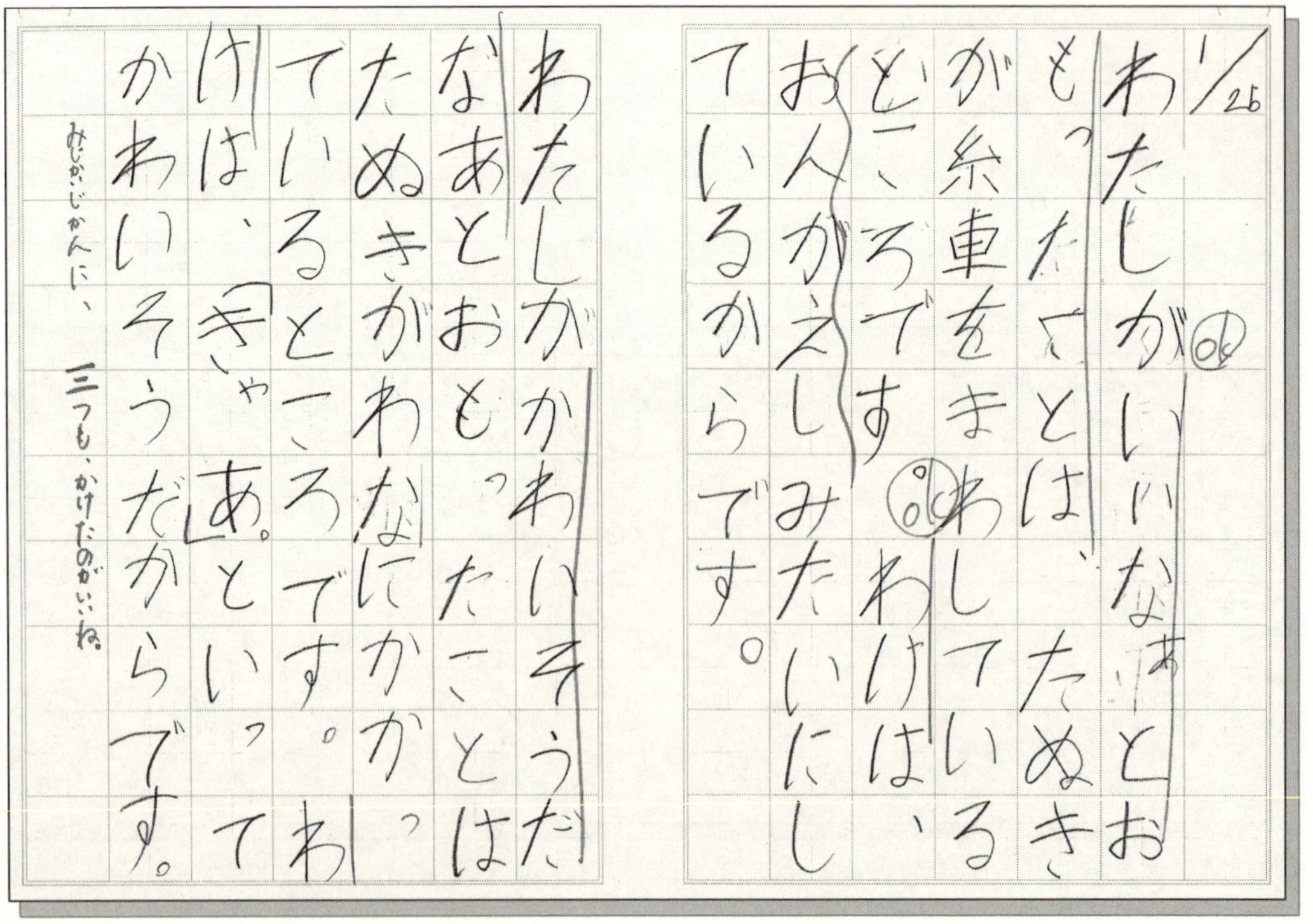
1/25
わたしがいいなあとおもったことは、たぬきが糸車をまわしているところです。わけは、おんがえしみたいにしているからです。
わたしがかわいそうだなあとおもったことは、たぬきがわなにかかっているところです。わけは、「きゃあ。」といってかわいそうだからです。
みじかいじかんに、三つも、かけたのがいいね。

「たぬきの糸車」（光村）②

場面に応じ考え判断したことを書く

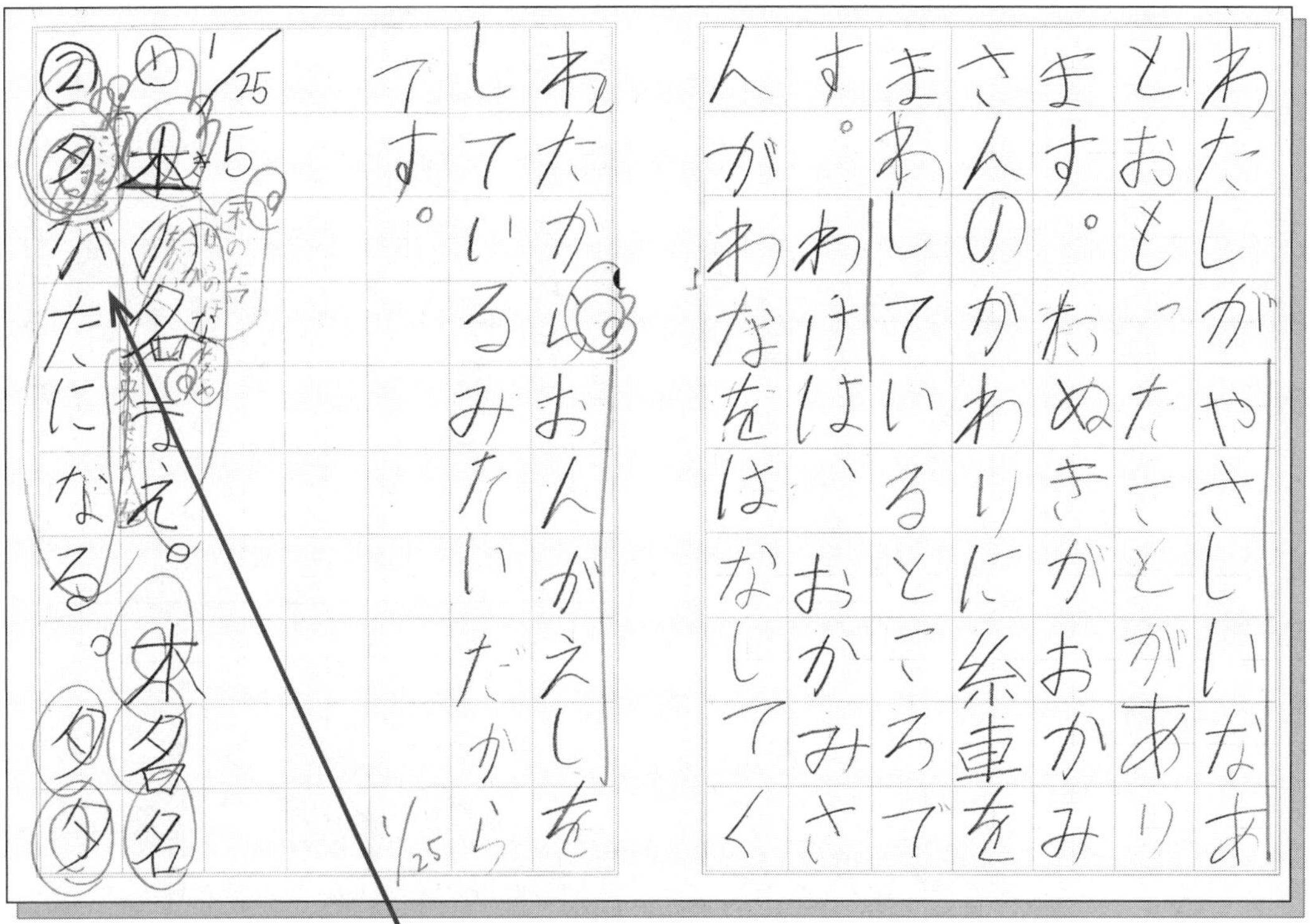
わたしがやさしいなあとおもったことがあります。たぬきがおかみさんのかわりに糸車をまわしているところです。わけは、おかみさんがわなをはなしてく
れたからおんがえしをしているみたいだからです。
1/25
1/25
①5木の名まえ。
②夕がたになる。

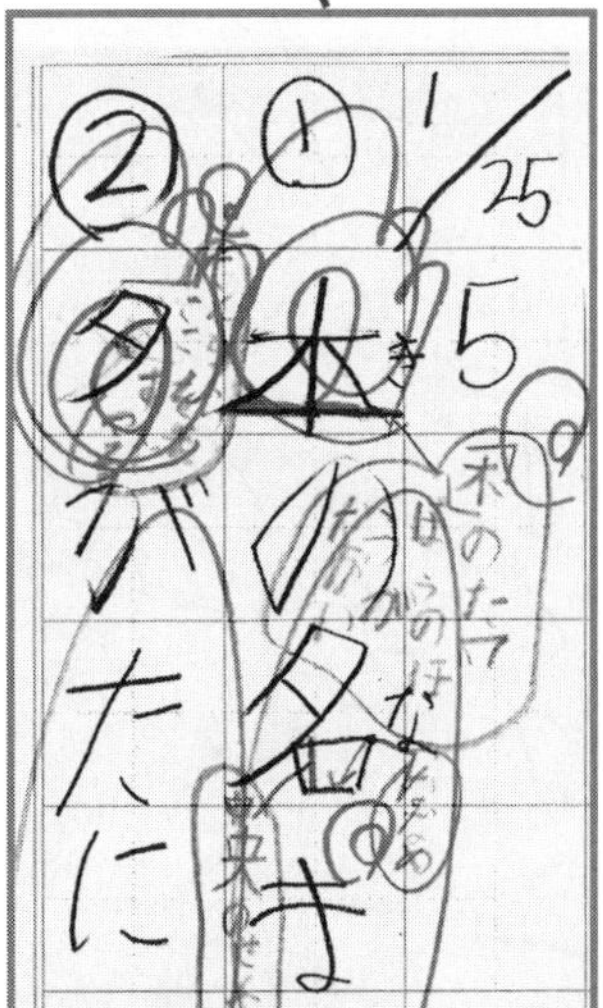

「やさしいとおもった」「わけ」をきちんと書かせる

「わたしがやさしいなあとおもったことがあります。たぬきが……しているところです。」と自分の思いを自分の言葉によって書き表すことができている。さらに「おんがえし」というキーワードを使って「わけ」をきちんと書いているところに注目したい。

実生活でも場面に応じて、自分で考え、判断する

学校に漢字ノートを忘れたため、国語ノートを代わりに使った例である。どうしたらいいかを自分で考え、判断していつも通り（日付・ドリルの番号・漢字を書く時の留意点を書く）に練習できている。

留意点を書き込ませる

○「木」のたてぼうのほうがながい
○中央のせんより左
○ななめ

「たぬきの糸車」（光村）③

挿絵に説明、そして全体のあらすじを書く

挿絵を活用し、全体のあらすじを捉える

「ばめんごとにわけて、えにせつめいをかこう」という「めあて」がノートに書かれている。挿絵からたくさんの言葉を引き出すことができる。「たぬきの糸車」では、お話全体を見通せるよう、まず六枚の絵を一枚のワークシートに印刷し、挿絵をもとに場面分けを行った。そして、本文の言葉を使って場面ごとに説明を書かせた。

「むかしやまおくの一けんやがあった。一けんやにはきこりがすんでいた。たぬきがいたずらをしたからわなにかかっておかみさんがたすけてくれた。」ときちんとあらすじを書きまとめている。

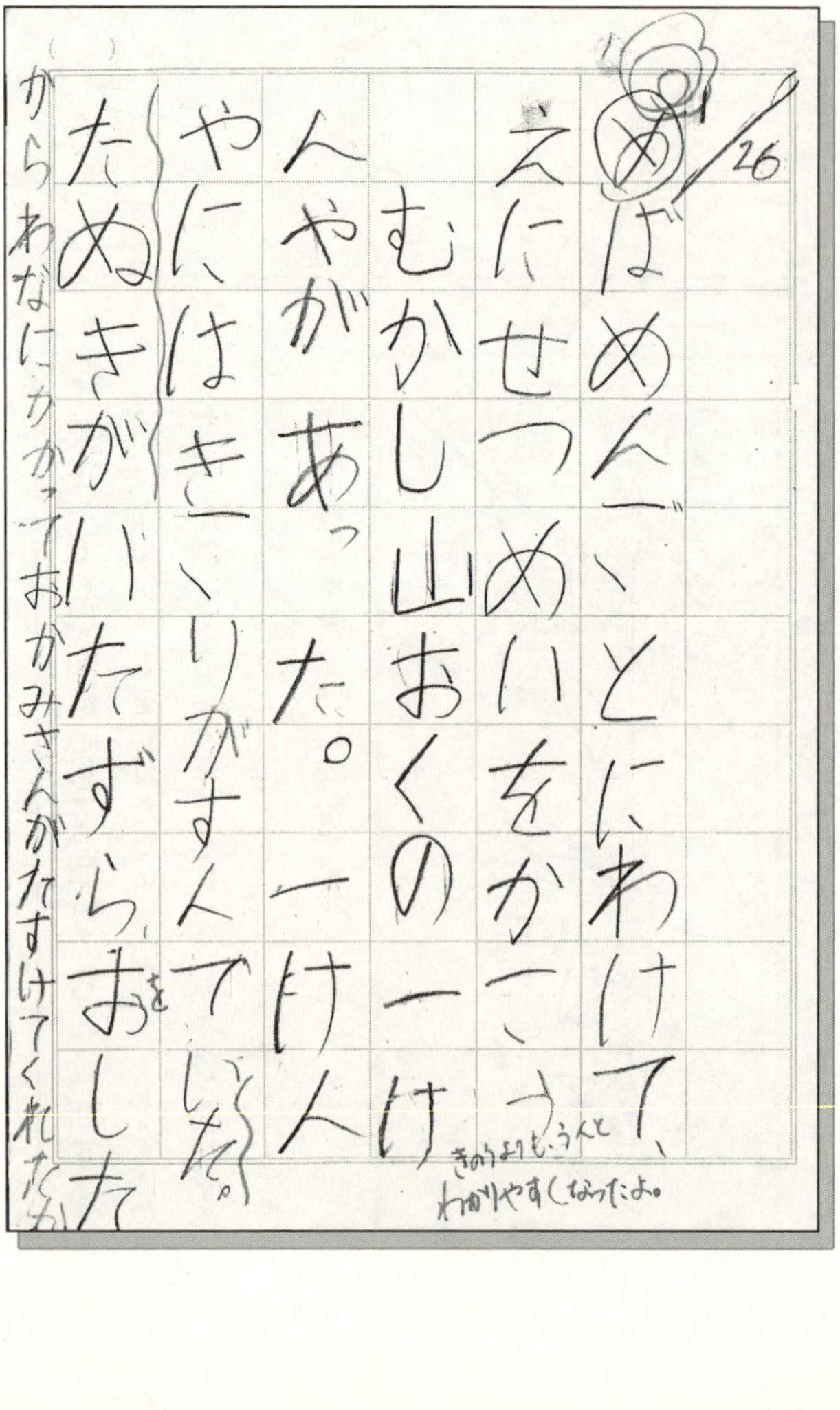
めあて 1/26
ばめんごとにわけて、
えにせつめいをかこう。
むかし山おくの一け
んやがあった。一けん
やにはきこりがすんでいた。
たぬきがいたずらをした
からわなにかかっておかみさんがたすけてくれたか
きのうよりもっとうんと
わかりやすくなったよ。

「5W1H」と「一文を短く」を意識させる

これは、ワークシートの絵に書き添えたそれぞれの説明をつないでいくようにさせた成果である。

このように挿絵をうまく使うと、あらすじを捉えやすい。

この時、5W1Hを意識させること、一文を短くすることなどにも気をつけさせたい。

「たぬきの糸車」（光村）④

叙述に基づいてお話のよさを読み取る(1)

叙述に基づいて読み取る

お話紹介へと向かう活動の一コマである。これまでの学習で、お話のよさを読み取るコツをためてきている。本時は、その中から「好きな場面」についてまとめた。「おはなしのよさをつたえるぶひんをつくろう」という「めあて」がノートに書かれている。

そして、「わたしのすきなばめんは……です。」と好きな場面を選ぶ。さらに、「すきな本文は、……です。」へと進む。

ここで終わらず、「わけは……からです。」とわけも書かせた。1年生の時からきちんと理由を書かせることが重要である。ただし、1年生の段階においてはごく簡単な理由でもかまわない。

叙述に基づき三点セットで書く

この学習でも、「自分が好きな場面はどこか」、「それは本文のどこに書いてあるのか」、「なぜそう思ったのか」ということを、叙述に基づき三点セットで書いていることに着目していただきたい。自分が読み取ったことを常に本文に返し、根拠を引き出しながら自分の言葉で書く習慣をつけさせることが重要である。

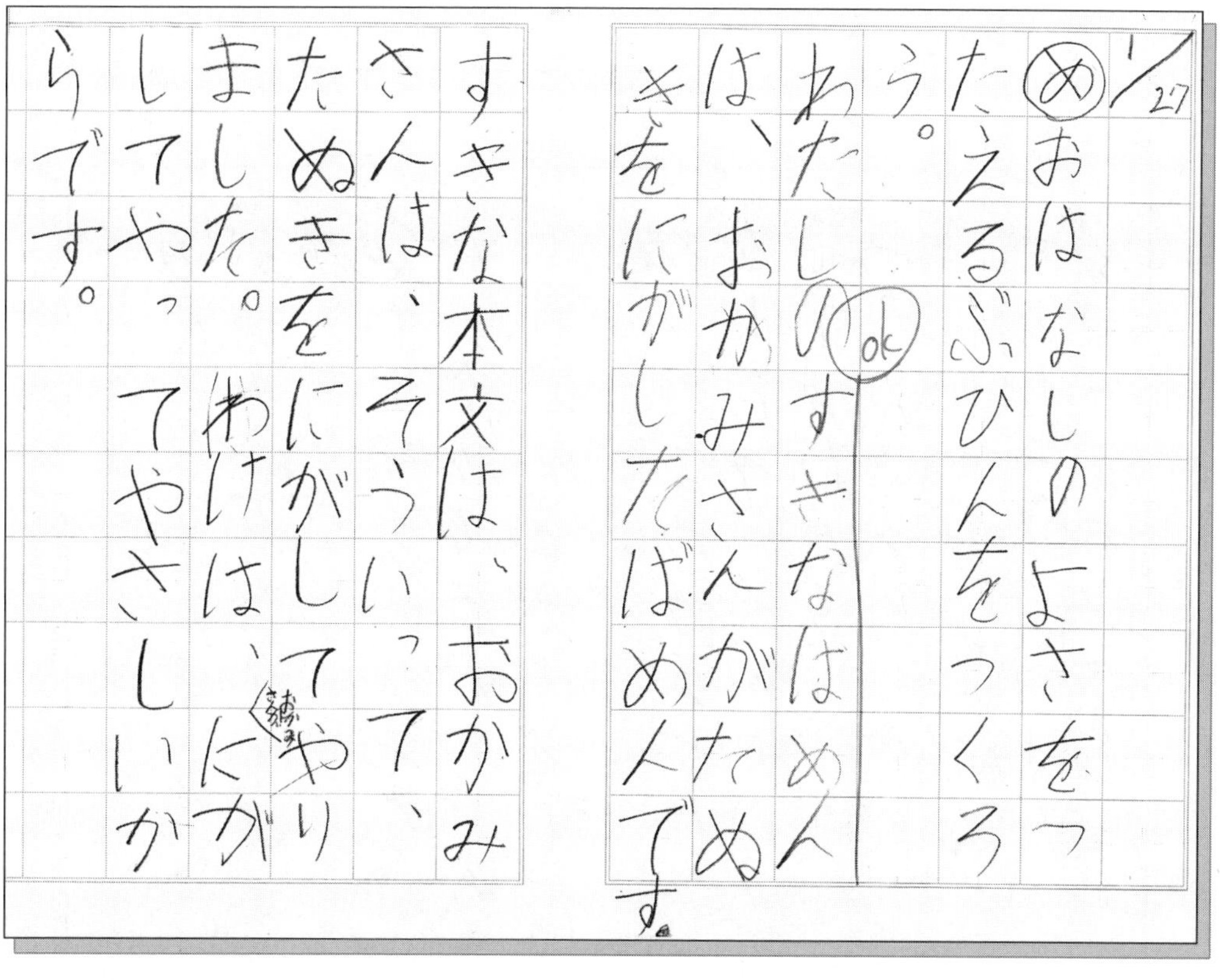

「たぬきの糸車」（光村）⑤

叙述に基づいてお話のよさを読み取る(2)

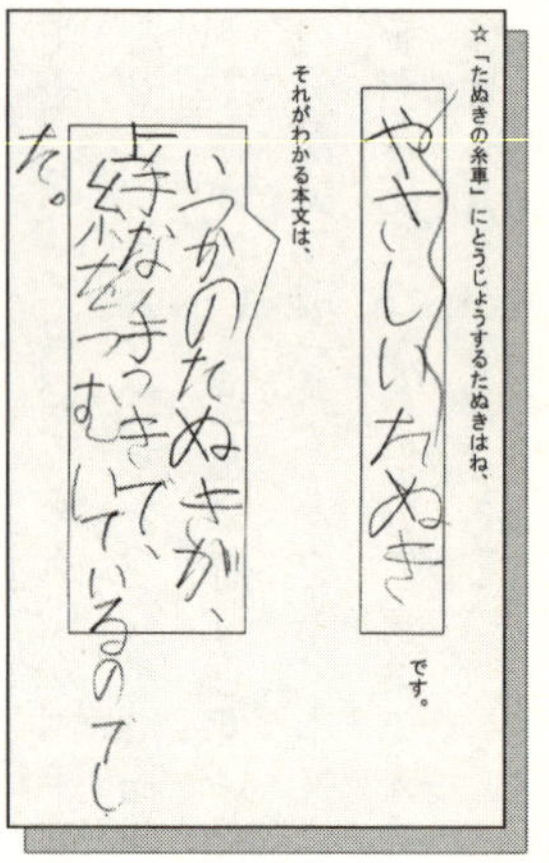
☆「たぬきの糸車」にとうじょうするたぬきは、やさしいたぬきです。
それがわかる本文は、
いつかのたぬきが、上手な手つきで、糸をつむいでいるのでした。

本文を書き抜き叙述に基づいて読み取る

右はワークシートの一部である。「『たぬきの糸車』にとうじょうするたぬきはね、」と子どもの考えを引き出す。そして、「それがわかる本文は」と、自分の考えを支える本文の叙述を書き抜かせる。

単純な活動であるが、「考え」と「根拠」を関係づけるという重要な学習活動と言えよう。

登場人物の気持ちの変化を考える

登場人物の気持ちの変化を考える時にも、そのことが分かる本文を書き抜き叙述に基づいて読み取らせたい。

「たぬきとおかみさんの気もちのへんかをよみとろう」という「めあて」が、ノートに書かれている。

後半に「おかみさんは、さいしょはいやな気もち↓やさしい気もち」という変化をきちんとまとめている。さらに、「わけは……」と、その理由についてもきちんと書いている。

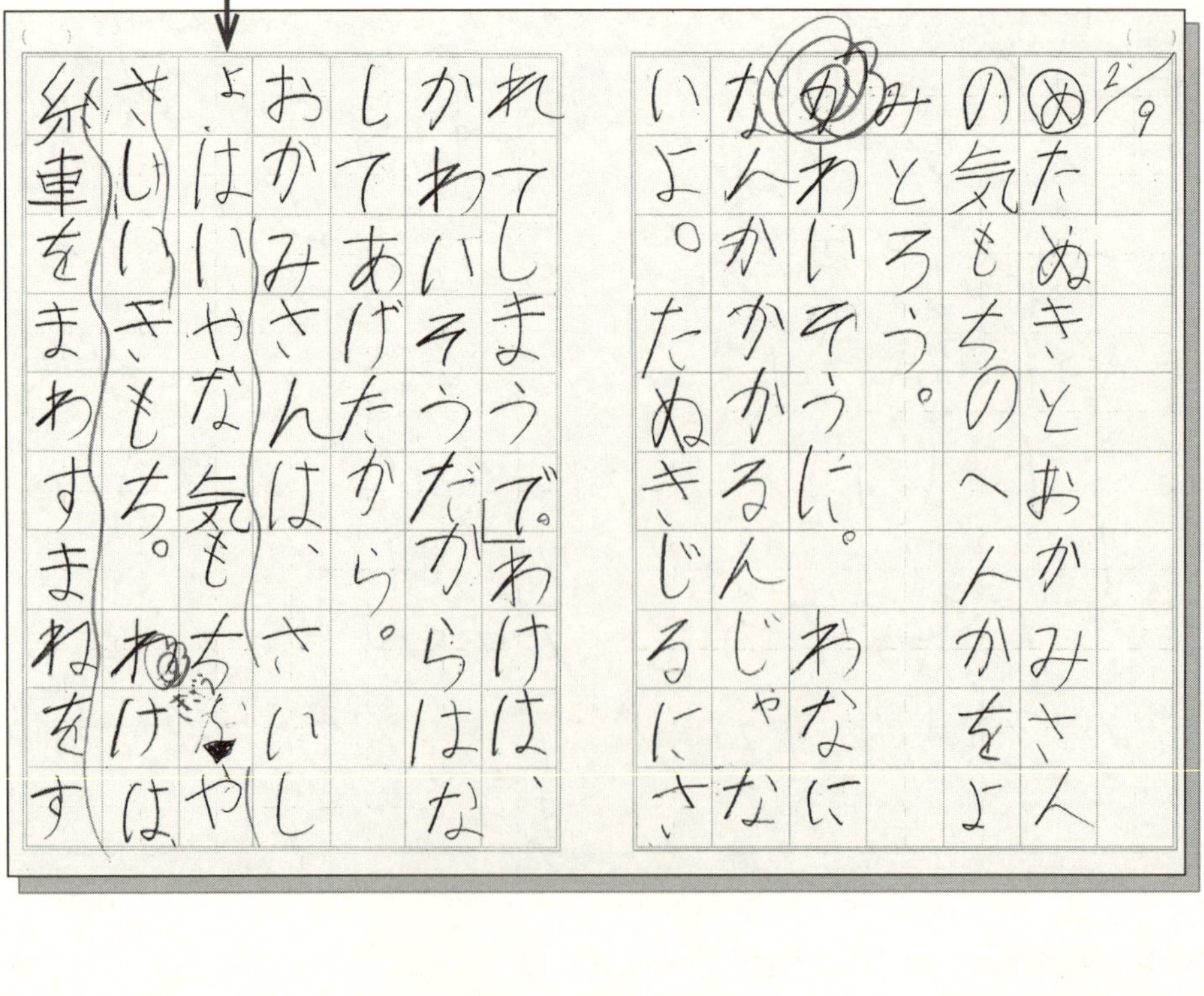
2/9
ⓜたぬきとおかみさんの気もちのへんかをよみとろう。
かわいそうに。わなになんかかかるんじゃないよ。たぬきじるにされてしまうで。わけは、かわいそうだからはなしてあげたから。
おかみさんは、さいしょはいやな気もち→やさしいきもち。わけは、糸車をまわすまねをす

「たぬきの糸車」（光村）⑥

叙述に基づいてお話のよさを読み取る(3)

叙述に基づいてテーマを考える

低学年の子どもたちも、叙述に基づいて場面の様子や登場人物の行動を中心にお話全体とそれぞれの場面とを行ったり来たりしながら読み取っていくと、自分なりにテーマについて考えることができる。

テーマを考えた根拠（本文）、理由もきちんと書かせたい。こういった学習が次の学年へとつながり、螺旋的な指導によって言葉の力を高めていく。

テーマとその理由を書かせる

「テーマは、たすけあいです。」ときちんと書いている。

そして、「それがわかる本文」を書き抜いた。

もちろん、「わけは……」と理由を書かせる。

「自分が見つけたテーマ」、「それは本文のどこに書いてあるのか」、「なぜそう思ったのか」という三点セットがここでも使われていることに注目したい。

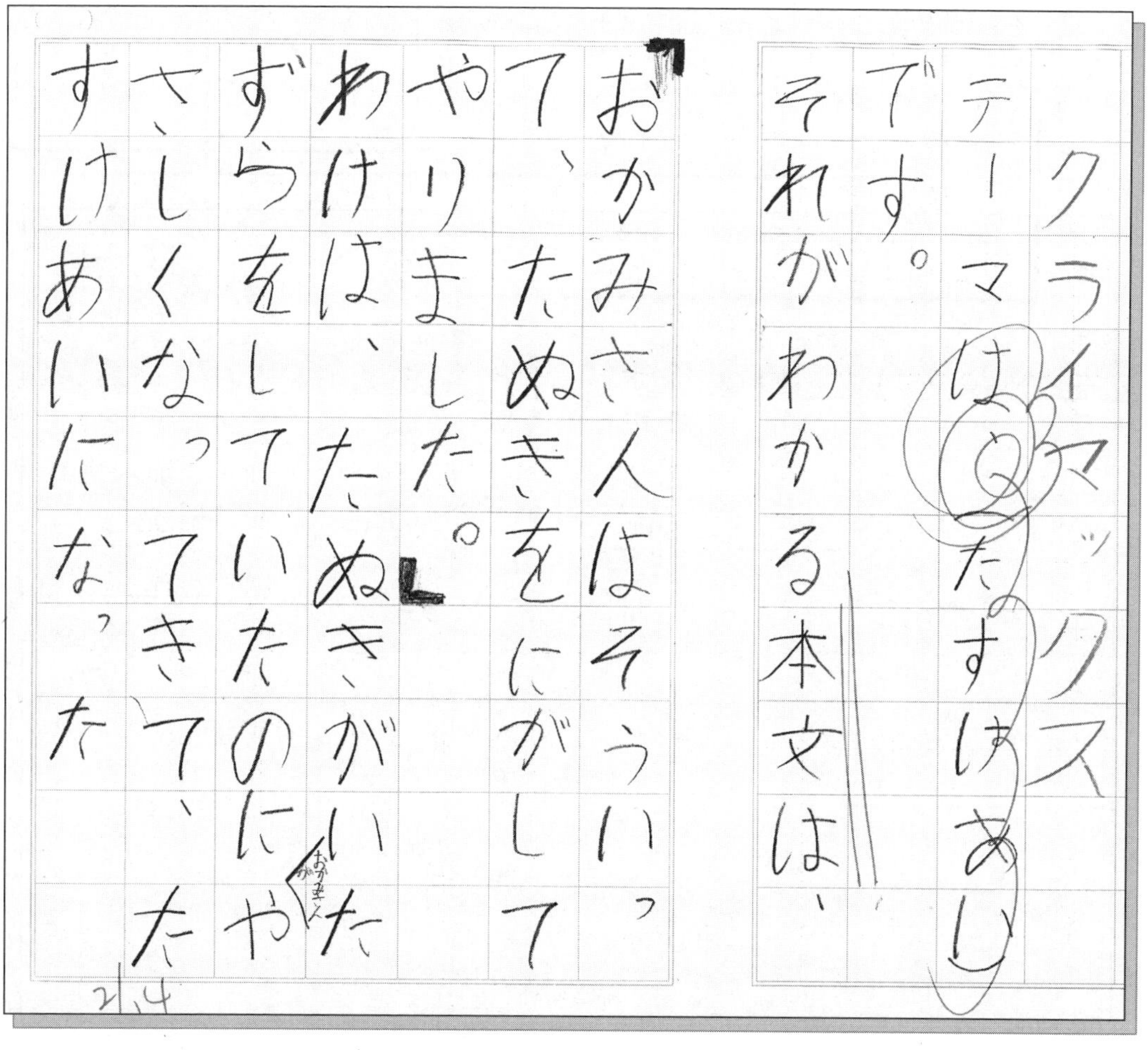

クライマックス
テーマはたすけあいです。
それがわかる本文は、
おかみさんはそういって、たぬきをにがしてやりました。
わけは、たぬきがいたずらをしていたのにやさしくなってきて、たすけあいになった
おかみさん
2.4

1 「音やようすをあらわすことば」（光村・平成17年度版）①
赤文字を使って種類分けをさせる

赤文字を使ってノートの上で種類分けをさせる

日本語の調べの豊かさを支える重要な要素のひとつとしての、いわゆる、擬音語・擬態語（オノマトペ）の学習である。

「音をあらわすことば」と「ようすをあらわすことば」という2種類のものがあることをしっかりと意識させるために、赤文字を使って、ノートの上で種類分けをさせている工夫に注目したい。

下位の種類分け（具体例）を○によって示す

「音をあらわすことば」と「ようすをあらわすことば」それぞれについて、下位の種類として、具体例を子どもから引き出していった。

「音をあらわすことば」については、○かえるの鳴き声、○ドアをたたく音、○すず虫の鳴き声、○船の汽てき、という具体例を、「ようすをあらわすことば」については、○しずむ夕日がうつくしくかがやくようす、○声を出さないでわらうようす、が子どもから引き出され、それが板書され、さらにノートの上に整理されている。

擬音語・擬態語の意味と効果を考えさせる

「読むこと」の教材において出てくる擬音語・擬態語の意味や効果を考えさせることによって、作品世界のしっかりした把握につながっていくであろう。

たとえば、○ドアをたたく音の「トントントン（小さいよわい）」、「ドンドンドン（大きい強い）」などがその例である。

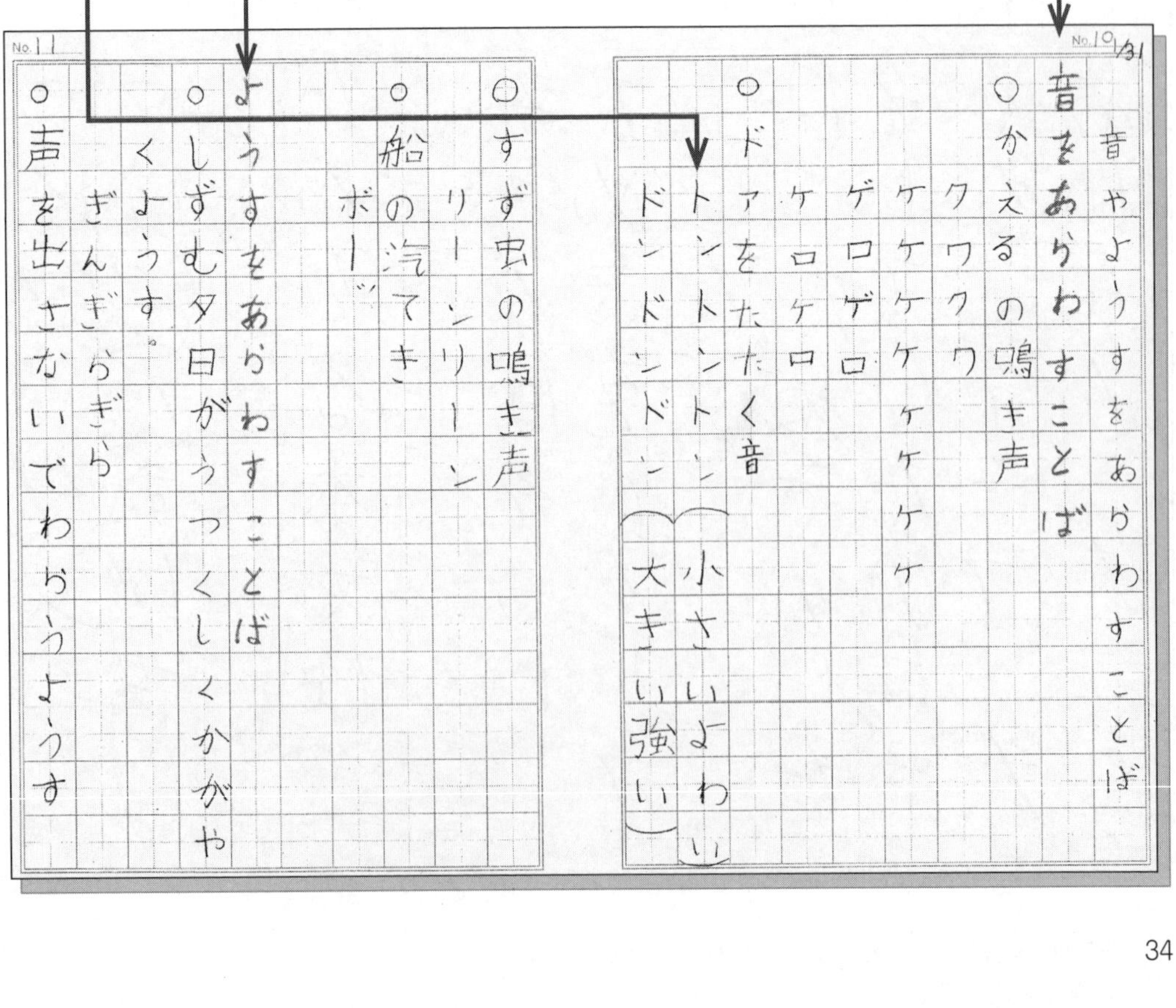
No.10 /31
音やようすをあらわすことば
音をあらわすことば
○かえるの鳴き声
クワクワ
ケケケケケケケ
ゲロゲロ
ケロケロ
○ドアをたたく音
トントントン
ドンドンドン
小さいよわい
大きい強い
No.11
○すず虫の鳴き声
リーンリーン
○船の汽てき
ボーッ
ようすをあらわすことば
○しずむ夕日がうつくしくかがやく
ようす。
ぎんぎらぎら
○声を出さないでわらうようす

「音やようすをあらわすことば」（光村・平成17年度版）②

声に出す擬音語・擬態語には「　」をつける

擬音語・擬態語の微妙な語感の醸成

「○声を出さないでわらうようす」の「にこにこ（長くつづく）」「にっこり（ちょっとの間）」ということが、子どもから引き出された。このような擬音語・擬態語の違いは、非常に微妙なものであり、言葉の力の基盤となる「語感の醸成」に深くかかわっている。

対義的な擬音語・擬態語もノートに書き出す

「○元気が出てくるようす（もりもり）」と「○つかれるようす（ふらふら）」というように、対義的に整理させることも、擬音語・擬態語の違いを考え、感じさせることに非常に効果的である。

声に出す擬音語・擬態語には「　」を付ける

①「わらう」ようす、②「なく」ようす、③「おこる」ようす、の具体例にはそれぞれ「　」が付けられている。

つまり、これらは声に出す擬音語・擬態語ということができよう。何気ない工夫であるが、「書くこと」の学習活動において、「　」をつけて書くことにつながっていく。このように、くわしく書くことへもつながる重要な学習活動である。

※③「おこる」ようす、の「ぷんぷん」「ふん」は、どちらかというと、声には出さないことが多いであろうが、わざと「ぷんぷん」「ふん」と声に出すこともあるため、間違いではない。

No 12
にこにこ（長くつづく）
にっこり（ちょっとの間）
○元気が出てくるようす。
もりもり
○つかれるようす。
ふらふら
①「わらう」ようす
「くすくす」
「がははは」
No 13
「ぐふふふ」
②「なく」ようす
「うえーん」
「うぎゃー」
③「おこる」ようす
「ぷんぷん」
「ふん」

2 「かん字のひろば」（光村）①
文を生み出す「活用を図る学習活動」

ドリル学習ではないところに注目したい

ノートの上で何度も漢字を書かせる、いわゆるドリル学習を行っても、もちろんかまわない。ただ、そういうドリル学習は市販の「漢字ドリル」に任せても良いであろう。

漢字を覚えるのはそれを使って文章を生み出すため

下の「かん字のひろば」ノートの最初の文を見て欲しい。

「ぼくが、えを書いていたら、山の下に夕日がしずんでいった。」という文は、この学習者によって生み出されたものである。

漢字は覚えなければならないが、覚えることが目的になってはならない。漢字を覚えるのは「それを使って文章を生み出す」ためである。

文を生み出す「活用を図る学習活動」を

文を生み出す「活用を図る学習活動」が、ノートの上でみごとに展開されている。

その際に、留意したいのは、「主部と述部」がきちんとそろった安定した文を生み出すということである。

辞書においては、「山を走る」のように、紙幅の都合のため、主部を省略した文例が示される。ほとんどの「漢字ドリル」も、辞書の文例を用いている。

このノートにおいては「シカが森にすんでいる。」「学校がはじまる。」「ぼくは、村にすんでいる。」のように、主部と述部とがきちんとそろった安定した文を生み出している。これが本当の「活用を図る学習活動」である。

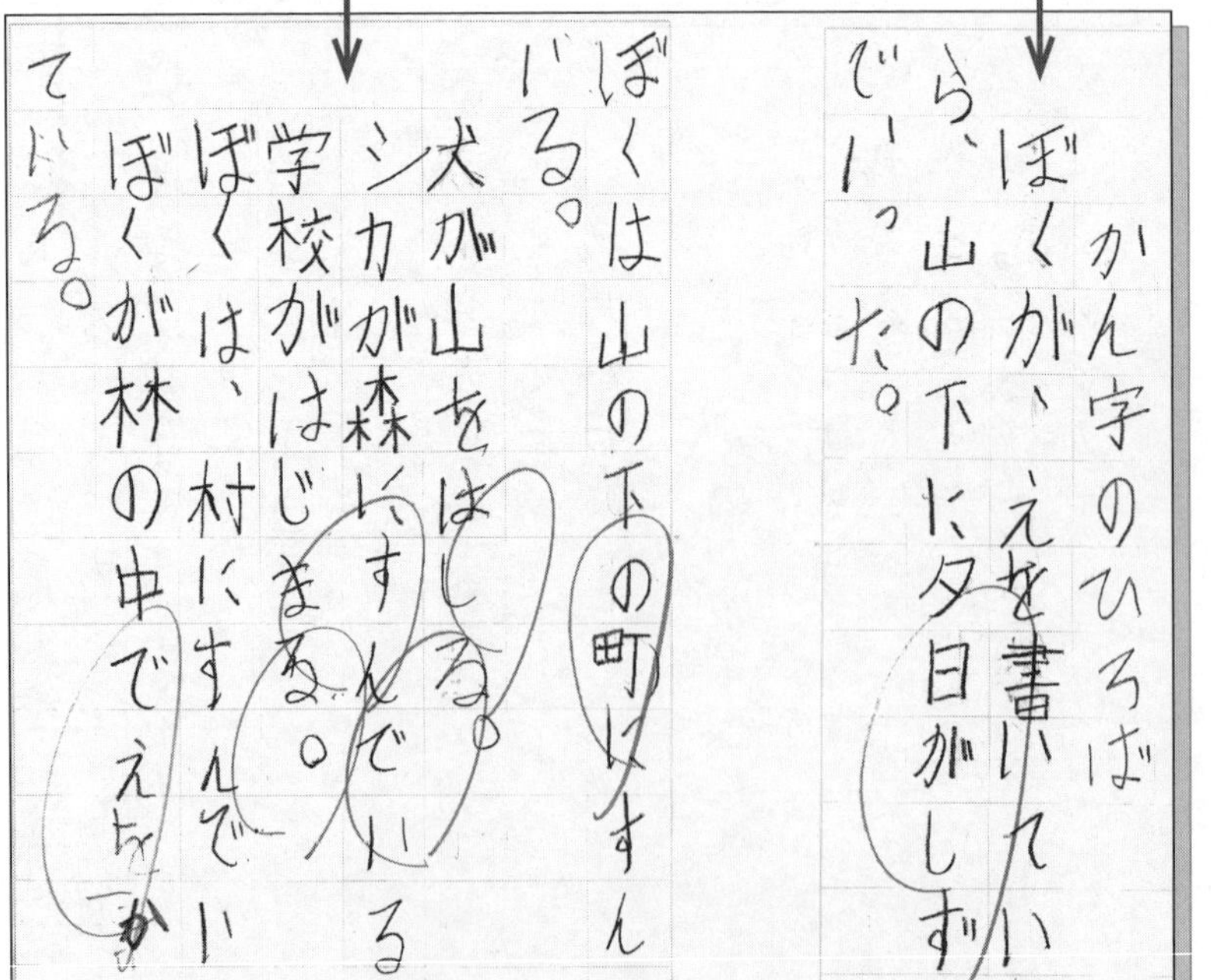
かん字のひろば
ぼくが、えを書いていた
ら、山の下に夕日がしずん
でいった。
ぼくは山の下の町にすんで
いる。
犬が山をはしる。
シカが森にすんでいる。
学校がはじまる。
ぼくは、村にすんでいる。
ぼくが林の中でえをかい
ている。

「かん字のひろば」（光村）②

「つなぎことば」を使う「活用を図る学習活動」

漢字だけでなく「つなぎことば」も

「けれども」という「つなぎことば」の学習に展開している。漢字は覚えなければならないが、覚えることが目的になってはならない。漢字を覚えるのは「それを使って文章を生み出す」ためであることは、先に述べた。

「文」から「文章」へ学びを進める

「文章を生み出す」ためには、「つなぎことば」がキーになる。

「ぼくは、ゆうえんちへいくよていでした。けれども雨がふってできませんでした。」

このように「文」から「文章」へと学びを進めている。こうした「つなぎことば」を使って、「文」から「文章」へと学びを進める機会を設け、それをノートに書きとめさせたい。

基本は「主部と述部がそろった文」

こうした「文」から「文章」へと学びを進めることについては、急いではならない。やはり、「主部と述部がそろった文」をしっかりと生み出すことが基本である。

このノートにおいても、「ぼくが、むかし話を読む。」「ぼくが、お話を聞く。」「ぼくが、いけんを言う。」のように、「文づくり」が基本になっていることに注目したい。「文づくり」ができてこそ、「文章」へと展開できるのである。

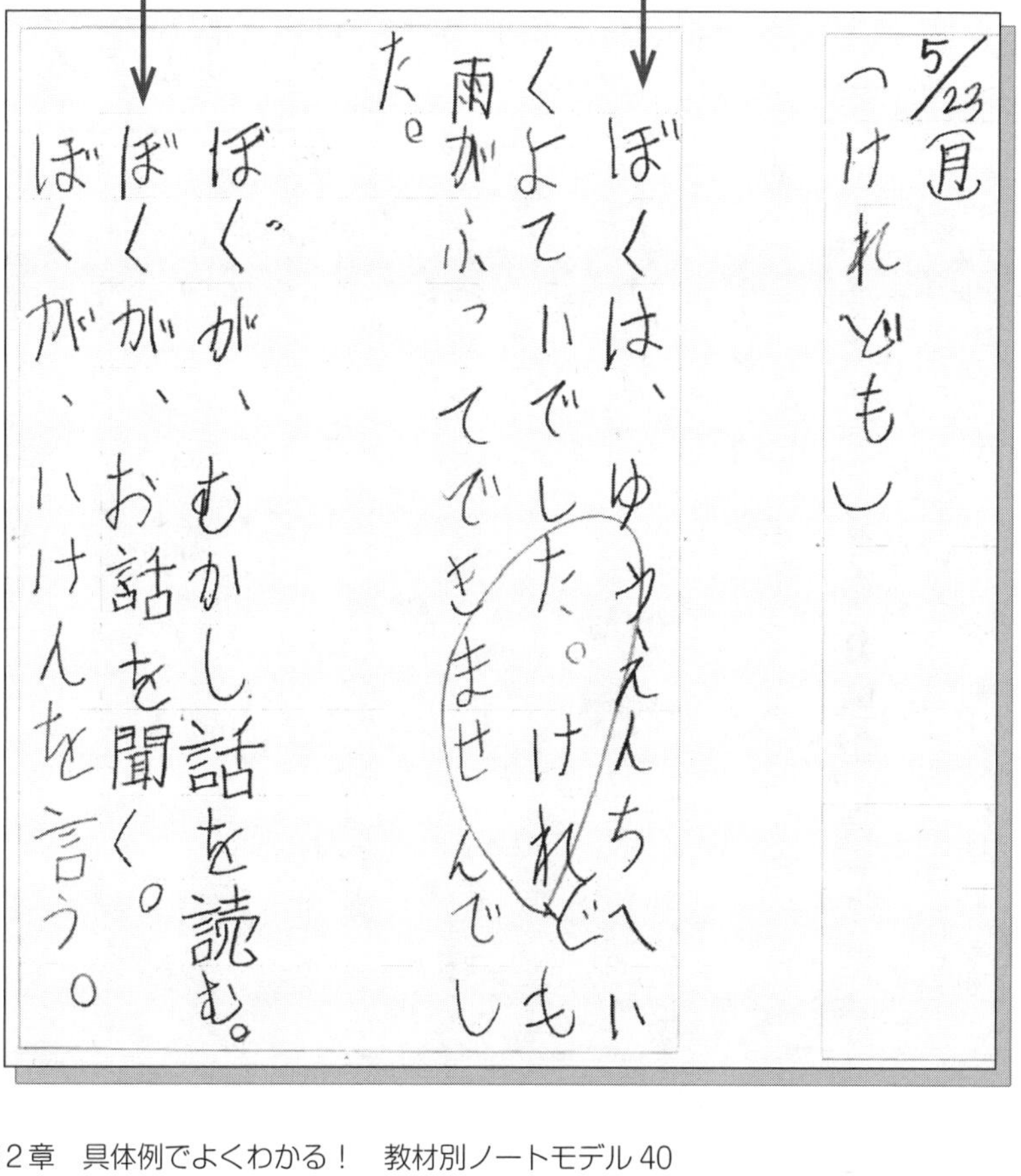
5/23（月）
（けれども）
ぼくは、ゆうえんちへいくよていでした。けれども雨がふってできませんでした。
ぼくが、むかし話を読む。
ぼくが、お話を聞く。
ぼくが、いけんを言う。

3 「はがき新聞」から日記のワザを見つける①
自分と他者の「はがき新聞」を比べる

「はがき新聞」とは―限られたスペースにまとめる―

「はがき新聞」づくりは、その名前のとおり、はがきの大きさのスペースに新聞を書く学習活動である。「理想教育財団」が全国的に普及活動を行っている。http://www.riso-ef.or.jp/hagaki_top.html を参照されたい。

自分の書いた「はがき新聞」からワザを見つける

自分の書いた「はがき新聞」から「日記のワザ」を見つけさせた。ノートに貼り付けた「何がよかったか分かる」「だれと行ったかわかる」という「よいところ見つけ」を行っている。これがワザのもとになる。

他者の書いた「はがき新聞」からワザを見つける

さらに、学級内他者の書いた「はがき新聞」からもワザを見つける。この際には「○○さんのここがすごい」という「ほめほめ」が基本になっている。教師が印刷した他者の「はがき新聞」ワークシートをノートに貼り付け、「キュットしていたことがよくわかりました。なん日にいったかよくわかりました。」「みるとをつかってすごいとおもいました。」などのメッセージを書き込んでいる。

自分の作品と他者の作品とを比べる

このように、自分の作品と他者の作品を比べる言語活動であるところがポイントである。自分の作品と他者の作品を比べることによって、より「ことばの工夫」のあり方に気がつくことができる。他者の作品の「ほめほめ」ができるということは、その観点が自分でも意識できているということである。この相互作用がこの言語活動のポイントということができよう。

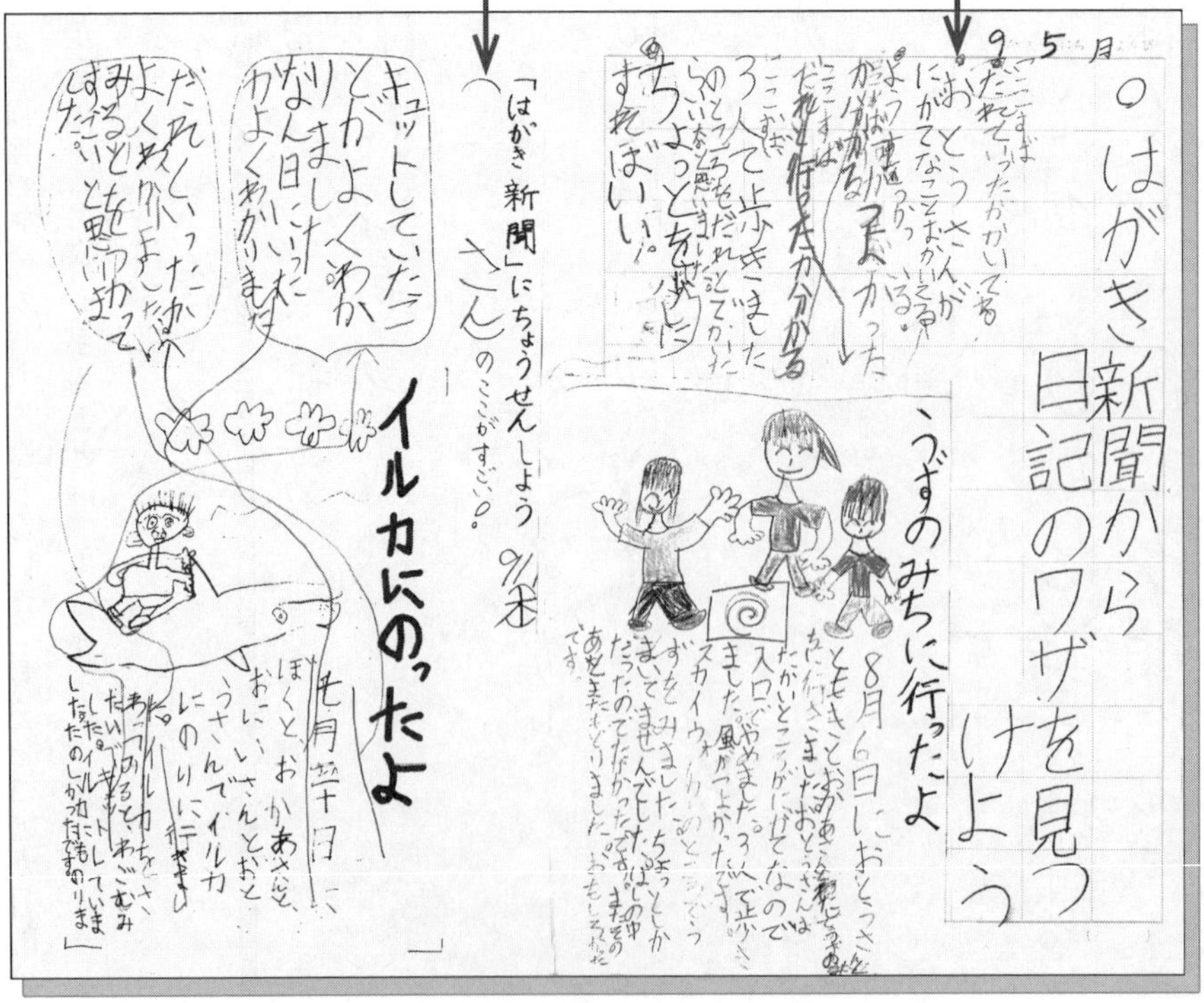

「はがき新聞」から日記のワザを見つける②

「コツ」プリントを貼りさらに充実させる

コツ表のバージョンアップ

この「日記を書くためのコツ」はよく見ると、6月3日版である。それが「はがき新聞」の自己評価そして他者評価を通して、9月5日版のコツ表に高められている。

「内容コツ」と「書きあらわしかたのコツ」

このコツ表において、「内容コツ」と「書きあらわしかたのコツ」の二つの柱が設けられているところに注目したい。一つ一つのコツは、子どもから引き出したものであるが、それを「内容コツ」と「書きあらわしかたのコツ」に分けて示したのは教師である。教師は、引き出す役割だけでなく、上位概念を示して整理する役割をも果たさなければならない。

コツ表への新しい項目の追加

新しい「内容コツ」として、「○できるようになったこと」「○いつもとちがうこと」「○教えてもらったこと」「ソ、さわったこと」が加えられている。

また、「書きあらわしかたのコツ」の新しい項目として、「⑤だいめいをくふうする」「⑥○○○のよう（にをつかう）」が追加された。

これらは、みんなで考え、教師によって黒板の上に板書されたことをノートに書き写したものである。プリントをノートに貼り付けて活用した例である。

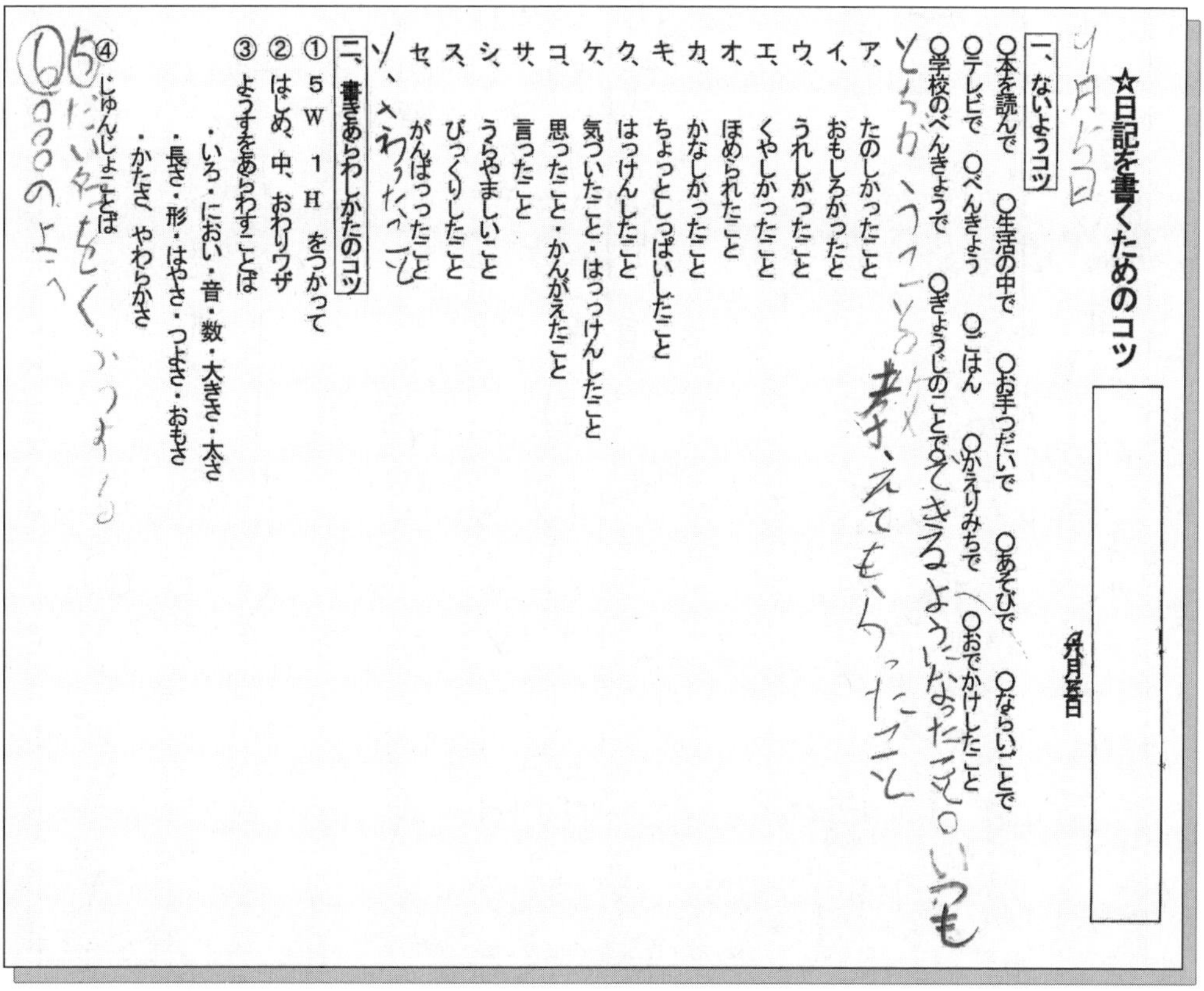

☆日記を書くためのコツ

月　日

一、ないようコツ

○本を読んで　○生活の中で　○お手つだいで　○あそびで　○ならいごとで
○テレビで　○べんきょう　○ごはん　○かえりみちで　○おでかけしたこと
○学校のべんきょうで　○ぎょうじのことで

ア、たのしかったこと
イ、おもしろかったこと
ウ、うれしかったこと
エ、くやしかったこと
オ、ほめられたこと
カ、かなしかったこと
キ、ちょっとしっぱいしたこと
ク、はっけんしたこと
ケ、気づいたこと・はっけんしたこと
コ、思ったこと・かんがえたこと
サ、言ったこと
シ、うらやましいこと
ス、びっくりしたこと
セ、がんばったこと

二、書きあらわしかたのコツ

① 5W 1H をつかって
② はじめ、中、おわりワザ
③ ようすをあらわすことば
・いろ・におい・音・数・大きさ・太さ
・長さ・形・はやさ・つよさ・おもさ
・かたさ、やわらかさ
④ じゅんじょことば

4 「どうぶつ園のじゅうい」（光村）①
説明文の「はじめのかんそう」を書く

「説明文」教材であることを説明

ノートに「どうぶつ園のじゅうい」という題名を書かせた後に、「せつめい文」と教材のジャンルを明確に説明しているところに注目して欲しい。「文学（物語）教材」との違いを意識して読むことを求めているのである。

「説明文」を読むポイント

ノートに「一字下げ―だんらく」と、これまでに身につけた説明文を読む時のポイントを簡単に振り返らせた。

「はじめのかんそう」をノートに書く

ノートに「どうぶつ園のじゅうい」のはじめの感想をまとめさせた。

「ぼくは、114ページのペンギンの話がなるほどと思いました。そのわけは、ボールペンは魚にすこしにているからです。ぼくは魚を丸ごとのむのもはじめて知りました。そのわけは、一回かむのかと思ってたからです。」

自分の意見に必ず理由を添える

「……と思いました。」「……もはじめて知りました。」という自分の意見を述べた後、「そのわけは……からです。」と、必ず理由をきちんと添えさせるようにしている。

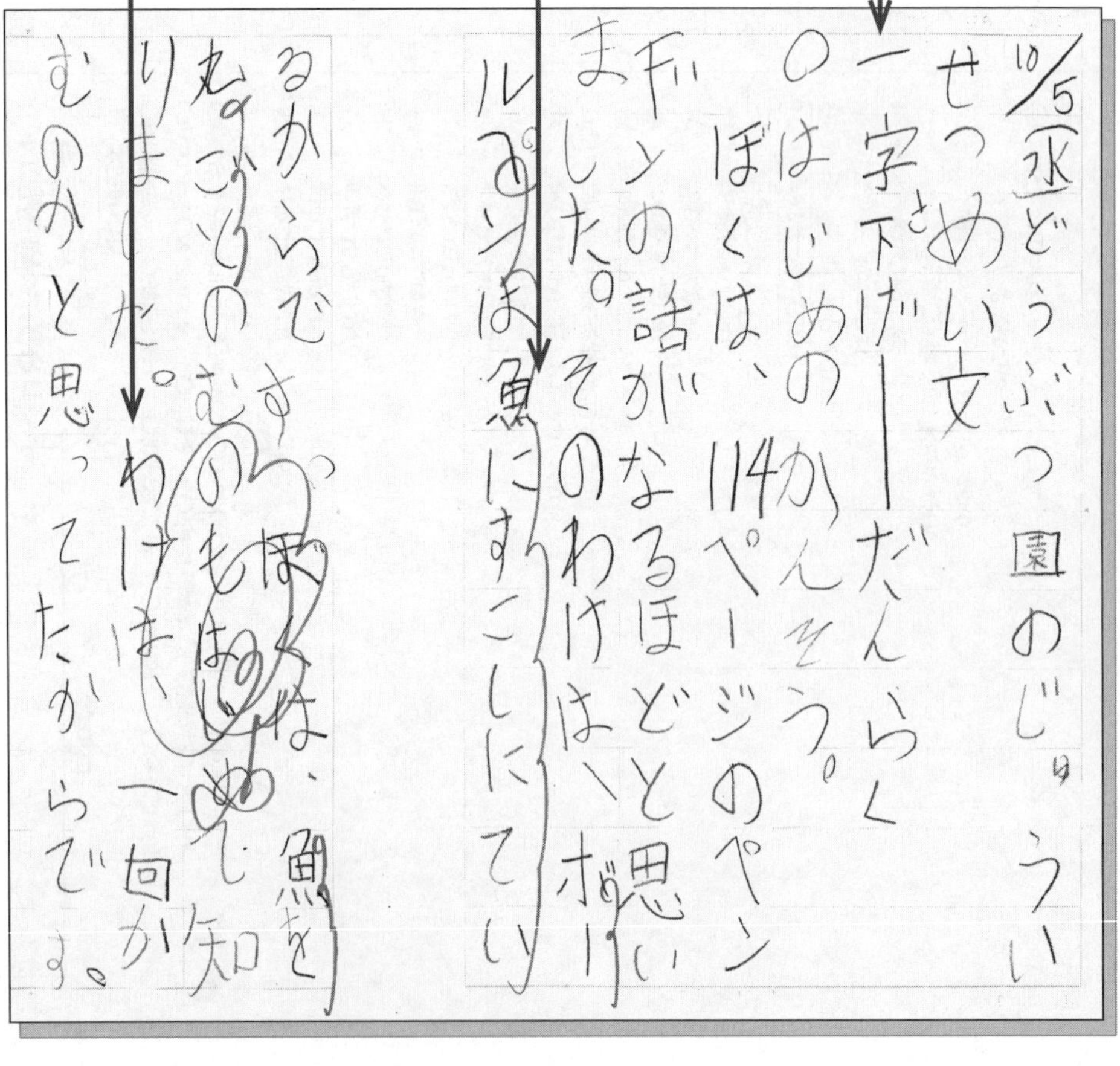
10/5（水）どうぶつ園のじゅうい
せつめい文
一字下げ―だんらく
のはじめのかんそう。
ぼくは、114ページのペン
ギンの話がなるほどと思い
ました。そのわけは、ボー
ルペンは魚にすこしにてい
るからです。ぼくは、魚を
丸ごとのむのもはじめて知
りました。わけは、一回か
むのかと思ってたからです。

「どうぶつ園のじゅうい」（光村）②

「小見出しとようやく文」を書く

学習活動の明確化 ―「小見出しとようやく文」を書く―

ノートに「小見出しとようやく文」と書かれている。これからどのような学習活動を行うかを明確にさせるためである。子どもたちと一緒に、本文の叙述をしっかり読み、伝え合いを行いながら、黒板に「小見出しとようやく文」をまとめていく。

一学期の学びが活かされている「小見出しとようやく文」

小は「小見出し」を意味する。よは「要約」である。

①小ちりょうをするじゅうい
よある日のじゅういさんのしごとをかいてみましょう。

②小朝、見回るじゅういさん
よ朝、じゅういさんは、どうぶつ園の中を見回ります。
わけは、どうぶつになれてもらわないといけないからです。

③小赤ちゃんがおなかにいるいのしし
よ見回りがおわるころ、いのししのおなかに赤ちゃん…

2年生として、これだけの「小見出しとようやく文」を書くことができるのは、一学期の学びが活かされているからと言えよう。

2文での「要約」も出現―「わけは……です。」―

「わけは、どうぶつになれてもらわないといけないからです。」というノートの記述が現れた。これは、常に「理由」を書かせていることの成果と言えよう。

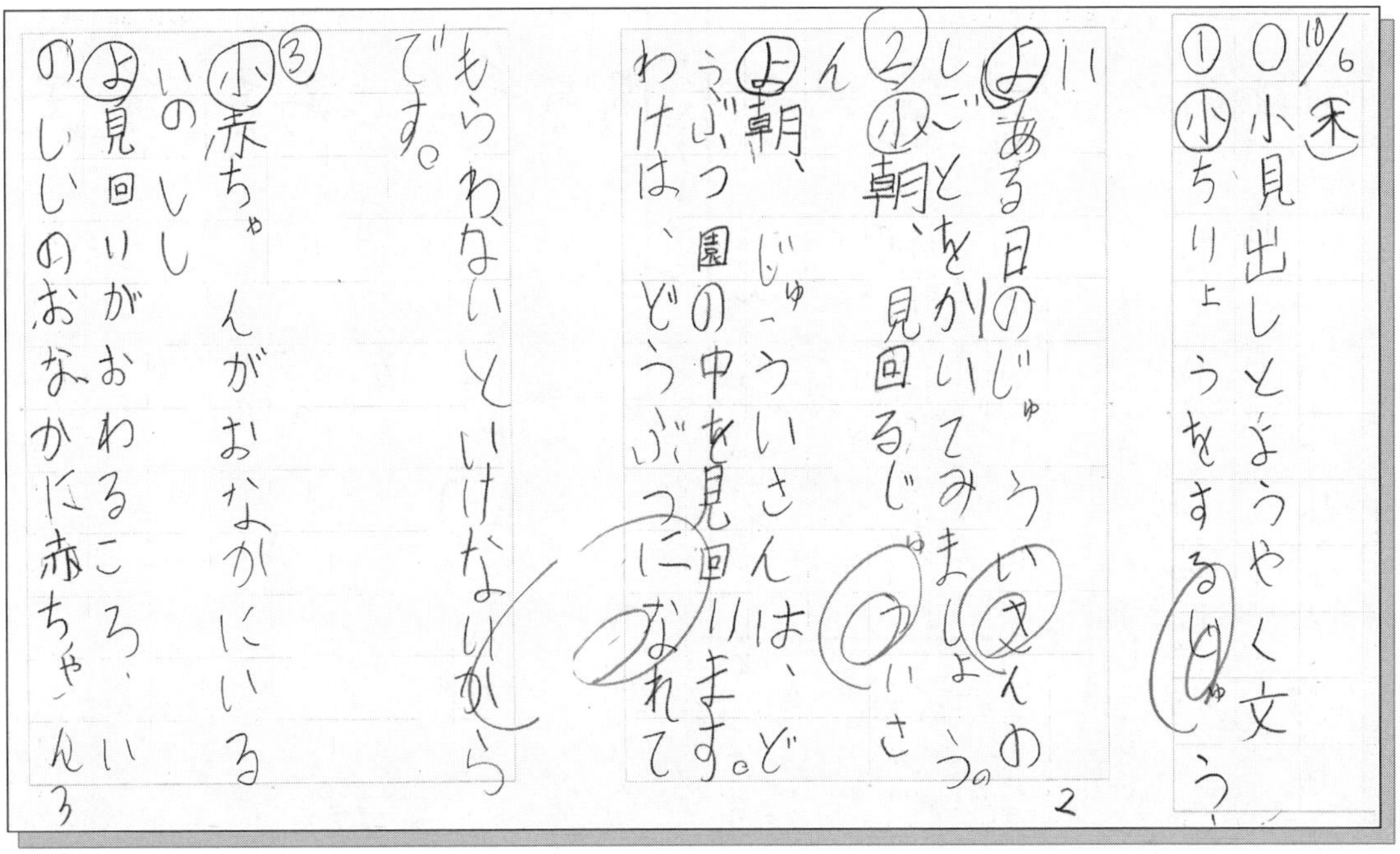
10/6（木）
①○小見出しとようやく文
小ちりょうをするじゅうい
よある日のじゅういさんのしごとをかいてみましょう。
②小朝、見回るじゅういさん
よ朝、じゅういさんは、どうぶつ園の中を見回ります。
わけは、どうぶつになれてもらわないといけないからです。
③小赤ちゃんがおなかにいるいのしし
よ見回りがおわるころ、いのしいのおなかに赤ちゃん

「どうぶつ園のじゅうい」（光村）③

豊かな書き込みを生み出す

自分が選んだ「キーワード」とその理由

各段落の叙述の中から、子どもたち自身が選んだ「キーワード（大事だと思う言葉）」を書かせ、さらにその理由を書かせている。

①だんらく「書いてみましょう。」→第一段落の「ある日のわたしのしごとのことを書いてみましょう。」の中から選んでいる。その理由として、「わけは、つぎからしごとがはじまるから。」をあげており、第一段落が持つ「導入」の役割をきちんと理解している。

時系列に記述されていることへの気づき

「②だんらく」のところに、「いつ？―朝」と赤鉛筆によって書き込まれている。

さらに、「③だんらく」のところには、「いつ？―見回りがおわるころ（朝）」という書き込みが。

これは、この説明文が時系列によって記述されていることに、この学習者が気づいたことを示している。こうした豊かな書き込みを生み出すノート指導をしたいものである。

豊かなノートであることの例

②だんらくのキーワード「気づく」の補足として、「◎つけくわえ―かおやこえをおぼえてもらうのか知った」という書き込みがなされている。これは、教材の『おはよう』といいながらへやの中へ入り、こえもおぼえてもらうようにしています。」を踏まえて、自分の言葉によって豊かに表現している。

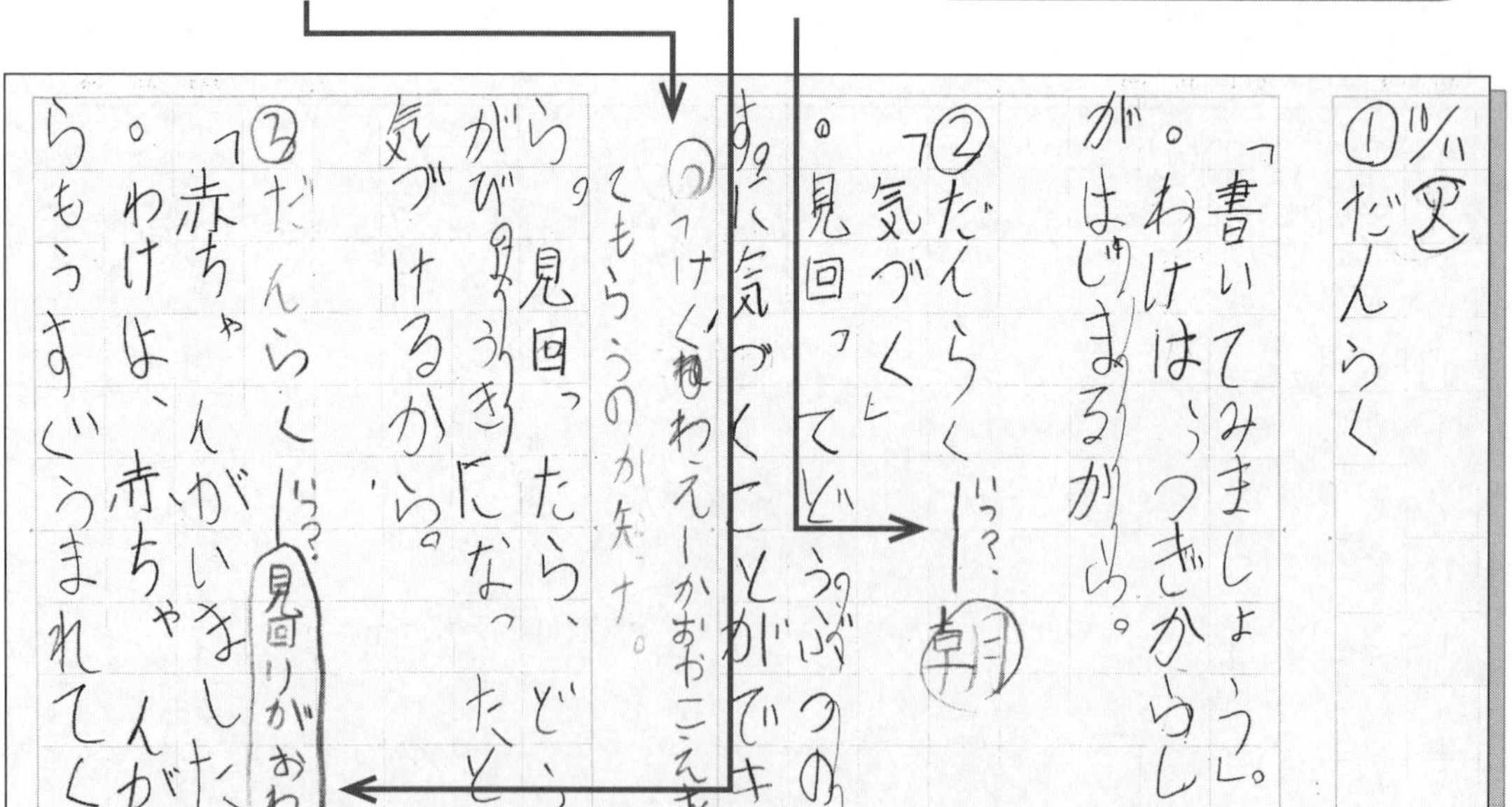

「どうぶつ園のじゅうい」（光村）④

身につけた力を確認する

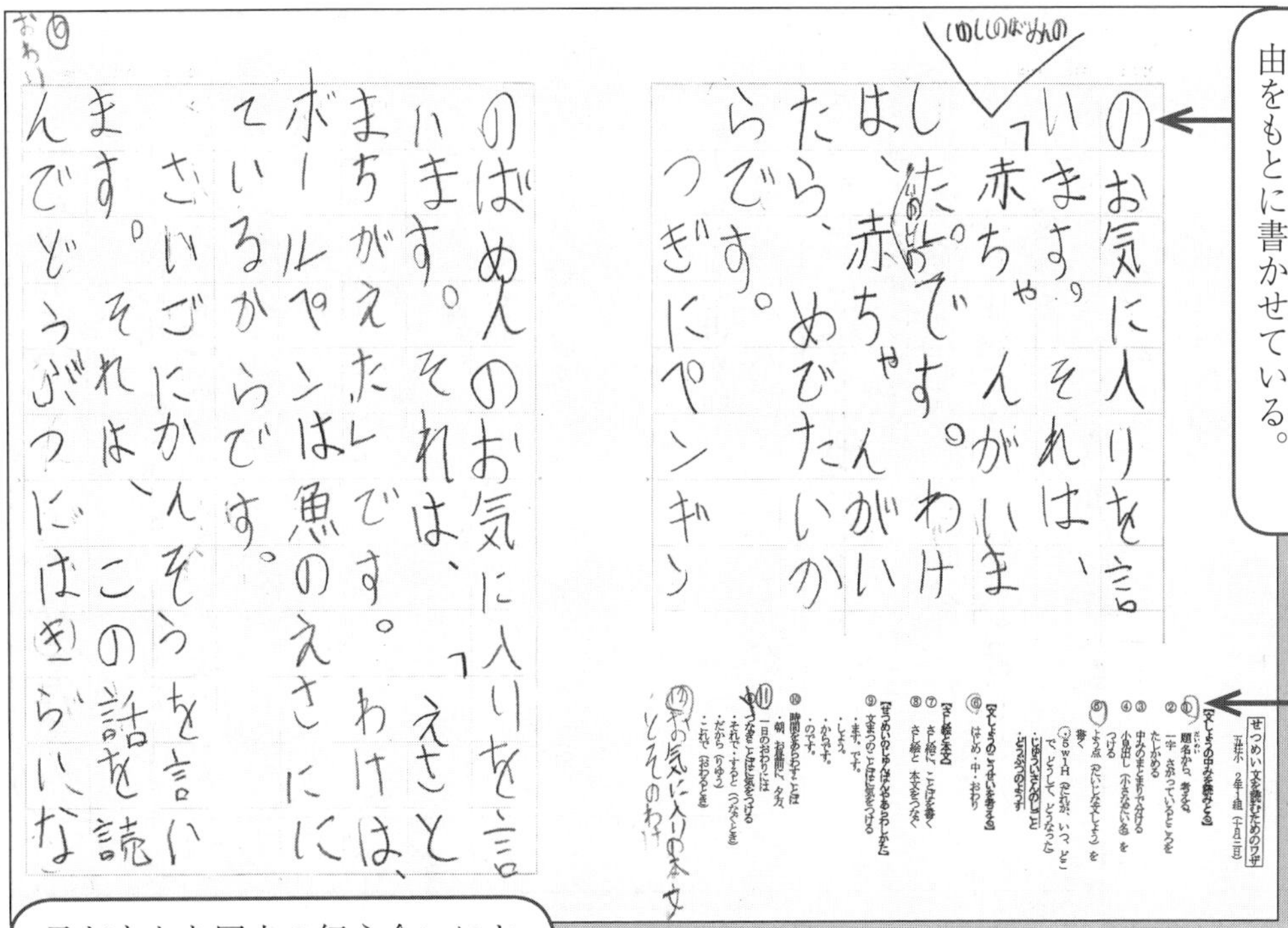
いのししのばめんの
のお気に入りを言います。それは、「赤ちゃんがいました」です。わけは、赤ちゃんがいたら、めでたいからです。
つぎにペンギンのばめんのお気に入りを言います。それは、「えさとまちがえた」です。わけは、ボールペンは魚のえさににているからです。
さいごにかんそうを言います。それは、この話を読んでどうぶつにはきらいな
せつめい文を読むためのワザ
お気に入りの本文とそのわけ

先に学習した、自分が選んだ「キーセンテンス」とその理由をもとに書かせている。

「せつめい文を読むためのワザ」の中から、自分が使えたものに赤丸を付けている。身につけた力の確認である。

子どもたち同士の伝え合いにおいても「すらすらかけている」と書きぶりに反応している。

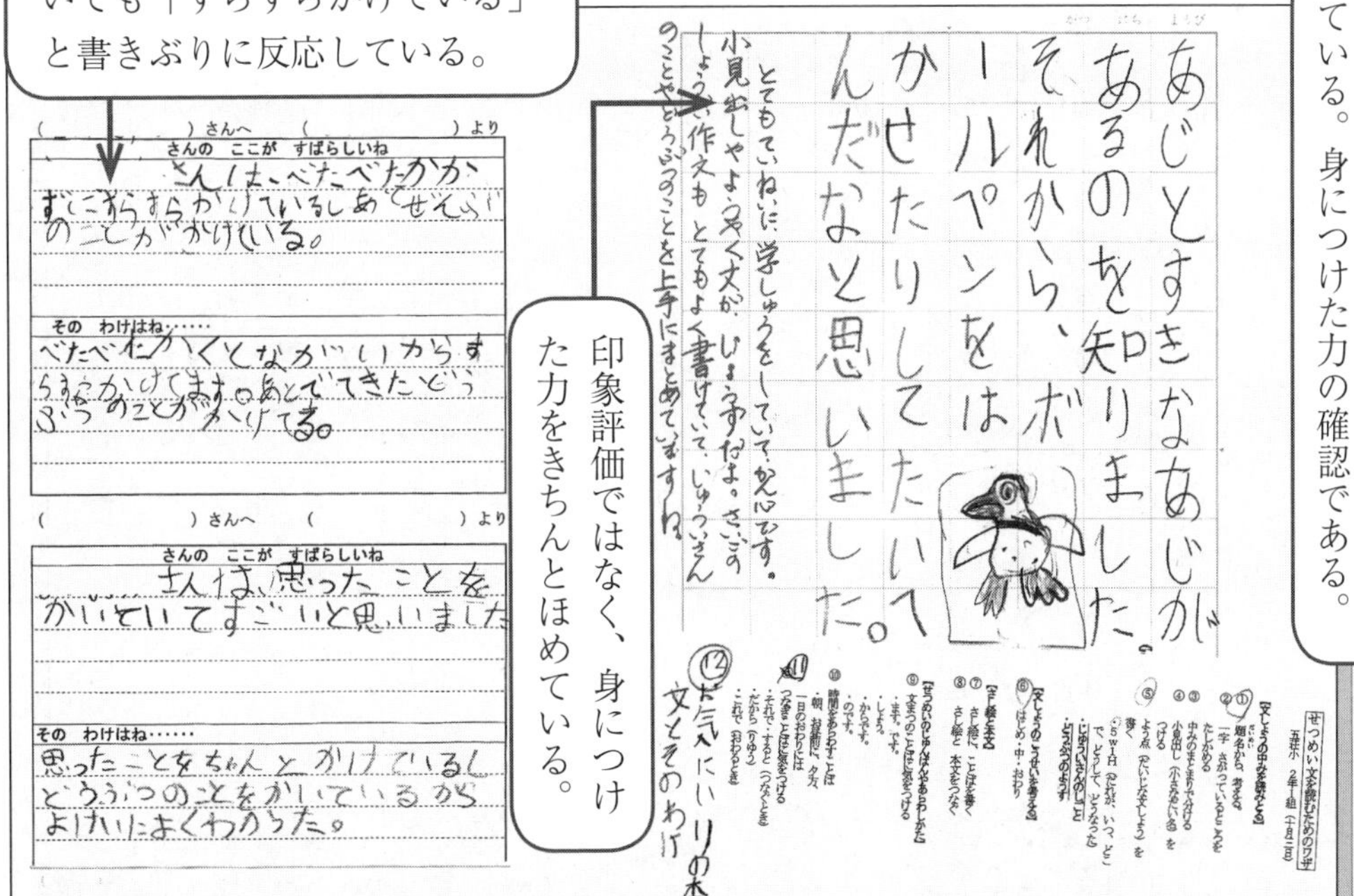
あじとすきなあじがあるのを知りました。それから、ボールペンをはかせたりしてたいへんだなと思いました。
とてもていねいに学しゅうをしていて、安心です。
さんへ　より
さんの　ここが　すばらしいね
さんは、べたべたかかずにすらすらかけているし、あと、せつめいのことがかけている。
その　わけはね……
べたべたかくとながいからすらすらかけてます。あとでてきたどうぶつのことがかけてる。
さんへ　より
さんの　ここが　すばらしいね
さんは思ったことをかいていてすごいと思いました
その　わけはね……
思ったことをちゃんとかけているし、どうぶつのことをかいているからよけいによくわかった。
せつめい文を読むためのワザ
お気に入りの本文とそのわけ

印象評価ではなく、身につけた力をきちんとほめている。

5 「スーホの白い馬」（光村）①
物語の世界をつかむ力をつける

物語の世界をつかむ力をつけるためのノート

「スーホの白い馬」の世界をつかむ力をつけるために、ノートに次のような項目を設定して書かせた。

①作者について
　事前に押さえておくこと
　☆文学作品―作者
　☆説明文―筆者
②他に書いている作品
　学習後の読書活動を広げ、ブックトーク活動へつなげるために書かせる。
③主人公
④登場人物……「ほかの人」
　ここまでは、「一人学習」で行うことができる。

「あらすじ」は短く分かりやすく

①「あらすじ」を書かせるまで
・教科書に段落番号を打ち、場面分けを行う。
・場面分けは、挿絵やつなぎ言葉を参考にして行うようにさせる。
・「前おき」という言葉は、事前に教える。
②「あらすじ」について
・短く、分かりやすく書く。
・5W1Hを使う。
・登場人物の心の通い合う様子や情景が表れている文章を読み取って書く。
③友達同士で、伝え合って書いてもよい。

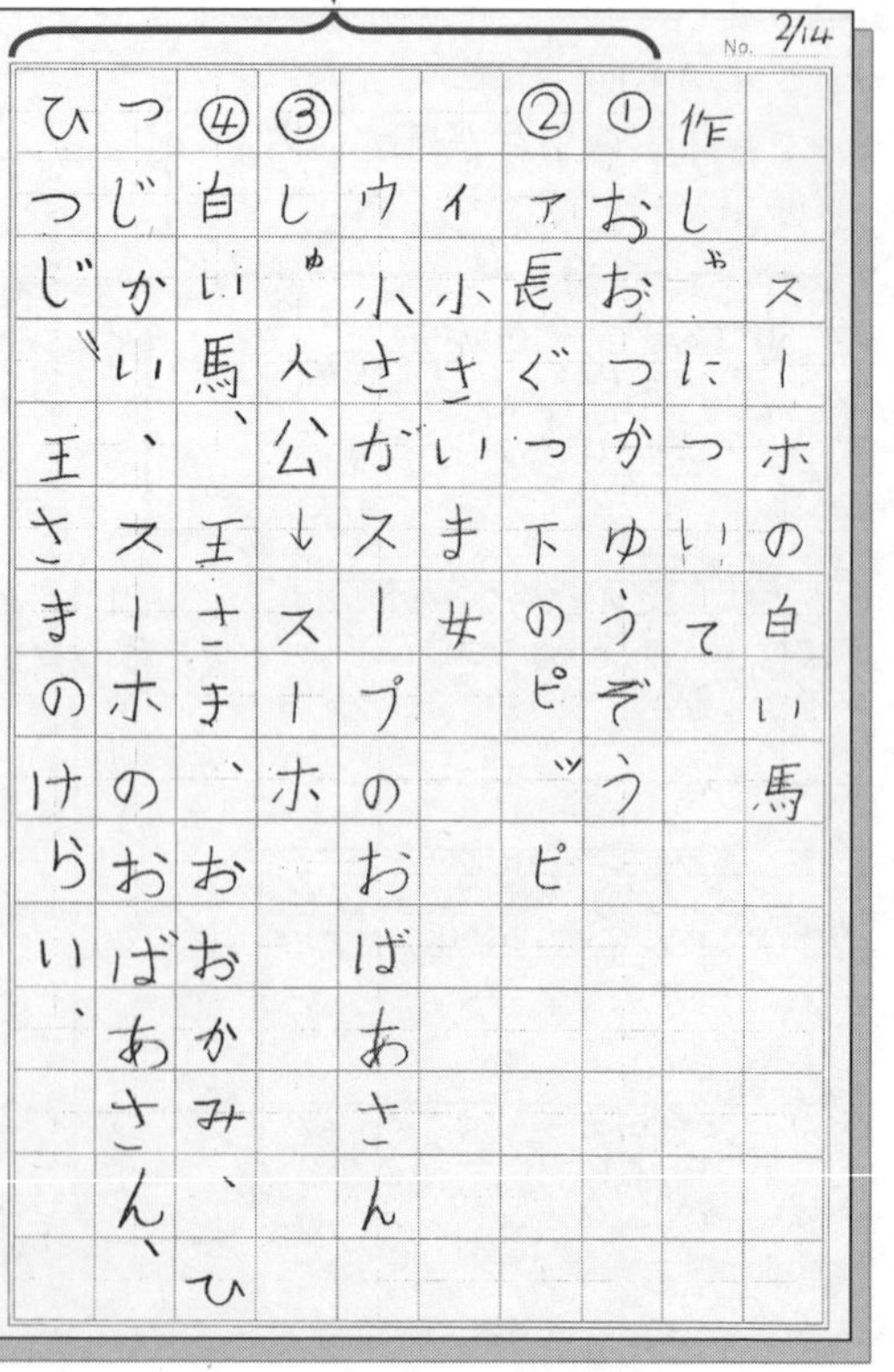
No. 2/14
スーホの白い馬
作しゃについて
① おおつかゆうぞう
② ア長ぐつ下のピッピ
イ小さいま女
ウ小さなスープのおばあさん
③ しゅ人公↓スーホ
④ 白い馬、王さま、おおかみ、ひ
つじかい、スーホのおばあさん、
ひつじ、王さまのけらい、

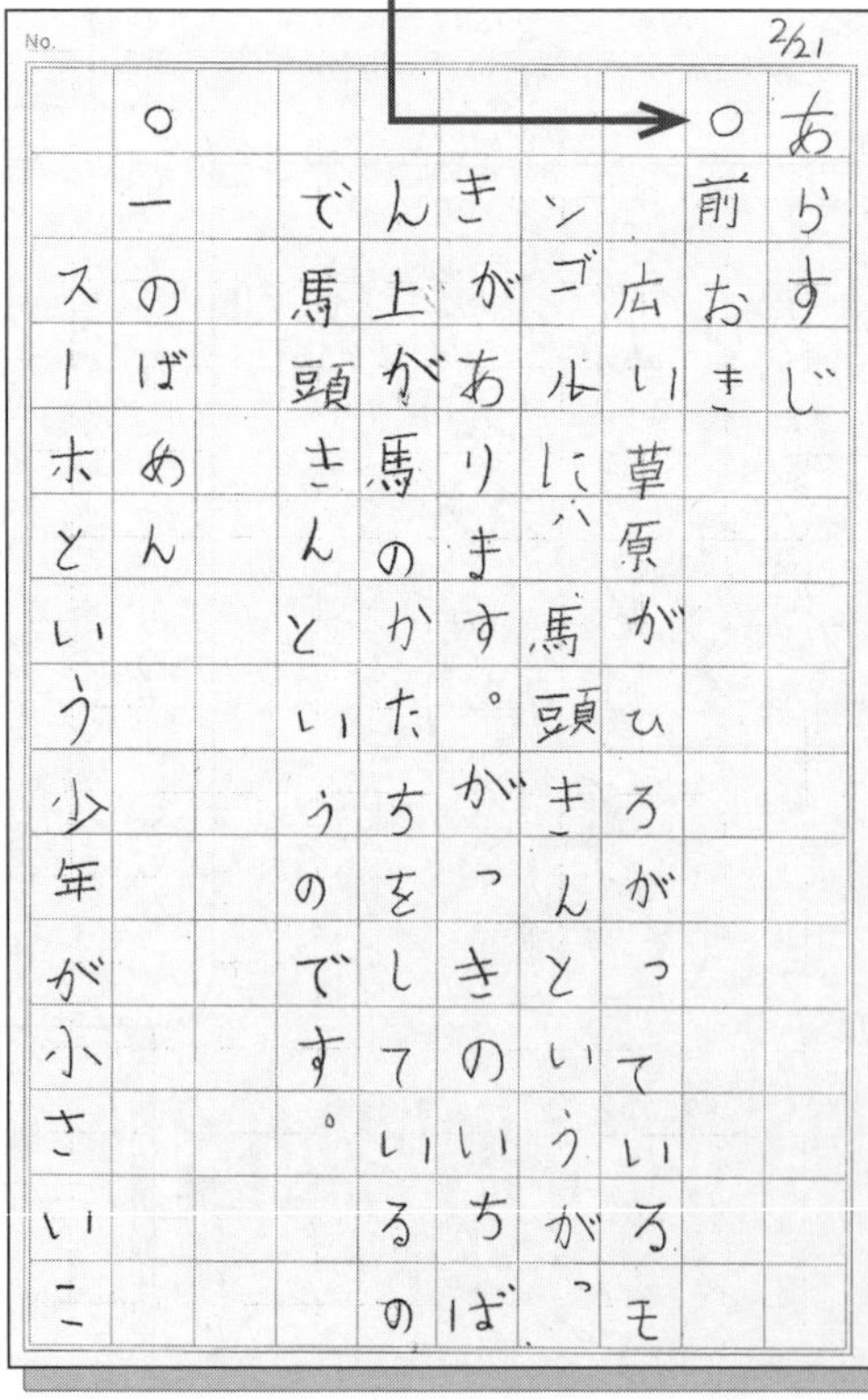
No. 2/21
あらすじ
○前おき
広い草原がひろがっているモ
ンゴルに、馬頭きんというがっ
きがあります。がっきのいちば
ん上が馬のかたちをしているの
で馬頭きんというのです。
○一のばめん
スーホという少年が小さいこ

「スーホの白い馬」（光村）②

物語の全体を見通す

部分（場面）だけを読むのではなく、全体と関係のある部分を重視して読み取っていく

場面ごとに登場人物の心の通い合う様子や情景が表れている文章を読み取っていくが、全体と関係のある部分を重視して読み取っていく。

みんなであらすじをまとめていく

下の板書はノート例とは違う年度のものである。あらすじの文章が違っていることが分かる。

つまり、子どもたちと一緒に、あらすじをまとめていくため、年度が違えばあらすじの文章も異なってくる。

指導書そのままのあらすじを板書するのではなく、子どもたちと一緒に物語を読み解き、それをまとめることを重視したいものである。

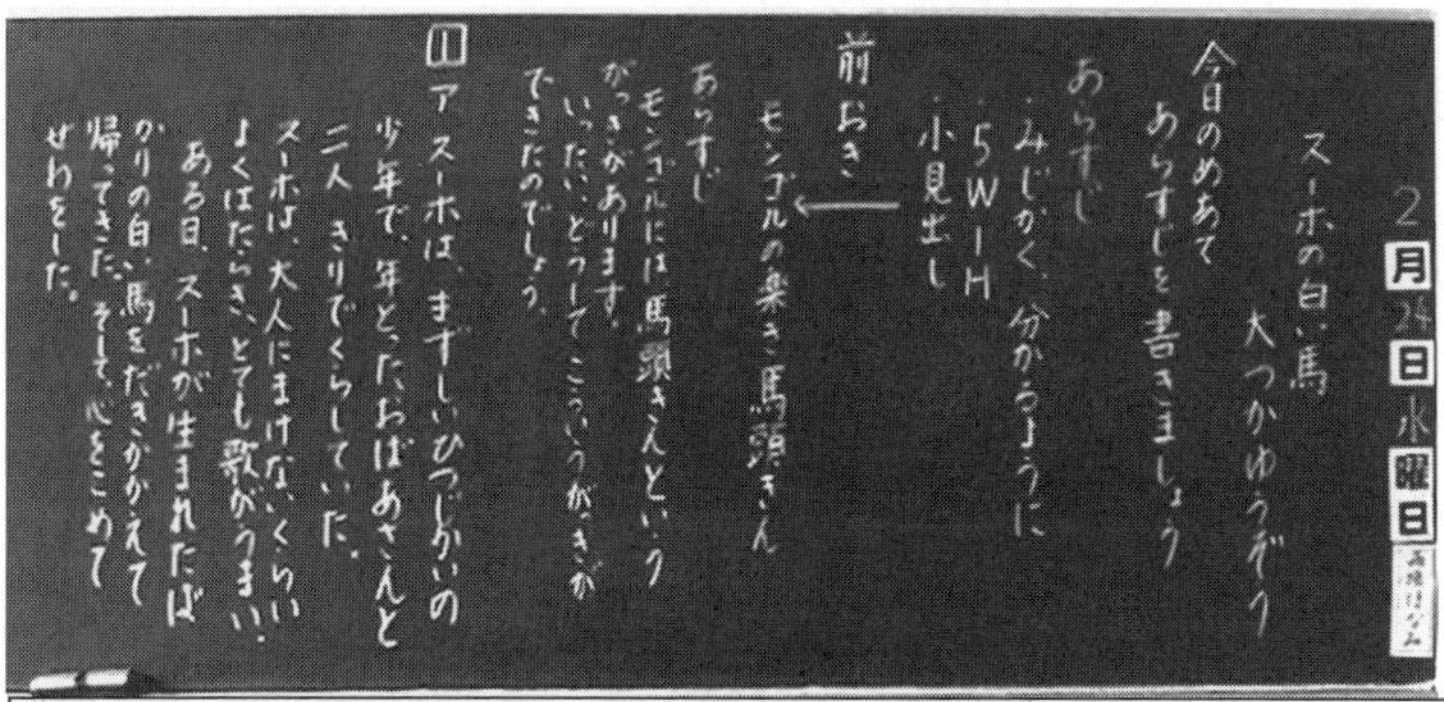
2月24日水曜日
スーホの白い馬　大つかゆうぞう
今日のめあて
あらすじを書きましょう
あらすじ
・みじかく、分かるように
・5W1H
・小見出し
前おき　モンゴルの楽き　馬頭きん
あらすじ
モンゴルには馬頭きんというがっきがあります。
いったい、どうしてこういうがっきができたのでしょう。
(1)ア　スーホは、まずしいひつじかいの少年で、年とったおばあさんと二人きりでくらしていた。
スーホは、大人にまけないくらいよくはたらき、とても歌がうまい！
ある日、スーホが生まれたばかりの白い馬をだきかかえて帰ってきた。そして、心をこめてせわをした。

うろ白馬と出会って兄弟のように
いっしょにくらしていた。ある
ばんスーホがかこいのそばにい
ってみると白馬がおおかみをふ
せいでいた。
○二のばめん
ある年の春けい馬に出たスー
ホは、白馬にのって草原を走っ
ていたり、王さまのところにつ
れてこられた。つれてこられた
少年を見るとみなりのひつじか
だった。たかお王さまに白馬をとら
れた。
○三のばめん
白馬は、王さまからたづなを
ふりはなすと家来たちの間をとお
いぬけて風のように走っていた
らせなかに矢がなん本もつきささ

「スーホの白い馬」（光村）③

主人公の情報を書き抜く

主人公のスーホについてノートに情報を書き抜く

学習指導要領の〔第1学年及び第2学年〕の「C読むこと」の指導事項の中に、「文章の中の大事な言葉や文を書き抜くこと」という項目がある。

教科書の本文の中に書いてあるスーホのことが分かる文章に線を引かせた後、下のノートのように、情報を書き抜かせ、箇条書きさせていった。

この作業は、後に、スーホの気持ちや行動、様子を書き抜くときの伏線になるため、一つ一つ丁寧に書かせる。このように、次の学習活動との関連を考えながら、ノートに情報をまとめさせていくことが重要である。

テーマにせまる文章をノートに書き抜く

右の指導事項については、「本や文章を楽しんだり、想像を広げたりしながら読むこと」という言語活動を通して指導していきたい。

下のノートの左側の部分「これから先、どんなときでもぼくはおまえといっしょだよ」に注目したい。

スーホから白馬に対する言葉かけを書き抜かせた。さらに、叙述から根拠を引き出して、自分の言葉によって考えを書かせた。

これは「スーホの白い馬」のテーマである「心の通い合い」という概念を引き出す第一段階としての手立てという意味を持っている。

つかれをわすれるのだった。
スーホについて
○まずしいひつじかいの少年。
○おとなにまけないくらい、よく
はたらく。
○とても歌がうまい。
○心をこめてせわをした。
○おばあさんをたすける。
○ごはんのしたくをする。
○二十頭あまりのひつじをかって
いる。
これから先
○どんなときでもぼくはおまえと
いっしょだよ
○このことばは、スーホと白馬の
心が一つになった。

「スーホの白い馬」（光村）④

文章構成表で物語の全体を捉える

事柄の順序に沿って構成を考えるワークシート

物語の全体を捉えるために、ワークシートを用いて、事柄の順序に沿った文章構成図にまとめ、ノートに貼り付けた。この表は、段落番号を書いた後、「小見出し」「意味段落」という順序で書いていく。「小見出し」は、挿絵を参考にして、叙述の中から言葉を取り出して書かせる。体言止めにするようにする。

「スーホの白い馬」では、「はじめ」が「前置き」、「終わり」が「むすび」となる。そして、「中」の「意味段落」は四つに分かれる。「意味段落」は、「小見出し」の言葉を使いながら、詳しく書いていく。

「はじめ」「中」「終わり」の構成を把握させる

2年生は、「たんぽぽのちえ」で、何かを説明している文章は「はじめ」「中」「終わり」の形で書かれていることを学習している。

「はじめ」では、これから○○の話をするよ、「中」では、○○について詳しく話をしていく、「終わり」は、○○についての話をまとめています、という全体構成をつかませる。大きな文章のまとまりを、内容に注目して理解させる。

物語文や説明文が、この三つのまとまりでできているということは、作文や日記を書くときに生かすことができる。

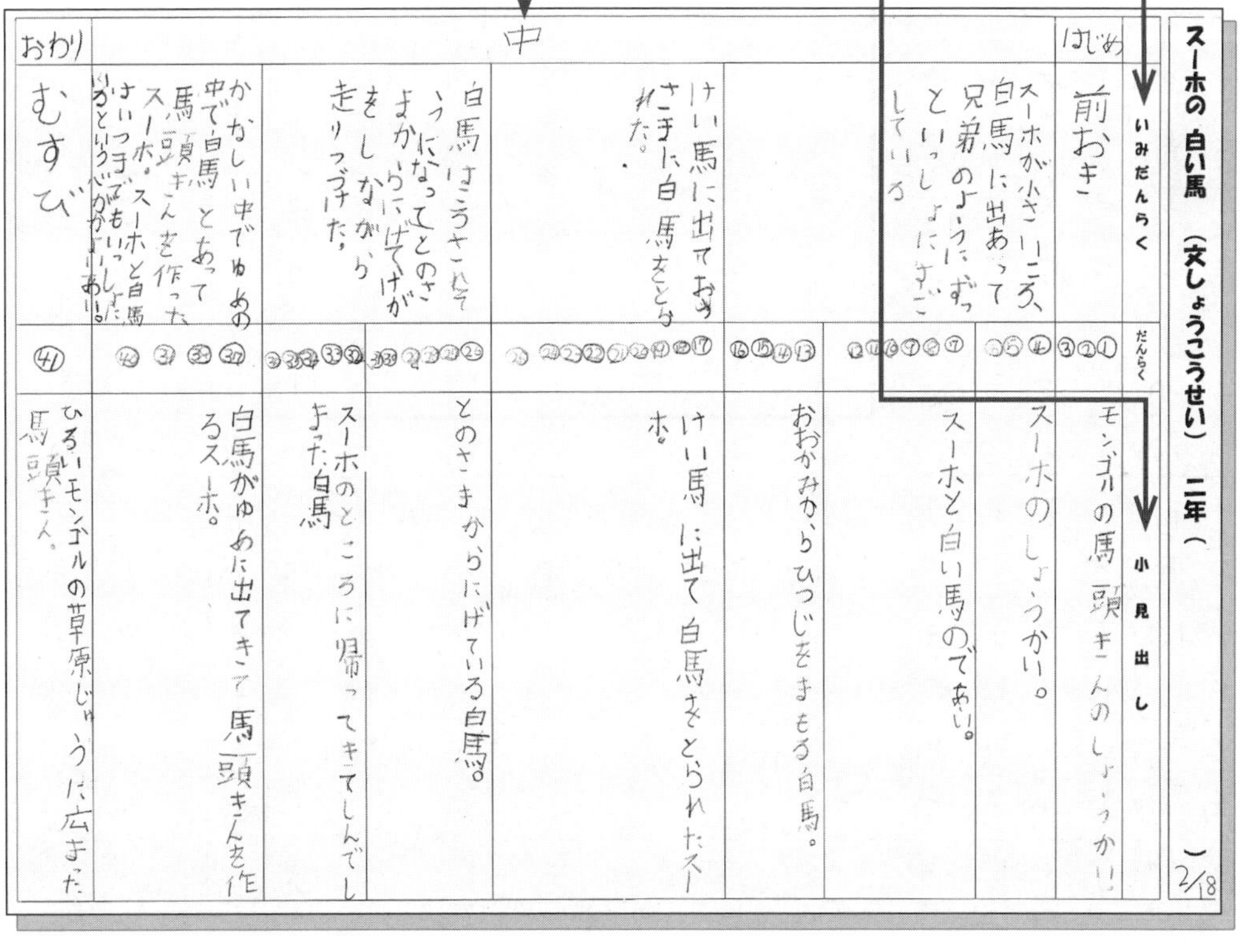

「スーホの白い馬」（光村）⑤

行動・様子・「　」から気持ちを読み取る

行動・様子・「　」から、スーホの気持ちを読み取っていく

〔第1学年及び第2学年〕の「C読むこと」の指導事項に、「場面の様子について、登場人物の行動を中心に想像を広げながら読むこと」がある。

「解説」には、「物語などを読む場合には、時間や場所、問題状況などの設定、情景や場面の様子の変化、主人公などの登場人物、登場人物の性格や行動、会話及び心情の変化、事件の展開と解決などの基本的な構成要素を理解していくことが必要である」と書かれている。

「分かる文」「分かる気もち」と、ノートを上下に分けて書かせているところに注目したい。上が「根拠」、下が「意見」である。

二の場めん
スーホの気もちを行どう、よ
うす、「！」から読もう
8
分かる文
スーホは、かっ
となって、むち
ゅうで言いかえ
しました。
「わたしは、
分かる気もち
とのさまがやく
そくを知らんふ
りして
「ぎんかを三
まいくれてやろ。

三の場めん
スーホと白馬の気もちを行ど
う、ようす、「　」から読もう。
6
分かる文
スーホは、はね
おきて、かけて
いきました。
分かる気もち
白馬が帰ってき
て、おばあさん
が、
「うちの白馬だ
よ」
白馬は、ひどい
きずをうけなが
走って走って走
りつづけて大す
きなスーホのと
ころに帰ってき
と言ったからス
ーホは、はねお
きた。
王さまのところ
にいたら大じに
してもらえない
から王さまから
白馬は、のがれ
た。そして白馬

「スーホの白い馬」（光村）⑥

お話紹介ワザと題名がついたわけを考える

題名がついたわけ

題名は、「スーホの白い馬」のテーマを含むものであるので、ついたわけを考えて書く。

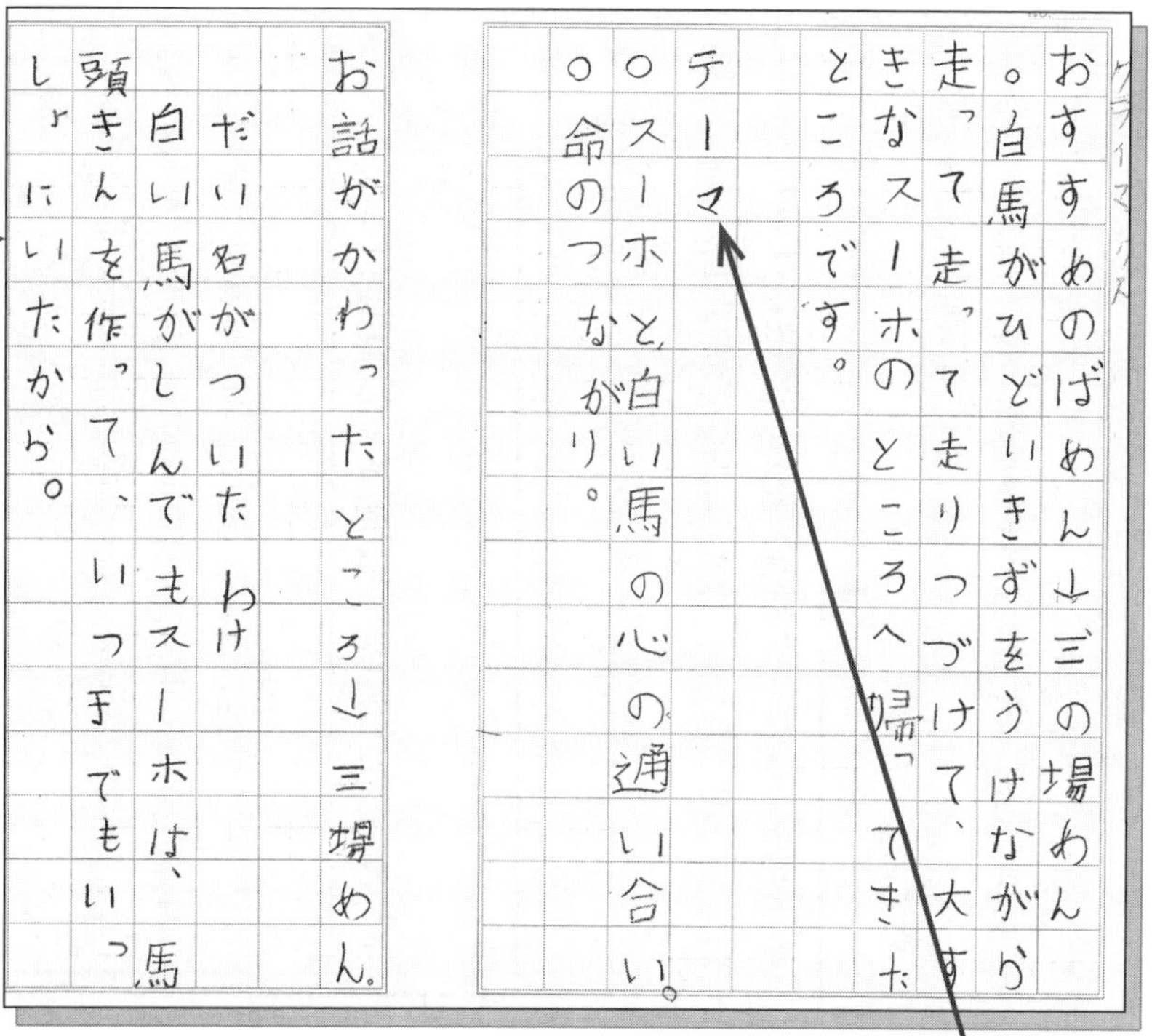

おすすめのばめん↓三の場めん

。白馬がひどいきずをうけながら走って走って走りつづけて、大すきなスーホのところへ帰ってきたところです。

テーマ

○スーホと白い馬の心の通い合い。

○命のつながり。

お話がかわったところ↓三場めん。

だい名がついたわけ

白い馬がしんでもスーホは、馬頭きんを作って、いつまでもいっしょにいたから。

お話の紹介ワザを書く

「おすすめの場面」「テーマ」は、お話を紹介する文章を書く時の紹介ワザである。

四の場めん

スーホの気もちを行どう、ようす、「 」から読もう。

7

かなしさとくやしさで、スーホは、いくばんもねむれませんでした。

白馬がしんだことと、白馬がころされたことが頭にのこったからスーホは、いくばんもねむれなかった。

8

スーホは、白馬なでてやるとう

2年生

1 詩「どきん」（光村）①

「言葉」と「読み方」の二段に分ける

詩の「視写」による全体把握

著作権の関係のため、ここにはノートを示すことができないが、下のノートの前の見開きページには、「どきん」という詩の「視写」が行われている。丁寧に書き写させ、音読させることにより、作品世界を味わい、全体の把握をさせた。

擬音語・擬態語は日本語の調べの豊かさを支える要素

この詩においては、下の「言葉（文）」に示された語句からも分かるように、いわゆる、擬音語・擬態語（オノマトペ）が効果的に使われている。

2年生のノート例「音やようすをあらわすことば」のところで述べたように、擬音語・擬態語は日本語の調べの豊かさを支える重要な要素のひとつである。

詩における擬音語・擬態語の意味と効果を考えさせる

「読み方を考えよう」というめあてのもと、ノートが「言葉（文）」と「読み方」と二段に分けられている。

「ゆらゆら」は「みんなで左右にゆれながら読む」と動作化を含んだ読む工夫が書かれている。

この作品の題名でもある「どきん」は「本当にびっくりしているように体をうごかして読む」という読み方を考えている。

「みしみし」については「ゆっくり言う」と動作化を伴わない読み方を採用している。

このように擬音語・擬態語を中心とした語句の意味や効果を考えさせることによって、作品世界のしっかりした把握につながっていくであろう。

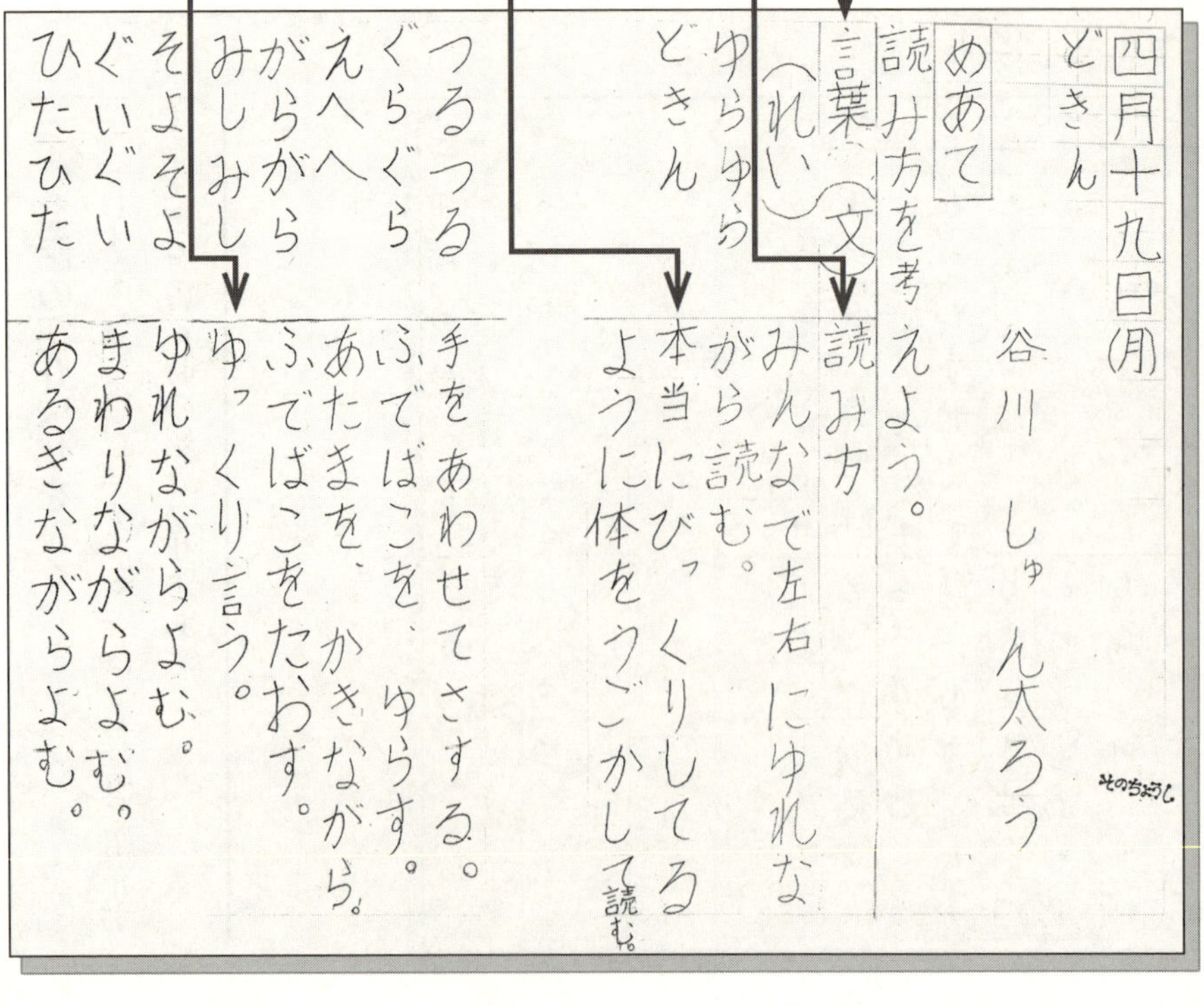
四月十九日(月)
どきん
谷川 しゅん太ろう
めあて
読み方を考えよう。
言葉（文）(れい)
ゆらゆら
どきん
つるつる
ぐらぐら
えへへ
がらがら
みしみし
そよそよ
ぐいぐい
ひたひた
読み方
みんなで左右にゆれながら読む。
本当にびっくりしてるように体をうごかして読む。
手をあわせてさする。
ふでばこを、ゆらす。
あたまを、かきながら。
ふでばこをたおす。
ゆっくり言う。
ゆれながらよむ。
まわりながらよむ。
あるきながらよむ。
そのちょうし

詩「どきん」（光村）②

音読の際の工夫とその理由を書かせる

どのような「言葉の力」を身につけたのか

詩の音読発表会をして終わりという授業に出会うことが多い。いわゆる、「活動あって学びなし」の状態になっているということである。盛り上がったが、いったいどのような「言葉の力」を身につけたのかが見えない。

音読の際の工夫とその理由をノートに書かせる

このノートにおいては、「音読のくふうを、言葉でせつ明しよう。（りゆうもせつ明しよう）」というめあてが示されている。

「どきん」という詩を音読する際に、どのような「音読のくふう」を行ったのかを、理由を添えさせながら書かせている。

「『ゆらゆら』は、みんなで左右にゆれながら読みます。なぜかというと『ゆらゆら』という言葉はゆれているように思うからです。」というように、自分の言葉によって、「音読のくふう」の理由（効果）を書きまとめることができている。

自分の言葉の工夫を見つめ直す　―メタ認知―

こうした「言葉でせつ明しよう。」という場を、ノートの上に設定することにより、自分が行った「言葉の工夫」を見つめ直すことができる。自分の行為を自分の言葉によって説明するということは、いわゆる、「メタ認知」と呼ばれていることであり、どのような言葉の力を身につけたかを認識させることである。

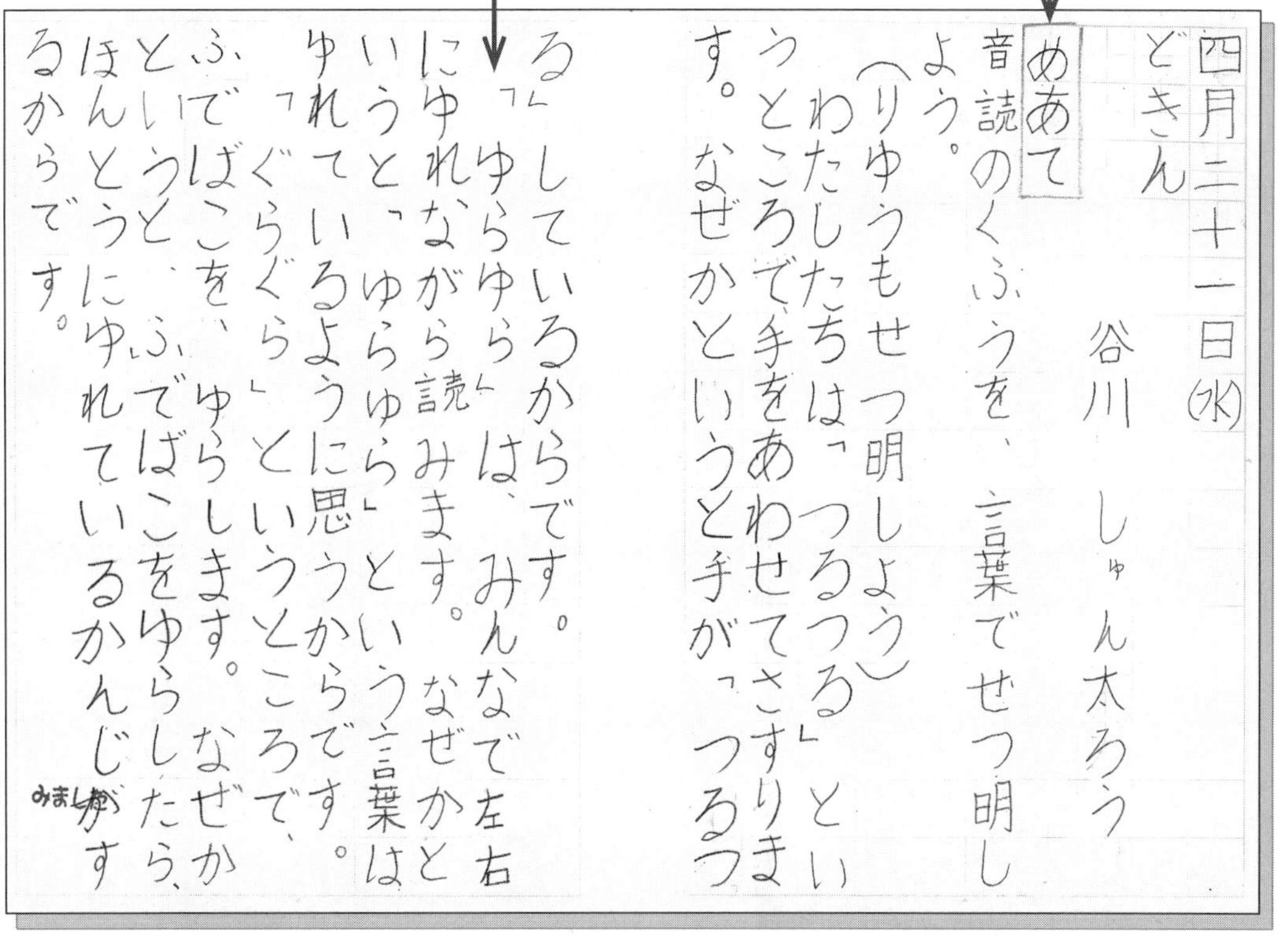
四月二十一日(水)
どきん　谷川しゅん太ろう
めあて
音読のくふうを、言葉でせつ明しよう。
（りゆうもせつ明しよう）
わたしたちは「つるつる」というところで手をあわせてさすります。なぜかというと手が「つるつる」しているからです。
「ゆらゆら」は、みんなで左右にゆれながら読みます。なぜかというと「ゆらゆら」という言葉はゆれているように思うからです。
「ぐらぐら」というところで、ふでばこを、ゆらします。なぜかというと、ふでばこをゆらしたら、ほんとうにゆれているかんじがするからです。
みましお

3年生

2 「自分をしょうかいしよう」（東書）①
ある事柄について発想を広げ、深める

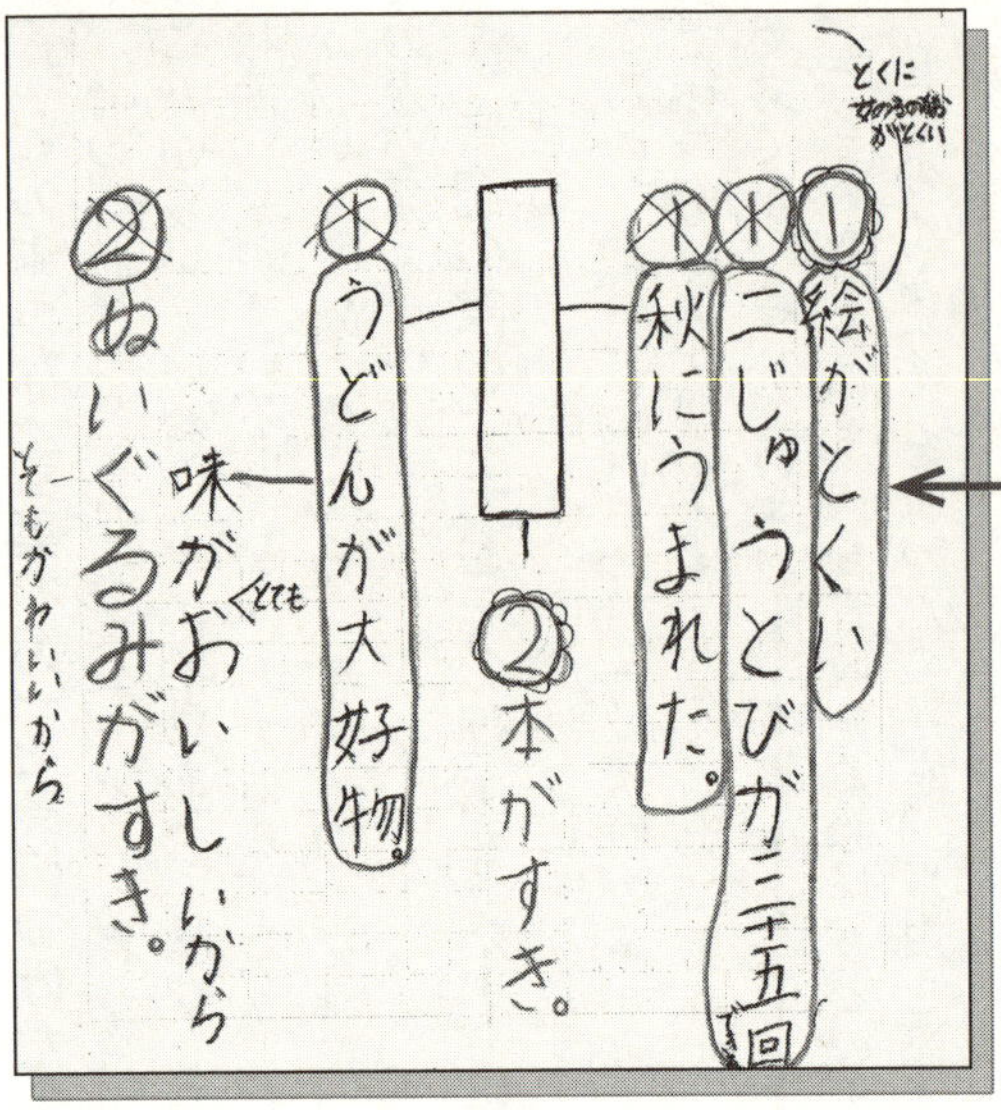

ウェビングを用いた発想法

ウェビングとはある事柄について連想した事柄を書き、線で結ぶことにより発想を広げていく手法の一つである。

ここではノートの中央（自分の名前）から、自分についての取材を行っている。発想の広がりを線で結んだ結果、頭にある自分の考えが「図」として認識できる。

話題や題材の取材だけでなく、文学的文章の読みの学習においても自分の考えを広げたり整理したりするときに活用できる。

上の取材カードから二つの事柄（①絵が得意②本が好き）を選び、さらに取材を深めている。毎時間のノートのつながりから、思考の深まりを認識できるノートにしたい。

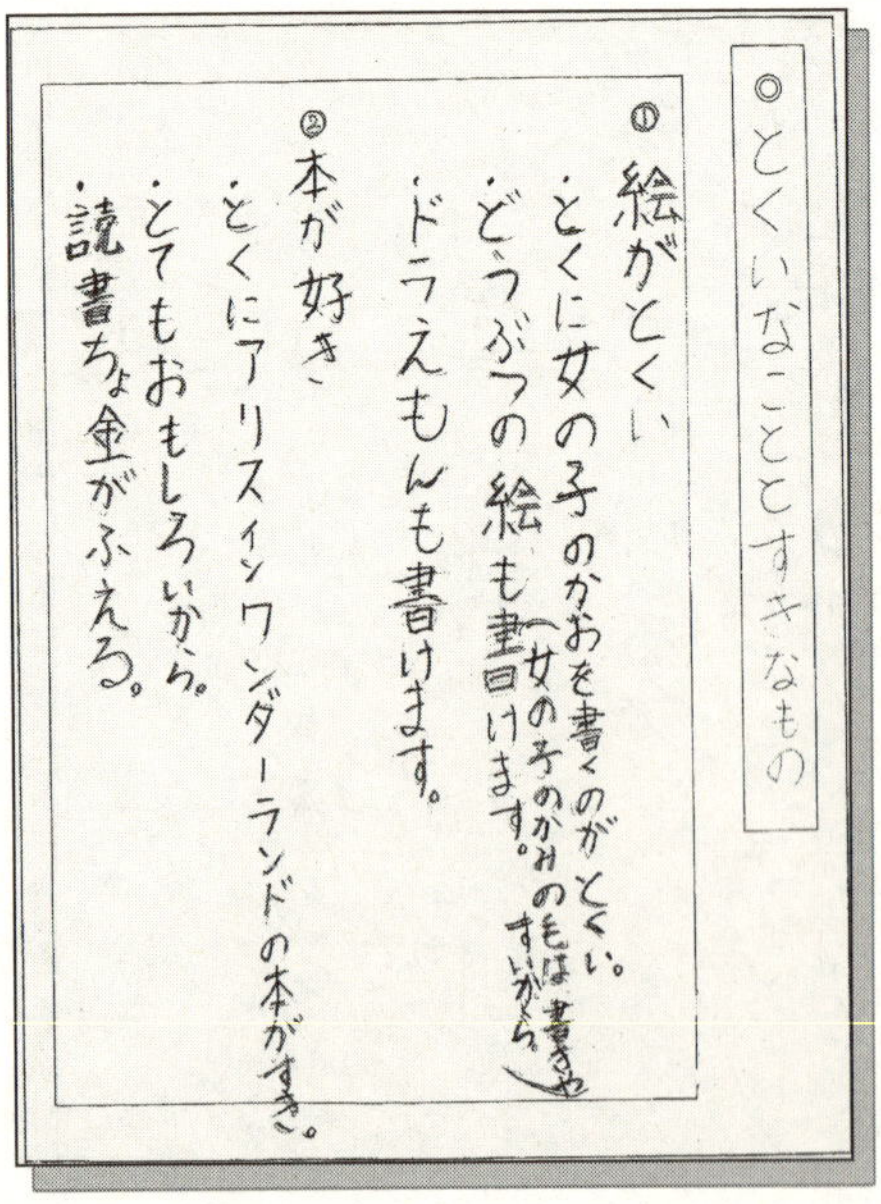

「話すこと」におけるめあての具体化

本単元における「分かりやすく話す」ことを具体化して、児童の言葉で書く。

「声の大きさ・はやさ」は実際のスピーチ（練習を含む）によってさらに具体化する。

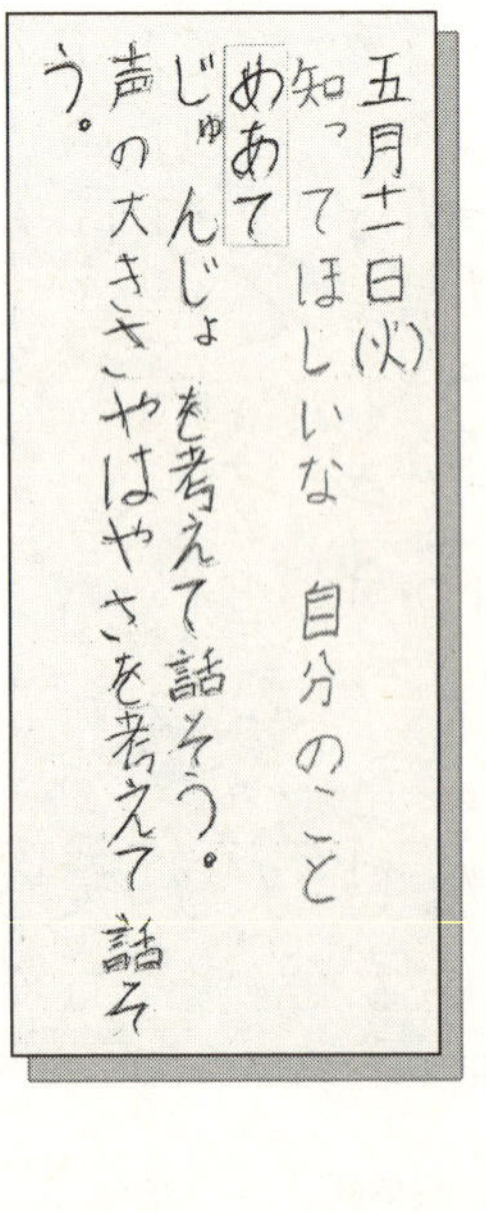

「自分をしょうかいしよう」（東書）②

「話すこと・聞くこと」の引き出しを増やす

「分かりやすく話す」ことの引き出しを増やす

①相手を意識した「とどく声」
②相手を意識した「さいごまできっちりと話す」

「声の大きさ」を「聞いている人にとどく声」として「分かりやすく話す」ことをさらに具体化している。

音声言語は、話した瞬間に消えてしまうという特性がある。実際の話す場を通して、適切な声の大きさを指導するとともに、その分かりやすさの要素を、いつでも取り出せる「引き出し」として蓄積したい。

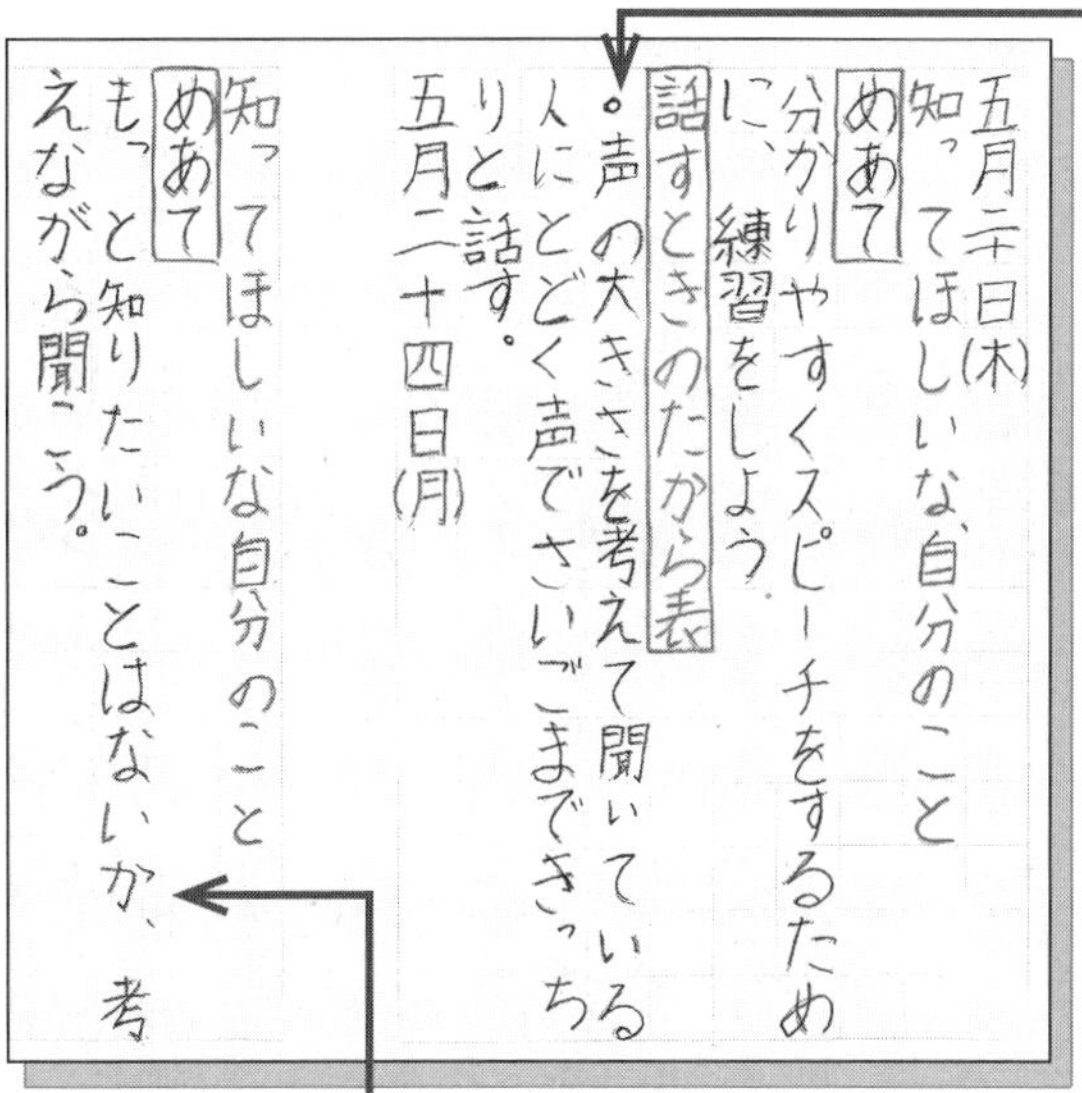
五月二十日(木)
知ってほしいな自分のこと
めあて 分かりやすくスピーチをするために、練習をしよう。
話すときのたから表
。声の大きさを考えて聞いている人にとどく声でさいごまできっちりと話す。
五月二十四日(月)
知ってほしいな自分のこと
めあて もっと知りたいことはないか、考えながら聞こう。

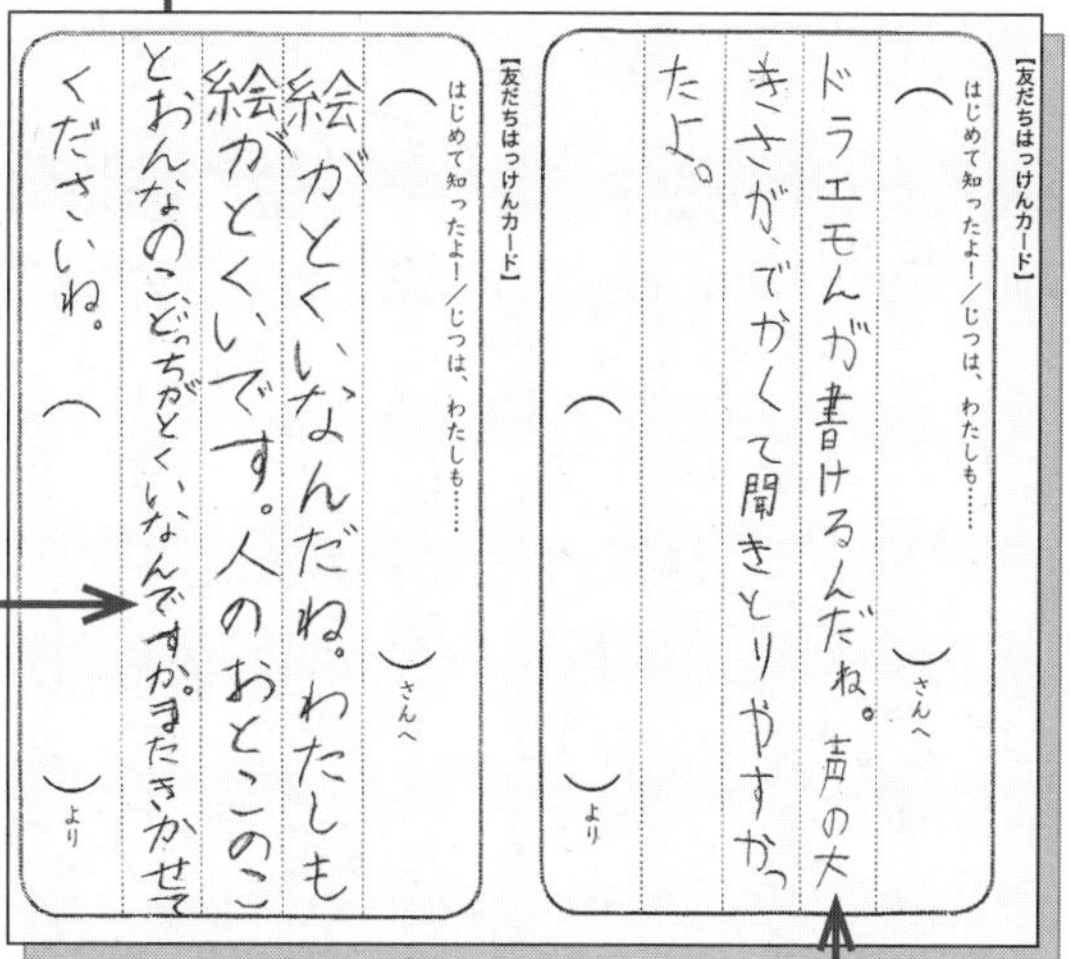
【友だちはっけんカード】
はじめて知ったよ！／じつは、わたしも……
（　　）さんへ
ドラエモンが書けるんだね。声の大きさが、でかくて聞きとりやすかったよ。
（　　）より

【友だちはっけんカード】

はじめて知ったよ！／じつは、わたしも……

（　　）さんへ
絵がとくいなんだね。わたしも絵がとくいです。人のおとこのことおんなのこどっちがとくいなんですか。また書かせてくださいね。

（　　）より

「聞くこと」の引き出しを増やす

①もっと知りたいこと（内容について）
②声の大きさや速さ（話すことの技能について）

右のようなカードをノートに貼らせた。

〈小学校第3学年及び第4学年の「話すこと・聞くこと」の指導事項〉「話の中心に気を付けて聞き、質問をしたり感想を述べたりすること。」を具体化したものである。話すことの技能面だけではなく、内容に気を付けて聞くことができるような「めあて」と友達からの評価（具体的な言葉）をノートに記すようにしたい。

「自分をしょうかいしよう」（東書）③

「ほめほめメッセージ」を生かす

「ほめほめメッセージ」を生かしたノート

発表会の際、聞き手の児童には相互評価のための「友だちはっけんカード」を用意し、これを通して伝え合いを行った。

下のカードには「…だけでどく書ちょきんの紙ぜんぶいってたから（書いていたから）びっくりだよ。」と、本が好きなこと（読書量の多さ）について感心した（考えた）ことが書かれている。この言葉を受けて、「発表会をふりかえろう」において「もっと…の本で読書ちょ金の紙をふやしたいです。」と、読書意欲が高まったことがうかがわれる記述が見られる。

友達からの評価カードを、このような形でノートに生かすことによって、自らの考えが他者との関係の中で形成された過程も、目に見える形で蓄積できるのである。

「話しかける」ほめほめメッセージ

「友だちはっけんカード」においては、友達に話しかけるように書いている。そのため下や前ページのカードに見られるように、話し言葉に近い表現が使われている。

一方、ノートの他の部分では、きちんとした書き言葉を使わせるように指導している。こうした話し言葉と書き言葉の違いが実感できるノートになっているところに注目して欲しい。

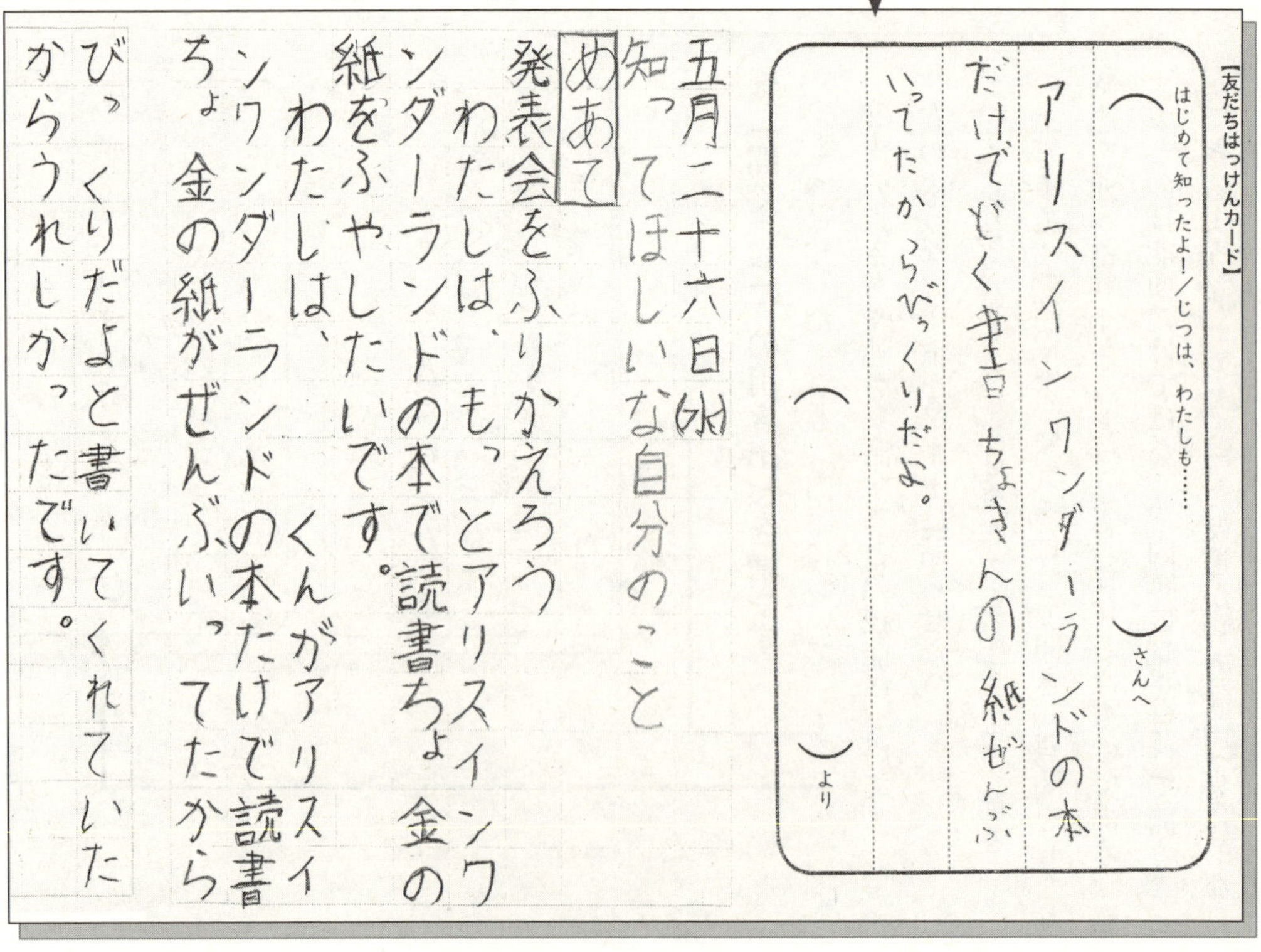
【友だちはっけんカード】
はじめて知ったよ！／じつは、わたしも……
（　　）さんへ
アリスインワンダーランドの本だけでどく書ちょきんの紙ぜんぶいってたからびっくりだよ。
（　　）より

五月二十六日(水)
知ってほしいな自分のこと
めあて　発表会をふりかえろう
わたしは、もっとアリスインワンダーランドの本で読書ちょ金の紙をふやしたいです。
わたしは、　くんがアリスインワンダーランドの本だけで読書ちょ金の紙がぜんぶいってたからびっくりだよと書いてくれていたからうれしかったです。

3年生

3 「せつめい書を書こう」（光村・平成17年度版）①
気づいたことを書き出す（横書きノート）

年間を通した学習計画

年間を通して、説明的文章を活用して、「書く力」を高めるために次のように大まかな年間計画を立てた。

5月「ありの行列」
10月「すがたをかえる大豆」
12月「せつめい書を書こう」

「ありの行列」では、「はじめ・中・終わり」の文章構成や、問い・答えの文、段落をつなぐ言葉を知り、説明的文章を読み取る。「すがたをかえる大豆」では、さらに踏み込んだ読み取りを行い、それを活用して自作の説明文を書く。「せつめい書を書こう」では、教科書教材を手本として、横書きの説明書を書くことに取り組む学習計画を立てた。

教科書の児童作品を読んで、「書きぶり」について気づいたことをノートに書き出す。全体での伝え合いの後、項目をさらに増やすことができた。

「説明書に何を書くのか。」の題材見つけについて、話し合った。その後、自由帳に、「何についてせつ明するのか」「どんな順番で説明するのか」について、ノートの上で下書きをした。

自由帳の下書きについて「ここのやり方はどうするのですか。」「道具は何ですか。」と、質問し合って、各自が、題名と小見出し（目次にも活用させる）を決めて、ノートにメモしている。

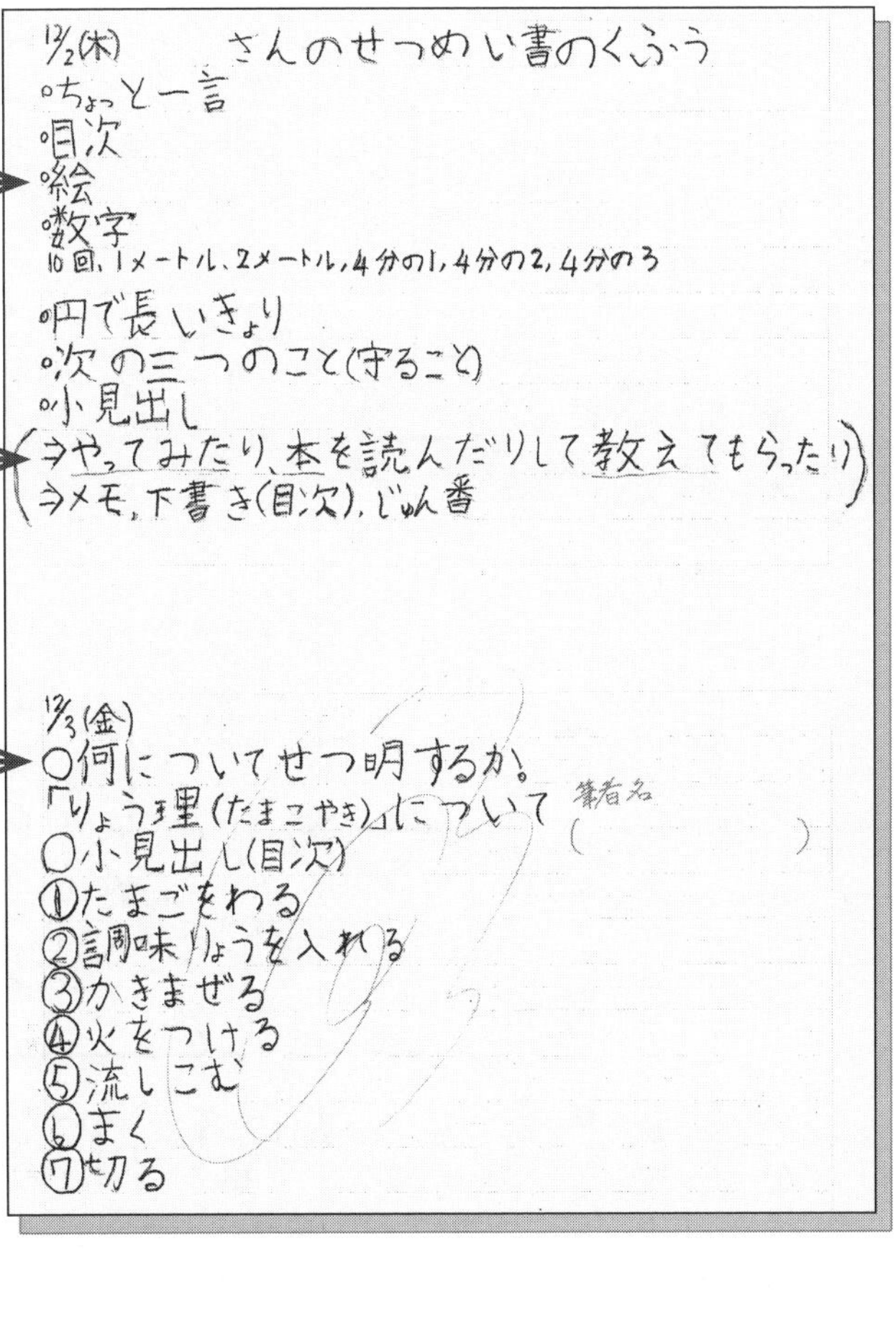
12/2(木)　さんのせつめい書のくふう
◦ちょっと一言
◦目次
◦絵
◦数字
10回、1メートル、2メートル、4分の1、4分の2、4分の3
◦円で長いきょり
◦次の三つのこと(守ること)
◦小見出し
⇒やってみたり、本を読んだりして教えてもらったり
⇒メモ、下書き(目次)、じゅん番

12/3(金)
○何についてせつ明するか。
「りょう理(たまごやき)」について　筆者名（　）
○小見出し(目次)
①たまごをわる
②調味りょうを入れる
③かきまぜる
④火をつける
⑤流しこむ
⑥まく
⑦切る

「せつめい書を書こう」（光村・平成17年度版）②

横書きの説明書の書きぶりに注目（横書きノート）

横書きノートに挑戦

「馬場さんのせつめい書のくふうをさがそう。」と、教科書教材を手引きとして、子どもと一緒に学習計画を立てた。子どもたちは、

・小見出し（目次）があって、分かりやすい。
・絵や図と、説明の文がつながっている。
・「ちょっと一言」に、励ましの言葉や、やり方のコツが書いてある。
・説明の文には、数字を使うとよい。（10回、1メートル、4分の1）

のように、横書きの説明書の書きぶりに注目することができた。

学習計画（全6時間）

〈一次〉（2時間）
・「横書きの説明書」の書きぶりについて、出し合う。
・学習計画を立てる。

〈二次〉（3時間）
・説明書を書く

〈三次〉（1時間）
・説明書の伝え合いをする。

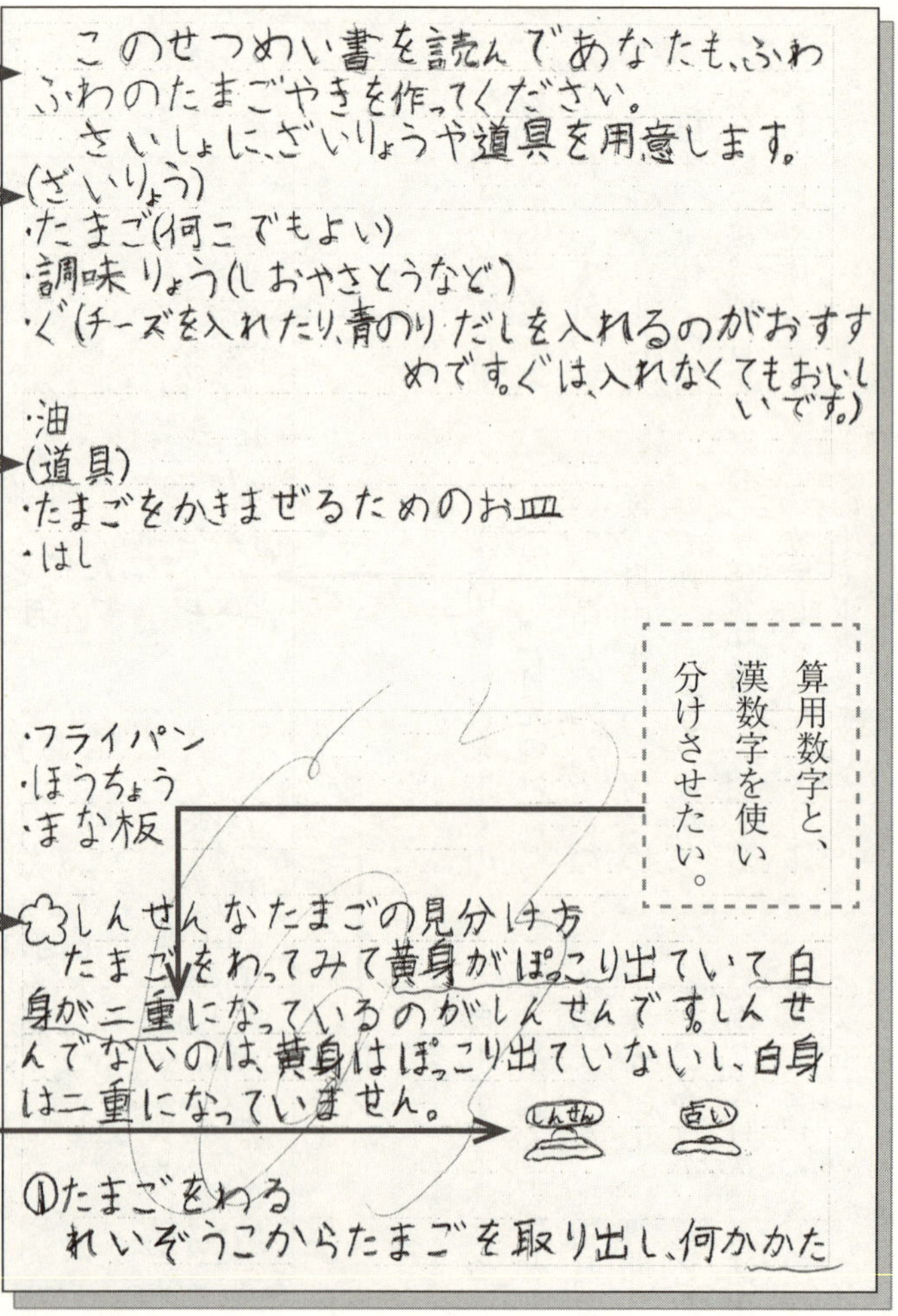
このせつめい書を読んであなたも、ふわふわのたまごやきを作ってください。
さいしょに、ざいりょうや道具を用意します。
(ざいりょう)
・たまご(何こでもよい)
・調味りょう(しおやさとうなど)
・ぐ(チーズを入れたり、青のりだしを入れるのがおすすめです。ぐは、入れなくてもおいしいです。)
・油
(道具)
・たまごをかきまぜるためのお皿
・はし
・フライパン
・ほうちょう
・まな板
しんせんなたまごの見分け方
たまごをわってみて黄身がぽっこり出ていて白身が二重になっているのがしんせんです。しんせんでないのは黄身はぽっこり出ていないし、白身は二重になっていません。
しんせん
古い
①たまごをわる
れいぞうこからたまごを取り出し、何かかた

「書き出し」の文

「たまごやき」の説明を始めるにあたっての書き出しの文である。教科書の児童作品をまねている。

（ざいりょう）（道具）

本論に入る前に、用意する材料と道具を明らかにしている。

算用数字と、漢数字を使い分けさせたい。

絵や図を使って（相手意識）

「しんせんなたまごの見分け方」と、後で伝え合うことを意識して、自分が知っていることを得意げに書き表している。図解していることも相手意識の表れである。

「せつめい書を書こう」（光村・平成17年度版）③

説明する題材を決める（横書きノート）

目次に沿って、説明書を書く

まず、教科書の児童作品から、横書きの説明書の書きぶりについて出し合った。

次に、自分が説明しようとする題材を、伝え合いを通して決めた。題材には、身近に経験したことや得意なことなど、最後まで興味を持って書き進められるものがふさわしいことを助言した。

さらに、目次を立てさせた。目次は、自由帳に下書きし、伝え合いによって決定させた。目次が、読み手を意識し（相手意識）、分かりやすい説明の順序になるように考えさせた。

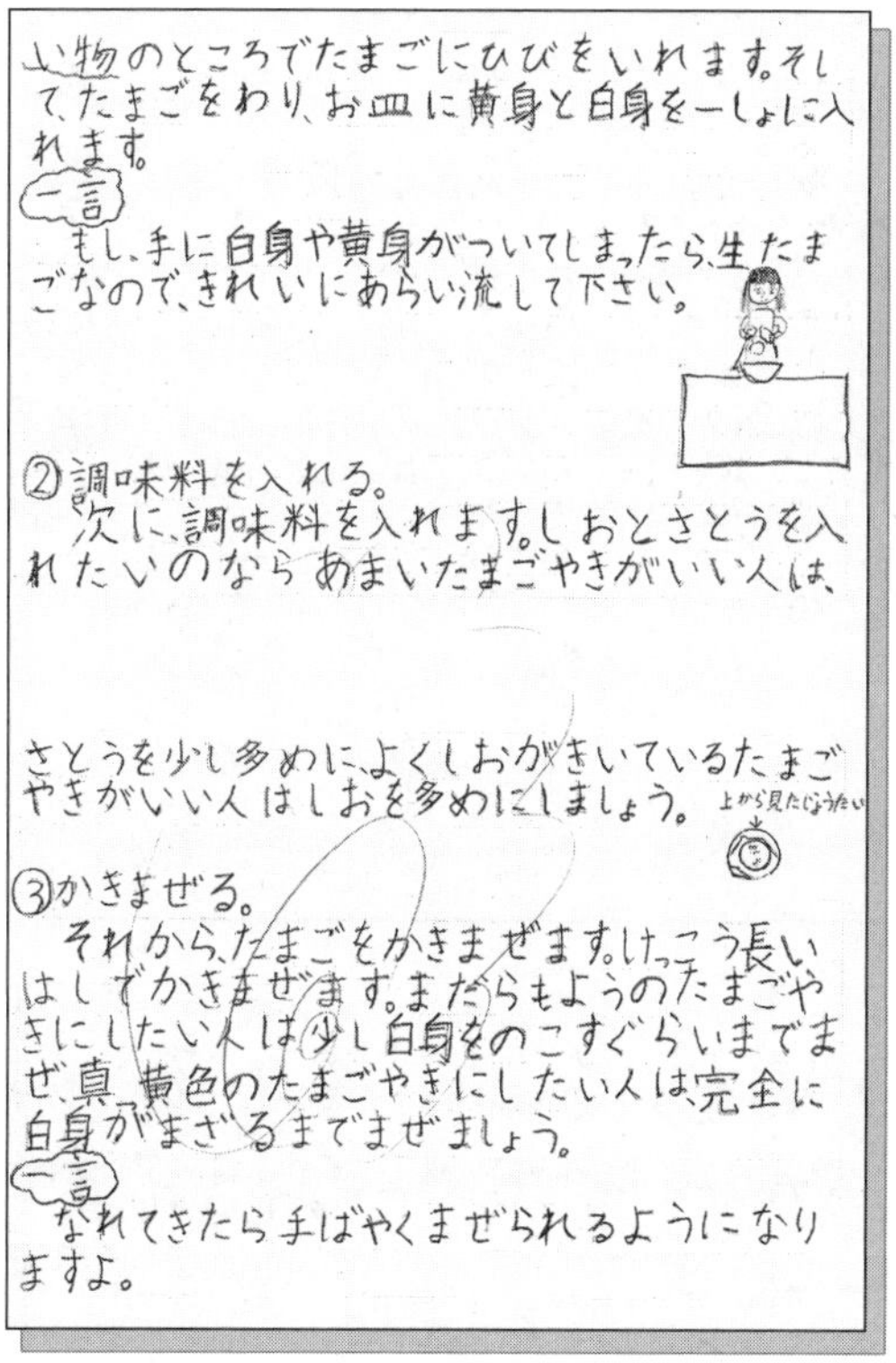
い物のところでたまごにひびをいれます。そして、たまごをわり、お皿に黄身と白身を一しょに入れます。

一言

もし、手に白身や黄身がついてしまったら、生たまごなので、きれいにあらい流して下さい。

②調味料を入れる。

次に、調味料を入れます。しおとさとうを入れたいのならあまいたまごやきがいい人は、

さとうを少し多めに、よくしおがきいているたまごやきがいい人はしおを多めにしましょう。

上から見たようす

③かきまぜる。

それから、たまごをかきまぜます。けっこう長いはしでかきまぜます。まだらもようのたまごやきにしたい人は少し白身をのこすぐらいまでまぜ、真っ黄色のたまごやきにしたい人は、完全に白身がまざるまでまぜましょう。

一言

なれてきたら手ばやくまぜられるようになりますよ。

これまでの学びを生かす

子どもたちは、これまでに、説明的文章について中心となる語や文、段落同士の関係を考えながら読み取り、それをもとに自作の説明文を書く学習を行ってきた。その際、常に伝え合いを行い、習得したことを活用しながら、

- 伝えたい題材を決める。
- 要点を意識して小見出しを考える。
- つなぎ言葉、文末の言葉に気を付ける。
- 書いた文章を推敲する。

といった活動を繰り返してきた。本単元は、時間短縮し、6時間扱いとした。

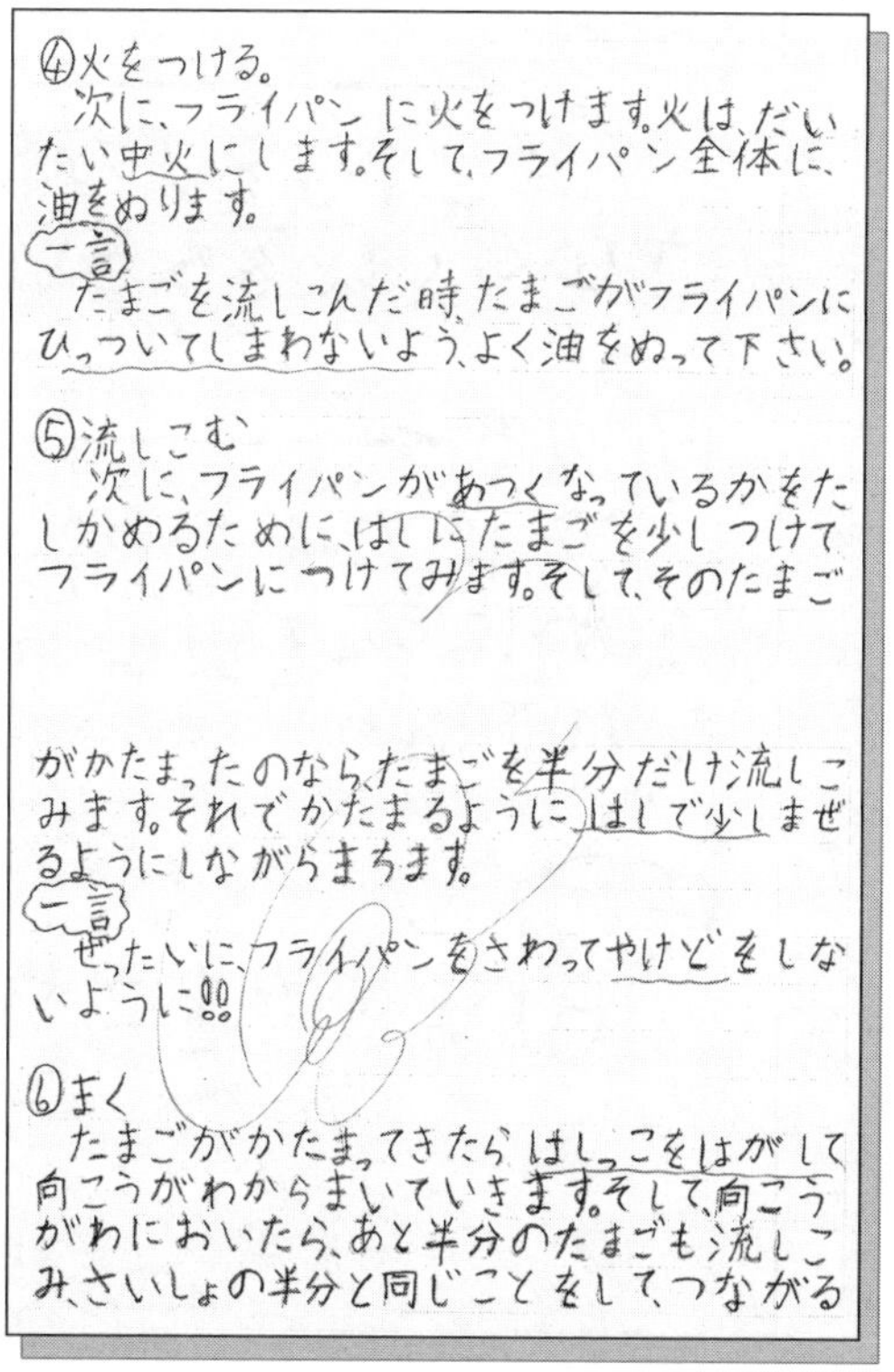
④火をつける。

次に、フライパンに火をつけます。火は、だいたい中火にします。そして、フライパン全体に、油をぬります。

一言

たまごを流しこんだ時、たまごがフライパンにひっついてしまわないよう、よく油をぬって下さい。

⑤流しこむ

次に、フライパンがあつくなっているかをたしかめるために、はしにたまごを少しつけてフライパンにつけてみます。そして、そのたまご

がかたまったのなら、たまごを半分だけ流しこみます。それでかたまるように、はしで少しまぜるようにしながらまちます。

一言

ぜったいにフライパンをさわってやけどをしないように!!

⑥まく

たまごがかたまってきたらはしっこをはがして向こうがわからまいていきます。そして、向こうがわにおいたら、あと半分のたまごも流しこみ、さいしょの半分と同じことをして、つながる

「せつめい書を書こう」（光村・平成17年度版）④

個々の子どもの思考の手段に（横書きノート）

伝え合いを通して

先に述べたように、説明書の題材決めや、書きぶりを確かめながら書き進める際には、常に伝え合いを行ってきた。全体の場での出し合いや価値見つけから、個人の文章へ活用させるようにした。さらに、高まった個人の学びを全体の場で反映させるようにした。

伝え合いによって得た学びをノートに反映することは、個々の子どもにとって、ノートが思考の手段となると言えよう。

白身が二重って、すごいね。気を付けることが分かりやすいよ。

はじめに、ざいりょうと道具を書いたのがいいね。

「ほめほめ」の伝え合い

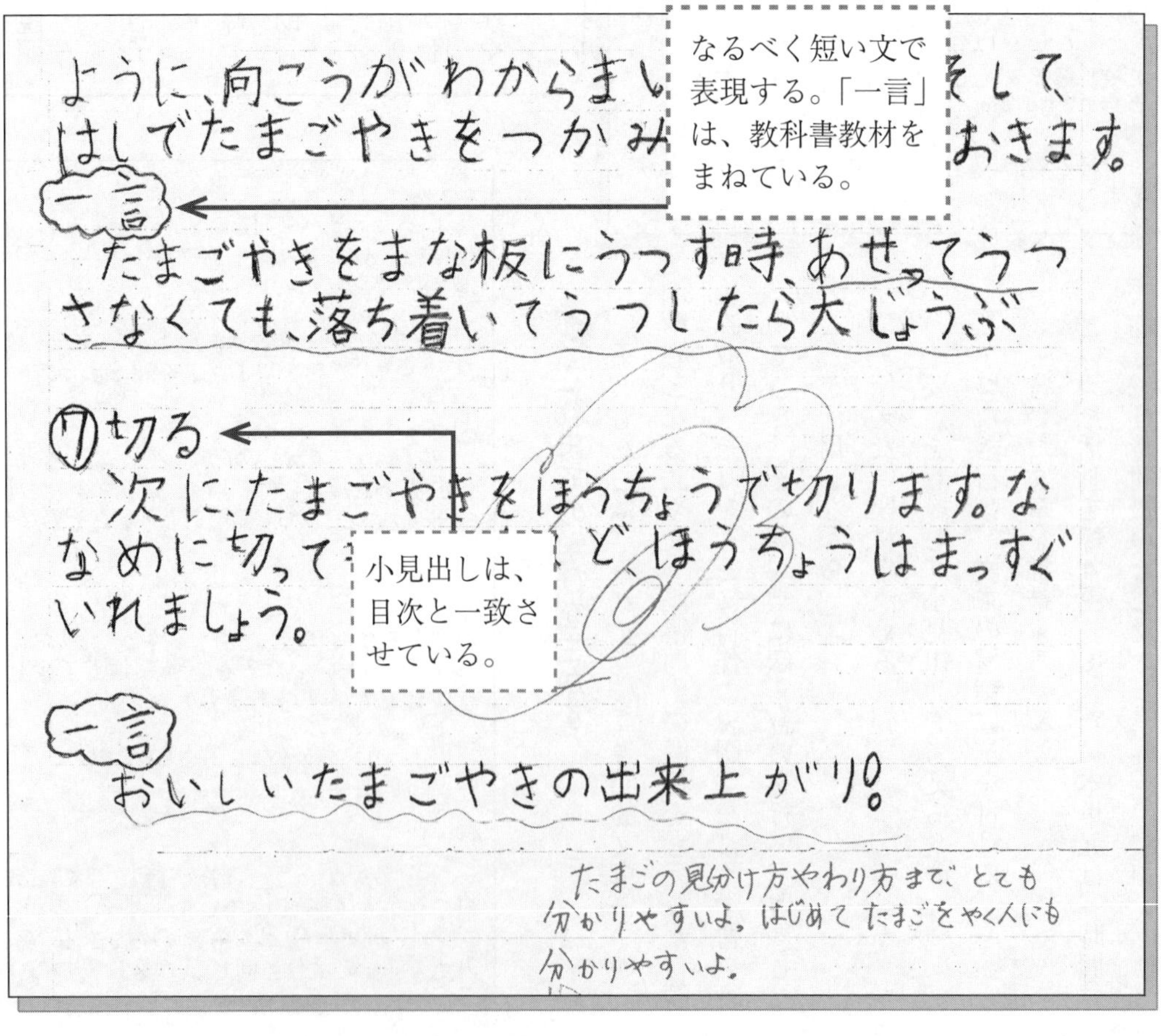

ように、向こうがわかるまい
そして、
はしでたまごやきをつかみ
おきます。
一言
たまごやきをまな板にうつす時、あせってうつさなくても、落ち着いてうつしたら大じょうぶ
⑦切る
次に、たまごやきをほうちょうで切ります。な
なめに切って
ど、ほうちょうはまっすぐ
いれましょう。
一言
おいしいたまごやきの出来上がり！
たまごの見分け方やわり方まで、とても分かりやすいよ。はじめてたまごをやく人にも分かりやすいよ。

なるべく短い文で表現する。「一言」は、教科書教材をまねている。

小見出しは、目次と一致させている。

4 「もうどう犬の訓練」（東書）①
意味調べを通して、正確な読み取りにつなげる

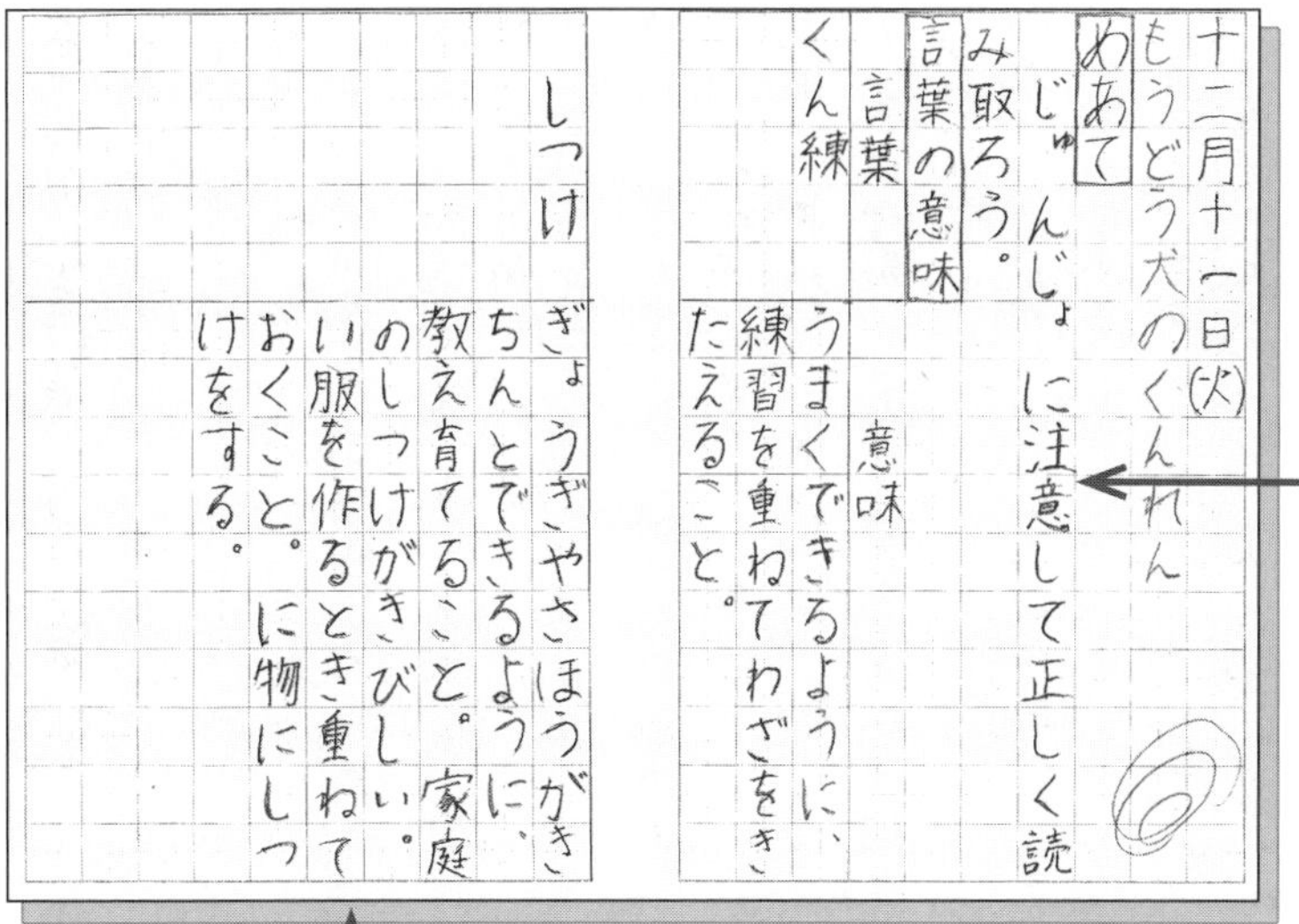

単元を貫くめあての提示

めあて「じゅんじょに注意して正しく読み取ろう。」

説明的文章においては、第1学年より「時間的な順序や事柄の順序などを考えながら読む」ことの学習を行う。第3学年においても、こうした学習を繰り返し指導することが必要である。

言葉の意味を、単元のはじめに正しく理解する

小学校第3学年及び第4学年において、辞書の利用について学習をする。

説明的文章を読み取る学習においては、文章を読み進めるときに出てきた語句の意味を調べることはもちろんのことであるが、単元の学習のはじめに、重要語句の意味をきちんと理解させておきたい。また、学級において重要語句の意味を共通理解することも大切である。

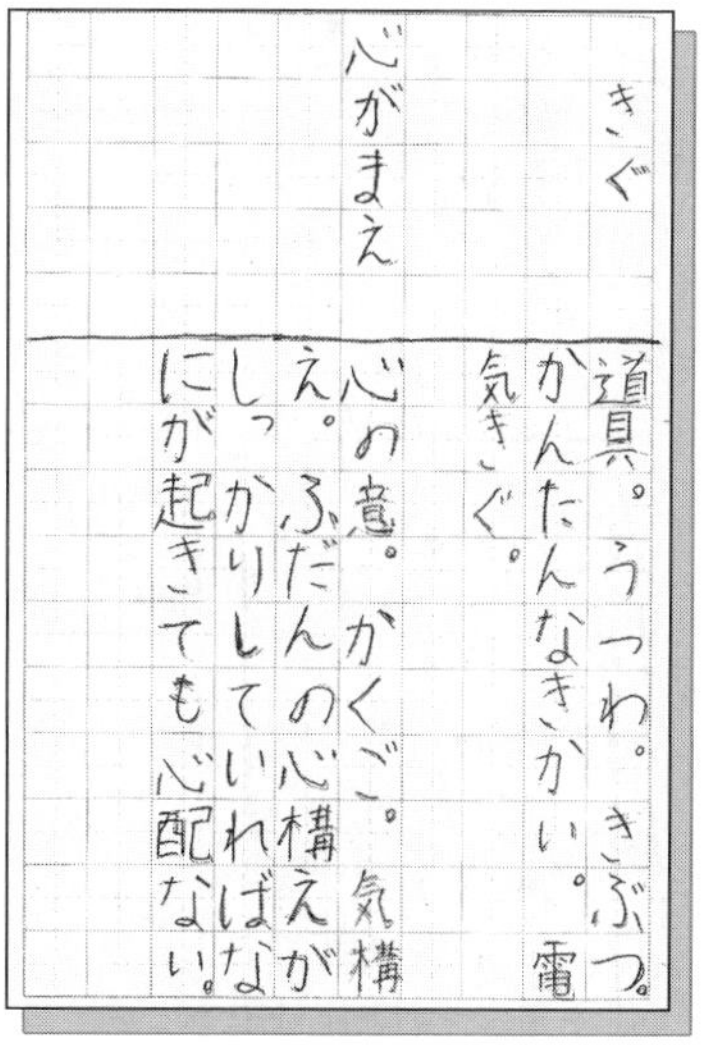

言葉の意味だけではなく使い方も書く

例えば「しつけ」の意味について、二つの意味が記載されている。語句の使い方の例を一緒に書いておくことによって、この文章においてふさわしい意味を理解できるとともに、「しつけ」という語句を、他の場面において正しく使用するための助けとなるに違いない。

3年生

「もうどう犬の訓練」（東書）②

図を活用して文章の読みを展開する

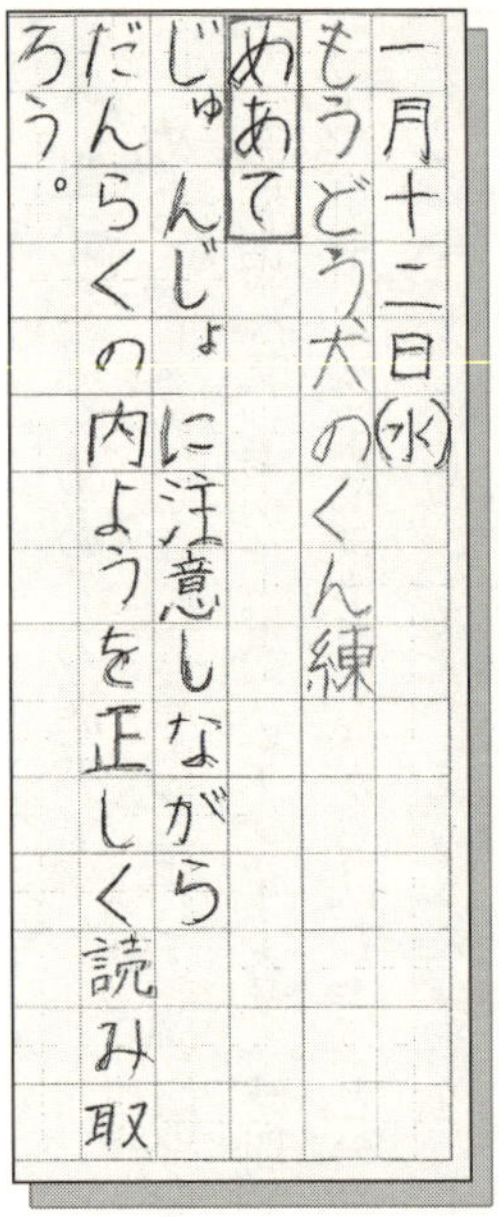
一月十二日(水)
もうどう犬のくん練
めあて
じゅんじょに注意しながらだんらくの内ようを正しく読み取ろう。

図を活用して段落の内容を読み取る

この教材には「もうどう犬」のほかに、「犬」「ペットとしてかわいがられる犬」「けいさつ犬」「はたらく犬」と、いくつもの「犬」に関する語句が出てくる。そこで、これらの言葉の関係を学級において共通理解するために図を活用した。

第1学年及び第2学年において、意味による言葉のまとまりやそれらの関係（上位語・下位語）について学習をしている。

図を用いてそれらの言葉を整理することは、文章の正しい理解につながるとともに、下図に見られるように「けいさつ犬」「ちょうどう犬」など、児童が知っている語彙を引き出すことにもつながる。

全体のめあてである「じゅんじょに注意して正しく読み取ろう。」を、より具体化した「だんらくの内ようを正しく読み取ろう。」が、この時間のめあてとなっている。

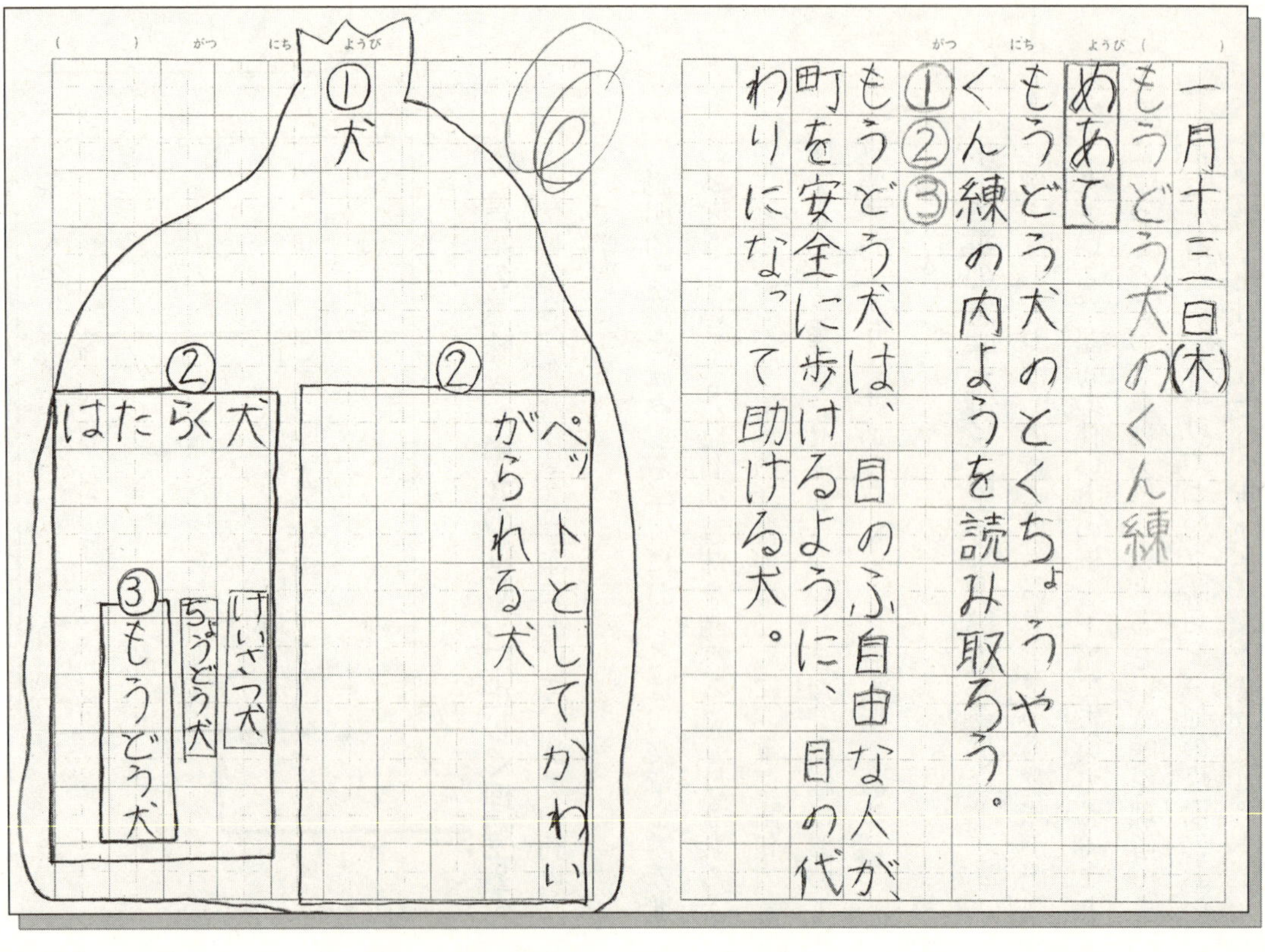
一月十三日(木)
もうどう犬のくん練
めあて
もうどう犬のとくちょうやくん練の内ようを読み取ろう。
①②③
もうどう犬は、目のふ自由な人が、町を安全に歩けるように、目の代わりになって助ける犬。
①犬
②はたらく犬
②ペットとしてかわいがられる犬
③もうどう犬
けいさつ犬
ちょうどう犬

「もうどう犬の訓練」（東書）③

文章構成にまとめ（見出し）をつける

文章構成について整理させる

低学年の説明文教材に比べると、中学年ではかなり文章が長くなり、それにつれて文章構成も複雑になってくる。

そうしたことを考えると、ノートの上で、下のように文章構成について整理させることが重要な学習活動となる。

見開きにして、一目で文章全体の構成を確認できるようになっている工夫にも注目したい。

文章構成にまとめ（見出し）をつける

段落構成図を描かせることも効果的ではあるが、どうしても本文との関係が薄くなってしまう。

そこで下のノート例のように、段落番号を使って文章構成を示し、そこに簡単なまとめ（見出し）を、子どもと一緒に考えていった。

「もうどう犬」または「くん練」というこの説明文の教材名である言葉のどちらかが使われているところに注目したい。このような内容をきちんとまとめる工夫を教えておくことは、その後における説明文教材を学ぶ際の基礎となるに違いない。

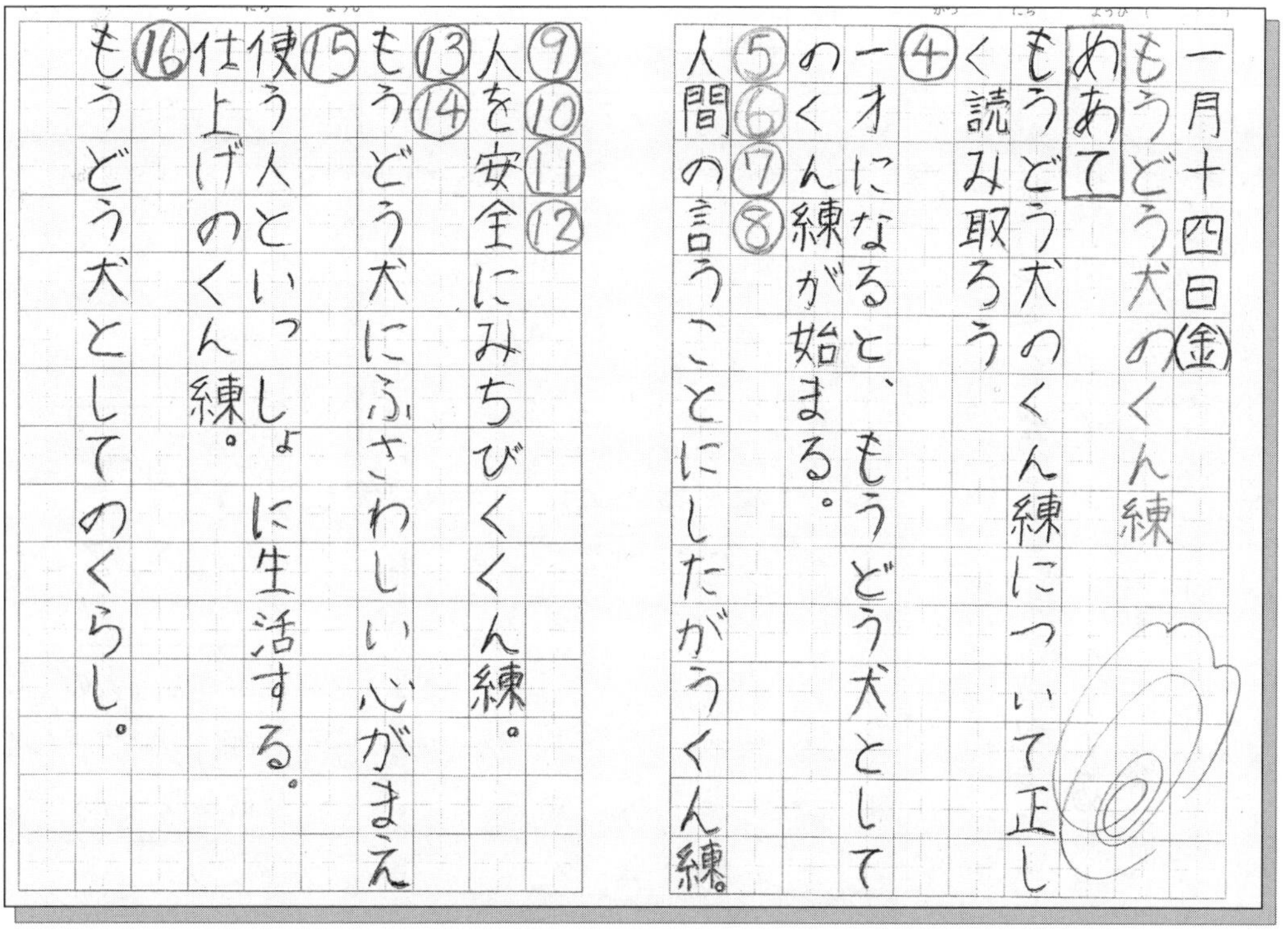

3年生

「もうどう犬の訓練」（東書）④

「めあて」から見る学習指導過程

時系列に即した読み

「順序に注意して正しく読み取ろう。」が基本。これは何年生になっても基本中の基本である。

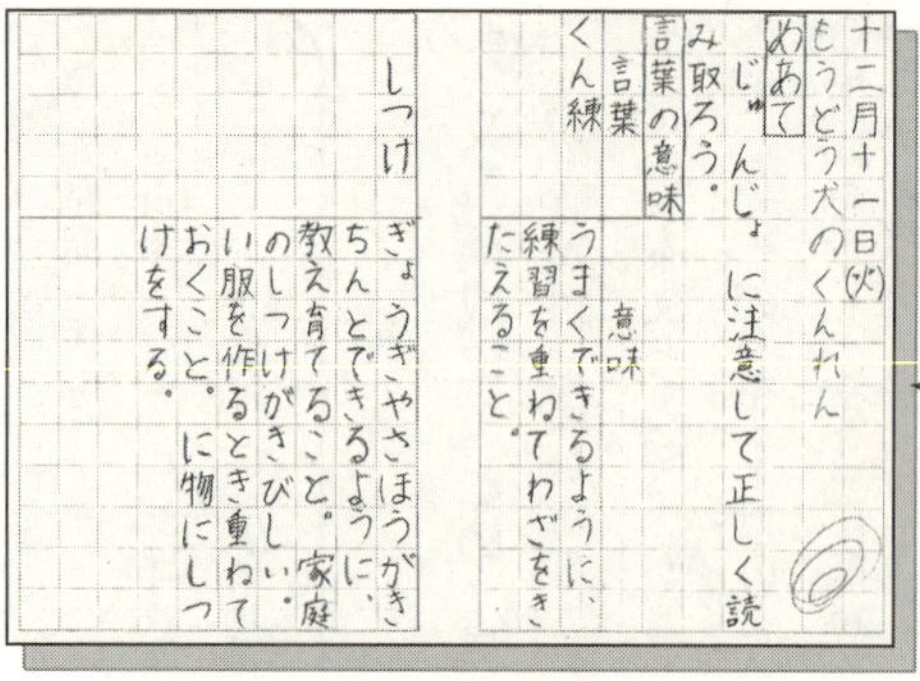

めあて

じゅんじょに注意して正しく読み取ろう。

段落ごとの正確な読み

基本のめあてが、具体的になる。こうしたステップを分かりやすく示す。

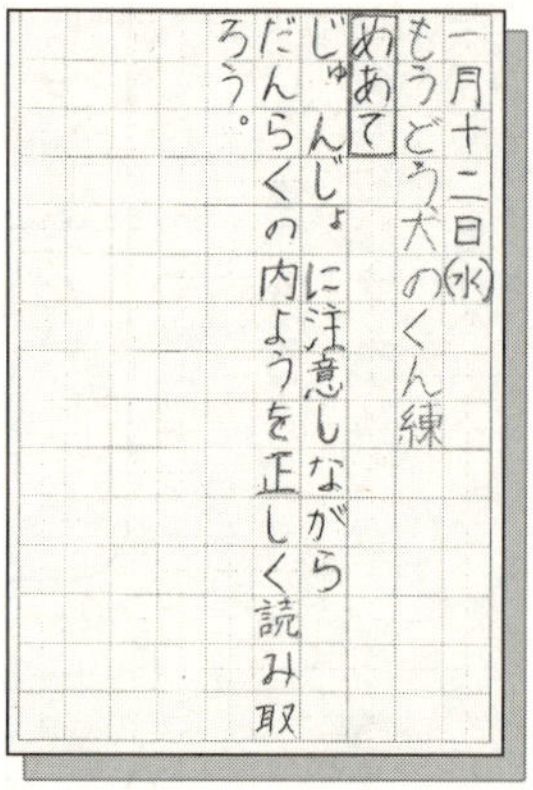

じゅんじょに注意しながらだんらくの内ようを正しく読み取ろう。

読み取ったことを深める

内容と関連しためあてになる。図式化などの工夫が必要になる場合が多い。

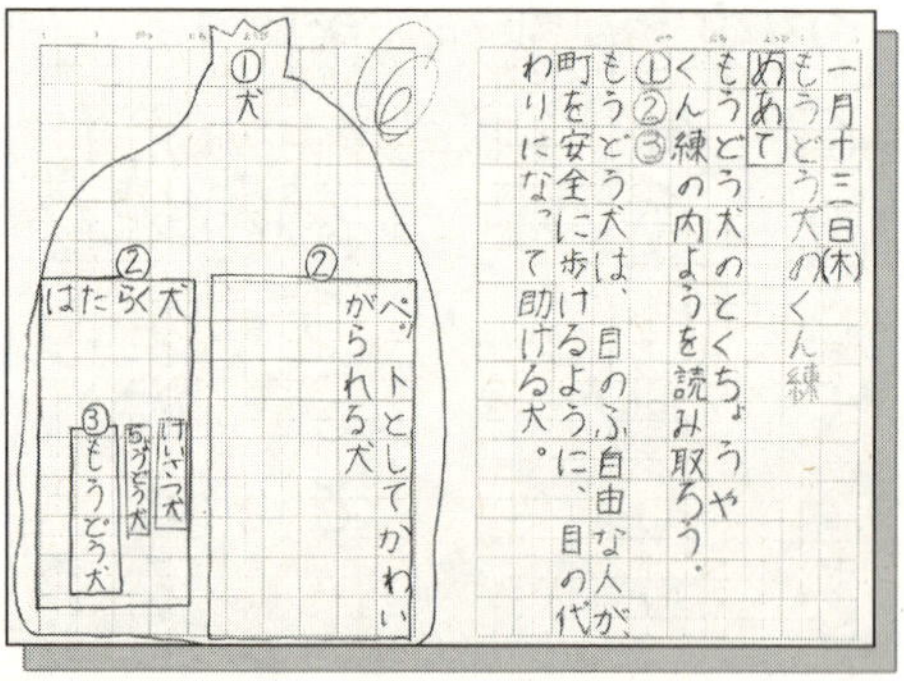

もうどう犬のとくちょうや、くん練の内ようを読み取ろう。

読み取ったことをまとめる

まとめ→次の説明的文章につなげる。

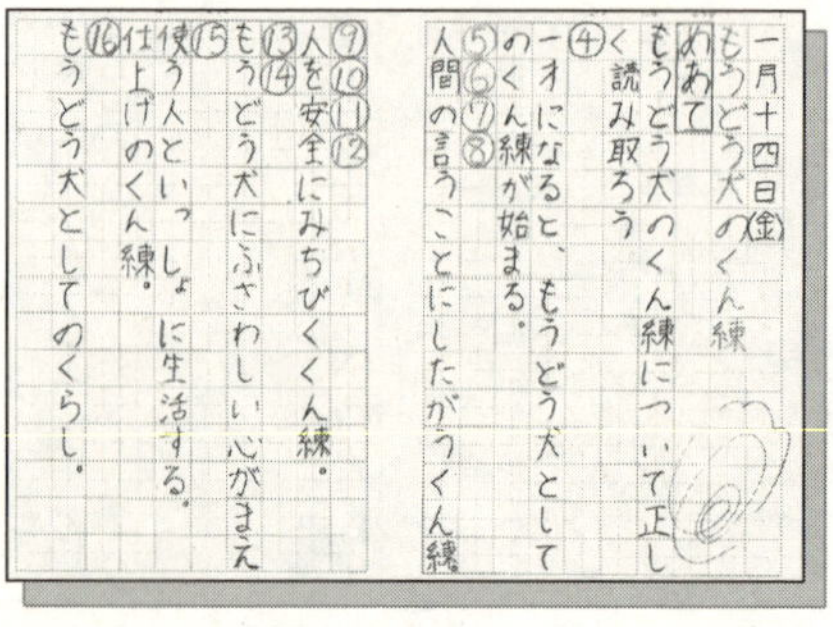

もうどう犬のくん練について正しく読み取ろう。

5 「木かげにごろり」（東書）①
おもしろいと思ったわけを書く

作品全体を視野に入れて読む

「めあて」の明示は当然であるが、「場面のうつりかわりを考えながら読もう。」という中の「うつりかわり」がキー。つまり、部分ではなく、作品全体を視野に入れてということである。

「思考力から判断力へ」

「おもしろいと思ったところ」を書く。「思考力から判断力」である。特別な配慮の必要な子どもに対しては、作品の本文そのまま視写させるという工夫も効果的。

根拠を明示させる

「ここがおもしろいと思ったわけ」をきちんと書かせている。思いつきの意見ではなく、「根拠」を明示させることを求めている。「思考力・判断力・表現力」を求めた学習活動になっている。

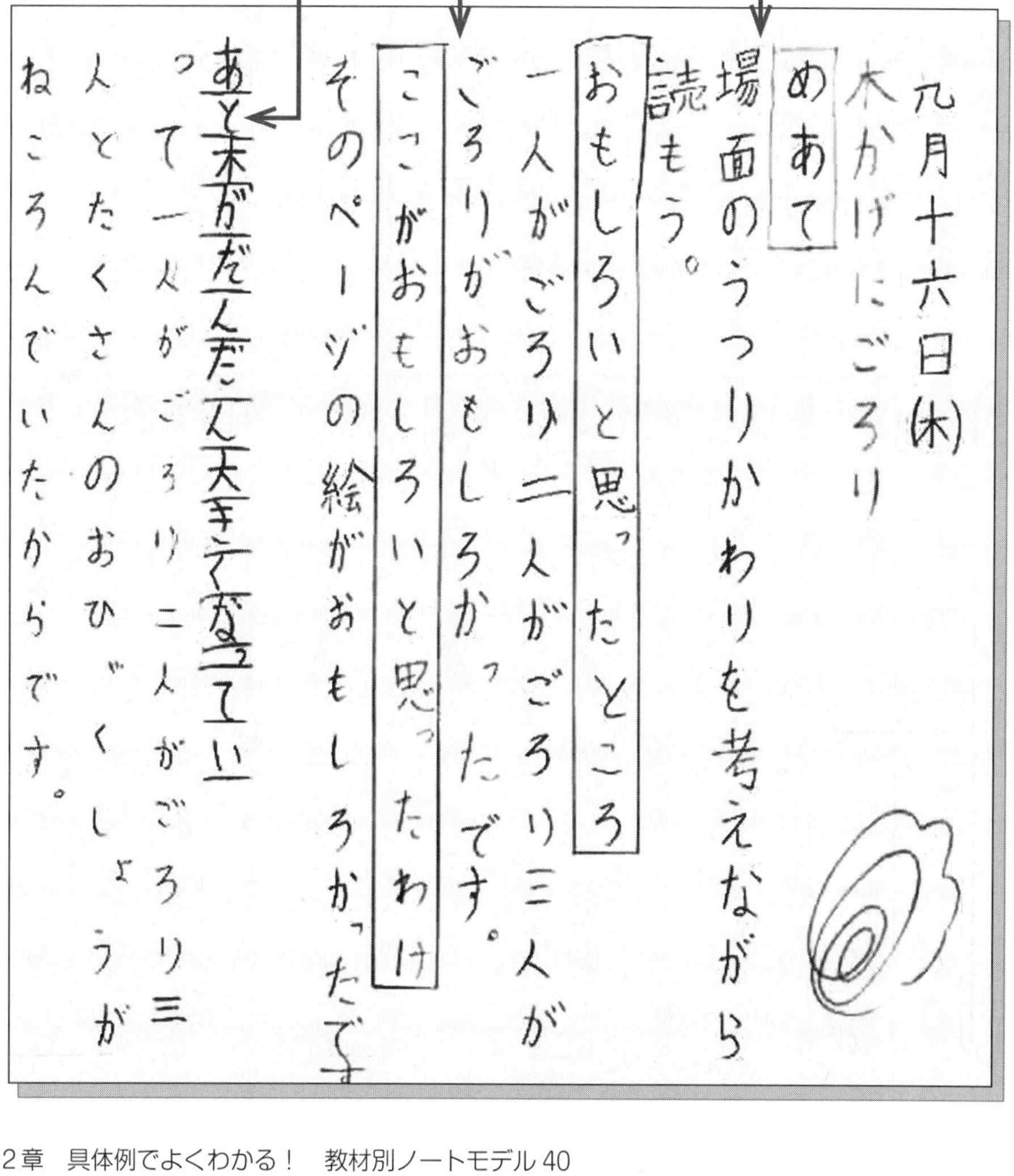

九月十六日(木)
木かげにごろり
めあて
場面のうつりかわりを考えながら
読もう。
おもしろいと思ったところ
一人がごろり二人がごろり三人が
ごろりがおもしろかったです。
ここがおもしろいと思ったわけ
そのページの絵がおもしろかったです
あと木がだんだん大きくなってい
って一人がごろり二人がごろり三
人とたくさんのおひゃくしょうが
ねころんでいたからです。

「木かげにごろり」（東書）②

学習の振り返りをさせる

「二項対立」的に構造化する

「場面のうつりかわりを考えながら読もう。」というのは、前ページと同じであるが、質的に変化している。「よくばり―はたらき者」「横取り―助け合って」と、いわゆる「二項対立」的に構造化して捉えさせている。この「二項対立」的な構造化は、ここにとどまらず、次の「学習の振り返り」、つまり読み取ったことの「中間振り返り」に、きちんと反映される。これこそ、「思考力・判断力・表現力」の具体的な姿であろう。

機会があるごとに「学習の振り返り」を行う

普通は「学習の振り返り」は、単元の学習活動の最後に行うものであるが、機会があるごとにノートの上に「学習の振り返り」を行わせるようにしている。これも「思考力・判断力・表現力」を鍛えるための工夫である。

ここに先の「二項対立」的な構造化に表れた「よくばり―はたらき者」が、効果的に使われていることに注目したい。場面ごとの丁寧な読み取りがきちんと効果を上げていることの証拠となっているのである。

急に「この作品のテーマは？」と発問するのではなく、こうした学習活動を適度に配しておくことによって、無理なく作品世界を味わい、物語のテーマに迫ることができる。こうした「思考力・判断力・表現力」を発揮できる場を多く設定したい。

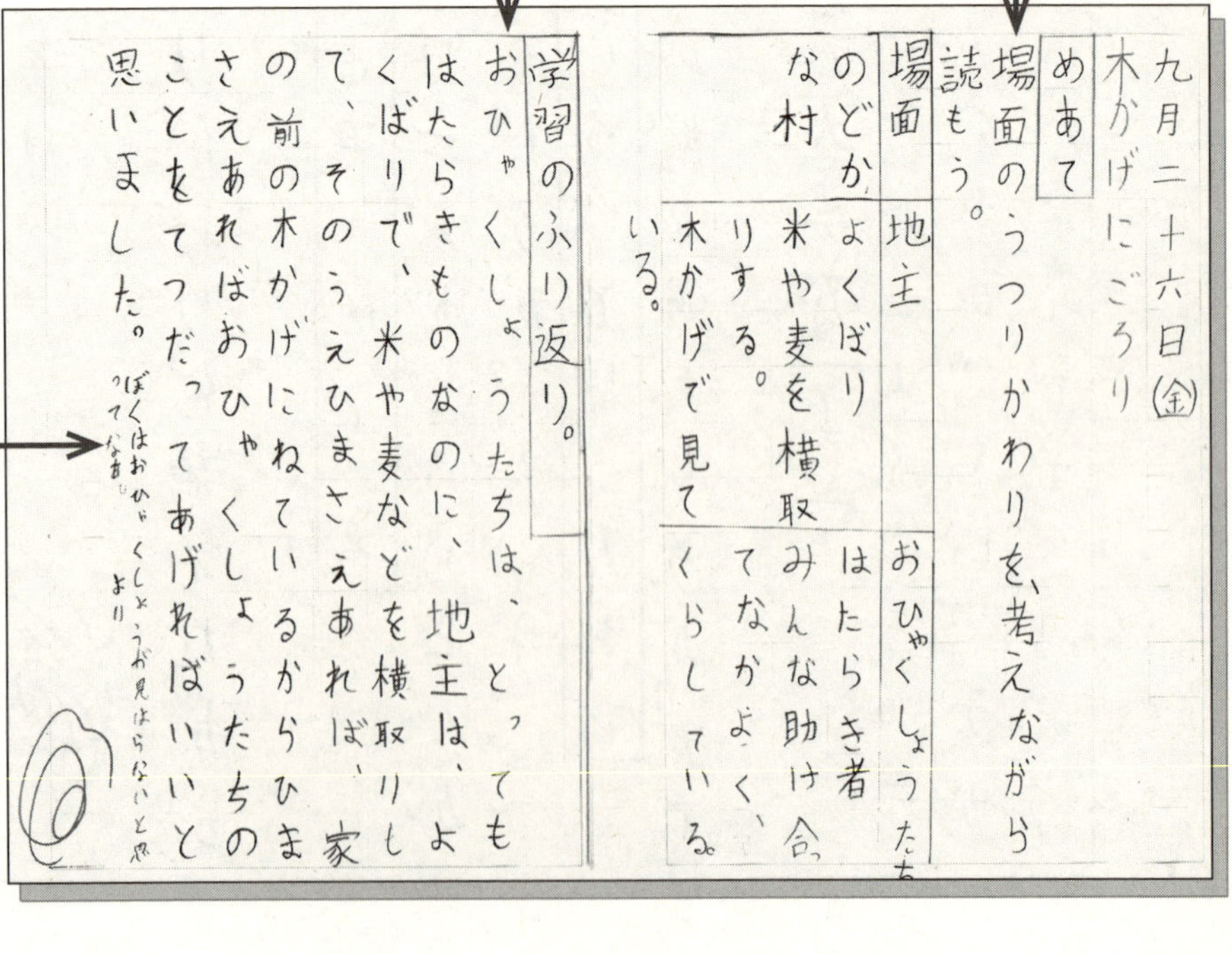
九月二十六日(金)
木かげにごろり
めあて 場面のうつりかわりを考えながら読もう。

場面	地主	おひゃくしょうたち
のどかな村	よくばり 米や麦を横取りする。 木かげで見ている。	はたらき者 みんな助け合ってなかよくくらしている。

学習のふり返り。
おひゃくしょうたちは、とってもはたらきものなのに、地主は、よくばりで、米や麦などを横取りして、そのうえひまさえあれば、家の前の木かげにねているからひまさえあればおひゃくしょうたちのことをてつだってあげればいいと思いました。
ぼくはおひゃくしょうが見はらないと思
より

「伝え合い」活動の成果として、友達からのメッセージが書かれている。

「木かげにごろり」（東書）③

叙述を表に整理しそれを根拠に意見を

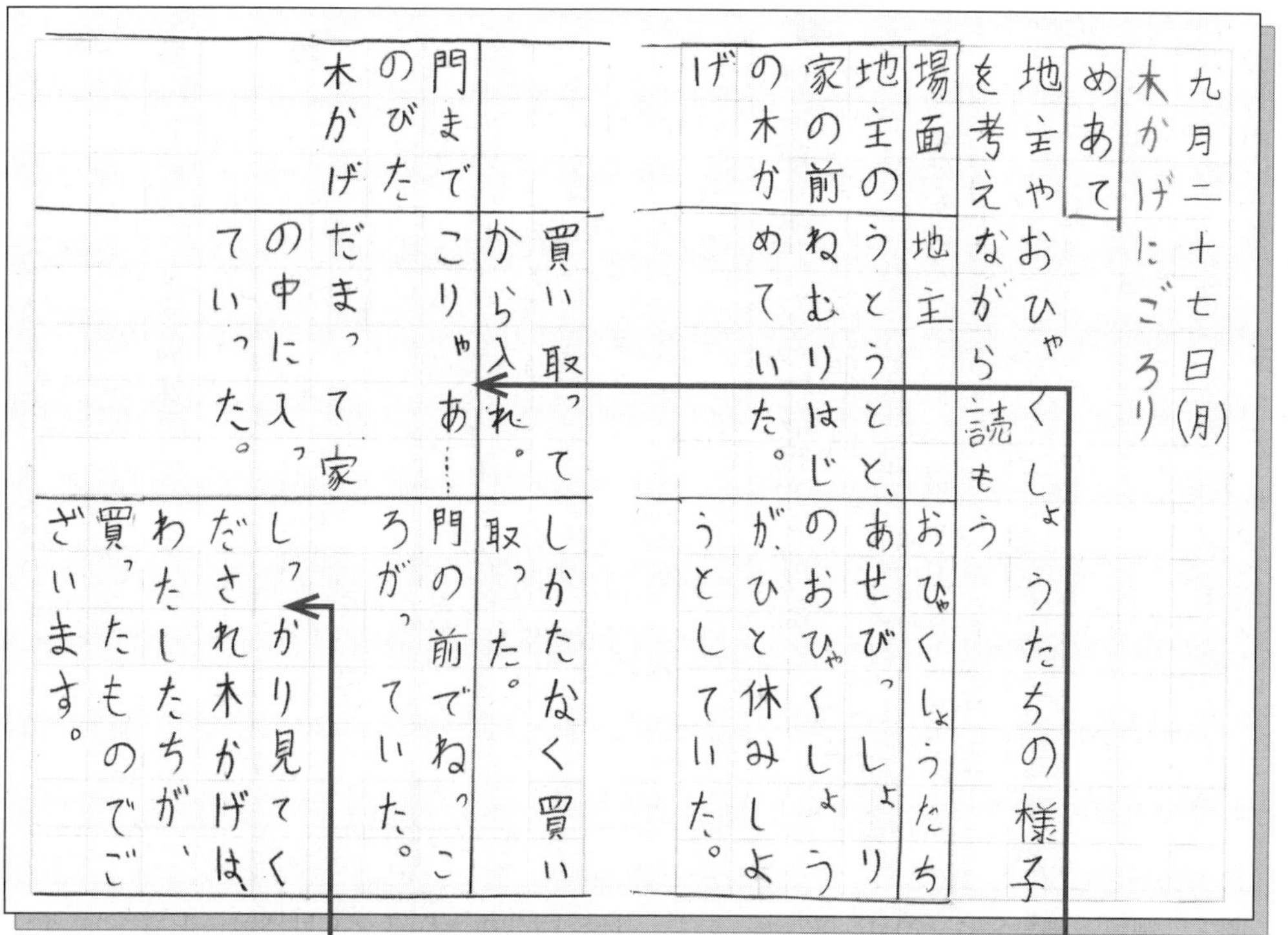
九月二十七日(月)

木かげにごろり

めあて　地主やおひゃくしょうたちの様子を考えながら読もう

場面	地主	おひゃくしょうたち
地主の家の前の木かげ	うとうとと、ねむりはじめていた。	あせびっしょりのおひゃくしょうが、ひと休みしようとしていた。
門までのびた木かげ	買い取ってから入れ。こりゃあ……だまって家の中に入っていった。	しかたなく買い取った。門の前でねっころがっていた。しっかり見てくだされ木かげは、わたしたちが、買ったものでございます。

叙述を整理し、それを根拠に意見を述べる

上の「地主やおひゃくしょうたちの様子を考えながら読もう」というめあてのもと、「場面」「地主」「おひゃくしょうたち」の言動を表に整理した。それをもとに左に示した「学習のふり返り」がまとめられている。例えば、地主の「こりゃあ」という言葉は当然表の中に書かれている。さらに「しっかり見てくだされ。木かげはわたしたちが買ったものでございます。」という、この物語のテーマに深くかかわる会話文をしっかりと押さえることができている。叙述を表に整理しそれを根拠に意見を述べる力が身についてきている。

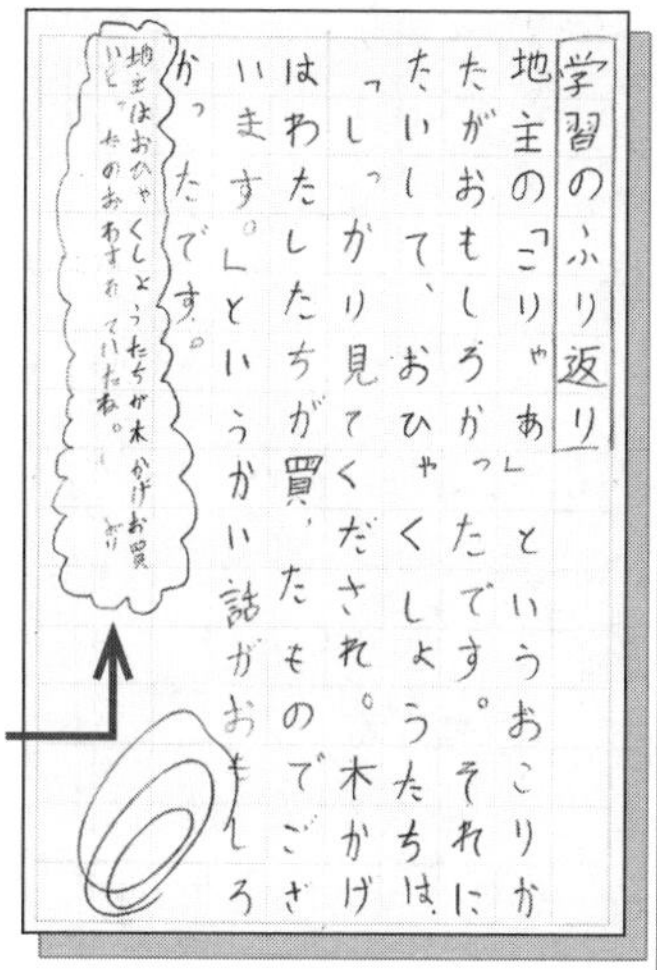
学習のふり返り

地主の「こりゃあ」というおこりかたがおもしろかったです。それにたいして、おひゃくしょうたちは、「しっかり見てくだされ。木かげはわたしたちが買ったものでございます。」というかい話がおもしろかったです。

「地主はおひゃくしょうたちが木かげお（を）買いとったのお（を）わすれていたね。○○より」と、友達との「伝え合い」の成果が記録されている。仲間と一緒にこの物語を読み取っている。

「木かげにごろり」（東書）④

物語の全体構造を読み取りまとめる

対比表現を用いて全体構造を押さえる

下に示したのは、最後の「学習のふり返り」である。

ここに次のような記述があることに注目したい。

■はじめは、地主の様子は……、あとには、……しまいました。

■おひゃくしょうたちは、はじめ……けどさい後には、……なっていました。

「はじめ―あと（さい後）」という対比表現を用いているところから、物語の全体構造を押さえていることがよく分かる。先に示した叙述を表にしていく学習活動を通して、物語の全体構造を理解し、それを書きまとめている。「思考力・判断力・表現力」をさらに高めることができたと言うことができよう。

結末部分の「落ち」を理解させる

さらに、この物語の結末部において、「おひゃくしょうたちは、ごちそうを全部平らげてしまいました。」という叙述がある。そして、最後の一文として、「さて、地主のほうは真夜中になって、このままではご先ぞ様に申しわけないと、ごちそうを絵にかいてそなえたということです。」が添えられている。

「あとおもしろかったことは、……ごちそうを絵にかいてそなえたということですのところがおもしろかったです。」というこの学習者のノートの記述から、この物語の「落ち」がきちんと理解できていることがよく分かる。

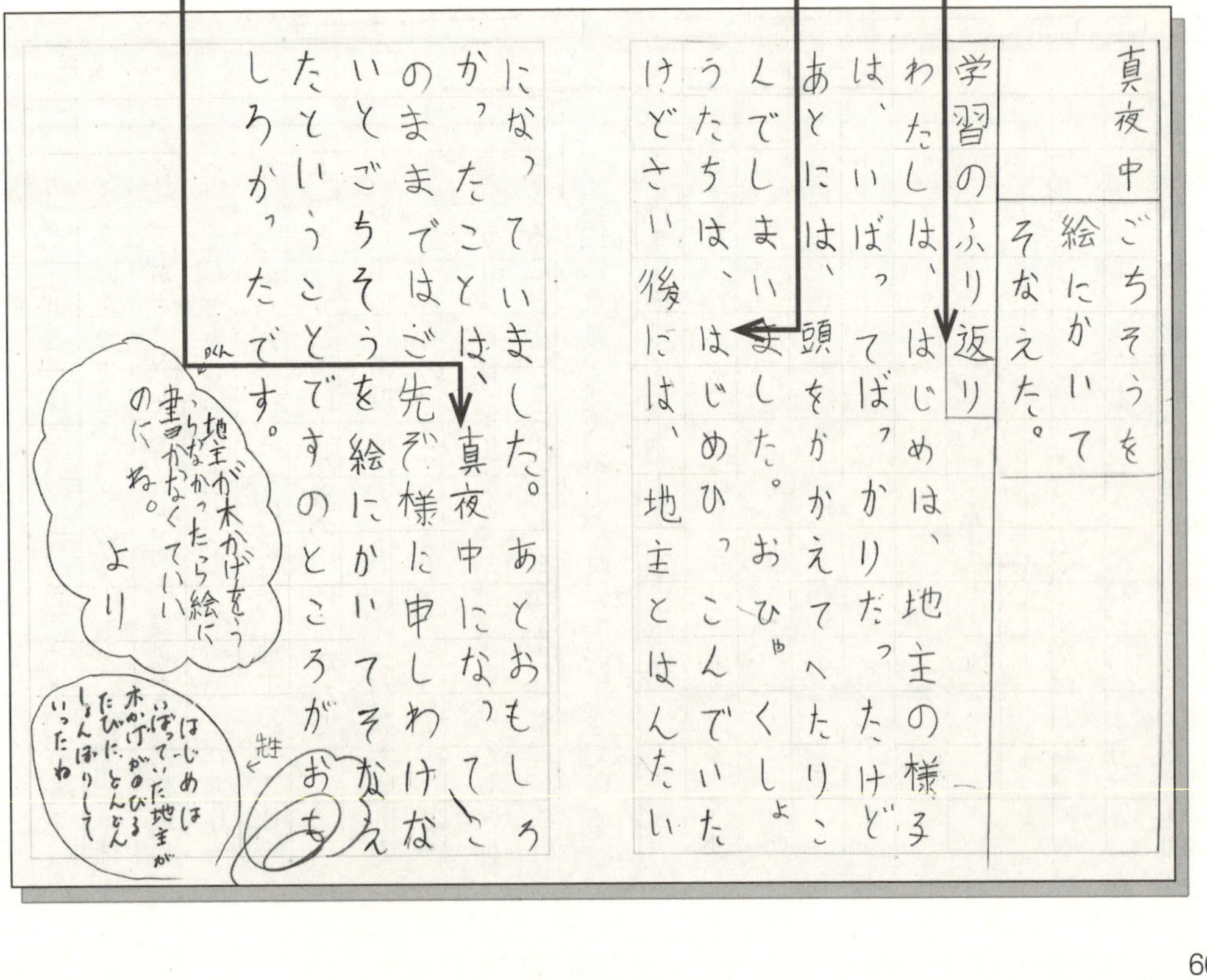
真夜中ごちそうを絵にかいてそなえた。
学習のふり返り
わたしは、はじめは、地主の様子は、いばってばっかりだったけど、あとには、頭をかかえてへたりこんでしまいました。おひゃくしょうたちは、はじめひっこんでいたけどさい後には、地主とはんたいになっていました。あとおもしろかったことは、真夜中になってこのままではご先ぞ様に申しわけないとごちそうを絵にかいてそなえたということですのところがおもしろかったです。
地主が木かげをうらなかったら絵に書かなくていいのにね。より
はじめはいばっていた地主が木かげがのびるたびに、どんどんしょんぼりしていったね
先生

6 「海をかっとばせ」（光村）①
人物の性格や気持ちの変化を考える

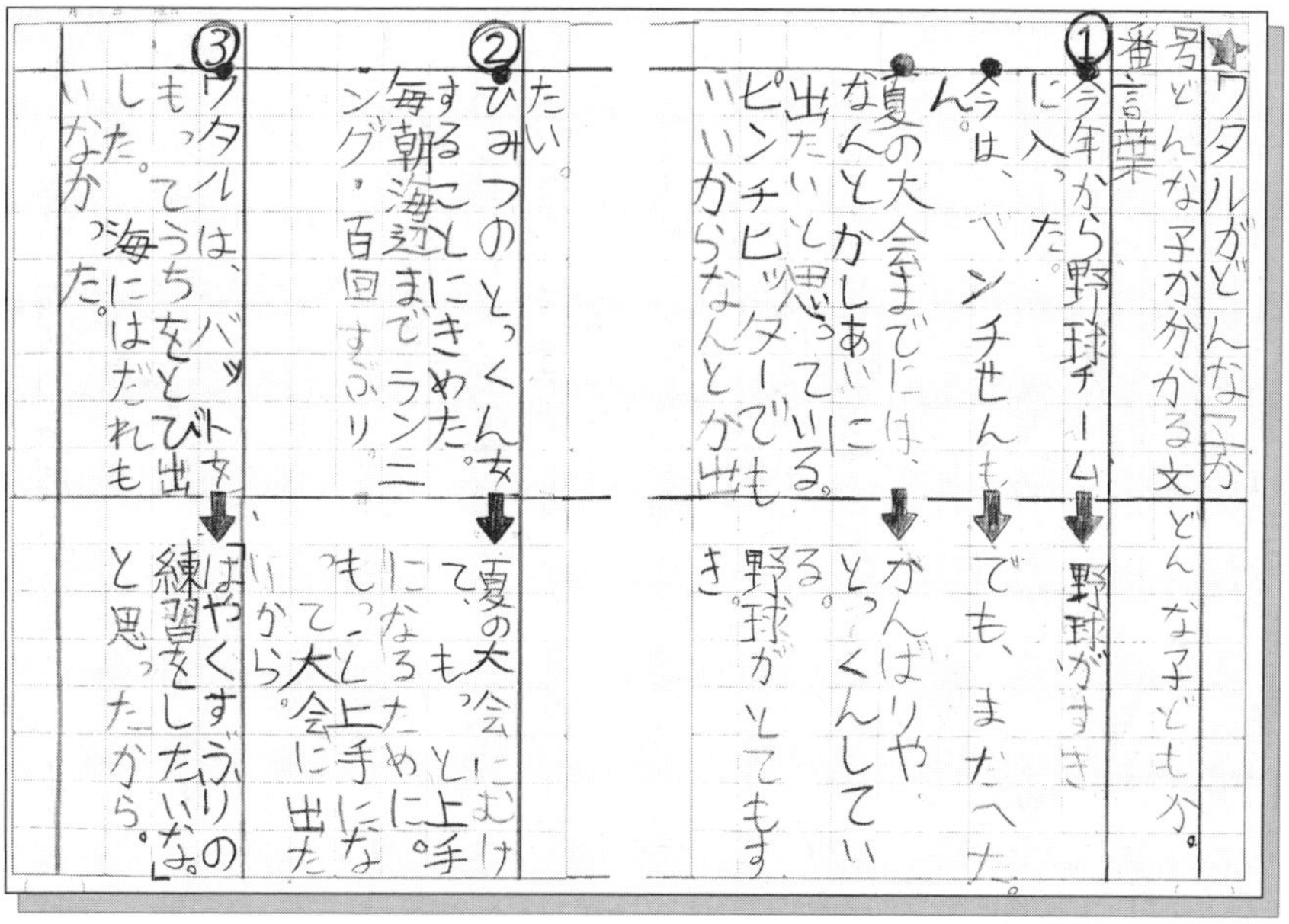

登場人物の性格や気持ちの変化を読み取る

〔第3学年及び第4学年〕の「C読むこと」領域の「場面の移り変わりに注意しながら登場人物の性格や気持ちの変化、情景などについて、叙述を基に想像して読む」力をつける学習である。

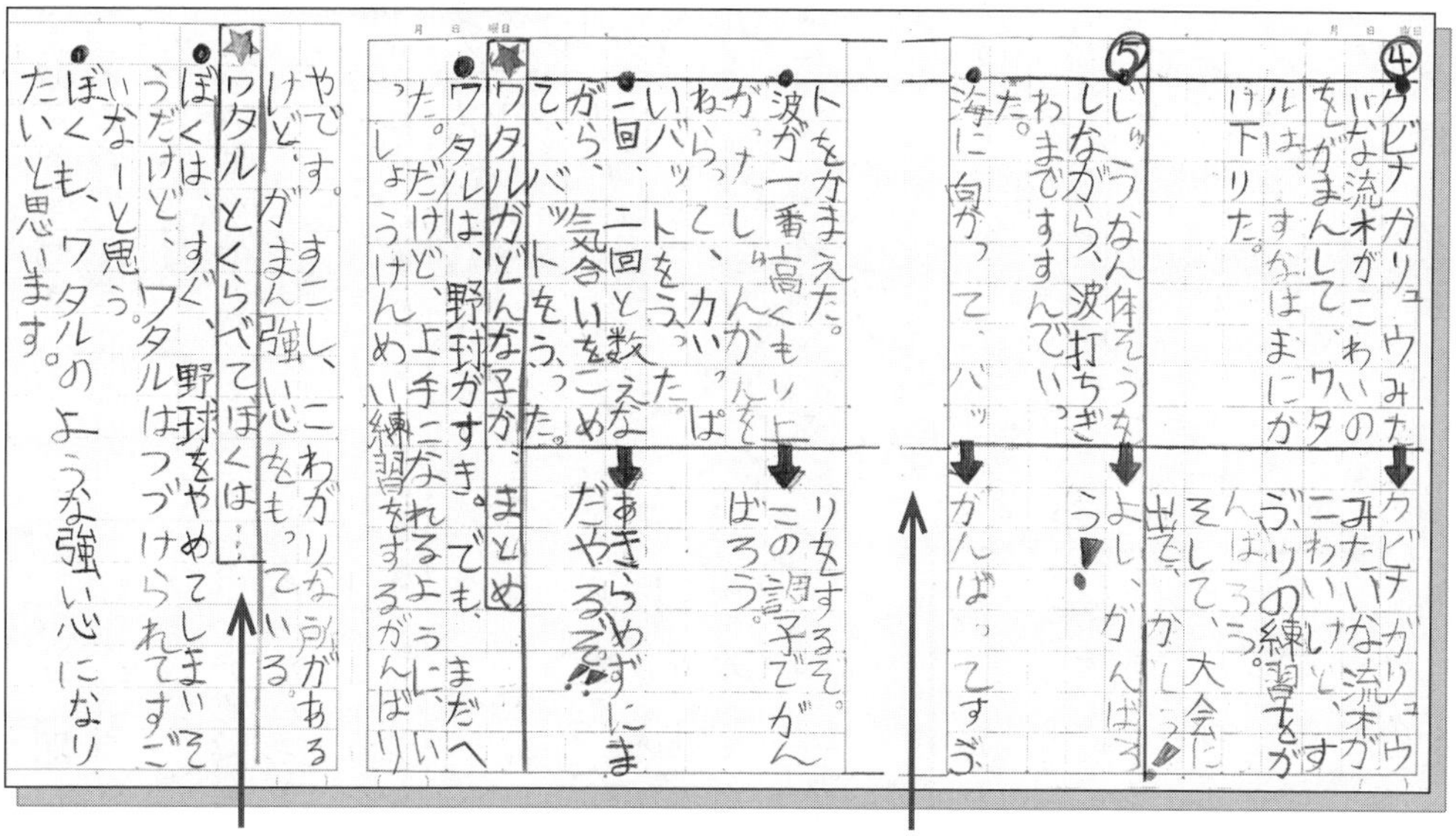

登場人物の性格を読み取る

上段に行動や会話の叙述を、下段にそこから読み取ったことを書かせる。上下に対応させて書くことによって、「叙述に即して」想像することを意識できる。

自分との比較

個々の読み取りを伝え合った後、自分の言葉で「主人公の人物像」をまとめる。さらに自分と比べることにより、「物語の世界を豊かにかつ具体的に感じ取る」ことができるようにする。

「海をかっとばせ」（光村）②

「思考力・判断力・表現力」を育む場の設定

「思考力・判断力・表現力」を育む

あらすじをまとめたり、登場人物の人物像を読み取る際に、全体を通して読んだりすることにより、児童は、常に作品の部分と全体をつなげて読むことができ、おすすめの場面（文章・絵）を選ぶことに、スムーズにつなげていくことができる。

①おすすめの文章を選び、理由を書く。
②おすすめの絵を選び、理由を書く。

おすすめの文章や絵を選ぶことにより「判断力」を、理由を書くことにより「思考力」を、それを他者に伝わるように書いたり、話したりすることにより「表現力」を育むことができる。このように、授業の中で「思考力・判断力・表現力」を育む場を設定していきたい。

根拠を明らかにすることの意味

普段の学習の中でも、自分の考えを述べる際、必ず理由を言うという意識づけをしていく。

この場合、選んだ理由を伝え合うことで、同じ部分でも異なる理由で選んだ友達がいる場合もあり、感じ方の違いに気づくこともできる。

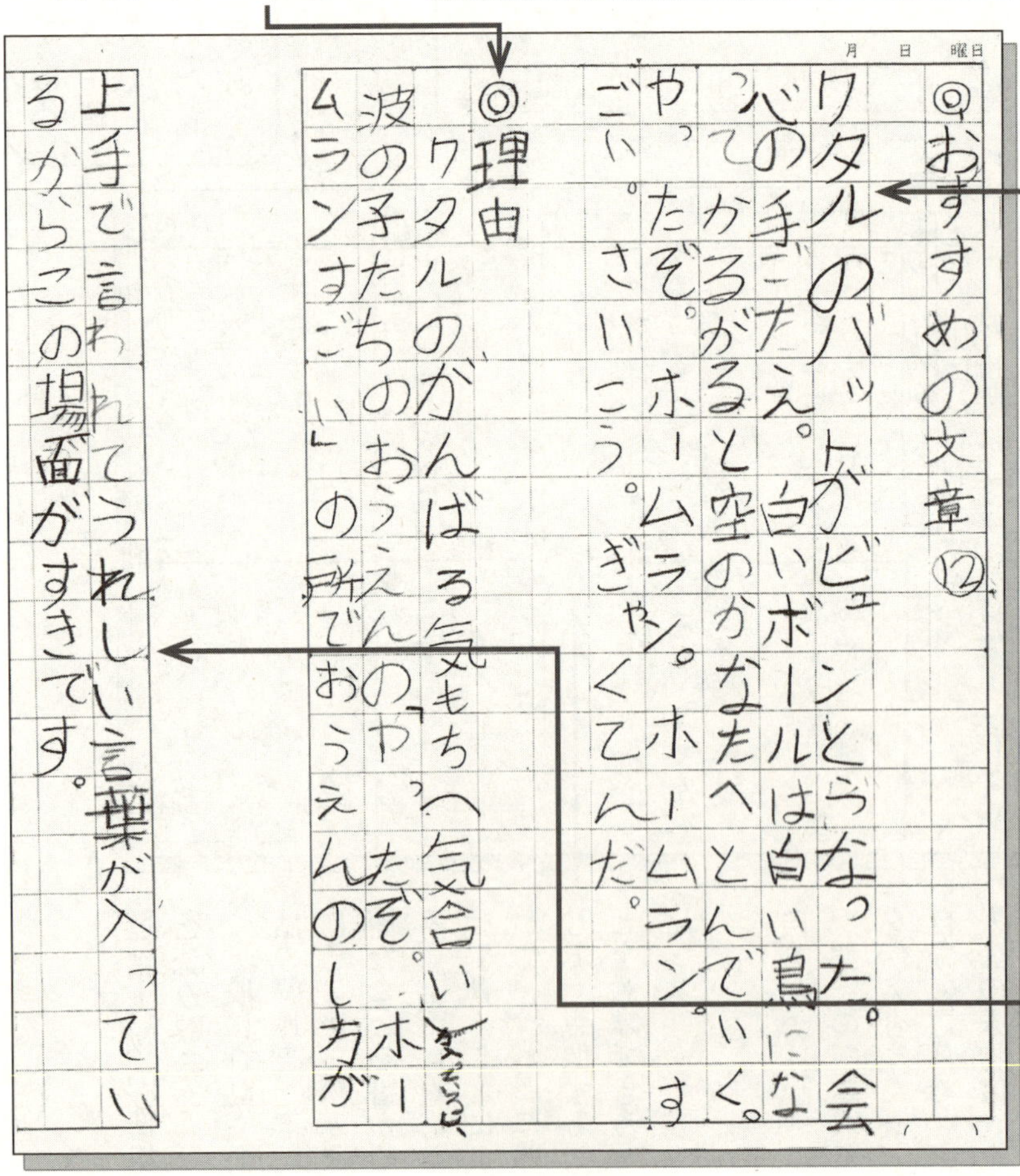
月 日 曜日
◎おすすめの文章⑫
ワタルのバットがビュンとうなった。会
心の手ごたえ。白いボールは白い鳥にな
ってかるがると空のかなたへとんでいく。
やったぞ。ホームラン。ホームランす
ごい。さいこう。ぎゃくてんだ。
◎理由
ワタルのがんばる気もちへ気合い
波の子たちのおうえんのやったぞ。ホー
ムランすごい」の所でおうえんのし方が
上手で言われてうれしい言葉が入ってい
るからこの場面がすきです。

優れた表現への気づきへ

視写することにより、体言止めや短い言葉でのたたみかけるような表現などにも着目させることができる。

叙述に即して理由を述べる

叙述の中の言葉を取り上げ、そこから読み取った気持ちを理由として挙げている。「登場人物像」を読み取った学習が生かされている。

「海をかっとばせ」（光村）③

比べ読みから多読へつなげる

比較することで作品のテーマをつかむ

多読につなげていくためのステップとして、全員で「つり橋わたれ」を読み、「海をかっとばせ」との比べ読みをする。三つの項目を設け、表にまとめることにより共通点に気づきやすくした。

主人公の人物像をノートにまとめる

男女の違いはあるが、主人公は、年齢、性格など共通点が多い。欠けたものを持っている存在だからこそ、「不思議な登場人物に会える」というファンタジーによく見られる手法である。

ふしぎな登場人物について書く

どちらも、突然現れ、主人公が壁を越えるのを助ける役をするという共通点を見つけられる。

主人公の変化に気づく

不思議な登場人物の力を借りて主人公が成長するという共通点を見つけることができる。ここで、児童が物語において現実にはいないはずの「不思議な登場人物」の役割の重要性に気づくことができる。そのことが、他にも「このような不思議な登場人物が出てくる話がないか」を探すことにつながる。

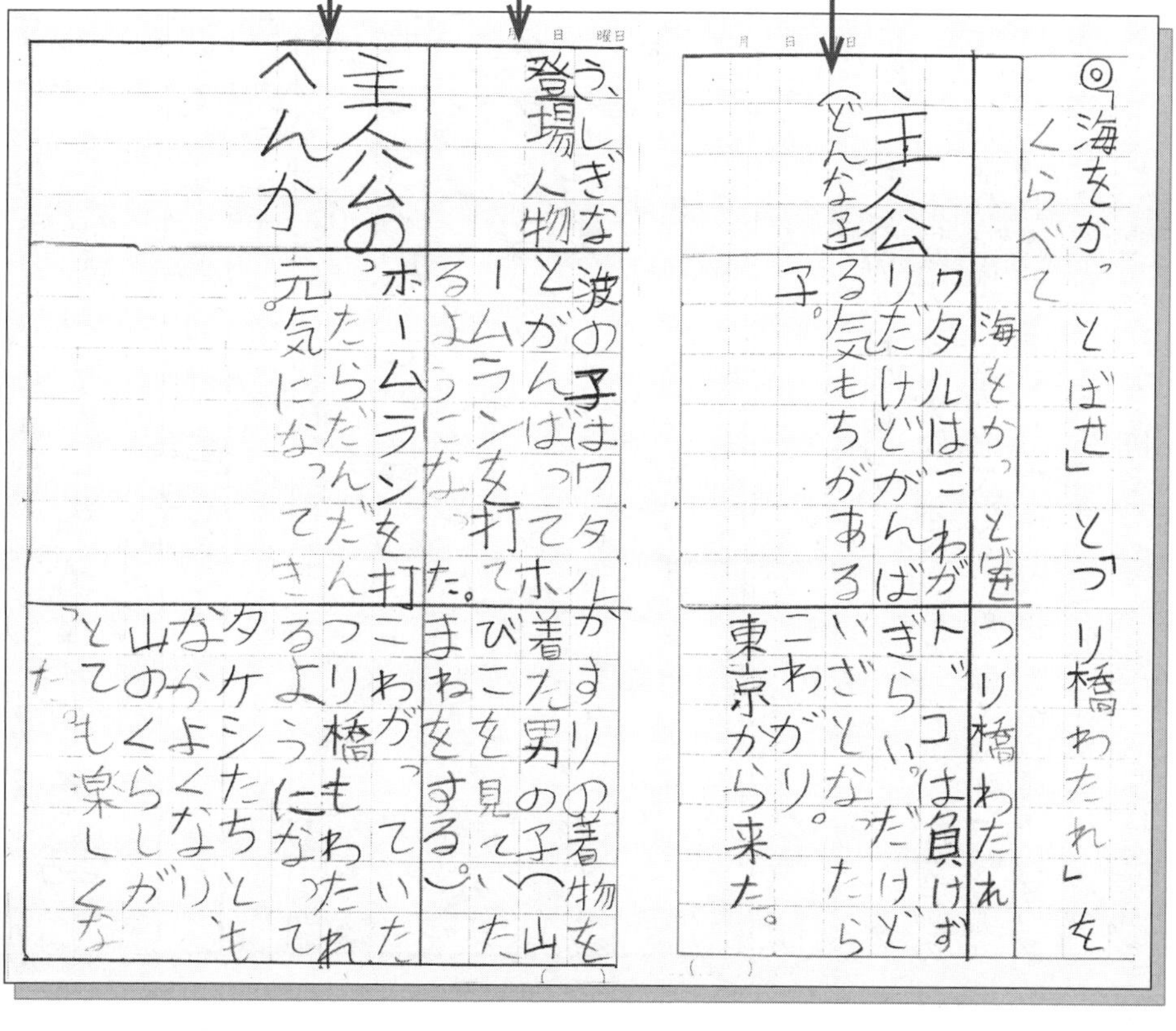

3年生

「海をかっとばせ」（光村）④
テーマから本を探しお話紹介を書く

多読につなげるお話紹介へ

〔第3学年及び第4学年〕の「C読むこと」領域の言語活動例として「紹介したい本を取り上げて説明すること」が挙げられている。

「海をかっとばせ」をもとに、ファンタジー作品の多読に向けて、「不思議なことが起こる（不思議な登場人物が出てくる）」ことに着目して、本探しに取り組んだ。題名から見つけた「ふしぎなともだち」他、昔話や主人公自身が不思議な登場人物である「ピノキオ」など様々な物語を選んでおり、これを次単元の「お話紹介」につなげていった。

「お話の楽しさを紹介するワザ」の中から紹介することを選ぶ

「海をかっとばせ」において見つけた「お話の楽しさを紹介するワザ」の中から選んで、お話について短く紹介するコメントを書いた。ここでは、「あらすじ」というワザを選んで紹介している。

5W1Hを使って

不思議な登場人物「ポニョ」と「宗介」の出会いの部分を中心に紹介しているため、読み手が「いっしょに生活する中でどんなことが起こるか」興味が持てる。「あらすじ」をまとめるポイント「5W1H（いつ・どこで・だれが・何を・どうしたか・それはなぜか）」が入っている。

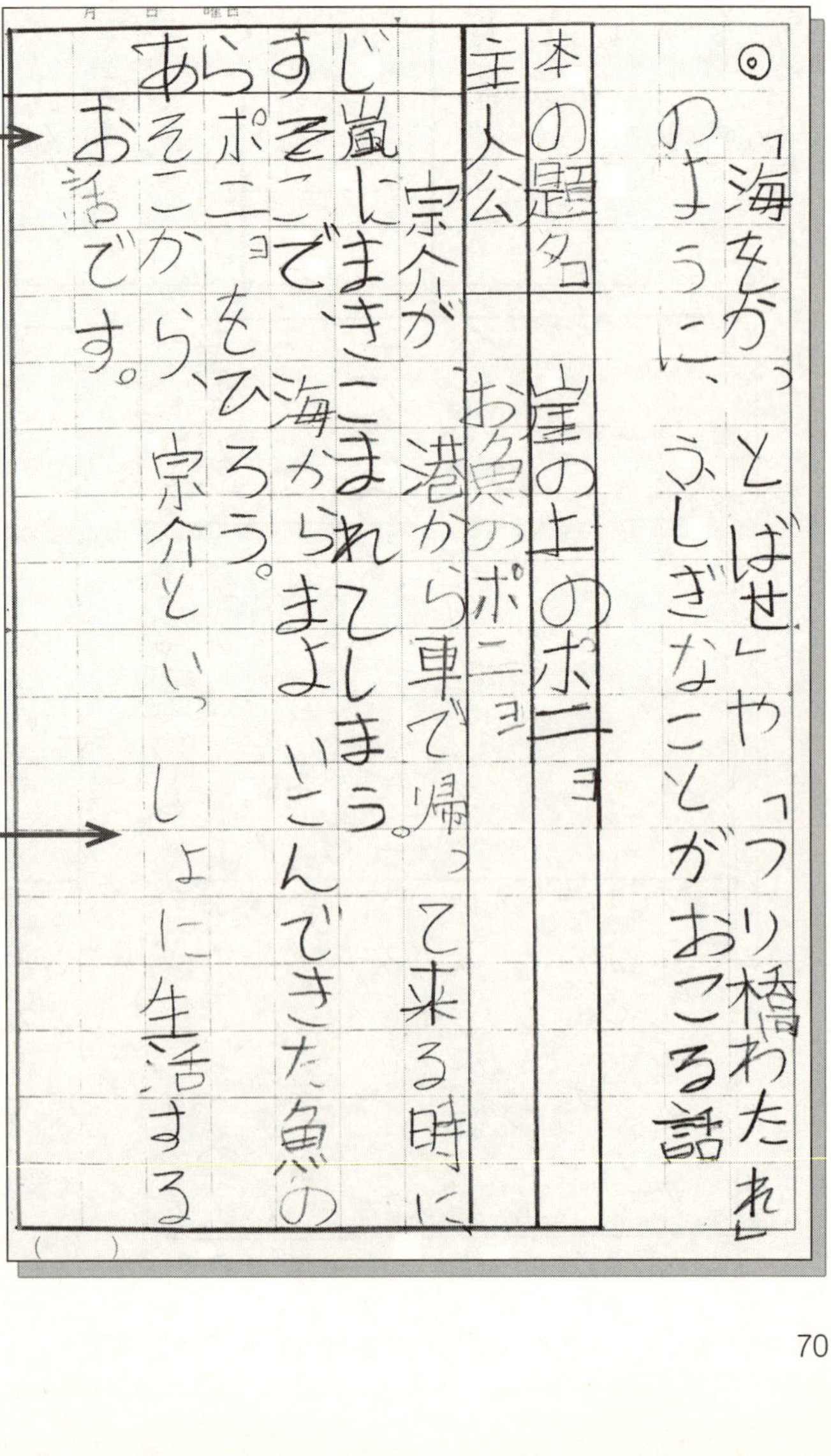
◎「海をかっとばせ」や「つり橋わたれ」のように、ふしぎなことがおこる話
本の題名　崖の上のポニョ
主人公　お魚のポニョ
あらすじ　宗介が港から車で帰って来る時に嵐にまきこまれてしまう。そこで海からまよいこんできた魚のポニョをひろう。そこから、宗介といっしょに生活するお話です。

7 「ちいちゃんのかげおくり」（光村）①
お気に入りの本文とそのわけを書く

お気に入りの本文とそのわけを書く

初発の感想を書く際には、「物語のおもしろさを読み取るワザ」の中にある「お気に入りの本文（場面）とそのわけ」を活用した。

物語のおもしろさを読み取るワザ
ア、題名から分かったことや、思ったこと
イ、登場人物、主人公について
ウ、登場人物をくらべる
エ、場面をくらべる
オ、お気に入りの本文と、そのわけ
カ、作者が、読者につたえたいこと（テーマ）について
キ、はじめ・中・終わり
ク、あらすじを書く（5W1H）
ケ、小見出しを書く
コ、本文とさし絵をつなぐ
サ、つなぎ言葉に　気をつける

主語・述語の整った文づくり

国語辞典で調べた後、主語・述語の整った文づくりをさせ、活用させる。

「主語・述語の整った」文づくりであるところが重要。辞書などでは主語が省略されている。

「かげおくり」について、「よく晴れた日に姉とわたしがかげおくりをしました。」と、「かげおくり」ができる重要な条件である「よく晴れた日に」を、教材の叙述から補っているところに注目したい。

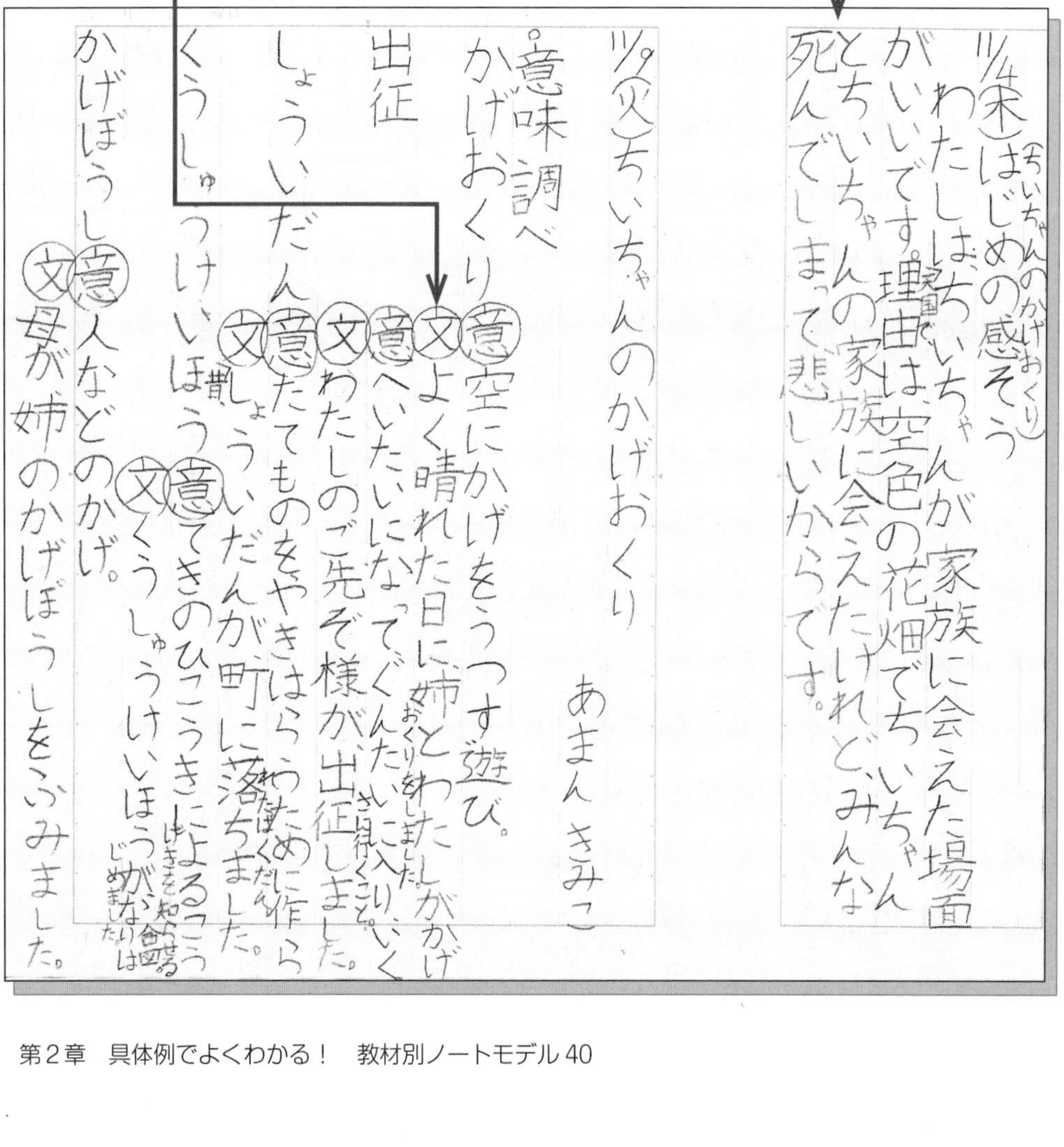

11/4（木）はじめの感そう（ちいちゃんのかげおくり）
わたしは、ちいちゃんが家族に会えた場面がいいです。理由は、空色の花畑でちいちゃんとちいちゃんの家族に会えたけれど、みんな死んでしまって悲しいからです。
11/9（火）ちいちゃんのかげおくり
あまん　きみこ
意味調べ
かげおくり
意 空にかげをうつす遊び。
文 よく晴れた日に姉とわたしがかげおくりをしました。
出征
意 へいたいになってぐんたいに入り、いくさに行くこと。
文 わたしのご先ぞ様が出征しました。
しょういだん
意 たてものをやきはらうために作られたばくだん。
文 しょういだんが町に落ちました。
くうしゅうけいほう
意 てきのひこうきによるこうげきをしらせる合図。
文 くうしゅうけいほうがなりはじめました。
かげぼうし
意 人などのかげ。
文 母が姉のかげぼうしをふみました。

3年生

「ちいちゃんのかげおくり」（光村）②

小見出し・あらすじを書く

学習計画（全8時間）

子どもと一緒に「学習計画」を考えた。

〈一次〉（2時間）
・「学習したいこと」を出し合う。
・学習計画を立てる。

〈二次〉（5時間）
・言葉の意味調べをする。
・小見出し・あらすじを書く。
・場面ごとに読み進めながら、テーマについて考える。

〈三次〉（1時間）
・お話紹介作文を書く。

小見出し・あらすじを書く

次のような手順によってノートにまとめさせた。

①小見出しは、挿絵を手がかりに本文の言葉を使って、教科書に書き込ませておいたものである。

②あらすじは、教科書を読み返しながら、ノートの上で５Ｗ１Ｈを使ってまとめさせた。

言葉の意味調べ

国語辞典で調べた後、主語・述語の整った文づくりをさせ、活用させる。

小見出し

「小見出し」を添えさせることがポイント。「あらすじ」だけでは冗長になってしまう。それをふせぐためのノート指導の工夫である。

「楽しい空がこわい空に」という見出しは、この場面の要点を端的にまとめており、実にみごとと言えよう。

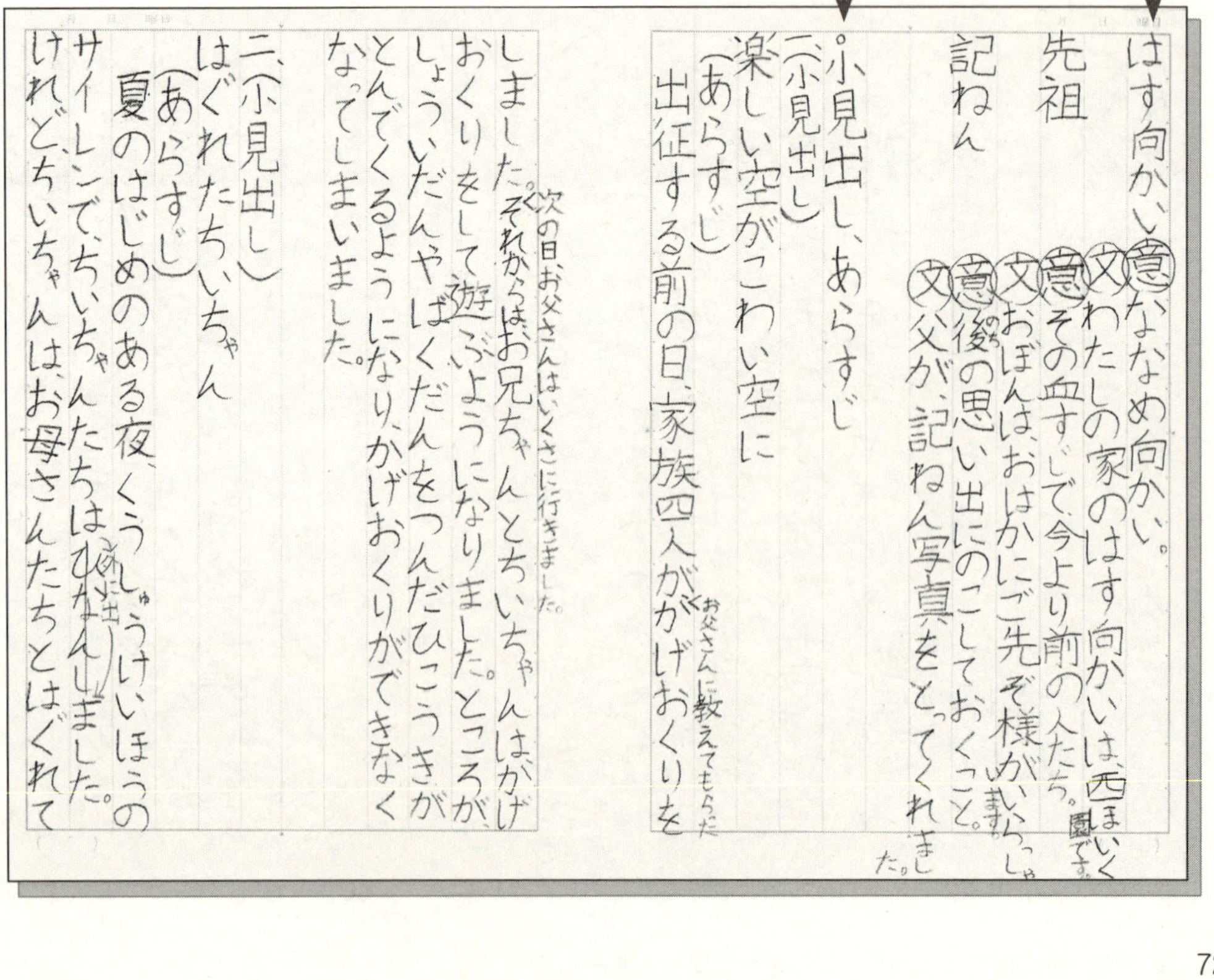

はす向かい
意ななめ向かい。
文わたしの家のはす向かいは、西ほいく園です。
先祖
意その血すじで、今より前の人たち。
文おぼんは、おはかにご先ぞ様がいらっしゃいます。
記ねん
意後《のち》の思い出にのこしておくこと。
文父が、記ねん写真をとってくれました。

一、（小見出し）小見出し、あらすじ
楽しい空がこわい空に
（あらすじ）
出征する前の日、家族四人がお父さんに教えてもらったかげおくりをしました。次の日、お父さんはいくさに行きました。それからは、お兄ちゃんとちいちゃんはかげおくりをして遊ぶようになりました。ところが、しょういだんやばくだんをつんだひこうきがとんでくるようになり、かげおくりができなくなってしまいました。

二、（小見出し）
はぐれたちいちゃん
（あらすじ）
夏のはじめのある夜、くうしゅうけいほうのサイレンで、ちいちゃんたちはひなんしました。けれどちいちゃんは、お母さんたちとはぐれて

「ちいちゃんのかげおくり」（光村）③

叙述を基に読み取りテーマを考える

叙述を基に豊かに読み取り感想を書く

〔第3学年及び第4学年〕の「C読むこと」の指導事項では、「場面の移り変わりに注意しながら、登場人物の性格や気持ちの変化、情景などについて、叙述を基に想像して読むこと」となっている。

場面ごとの読み取りは、一人一人の子どもが叙述を根拠に進める。場面の様子や登場人物の心情を捉えやすくするためには、「お気に入りの言葉」を短く切り取るようにさせるとよい。

理由を書くことにより、筋道を立てた考えに導くことができる。また、物語の前後の叙述にまで視点を広げて読み取ろうとするようになる。

伝え合いを効果的に

常に、個の学びを全体に広げるようにしたい。二人組や全体の場での伝え合いを繰り返す。学びの成果を一人一人の子どもが活用することで、自分なりの読解を進めることができる。下の児童の書き込みは、前時に、題名「ちいちゃんのかげおくり」（一人でするかげおくりではないか。）について話し合ったことを基に、「四つのかげ」について比較しながら考えている。

テーマについて考える

叙述を基に読み取る活動を丁寧に行った後、「なぜこの題名か」という、この物語のテーマにせまる問いかけをし、テーマについて話し合った。

根拠となる言葉をはっきりとさせている。短い言葉を選び取り、物語の前後から読み取ろうとしている。

「○○だから」「○○なので」と、「お気に入りの言葉」を選んだ理由を書いている。

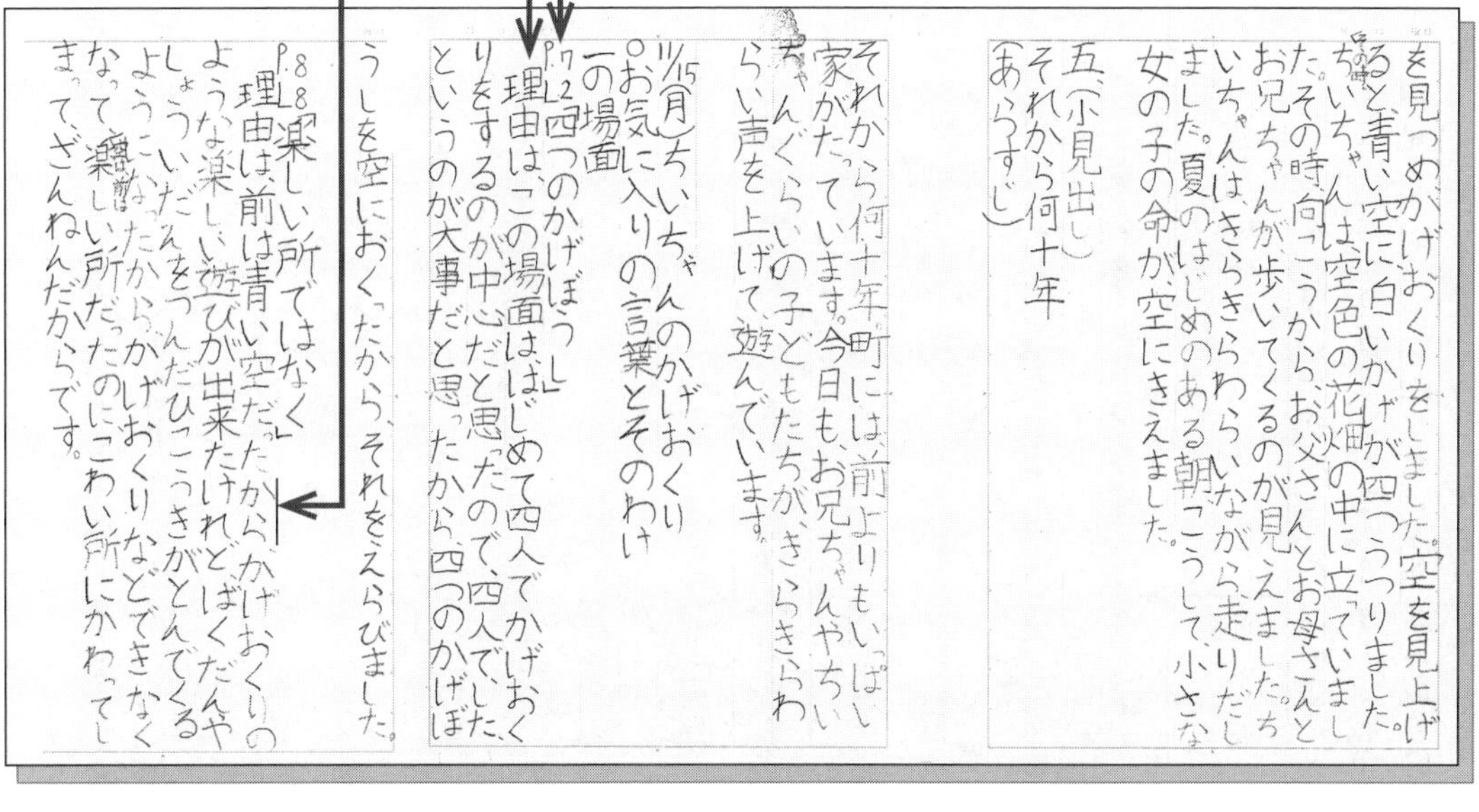
を見つめ、かげおくりをしました。空を見上げ
ると青い空に白いかげが四つうつりました。
ちいちゃんは、空色の花畑の中に立っていまし
た。その時、向こうから、お父さんとお母さんと
お兄ちゃんが歩いてくるのが見えました。ち
いちゃんは、きらきらわらいながら走りだし
ました。夏のはじめのある朝、こうして小さな
女の子の命が空にきえました。
五（小見出し）
それから何十年
（あらすじ）
それから何十年。町には、前よりもいっぱい
家がたっています。今日も、お兄ちゃんやちい
ちゃんぐらいの子どもたちが、きらきらわ
らい声を上げて、遊んでいます。
11/15（月）ちいちゃんのかげおくり
○お気に入りの言葉とそのわけ
一の場面
P.7 L2「四つのかげぼうし」
理由は、この場面ははじめて四人でかげおく
りをするのが中心だと思ったので、四人でした、
というのが大事だと思ったから、四つのかげぼ
うしを空におくったから、それをえらびました。
P.8 L8「楽しい所ではなく」
理由は、前は青い空だったから、かげおくりの
ような楽しい遊びが出来たけれど、ばくだんや
しょういだんをつんだひこうきがとんでくる
ようになったから、かげおくりなどできなく
なって、楽しい所だったのにこわい所にかわってし
まって、ざんねんだからです。

「ちいちゃんのかげおくり」（光村）④

感想文をどのように書いたかを自覚化させる

お話紹介作文を書く

これまでに書き留めてきた読み取りの文をまとめて、お話紹介作文を書く。

どのように書いたかを自覚させる

次のようなワザを使えたかを自覚させる。

○「はじめ、中、終わり」の形式を使っているか。

○「中」に使ったワザ番号を自覚しているか。

③主人公

⑦あらすじを書く

⑧お気に入りの場面と、そのわけ

⑯テーマについて考える

○「終わり」に、物語についての感想と戦争についての思いを書いているか。

ほめほめ伝え合い

紹介作文について「ほめほめ」（よいところ）伝え合いをし、読み取りの成果を自覚させる。「ちいちゃんの思いやせんそうのだめなことについてかいてあったのがよかったです。」という他者からのほめほめに触れることにより、自分のよさを自覚できる。

「物語のおもしろさを読み取るワザ」は、学習を進めながら付け加えや修正を行った。番号に添えられた鉛筆書きの○印は、作文に使うワザを選んでいることを示している。

〈物語のおもしろさを読み取るワザ〉
五荘小　三年二組　（十月一日）

【お話の作者】
①　どんな人？
②　ほかに書いている作品

【登場人物】
③　主人公
④　ほかの人

⑤　どんなことをした

【お話のあらすじ】
⑥　小見出しを書く
⑦　あらすじを書く（短く分かりやすく）
　　5W1H（だれが、いつ、どこで、どうして、どうなった）

【お気に入りのところ】
⑧　お気に入りの場面と、そのわけ
⑨　お気に入りの本文と、そのわけ

【お話の　さし絵】
⑩　本文とさし絵をつなぐ
⑪　お気に入りの場面の　さし絵

【考えさせられた言葉や文章】
⑫　題名から分かったことや、思ったこと
⑬　場面分け
⑭　クライマックスについて考える
⑮　くりかえしの言葉に気をつけて読み取る
⑯　作者が、読者に伝えたいこと
　　（テーマ）について考える
⑰　つなぎ言葉に気をつけて、読みとる

なからずっと待っていたから、まだとても小さな子なのに、家族に会いたくてお母さんとお兄ちゃんが帰ってくるのを一人でまちつづけたからです。

そして、テーマを言います。テーマは、戦争は人々が気づいてやめないとたくさんの人の命がうばわれるということと家族がいないと一人でくらしていくことなんてできないから家族の大切さだと思います。

さいごに感そうを言います。お母さんとお兄ちゃんとはぐれたちいちゃんはずっと

⑯

お母さんとお兄ちゃんをまってきっと帰ってくると強く思ってまっていたのにちいちゃんは死んでしまってお父さんとお母さんとお兄ちゃんも死んでしまったので悲しいです。それとちいちゃんは天国で家族に会えて、よかったけれど死んでしまって会えたので悲しいお話だなと思いました。これは全部戦争のせいだと思いました。

ちいちゃんの思いやせんそうのだめなことについてかいてあったのがよかったです。

あらすじが分かりやすく長くなくていいし、戦争がだめな意味がかいてあっていいね。

「ちいちゃんの思いやせんそうのだめなことについて…」「あらすじが分かりやすく…戦争がだめなこと…」と、作文の表記や読み取りの内容についてのほめほめができている。

1 「白いぼうし」（光村）①
身につけてきた力と身につけたい力を書く

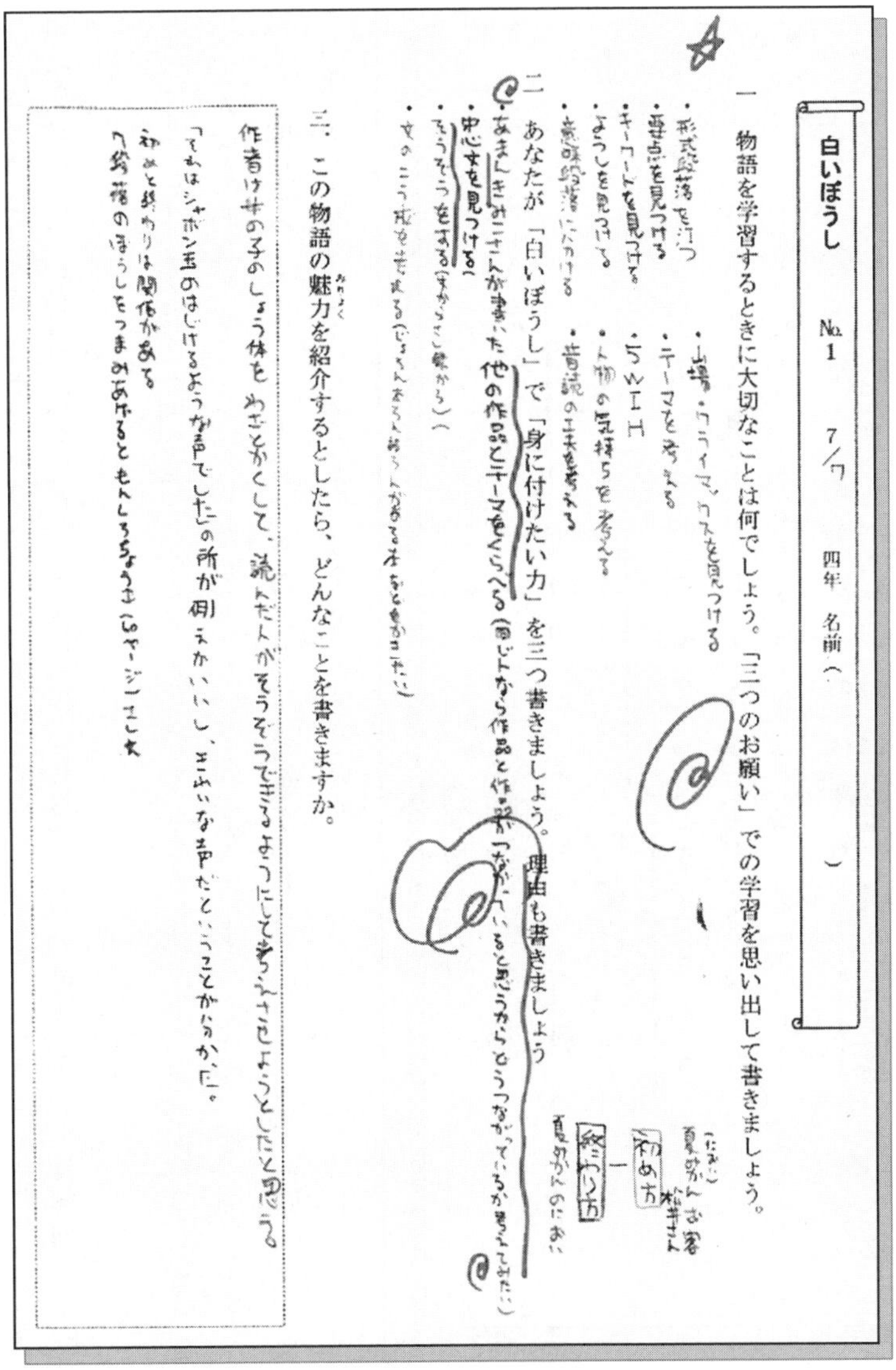
白いぼうし　No.1　7/7　四年　名前（　）

一　物語を学習するときに大切なことは何でしょう。「三つのお願い」での学習を思い出して書きましょう。

・形式段落を打つ
・要点を見つける
・キーワードを見つける。
・ようしを見つける
・意味段落に分ける
・山場・クライマックスを見つける
・テーマを考える
・5W1H
・人物の気持ちを考える
・音読の工夫を考える

（たまご）夏みかん　お客　松井さん
初め方
終わり方
夏みかんのにおい

二　あなたが「白いぼうし」で「身に付けたい力」を三つ書きましょう。理由も書きましょう

・あまんきみこさんが書いた他の作品とテーマをくらべる（同じなら作品と作品がつながっていると思うからどうつながっているか考えてみたい）
・中心文を見つける
・そうぞうをする
・文のこう成を考える

三　この物語の魅力《みりょく》を紹介するとしたら、どんなことを書きますか。

作者は女の子のしょう体をわざとかくして、読んだ人がそうぞうできるようにしてそうぞうさせようとしたと思う。
「それはシャボン玉のはじけるような声でした」の所が例えがいいし、きれいな声だということがわかった。
初めと終わりは関係がある
段落のぼうしをつまみあげるとちょうちょ

一　物語を学習するときに大切なことは何でしょう。「三つのお願い」での学習を思い出して書きましょう。
二　あなたが「白いぼうし」で「身に付けたい力」を三つ書きましょう。理由も書きましょう。
三　この物語の魅力を紹介するとしたら、どんなことを書きますか。

三つの観点から「身につけてきた力と身につけたい力」を書かせた

4年生

「白いぼうし」（光村）②

作品全体の関係をまとめる

教科書に示された「単元目標」をくだく

「本と友達になろう」は、教科書に示された「単元目標」である。その「単元目標」を具体的に分かりやすく書かせた。

本を好きになるように↓工夫（読み聞かせ・音読・さしえ）／◎たくさんの本を読む／読む・聞く・話す／想像豊かに

その上で、「どんなお話の魅力を見つけましたか?」という問いかけにより、作品全体の関係をまとめさせた。

ノートに「構成」「関係」「つながり」「内容」「表現」という言葉が使われている。特に「関係」「つながり」という言葉は、この作品を読み解いていく際のキーワードとなっていく。

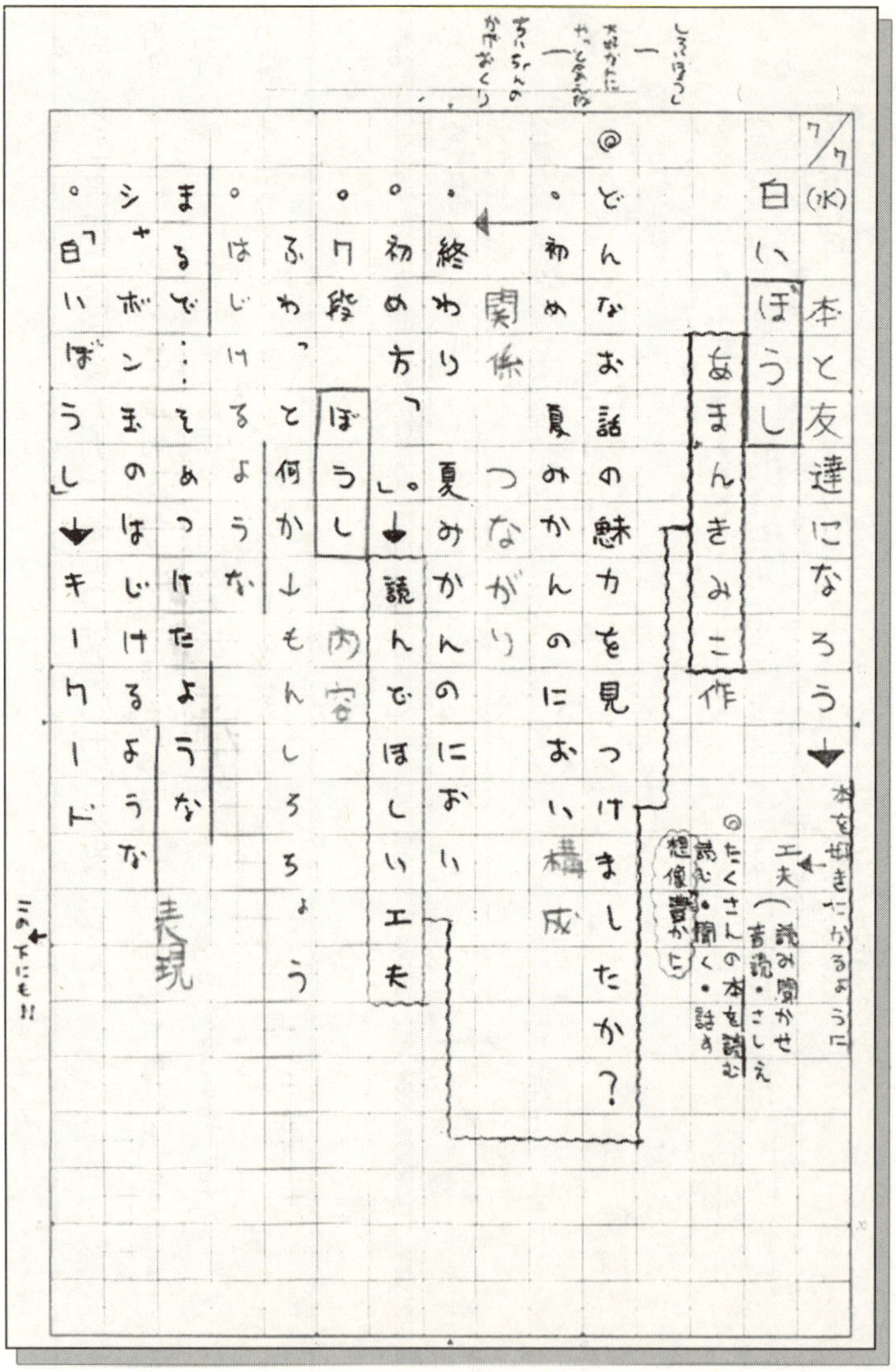

「白いぼうし」（光村）③
「読むためのコツ」を使ってお話の魅力を読む

白いぼうし　あまんきみこ作
読むためのコツを使ってお話の魅力を読みとろう
1 もぎたての夏みかん
2 なみ木の向こうに見えなくなったちょう
4 まよってどこから来たふしぎな子
6 たくさんのちょうがよかったね。
1 登場人物
松井さん→タクシーの運転手
2 場面分け
いつ…六月の初めの暑い日
どこで…タクシーの中で
だれが…松井さんとお客のしんしが
何を…夏みかんのにおいのことを
どうした…話した
なぜ…レモンのようなにおいがしたから

「お話の魅力を読むためのコツ」を使ってお話の魅力を読む

ノートの下に示した、既習教科「三つのお願い」の学習の中で生み出された「お話の魅力を読むためのコツ」を活用させた。ここでは「2　登場人物の紹介／ア　だれ（主人公・対役は）／イ　どんな人／ウ　文章のどこからわかる　引用）などが使われている。

お話の魅力を読むためのコツ　No.3

1 作者・作品について
ア　作者について　どんな人？
イ　他の作品の紹介・シリーズ
ウ　本がある場所・出会ったいきさつ

2 登場人物の紹介
ア　だれ（主人公・対役は）
イ　どんな人
ウ　文章のどこからわかる　引用（つまみあげ　○ページ○行目の……）

3 内容を読み取る
ア　題名のついたわけ
イ　場面わけ（時・場所・人物）
ウ　あらすじ　5W1H
エ　好きなところとその理由

4 人物の気持ち
ア　気持ちの表れている文章
イ　そこから分かること

5 テーマを読み取る
ア　テーマは何（作者が伝えたいと私が思うこと）
イ　テーマが表れている本文や場面は？
ウ　テーマを見つけた理由は
エ　他の作品と似ているところは

6 さし絵
ア　テーマと関連している場面のさし絵はどれ
イ　絵には、説明を

7 表現のすばらしいところ
ア　美しい表現
イ　擬声語・擬態語・擬音語の効果
ウ　比ゆ　たとえ　擬人法
エ　繰り返し
オ　文末表現の工夫

8 順序や構成
ア　始まり方（「　」さそいかけ技など）
イ　終わり方（続きを読みたくなるコツなど）
ウ　クライマックス（気持ちが大きく変わるところ）
エ　お話の構成は
オ　つなぎの言葉の工夫
①接続語（そして、しかし、けれども……）
②指示語（こそあど言葉）

9 自分と比べて
ア　作者の書きぶり
イ　登場人物と自分を比べて

10 全体から考えたこと・思ったこと

「白いぼうし」（光村）④

「い世界の入り口」を読み取る

「題名読み」から「い世界の入り口」という深い読みへつなぐ

「題名読み」によって「ぼうしから出る／白いぼうし」という「白いぼうし」が「い世界の入り口」であることに気付かせている。

5W1Hを使って作品全体を整理

5W1Hを使って作品全体を整理しているところにも注目したい。5W1Hは、場面ごとの違いを押さえることに非常に有効である。

絵（非連続型テキスト）でも表現させる

「白いぼうし」が「い世界の入り口」という重要な発見を、言葉（連続型テキスト）だけでなく、絵（非連続型テキスト）でも表現させているところに注目したい。

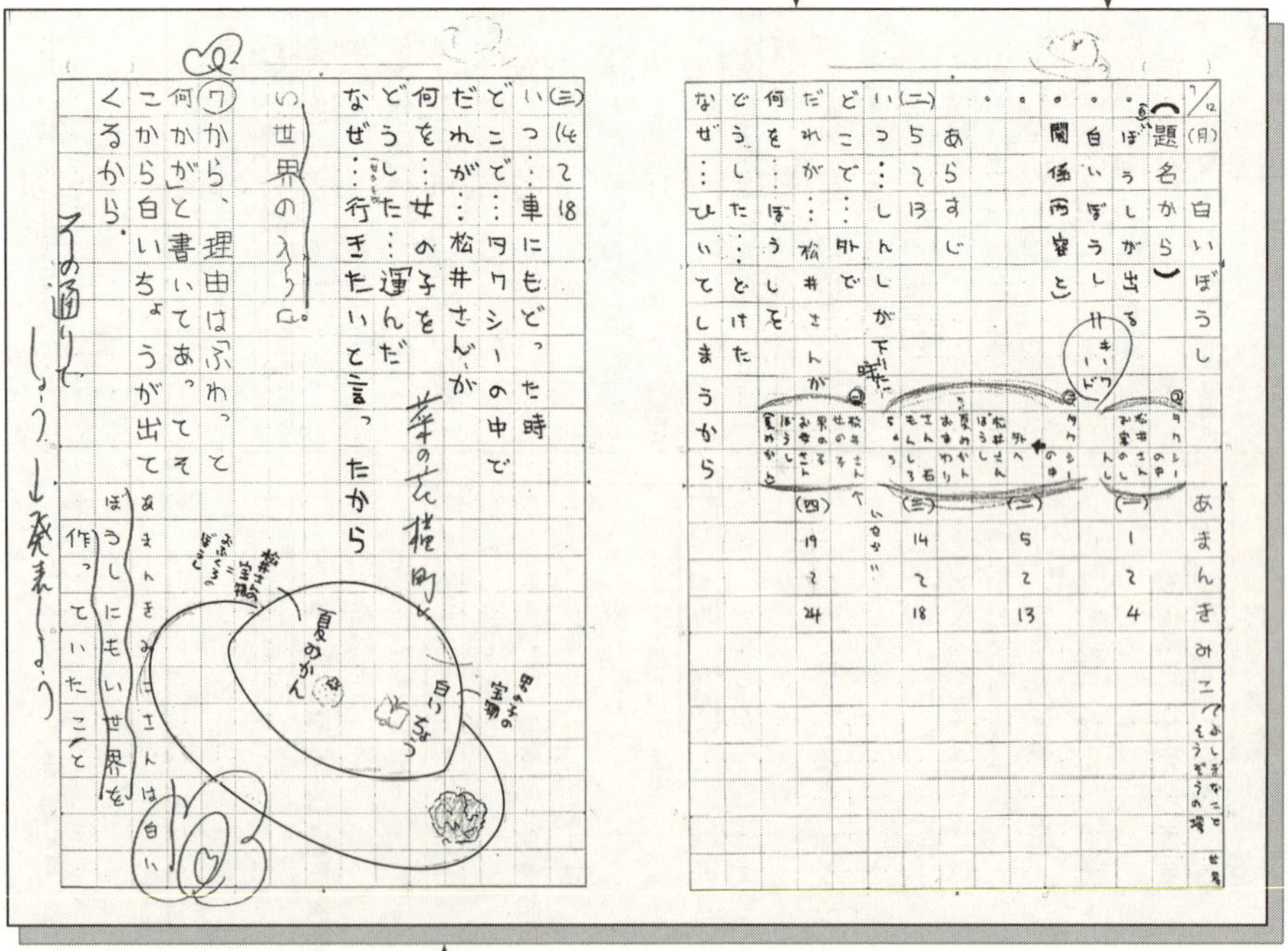

「白いぼうし」（光村）⑤

作品のテーマを叙述を引用しながら自分の言葉で書く

異世界の入り口・出口

「登場人物の気持ちを会話と行動から読み取ろう」という学習活動の成果を、ノートの上に丁寧にまとめている。

5	はっと	だれのだろう
6	車から出ました	
7	ぼうしをつまみ上げ たとたん	異世界へ

この物語の「ひみつ」をみごとに見つけ出し、それを叙述を示しながらまとめている。

作品のテーマを叙述を引用しながら自分の言葉で書いている

作品のテーマについて、叙述をきちんと引用しながら、自分の言葉によって書いているところに注目したい。

「私が見つけたテーマは『夏みかんの中の思い』です。それが分かる所は『においまで私にとどけたかったのでしょう』です。

理由はおふくろが、松井さんのことを大切に思っているからもぎたてを送ったと思うからです。」

この物語が「レモン」という柑橘類の「におい」から始まり、「夏みかん」という柑橘類の「におい」によって終わっているところに気がついていると言えよう。

7/19（火）
白いぼうし　あまんきみこ
異世界への入り口・出口
登場人物の気持ちを会話と行動から読み取ろう
段　気持ちが分かる本文　分かった・気持ち
3　「あまりうれしかったので一番大きいのを　この車に：：：：：」　においをとどけたいから　速達で送ってくれたことがうれしかった。
11　ちょっとの間、かたをすぼめてつったっていた：：：。　たけおくんがせっかくつかまえたのににがしたからがっかりする。
14　「ええと、どちらまで。」　女の子が一人で来たからびっくりした。
19　お母さんが、虫とりあみをかまえて：：：：　男の子が夏みかんを見て目を丸くするだろうなあ
20　「ふふふふ。」ひとりでにわらいが：：：：
⑤　はっと　だれのだろう？
⑥　車から出ました
⑦　ぼうしをつまみ上げたとたん　異世界へ
あわててぼうしを：：：
⑩　小さなぼうしをつかんでため息を：：：
私が見つけたテーマは「夏みかんの中の思い」です。それが分かる所は「においまで私にとどけたかったのでしょう」です。
理由はおふくろが、松井さんのことを大切に思っているからもぎたてを送ったと思うからです。

2　「三つのお願い」（光村）①

読みの観点を明確に

叙述を基に想像して読む

〔第3学年及び第4学年〕の「C読むこと」領域の指導事項に、「場面の移り変わりに注意しながら、登場人物の性格や気持ちの変化、情景などについて、叙述を基に想像して読むこと」がある。その指導事項の説明として、「叙述を基に、それぞれの登場人物の性格や境遇、状況を把握し、場面や情景の移り変わりとともに変化する気持ちについて、地の文や行動、会話などから関連的にとらえていくようにすることが必要」と書かれている。

読みの観点を明確に

4年生最初の文学作品である「三つのお願い」の学習では、初めの感想を書いて伝え合いをした後、5W1Hに焦点を当てて指導を行った。「いつ、どこで、だれが、何を、どうしたか、それはなぜか」を確認しながら、「登場人物の性格や境遇、状況」、「場面や情景の移り変わりとともに変化する気持ち」を読み取っていく。

漠然とした読み方ではなく、どんなことに気をつけて読んでいけばいいのか、読みの観点を明確に持った状態で子どもが読み取りにあたるようにした。

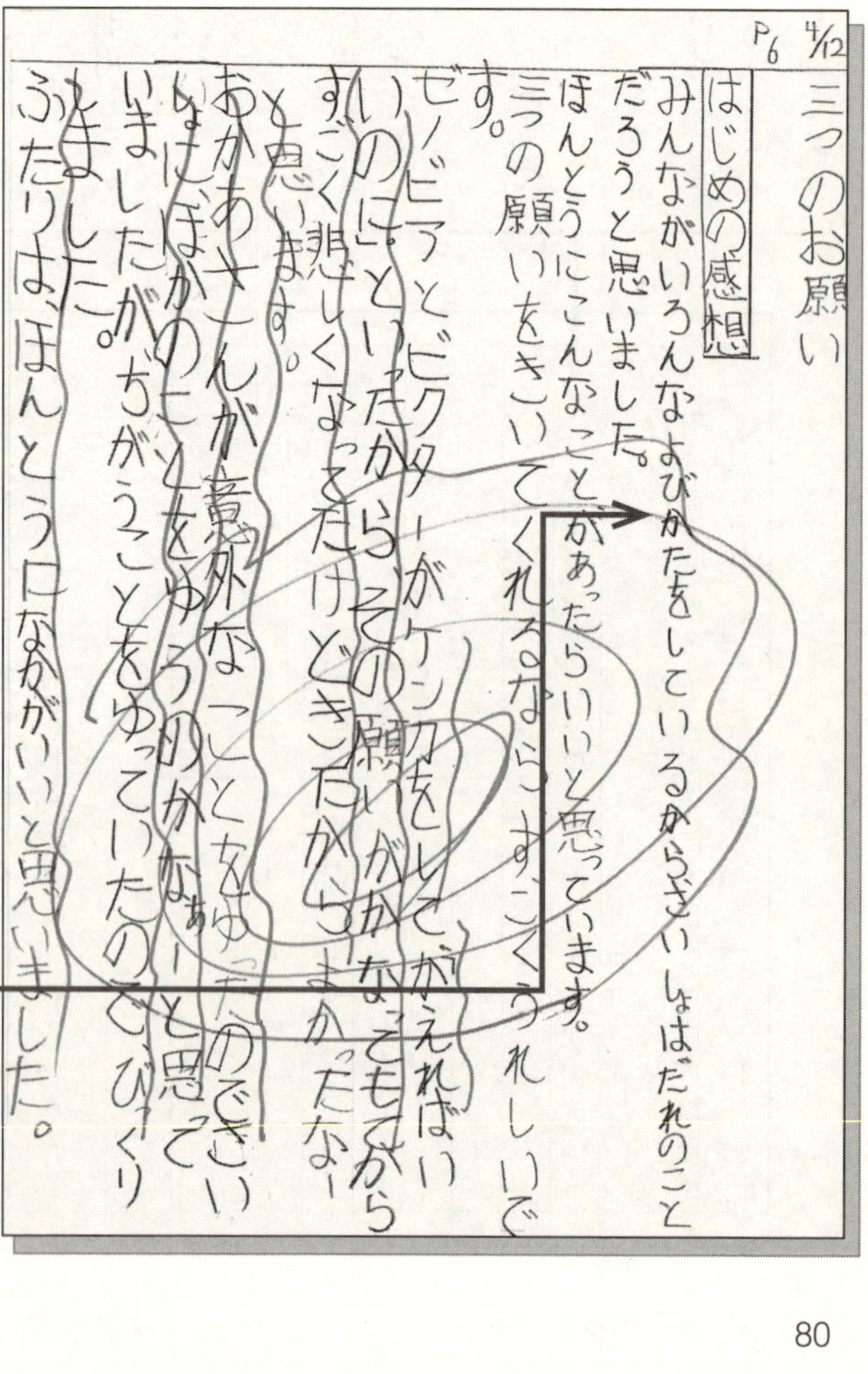
三つのお願い
P6 4/12
はじめの感想
みんながいろんなよびかたをしているからさいしょはだれのことだろうと思いました。
ほんとうにこんなことがあったらいいと思っています。
三つの願いをきいてくれるならすごくうれしいです。
ゼノビアとビクターがケンカをしてかえればいいのにといったからその願いがかなってもてからすごく悲しくなったけどきたからよかったなーと思います。
おかあさんが意外なことをゆったのでさいしょはほかのことをゆうのかなぁーと思っていましたがちがうことをゆっていたのでびっくりしました。
ふたりは、ほんとうに口なかがいいと思いました。

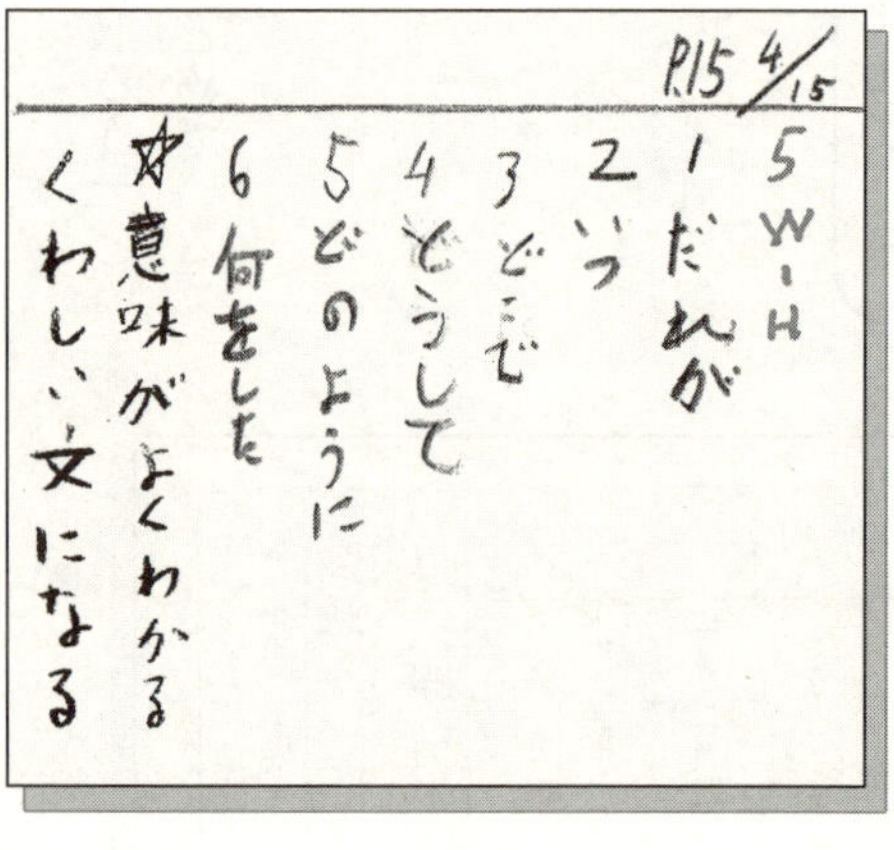
P.15 4/15
5W-H
1 だれが
2 いつ
3 どこで
4 どうして
5 どのように
6 何をした
★意味がよくわかる
くわしい文になる

初めの感想を書き、伝え合いをした。「いろんなよびかたをしているからさいしょはだれのことだろうと思いました。」という感想から、レナと呼ばれる主人公のゼノビアがノービィ、レナと呼ばれるので、混乱しないように説明が必要であることが分かる。

「三つのお願い」（光村）②

5W1Hを書き出す

5W1Hを活用して読み取る

①一人学びとして、それぞれの場面ごとに、教科書本文や挿絵から5W1H（いつ、どこで、だれが、何を、どうしたか、それはなぜか）が分かるところを探し、ノートに記入する。

②グループ、全体で伝え合いをする。

③各場面の5W1Hを押さえた後に、全ての場面を通して、主人公の気持ちがどのように変化していくのかを確認する。

グループ、全体での伝え合いの際、友達の意見を聞いて、いいな、参考にしたいなと思ったものは赤字で書くように指導した。

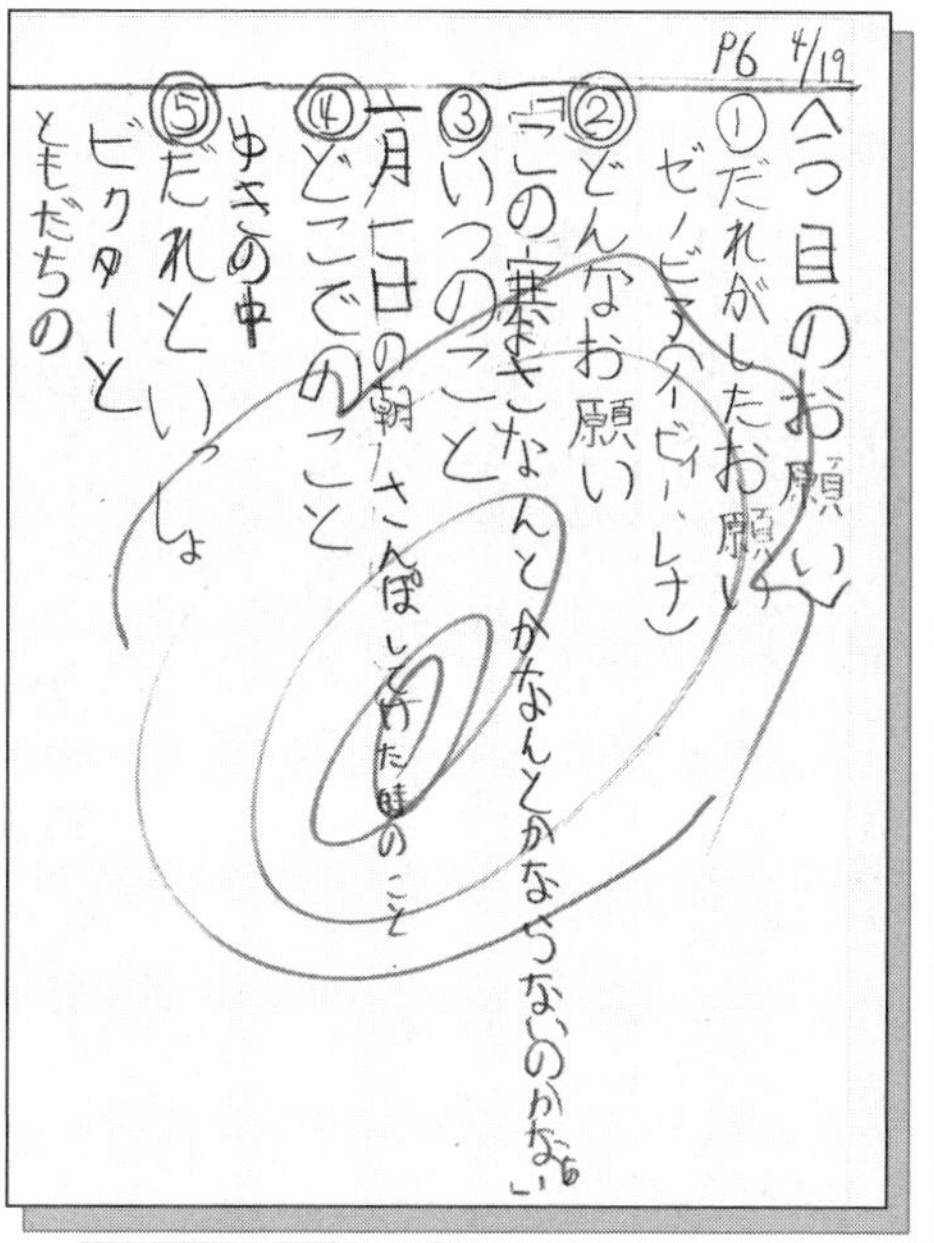
P6 4/19
〈一つ目のお願い〉
①だれがしたお願い
ゼノビア（ノービィ、レナ）
②どんなお願い
「この寒さなんとかなんとかならないのかなぁ」
③いつのこと
一月一日の朝さんぽしていた時のこと
④どこでのこと
ゆきの中
⑤だれといっしょ
ビクターと
ともだちの

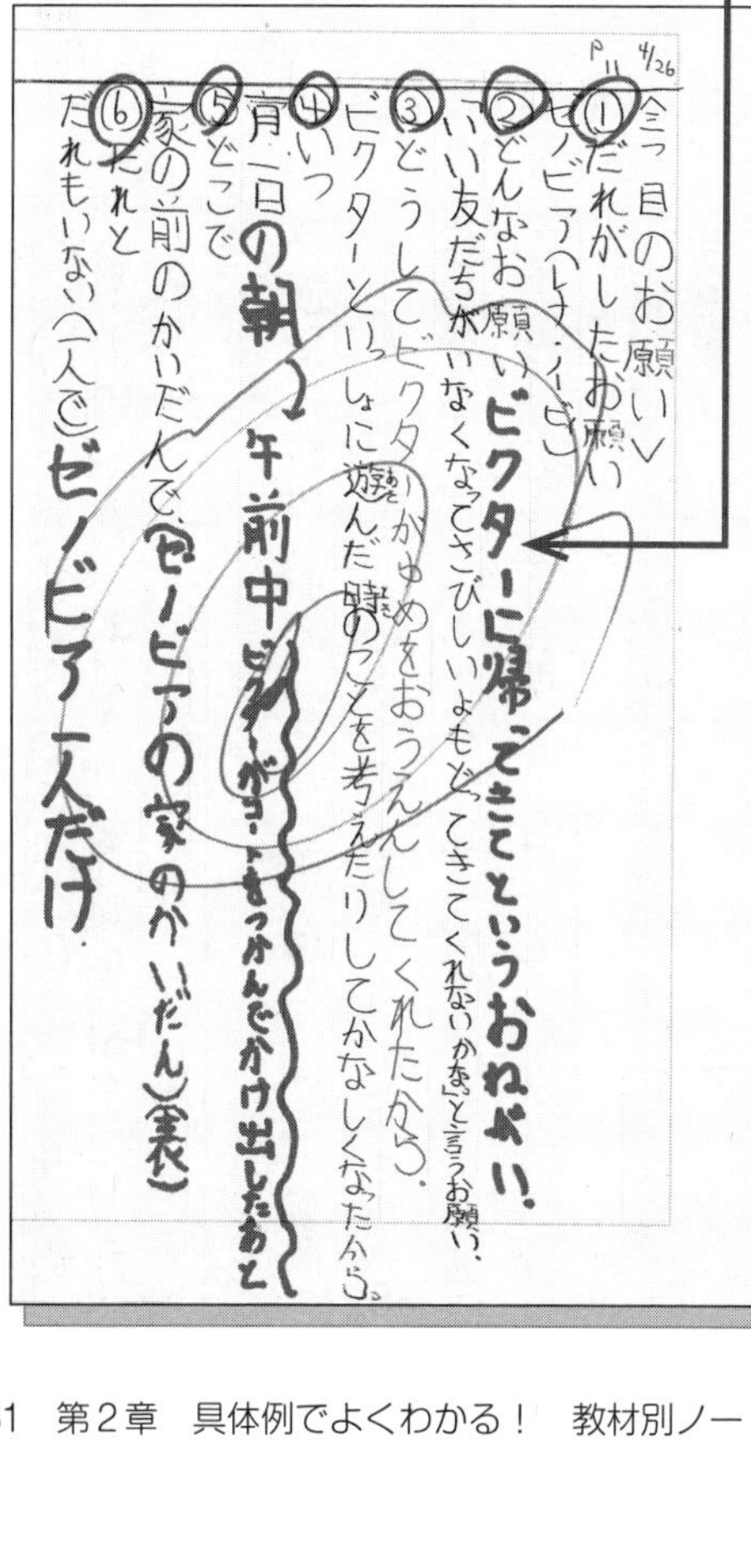
P11 4/26
〈三つ目のお願い〉
①だれがしたお願い
ゼノビア（レナ、ノービィ）
②どんなお願い
いい友だちがいなくてさびしいよもどってきてくれないかなと言うお願い。ビクターに帰ってきてというおねがい。
③どうして
ビクターがゆめをおうえんしてくれたから。ビクターといっしょに遊んだ時のことを考えたりしてかなしくなったから。
④いつ
一月二日の朝→午前中ビクターがすーっとかんをかけ出したあと
⑤どこで
家の前のかいだんで（ゼノビアの家のかいだん）（表）
⑥だれと
だれもいない（一人で）ゼノビア一人だけ

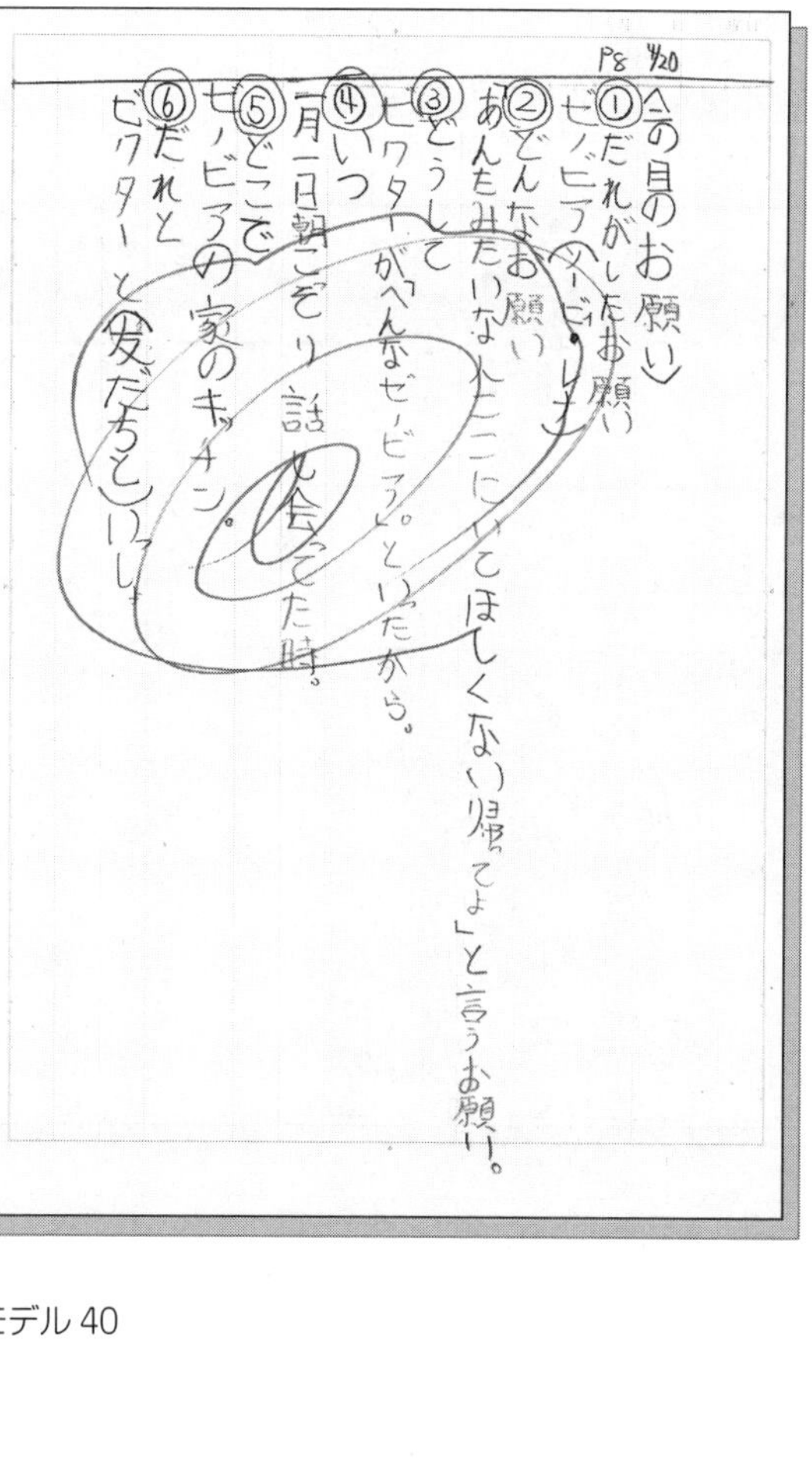
P8 4/20
〈二つ目のお願い〉
①だれがしたお願い
ゼノビア（ノービィ、レナ）
②どんなお願い
あんたみたいな人ここにいてほしくない帰ってよ」と言うお願い。
③どうして
ビクターが「へんなゼノビア」といったから。
④いつ
一月一日朝こそり話し合ってた時。
⑤どこで
ゼノビアの家のキッチン。
⑥だれと
ビクターと（友だちと）いっしょ

4年生

「三つのお願い」（光村）③

学期つなぎによって螺旋的な指導を

学期つなぎによって螺旋的な指導を

ある単元で身につけた言葉の力を、他の単元でも使うようにして、一度きりの学習に終わらせないようにしている。4月に学習した「三つのお願い」では、5W1Hに焦点を当てて指導を行った。二学期、三学期にも、5W1Hを使う機会を設けて「学期つなぎ」を行い、螺旋的な指導になるようにした。

5W1Hを使ってスピーチ原稿をくわしく

二学期はじめに行ったスピーチ「夏休みの宿題、ここをがんばったよ。」では、スピーチ原稿を書く前に、どのように宿題をがんばったのか、5W1Hの観点を用いて整理した。スピーチ原稿をくわしく、分かりやすくするための工夫である。浄水場についての新聞づくりにおいても、新聞を書く準備として、5W1Hを入れながら記事にまとめられるようにした。

また、一学期から三学期にかけて学習する「白いぼうし」「一つの花」「ごんぎつね」などの文学作品の読解や、ブックトークにおけるあらすじ紹介でも、5W1Hの観点を持って取り組んだ。

生活場面でも5W1Hを活用する

生活場面でも5W1Hを使って話すことを指導している。例えば、子ども同士のトラブルがあった場合、「○○君が、お昼休みに、階段の踊り場で、すごい勢いで走ってきたので、ぼくとぶつかった」といったように話をさせ、トラブルになった状況を整理させるようにしている。

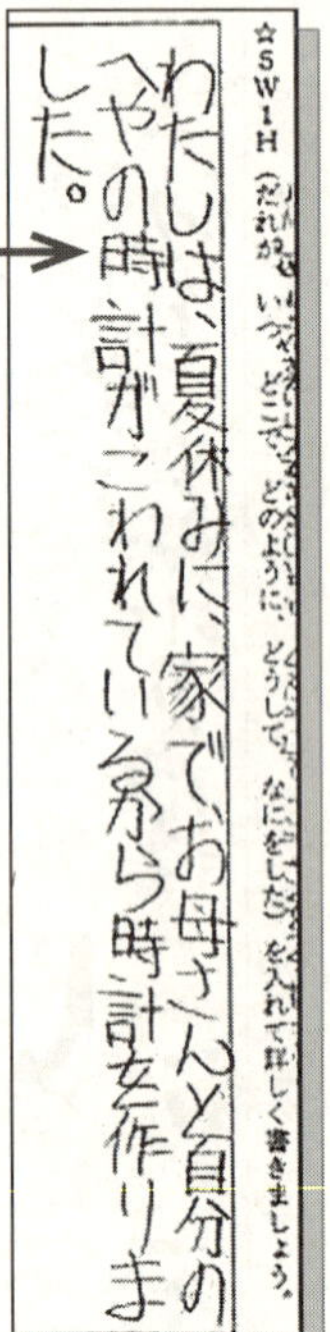

夏休みの宿題について、5W1Hの観点で、どのように宿題をがんばったのかをくわしく書けるようにした。

浄水場についての新聞づくりでも、記事の中に5W1Hを入れさせるようにした。

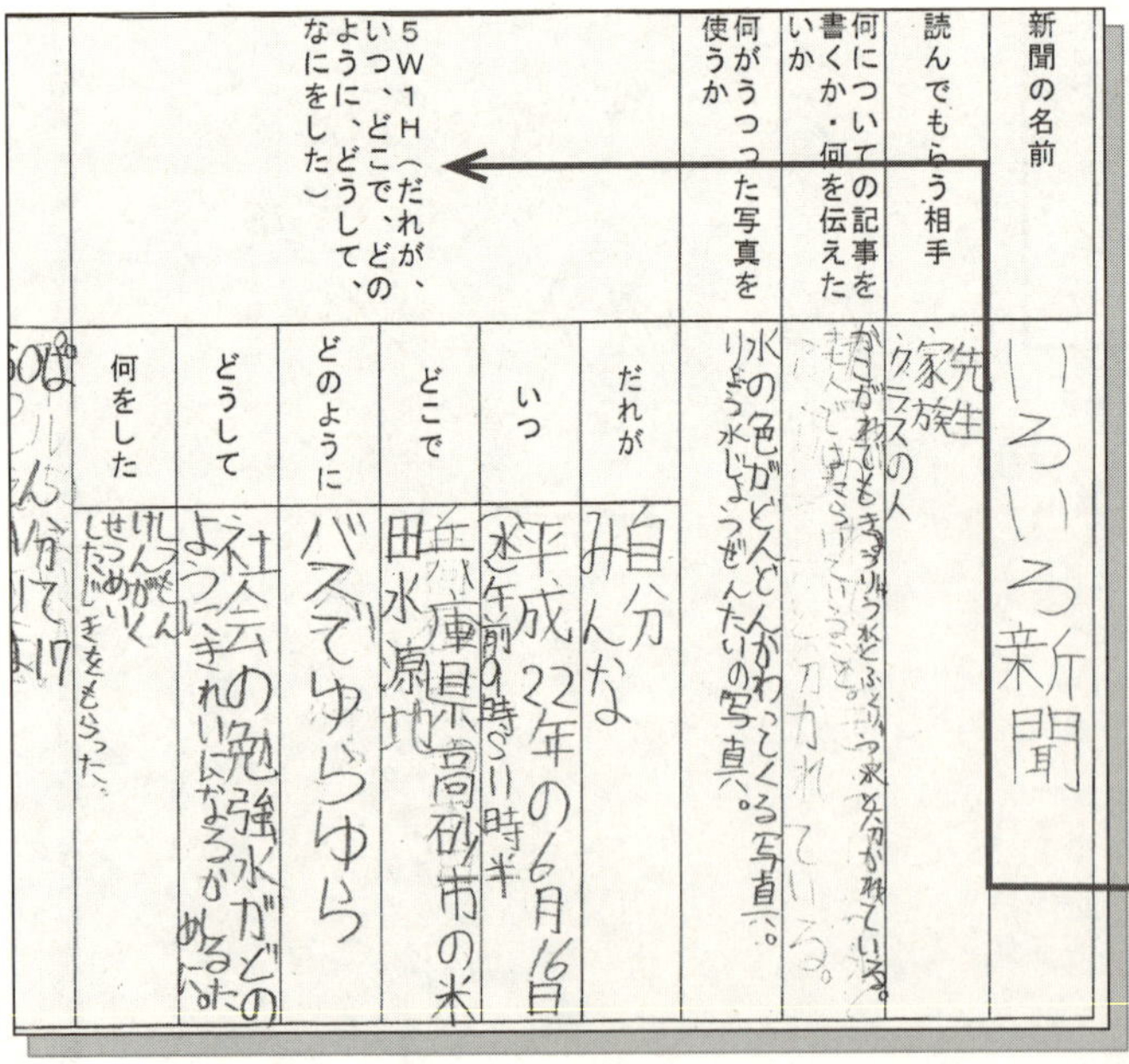

3 「こわれた千の楽器」（東書）①
「書き抜くこと」と「伝え合い」を意識する

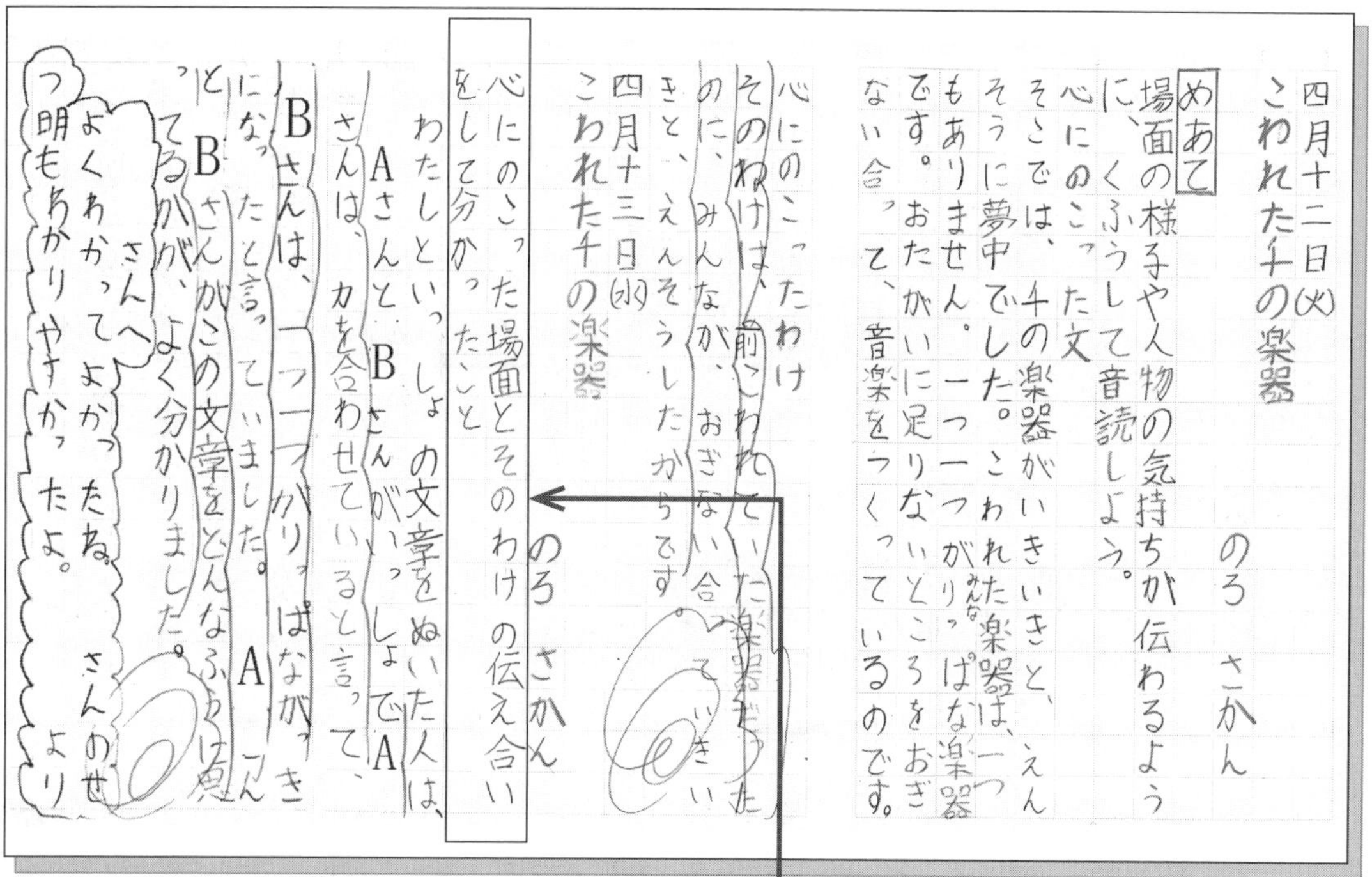
四月十二日(火)
こわれた千の楽器
のろ さかん
めあて 場面の様子や人物の気持ちが伝わるように、くふうして音読しよう。
心にのこった文
そこでは、千の楽器がいきいきと、えんそうに夢中でした。こわれた楽器は、一つもありません。一つ一つがりっぱな楽器です。おたがいに足りないところをおぎない合って、音楽をつくっているのです。
心にのこったわけ
そのわけは、前こわれていた楽器だったのに、みんなが、おぎない合っていきいきと、えんそうしたからです。
四月十三日(水)
こわれた千の楽器 のろ さかん
心にのこった場面とそのわけの伝え合いをして分かったこと
わたしといっしょの文章をぬいた人は、
Aさんと Bさんがいっしょで A さんは、力を合わせていると言って、
Bさんは、一つ一つがりっぱながっきになったと言っていました。
Aと Bさんがこの文章をどんなふうにかんじてるかが、よく分かりました。
さんへ
よくわかってよかったね。
明もわかりやすかったよ。
さんのせ
より

「伝え合い」を意識したノート

ここでは「心に残った場面（文）とそのわけ」を発表し合い、自分の考えと比べて分かったことを書く学習活動を取り入れた。

ここでは、「みんなが、おぎない合っていきいきとえんそうをした」と、自分自身が表現した部分について

Aさん→「力を合わせている」

Bさん→「一つ一つがりっぱながっきになった」

と、二人の表現を引用して、感じ方の違いについて述べている。叙述に即した考えを伝え合うことによって、多様な表現の仕方に気づくことができている。

また、こうした「伝え合い」を行うときにも、「言葉や文を書き抜くこと」を、常に意識させたい。

「大事な言葉や文を書き抜くこと」を大切にする

文章を読んで考えたことについて自分の考えを述べる（記述する）とき、その考えの基となった、本文の言葉や文を書き抜くことは、どの学年においても継続して指導を行うことが大切である。

「こわれた千の楽器」（東書）②

個人の音読の工夫をグループや学級で共有する

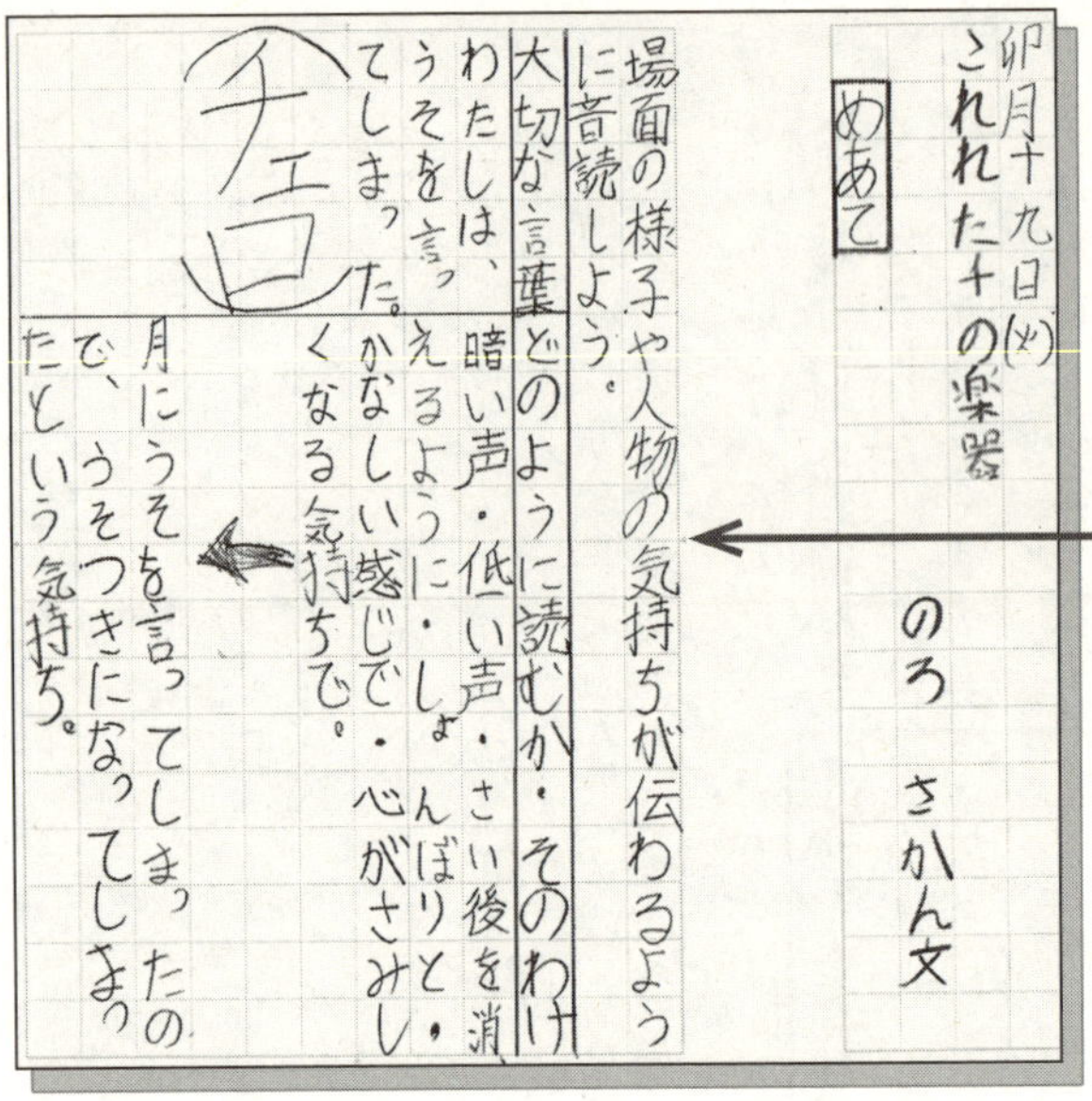
卯月十九日(火)
これれた千の楽器
のろ　さかん文
めあて
場面の様子や人物の気持ちが伝わるように音読しよう。
大切な言葉どのように読むか・そのわけ
わたしは、うそを言ってしまった。
暗い声・低い声・さい後を消えるように・しょんぼりと・かなしい感じで・心がさみしくなる気持ちで。
月にうそを言ってしまったので、うそつきになってしまったという気持ち。
チェコ

音読発表会を学習活動に取り入れる

「こわれた千の楽器」は、教科書扉ページ「詩」の後に掲載されている単元である。指導者にとっては、児童一人一人が第3学年までに身につけている「言葉の力」を知る機会とも捉えることができる。

「音読の工夫」を音声とともに伝え合うノート

音読発表会において、子どもたちは、どのような「音読の工夫」を凝らすだろうか。上のノートにおいては、

技能
○暗い声（声色）
○低い声（声の高さ）
○さい後を消えるように（声の大きさ・強調）

気持ちの表現
○しょんぼりと
○かなしい感じで
○心がさみしくなる気持ちで

といった事柄が記されている。さらにこの根拠として

↓ 月にうそを言ってしまったので、うそつきになってしまったという気持ち。

と、叙述に即した理由が述べられている。ノート指導を行う際には、理由（そのわけ）の部分を大切にしたい。

音声は発すると同時に消えてしまうという特性を持っている。また、声の大きさや声色などは、文字にしただけでは、個々の児童が持っているイメージが違う場合がある。

そこで、音読発表会の準備段階において「うそを言ってしまったとき」の体験を児童に思い起こさせたり、その時は、どのような読み方が適切なのかということを実際にやってみたりして、この場合にふさわしい読み方を伝え合いを通して考えていくことが効果的である。これによって、学級としての音読の工夫を生み出したり共有したりすることができる。

ノートは、常にこれらの学習活動の根拠となる。

「こわれた千の楽器」（東書）③

「音読の工夫」を音声とともに伝え合う

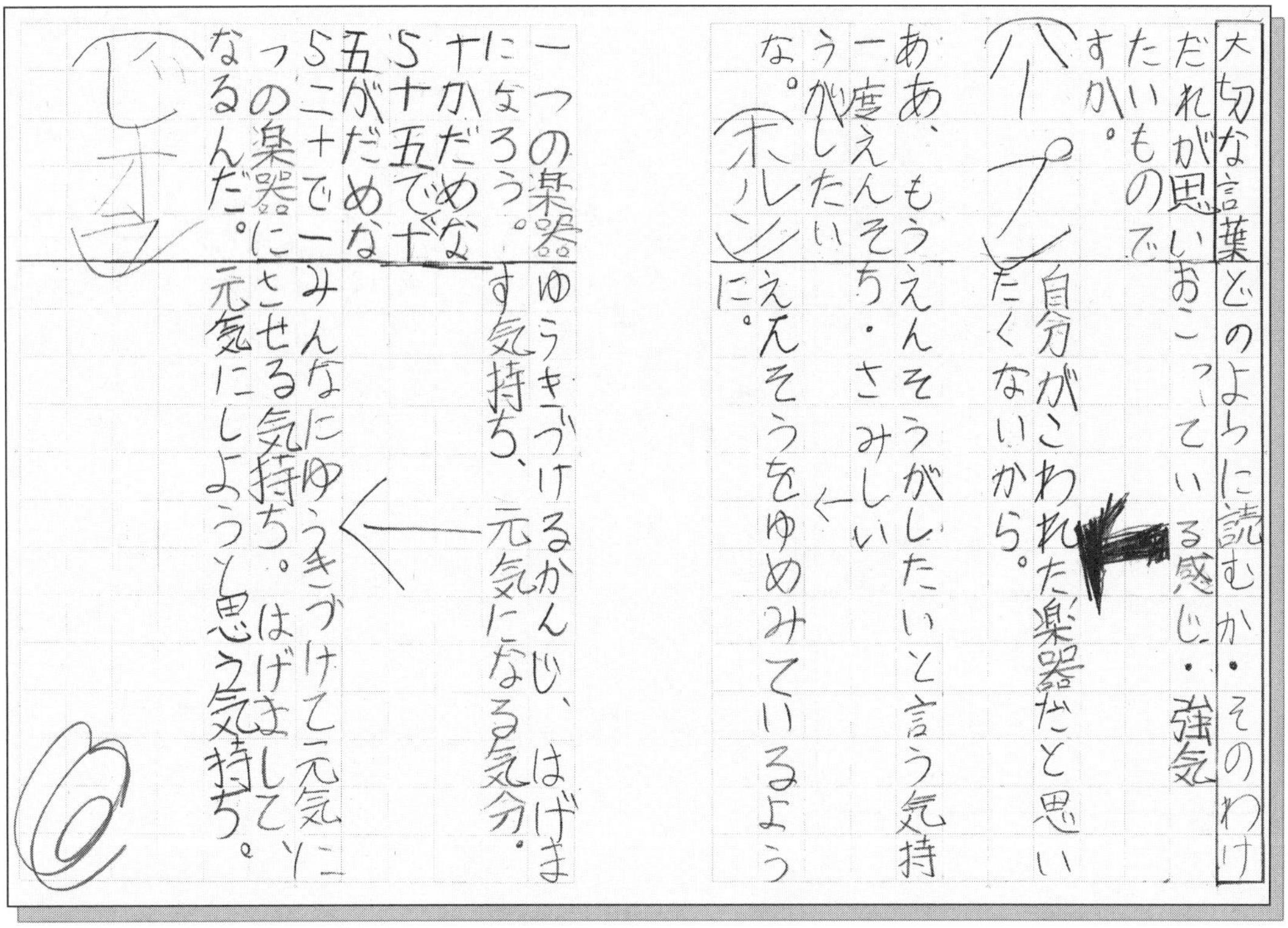
大切な言葉　どのように読むか・そのわけ
だれが思いおこっている感じ・強気
たいもので
すか。
パイプ　自分がこわれた楽器だと思い
たくないから。
ああ、もうえんそうがしたいと言う気持
一度えんそうち・さみしい
うがしたい
な。ホルン　えんそうをゆめみているよう
に。
一つの楽器ゆうきづけるかんじ、はげま
になろう。す気持ち、元気になる気分。
十かだめな
五十五で十
五がだめな
ら二十で一　みんなにゆうきづけて元気に
つの楽器に　させる気持ち。はげまして、
なるんだ。元気にしようと思う気持ち。

【グループで音読発表会の話し合いをしている様子】

①「一つの楽器になろう。……なるんだ。」の部分は、どんなふうに音読すればいいと思う？

②みんなを勇気づける感じで読みたいな。なぜかというとね、ここは、みんなを励まして、みんなを元気にしよう、という気持ちを持っていると思うからなんだ。

③そうだね。それなら、元気よく、大きな声で読むといいね。だって、小さな声では、元気が出ないと思うよ。

④「大きな声」ってどれくらいかな。この場面は倉庫の中でしょう。倉庫の楽器みんなに聞こえる声ね。一度やってみましょうよ。

★ノートの叙述を基に、なぜそのように読むのかという理由を添えて話し合うように指導する。

「こわれた千の楽器」（東書）④

「発表者」と「聞き手」の両方の立場を記録する

発表会では「聞き手」にもなる

音読発表会は、グループごとに行った。

発表をするときには、個々の音読のめあてとともに、グループにおける音読のめあても持たせたい。

聞き手となる児童は、それらのめあてに即して聞き、相互評価を行う。個々への評価カードは直接相手に手渡した。下のノートはグループの評価のみを記述したものである。

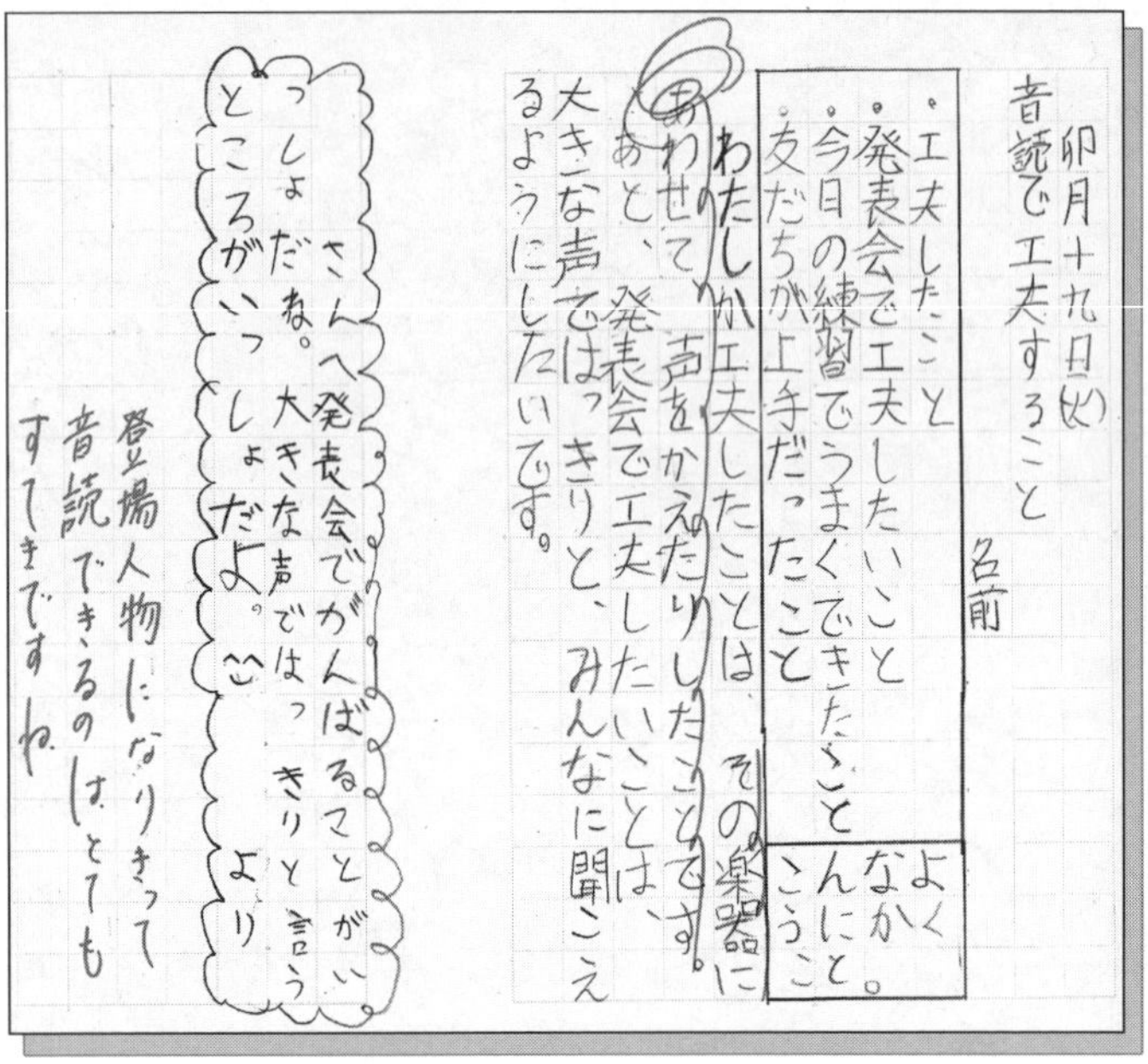
6月十九日(火)
音読で工夫すること　名前
・工夫したこと
・発表会で工夫したいこと
・今日の練習でうまくできたこと
・友だちが上手だったこと
よく
なか
んにと。
こうこ
わたしが工夫したことは、その楽器にあわせて、声をかえたりしたことです。あと、発表会で工夫したいことは、大きな声ではっきりと、みんなに聞こえるようにしたいです。
さんへ　発表会でがんばるてとがいっしょだね。大きな声ではっきりと言うところがいっしょだよ。☺　より
登場人物になりきって音読できるのはとてもすてきですね。

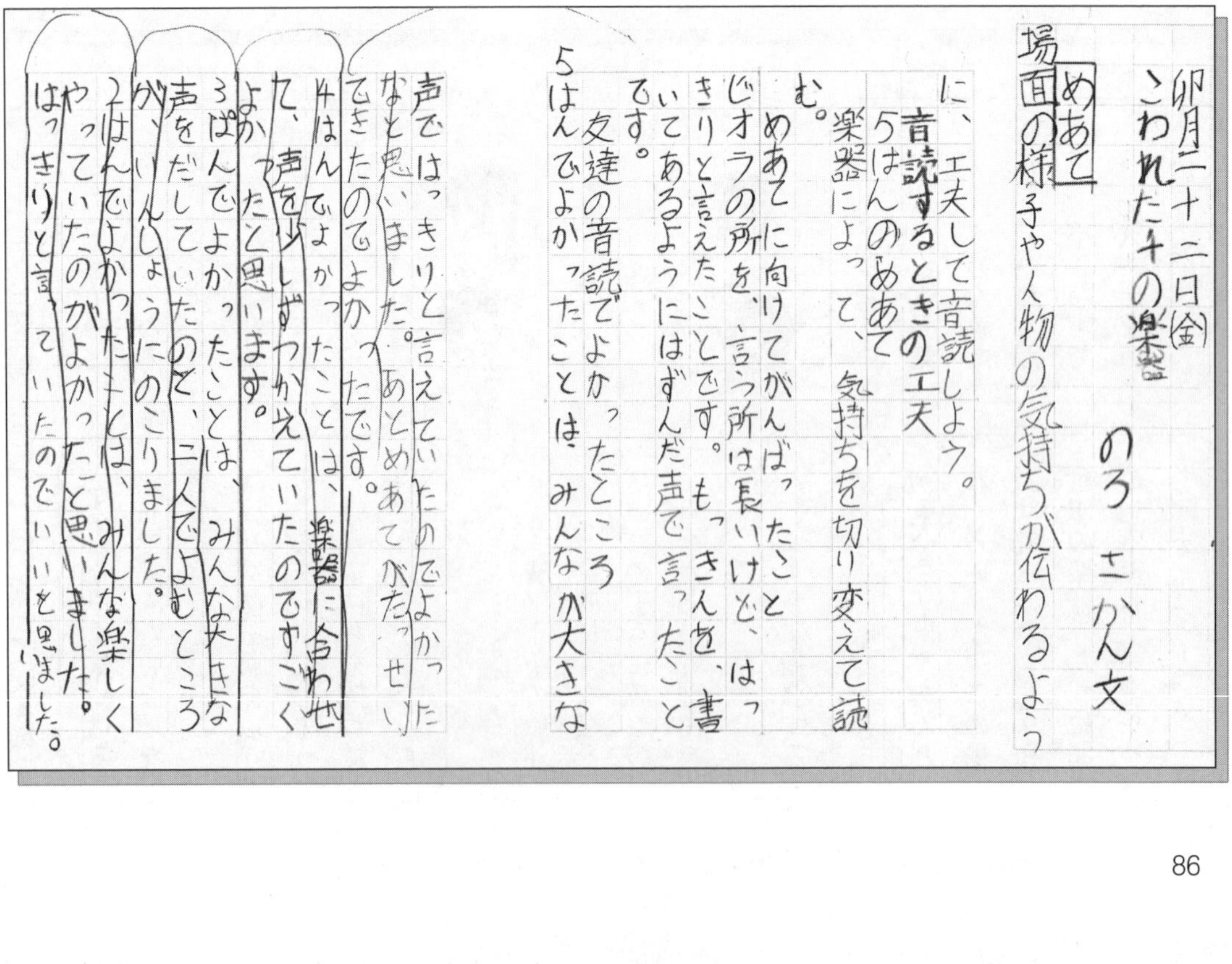
6月二十二日(金)
こわれた千の楽器　のろ　さかん文
めあて　場面の様子や人物の気持ちが伝わるように、工夫して音読しよう。
音読するときの工夫
5はんのめあて
楽器によって、気持ちを切り変えて読む。
めあてに向けてがんばったこと
ビオラの所を、言う所は長いけど、はっきりと言えたことです。もっきんを、書いてあるようにはずんだ声で言ったことです。
友達の音読でよかったところ
5はんでよかったことは、みんなが大きな声ではっきりと言えていたのでよかったなと思いました。あとめあてがたっせいできたのでよかったです。
4はんでよかったことは、楽器に合わせて、声を少しずつかえていたのですごくよかったと思います。
3ぱんでよかったことは、みんな大きな声をだしていたので、二人でよむところが、いんしょうにのこりました。
2はんでよかったことは、みんな楽しくやっていたのがよかったと思いました。
はっきりと言っていたのでいいと思いました。

4 「みんなで新聞を作ろう」（東書）①
新聞の形式を理解し、記事にする事柄を選ぶ

新聞の形式を理解し、記事にする事柄を選ぶ

〔第3学年及び第4学年〕の「B書くこと」領域の言語活動例「イ　疑問に思ったことを調べて、報告する文章を書いたり、学級新聞などに表したりすること。」における、「学級新聞」づくりを具体化した授業実践である。

総合的な学習の時間における国蝶オオムラサキの飼育活動と関連させ、新聞の形式で学んだ内容を伝える。

思考力と判断力を育む学習を

①教材文を読み、新聞の形式を理解し、記事にする事柄を選ぶ。

②新聞記事の書き方については教科書に沿って確認し、ポイントを板書にまとめる。（90ページの一覧表を参照）

③新聞のトップ記事の組み立てメモを用意し、書こうとすることの中心を明確にし、簡単な構成などを記入させる。記事の構想を考えることが思考力を、情報の取捨選択が判断力を育むものになっている。

「はじめ・中・おわり」の構成で書く

構成は、既習の「はじめ・中・おわり」を利用して考えさせる。その際、「伝えたいこと」に沿って、情報の取捨選択をさせる。

使用する写真を選ぶ

これまで撮りためた写真の中から、記事の内容に一番ふさわしいものを選ばせ、キャプションを書かせる。

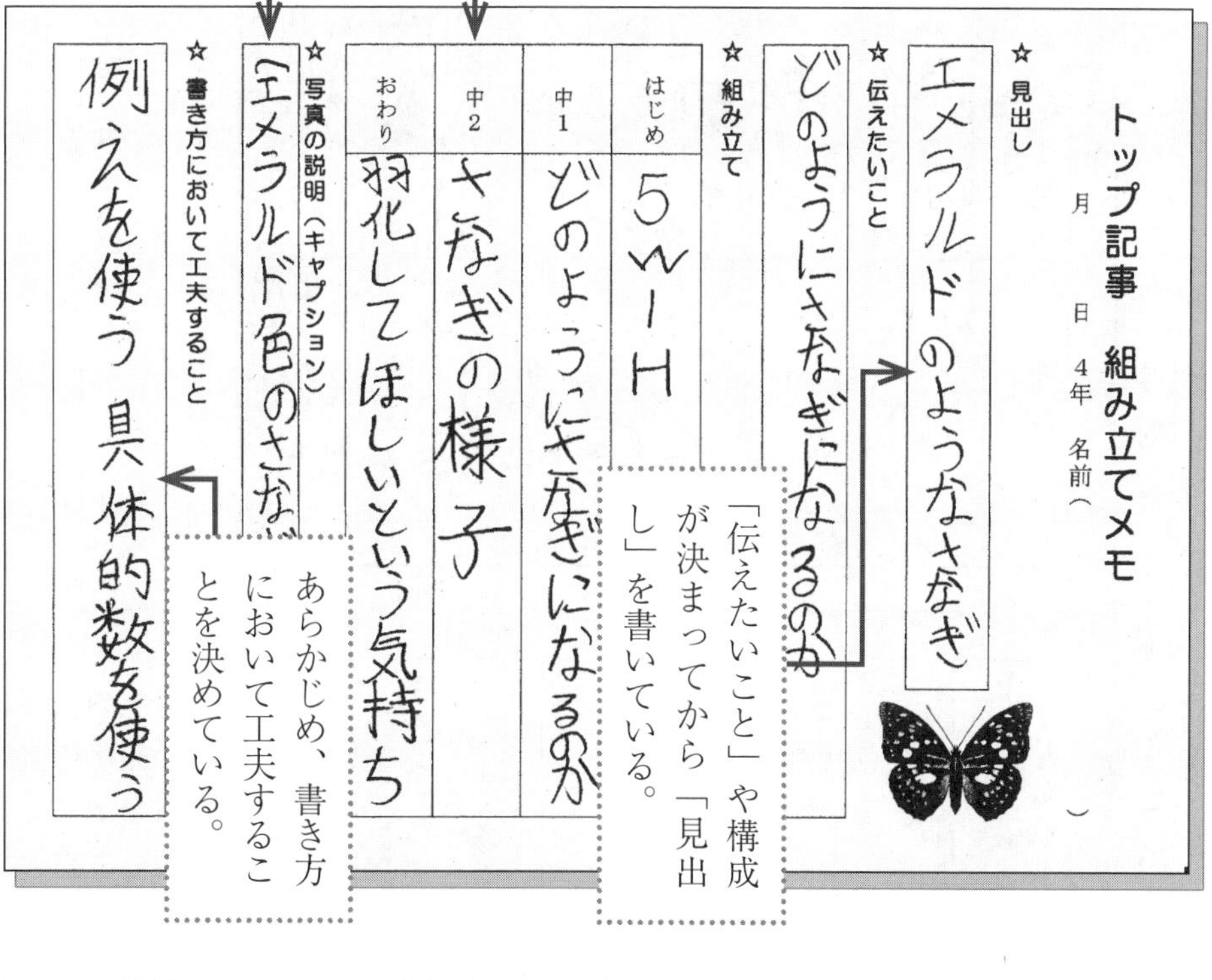
トップ記事　組み立てメモ
月　日　4年　名前（　）
☆見出し
エメラルドのようなさなぎ
☆伝えたいこと
どのようにさなぎになるのか
☆組み立て
はじめ　5W1H
中1　どのようにさなぎになるのか
中2　さなぎの様子
おわり　羽化してほしいという気持ち
☆写真の説明（キャプション）
〔エメラルド色のさな
☆書き方において工夫すること
例えを使う　具体的数を使う

「伝えたいこと」や構成が決まってから「見出し」を書いている。

あらかじめ、書き方において工夫することを決めている。

4年生

「みんなで新聞を作ろう」（東書）②

トップ記事の下書きを書き、相互評価を行う

トップ記事の下書きを書き、相互評価を行う

相手が読んで理解しやすい表現にしていくために、組み立てメモに従って下書きを書かせる。その後、自己評価や相互評価を位置づけて、互いの文章の良さを見つけながら相手に助言することによって、自分の表現の見直しをさせる。特に推敲する力をつけるため、「新聞を書くポイント」を基にした自己評価、相互評価を行う。

読み手を意識して分かりやすい記事にする

①組み立てメモを基に、読み手に伝わるように工夫して下書きを書く。
②互いに読み合い、良さや助言を伝える。
③下書きを読み直して、読み手を意識して分かりやすい記事にするために書き直しや付け加えをする。

ます目の入った用紙に書かせる

トップ記事の段組と字数が分かるます目入りの下書き用紙に書かせる。限られた文字数の中で書きたいことを表現させる。

写真のレイアウトを固定

あらかじめ、写真を貼り付ける場所を決めておき、下書きの段階では写真のイラストを書かせて、記事の内容に反映させる。

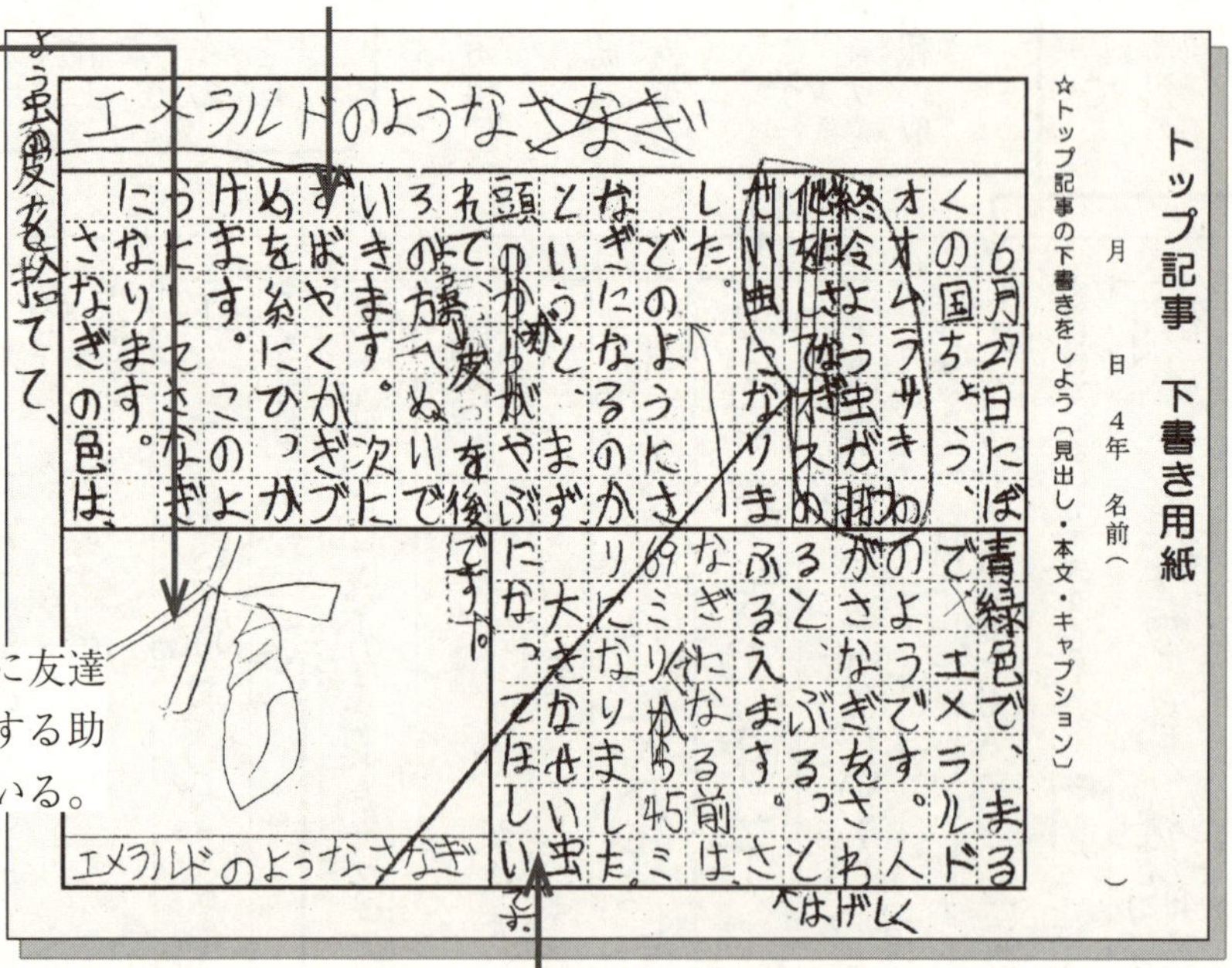

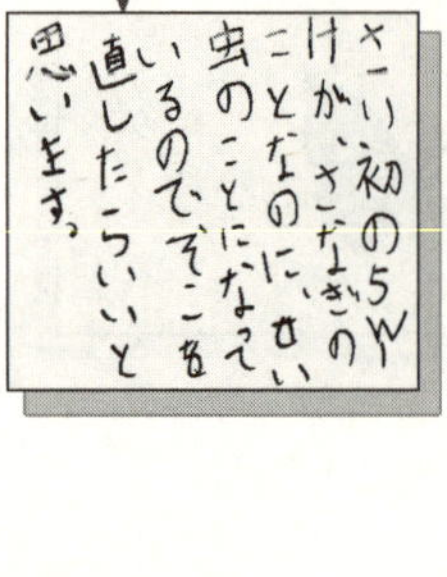

桃色の付箋に友達の記事に対する助言を書いている。

友達の助言を反映させた箇所を赤鉛筆を使って示している。

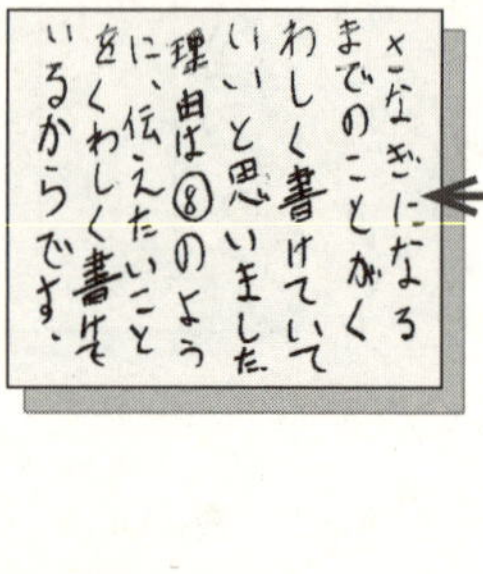

水色の付箋に友達の記事の良いところをポイントに基づいて書いている。

「みんなで新聞を作ろう」（東書）③

下書きを基に記事を清書する

下書きを基に記事の清書を行う

下書きを基に、記事の清書を行わせる。その後、見出しのレタリング、写真の貼り付け等を行う。清書も互いに読み合い、良さを認め合わせる。

*「折れ線グラフの記事」、四コマ漫画の作成は、総合的な学習の時間の中で行う。

記事を互いに読み合う

①下書きを基にトップ記事の清書をする。

②題字、見出しのレタリング、写真の貼り付けなどを行う。

③友達の記事を互いに読み合い、表現や校正の工夫などの良さを見つけて、具体的に指摘する。

見出しで読み手を引きつける

見出しは要点をずばり書かせ、文章を短く切らせる。また、飾り文字や枠飾りを使わせて読み手を引きつける工夫をさせる。

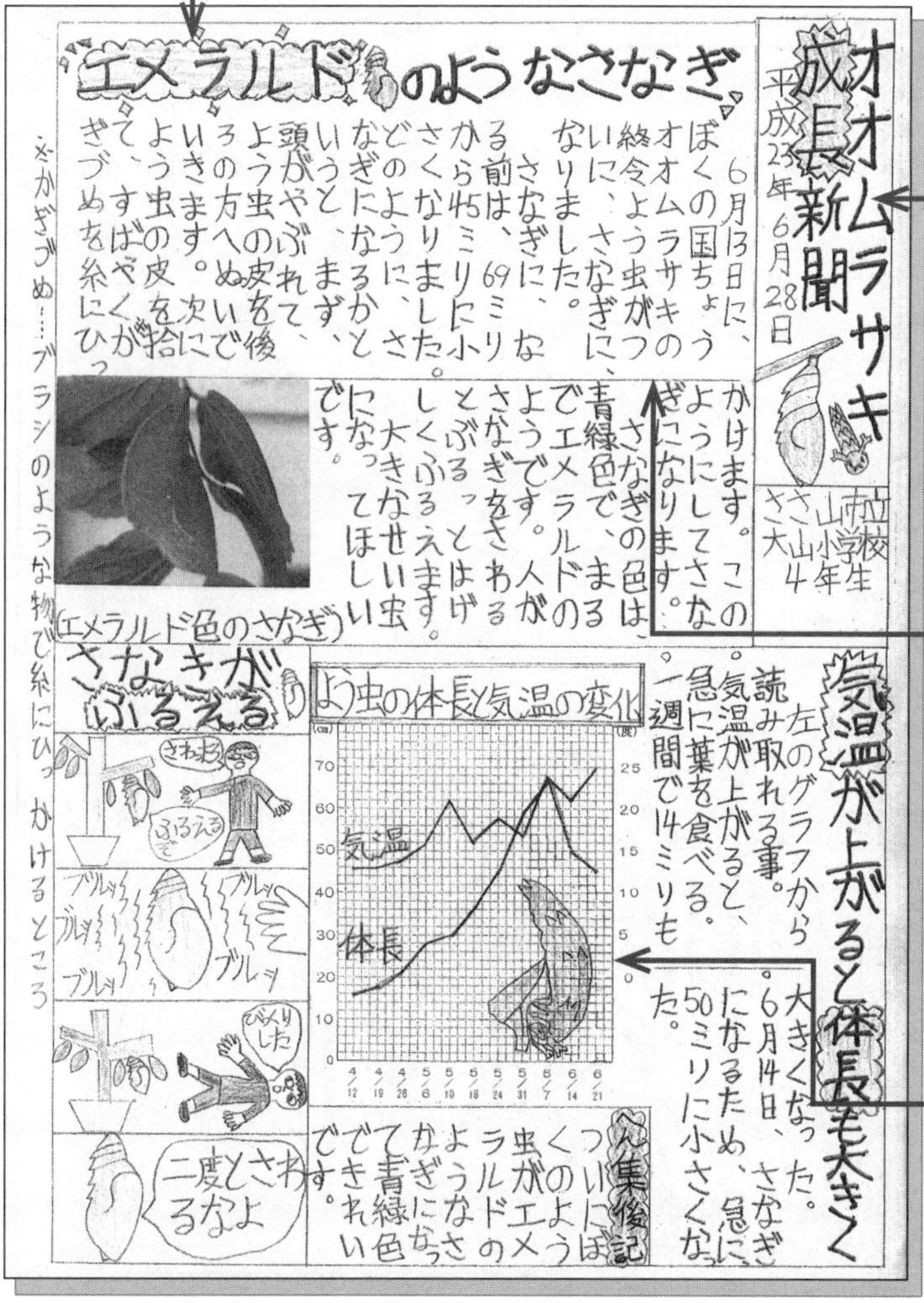
オオムラサキ成長新聞

平成23年6月28日

ささ山市立大山小学校4年生

エメラルドのようなさなぎ

6月13日に、ぼくの国ちょうオオムラサキの終令よう虫がついに、さなぎになりました。さなぎに、なる前は、69ミリから45ミリに小さくなりました。どのように、さなぎになるかというと、まず、頭がやぶれて、よう虫の皮を後ろの方へぬいでいきます。次によう虫の皮を拾て、すばやくがぎづめを糸にひっかけます。このようにしてさなぎになります。さなぎの色は、青緑色で、まるでエメラルドのようです。人がさなぎをさわるとぶるっとはげしくふるえます。大きなせい虫になってほしいです。

（エメラルド色のさなぎ）

※かぎづめ……ブラシのような物で糸にひっかけるところ

さなきがふるえる

よう虫の体長と気温の変化

気温が上がると体長も大きく

左のグラフから読み取れる事。気温が上がると、急に葉を食べる。一週間で14ミリも大きくなった。6月14日、さなぎになるため、急に、50ミリに小さくなった。

へん集後記

ついにぼくのよう虫がエメラルドのようなさなぎになって青緑色できれいです。

新聞名は、自分の気持ちが表れた名前を付けさせる。題字は大きく、太く、はっきりと書かせ、関係のあるイラストを添えている。

組み立てメモを生かして「はじめ・中・おわり」の組み立てで書き、具体的な数字を使っている。記事の最後には感想を付け加えている。

総合的な学習の時間において行った自分の観察記録を基に、算数の折れ線グラフの学びを生かして、「幼虫の体長と気温の変化」のグラフを作成した。

「みんなで新聞を作ろう」(東書)④

身につけた言葉の力を振り返る

身につけた言葉の力を振り返る

新聞の完成後、友達や保護者、地域の方々に読んでいただき、新聞に関しての評価を書いていただく。その内容を読ませた上で、「新聞を書くポイント」に沿って、新聞づくりを通して、どんな力がついたと考えているのか、また、今後の課題は何か、自己評価をさせる。その際、理由も書かせるようにする。

新聞づくりは継続して行うことによって、目的や読み手を意識し自分の伝えたいことがよりはっきりと書けるようになるので、国語科を中心に各教科等で積極的に取り入れたい。

「新聞を書くポイントの表」の番号を書き、その力が身についたと考える理由を書いている。

保護者に感想を書いてもらう

保護者にも「新聞を書くポイント」に沿って、評価を書いていただく。児童にそれを読ませることにより、客観的に身についた力を振り返ることにつながる。

家の方の感想

- 組み立てメモでしっかり内容を考え、書くポイントに気をつけて作れているので、とても見やすく、読んでみたいと思えます。
- 見出しがパッと目にとびこんでくるので、何について書いてあるのかよくわかりました。
- 写真やイラストも上手に活用できていて みていて楽しいです。
- 文章も伝えたいことを短かくわかりやすくまとめられています。
- ぜんぜん知らなかったオオムラサキのことが新聞を読むたびによくわかり、かわいく思えてきました。大切に育てていることが伝わってくるからですね。次も楽しみ!!

(母)より

「オオムラサキ新聞」を通して身に付いた言葉の力

4年 名前(　　　)

1.「オオムラサキ新聞」作りを通して、自分に身に付いた言葉の力をポイント表の中から3つ選び、そう考えた理由も書きましょう。

⑦5W1H
きちんと(いつ、どこで、だれが、何を、どうして、どのように)を使ってはじめが書けたからです。読み手もどんなふうにあったとかが分かだと思います。

⑤見出しは書いた文章のこ
見出しはしっかり書いたこ文章の中から書けました。そのおかげでとてもいい新聞が書けたからです。

⑨組みたてメモを生かして
しっかり「はじめ・中・終わり」を書けてそれを使って場面や感想がしっかり書けたからです。

2. 新聞作りに関して、自分の課題をポイント表にもとづいて書きましょう。

⑪の具体的な数字を使うことをがんばりたいです。なぜかというとあったかの所しか使えてなくて、よう虫の体長の大きさとかも書いていなかったからです。

「オオムラサキ新聞」を書くポイント

福山市立大山小学校 四年 平成二十三年六月版

【新聞名を工夫する】
① 自分の気持ちが表れた新聞名をつける。
② 新聞の題字は大きく、太く、はっきりと書く。(1mはなれて見てみる)
③ 題字の周いには関係のあるイラストをそえる。

【見出しで読み手を引きつける】
④ 見出しは要点をずばり書き、文章を短く切る。
⑤ 見出しは書いた文章の中の言葉を使って考える。
⑥ かざり文字やわくかざりを使うと読み手を引きつける工夫となる。

【記事は分かりやすく書く】
⑦ 5W1H(いつ、どこで、だれが、何を…
を書く。
⑧ 一番伝えたいことをくわしく書く。
⑨ 組み立てメモを生かして、「はじめ・中・…
⑩ 記事の最後には感想をつけ加える。
⑪ 具体的な数字を使う。

【説明文の学習で学んだ工夫を使う】
⑫ 問いかけ→答え→理由
⑬ つなぐ言葉(そして、しかし、だから、…
⑭ 例をあげる(たとえば)
⑮ くらべる(これに対して)
⑯ たとえ(のような)
⑰ ナンバーリング(一つ目は、…二つ目は…

【総合的な学習の時間と関連させる】
⑱ 自分の観察記録をもとにして書く。
⑲ オオムラサキについて、プロの書いた本の書き方をさん考にする。

【写真やイラストを工夫する】
⑳ 記事に合った写真やイラストを選び、説明(キャプション)を入れる。

「新聞を書くポイントの表」は、学びを深めるごとに、児童と話し合って更新していく。

5 「ごんぎつね」①
子ども自身が読み解いていく「ごんノート」

これまでに身につけた「読み取るコツ」を使って、自ら読み解いていく「ごんノート」

学年後半（特に三学期）には、一人学びで自ら読み取っていくことができる子どもに育てたい。その一人学びの成果をグループ、学級全員で分かち合い、高め合う授業をしたい。

身につけさせたい力

・文章構成や表現に着目し、人物の気持ちの変化を読み取ろうとする意欲や態度
・テーマをつかむ力
・根拠を明確にし、批判的に読む力（本文の引用を根拠にする）。結末は、妥当か。「青い煙がまだつつ口から細く出ていました。」自分なら、このように書きたい。理由は……。この結末が良い。理由は……。
・多読へ向かわせる→南吉の本やテーマの似た本をたくさん用意する。

身につけたい力を子ども自身が自覚する

「◎これまでにどんなことばの力をつけたか。」をノートに書く。それをふまえて、次に「◎どんな言葉の力をつけたいの。」という問いかけをする。子どもたちは「場面を分ける力をつけたい。」「登場人物の心情の変化を文章から考えたい。」「作者の伝えたいこと（テーマ）。本文のキーワードを見つける。」など、これまでの学習活動の中から、この作品を豊かに読み味わうための観点を提示した。その観点に沿って一人学びをし、「ごんノート」をつくっていく。

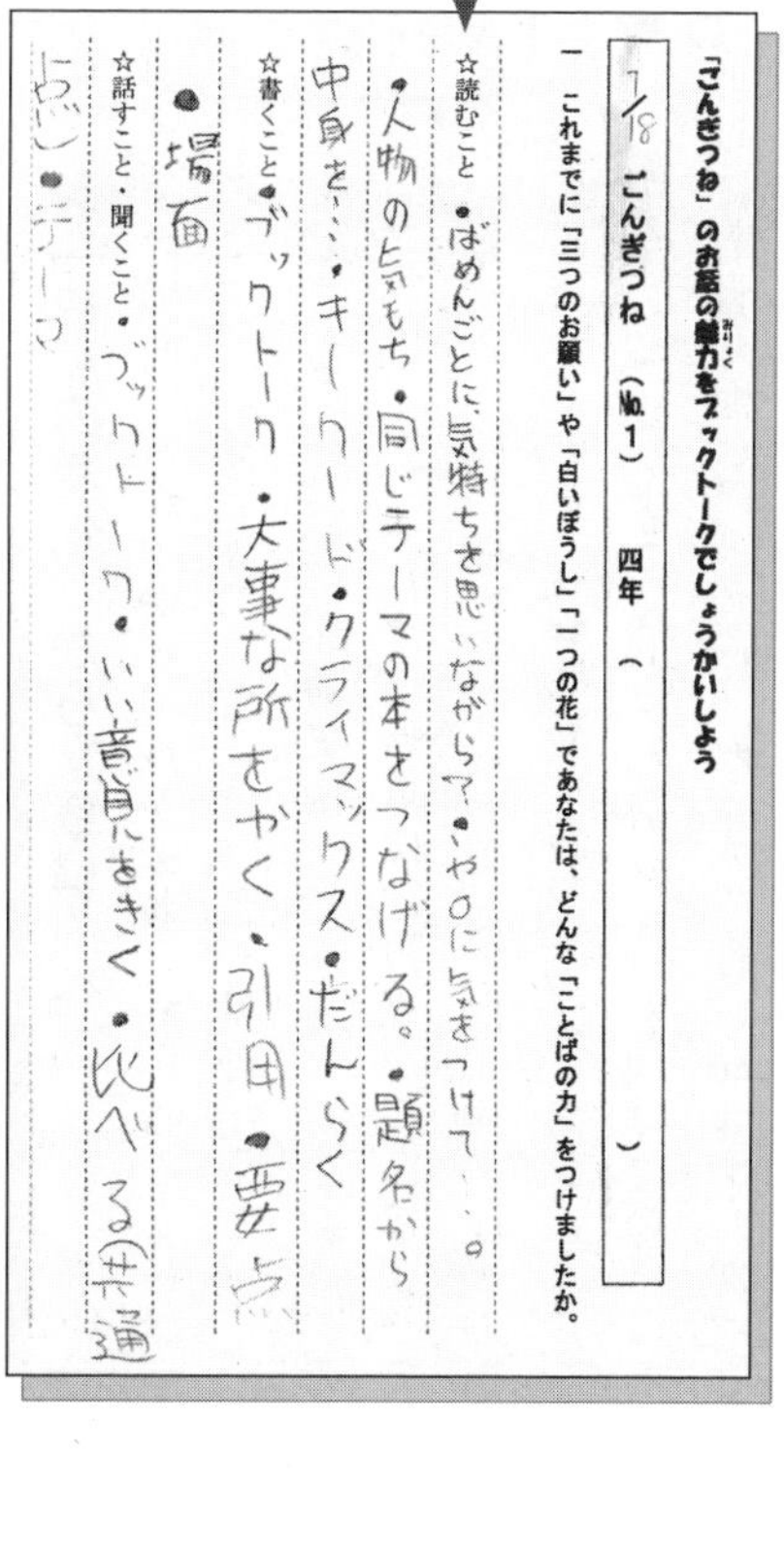
「ごんぎつね」のお話の魅力《みりょく》をブックトークでしょうかいしよう

7/18　ごんぎつね　（No.1）　四年　（　　）

一　これまでに「三つのお願い」や「白いぼうし」「一つの花」であなたは、どんな「ことばの力」をつけましたか。

☆読むこと　・ばめんごとに気持ちを思いながら。・やつに気をつけて…。・人物の気もち・同じテーマの本をつなげる。・題名から中身を…・キーワード・クライマックス・だんらく
☆書くこと・ブックトーク・大事な所をかく・引用・要点・場面
☆話すこと・聞くこと・ブックトーク・いい意見をきく・比べる(共通点)・テーマ

学習課題を設定する

「ごんと兵十の心は、通い合えたのか」を学習課題として二人の気持ちの変化を読み取ろう。

学習計画を立てる際に、子どもから「二人の絆は深まったか」を課題にしたいという意見が出た。そこで、「ごんと兵十の心は、通い合えたのか」という課題を設定した。場面ごとに読んでいくのではなく、場面のつながりに気をつけながら、全体を探っていくことを確認した。

子どもと一緒に学習計画を立てる

計画表を教室に掲示、またノートにも貼り付け、今どこを学習しているのかを共有する。

4年生

「ごんぎつね」②

文章全体の構成を大まかに捉える

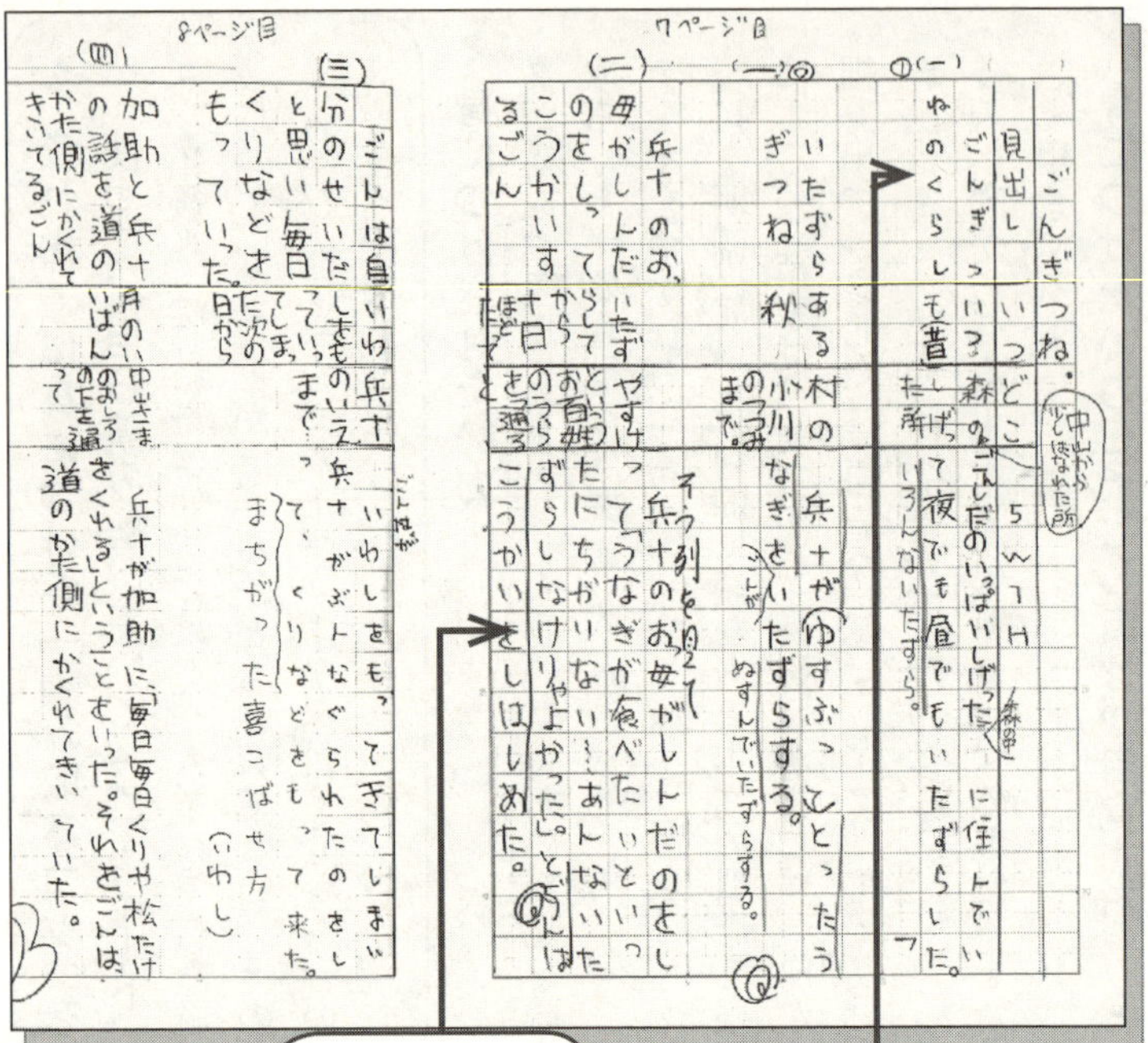

キーワードに赤線を引いている

あらすじを捉える

あらすじを捉えるための観点を、「見出し」「いつ」「どこ」「5W1H」にし、表にまとめることにより、時間の経過、場所、視点の変化を捉えることができる。5W1Hで要約した文章を基に、「見出し」を最後に付けている。一人学びの後、みんなで伝え合い、自分の考えを赤で修正していることに注目したい。

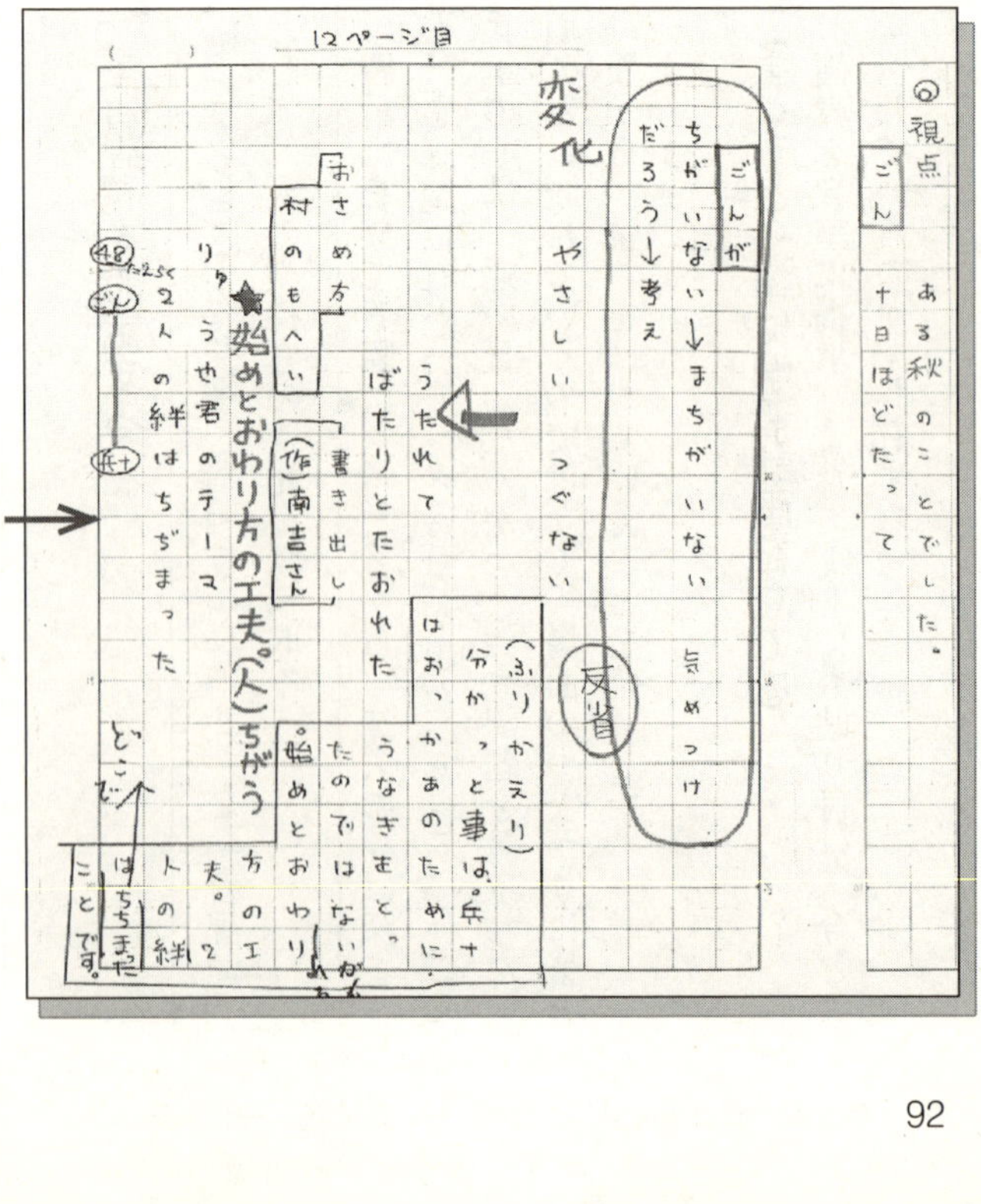

「視点の変化」から文章構成へ

一場面は、途中から視点が変わっていることに気づいた。「一の①」は、「これは、私が村の茂平と……」で始まる。視点は、新美南吉である。「一の②」の「ある秋のことでした」からは、視点がごんになっている。さらにおさめ方（終わり方）は、村の茂平の視点になっている。「★始めとおわり方の工夫。（人）ちがう」というように、文章構成に目を向けていることに着目したい。さらに、「二人の絆は深まったか」という課題についての考えも毎時間、書いている。

「ごんぎつね」③
キーワードを抜き出し課題を追求する

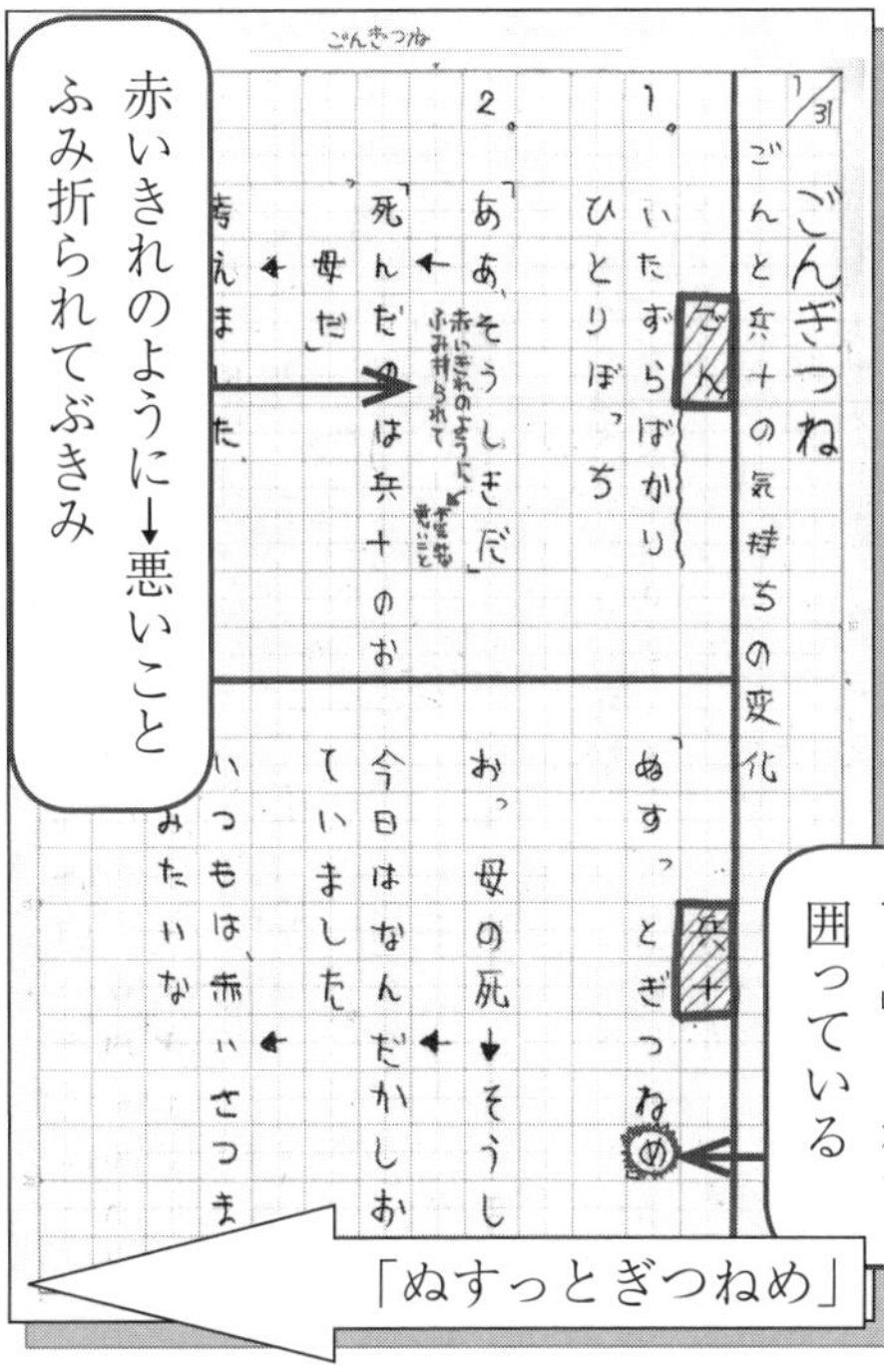
赤いきれのように→悪いこと
ふみ折られてぶきみ
「め」を赤で囲っている
「ぬすっとぎつねめ」

キーワードを抜き出し叙述から気持ちの変化を捉える

「兵十とごんの心は、通い合えたのか」という課題にせまるためには、ごんと兵十の気持ちの変化の分かる叙述を対比させて書かせると、効果的である。

上段にごん、下段に兵十の気持ちを考えるためのキーワードを書き抜いている。このとき、文章全体から、短く大切な言葉や文章を抜き出し、矢印で変化を追っていることに着目したい。キーワードの横には、赤字で考えや意見を書いている。

対比させることによって、二人の気持ちがまったく通い合っていないことを捉えることができている。

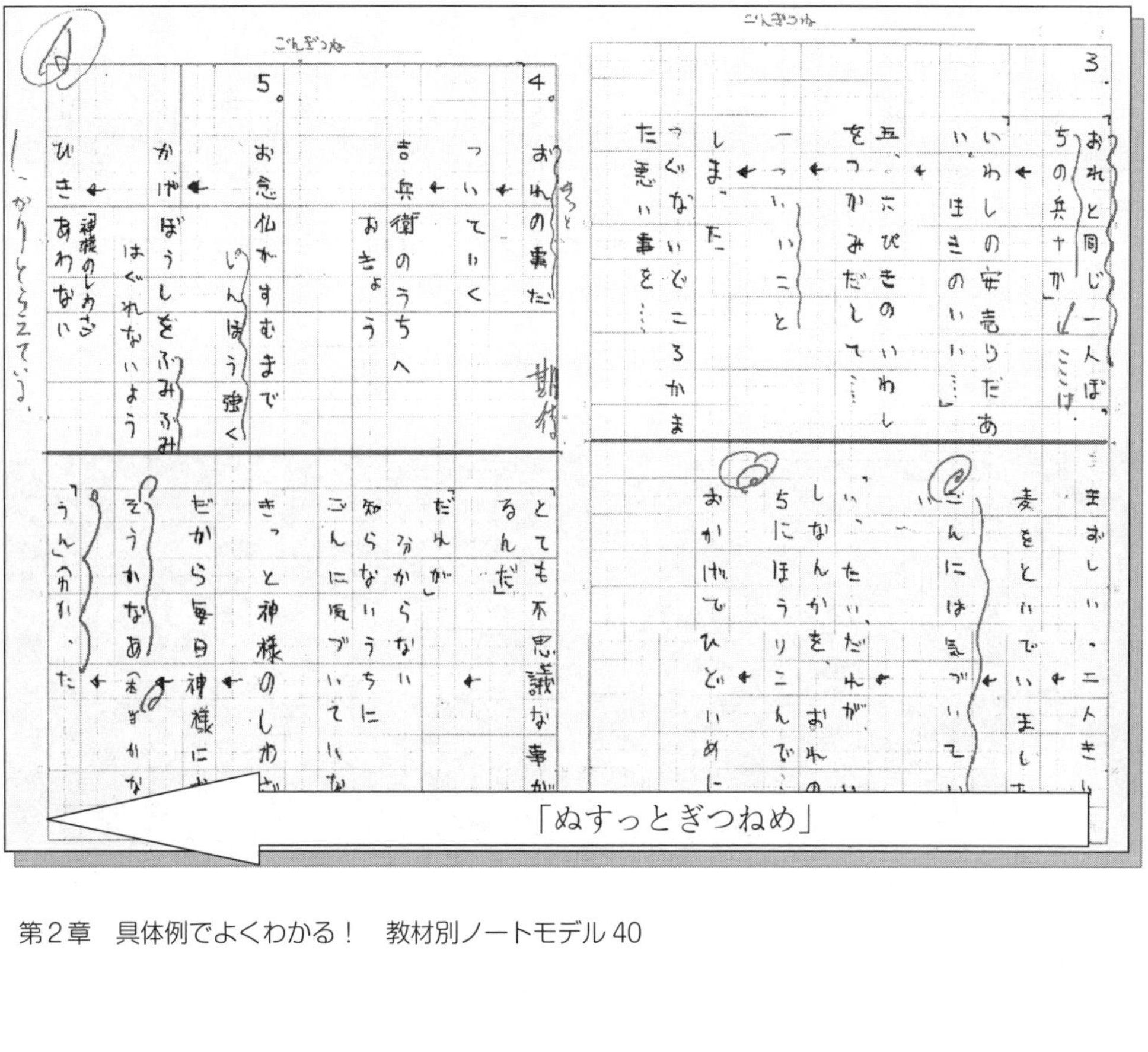
「ぬすっとぎつねめ」

「ごんぎつね」④
構造的に表し気持ちの変化を追う

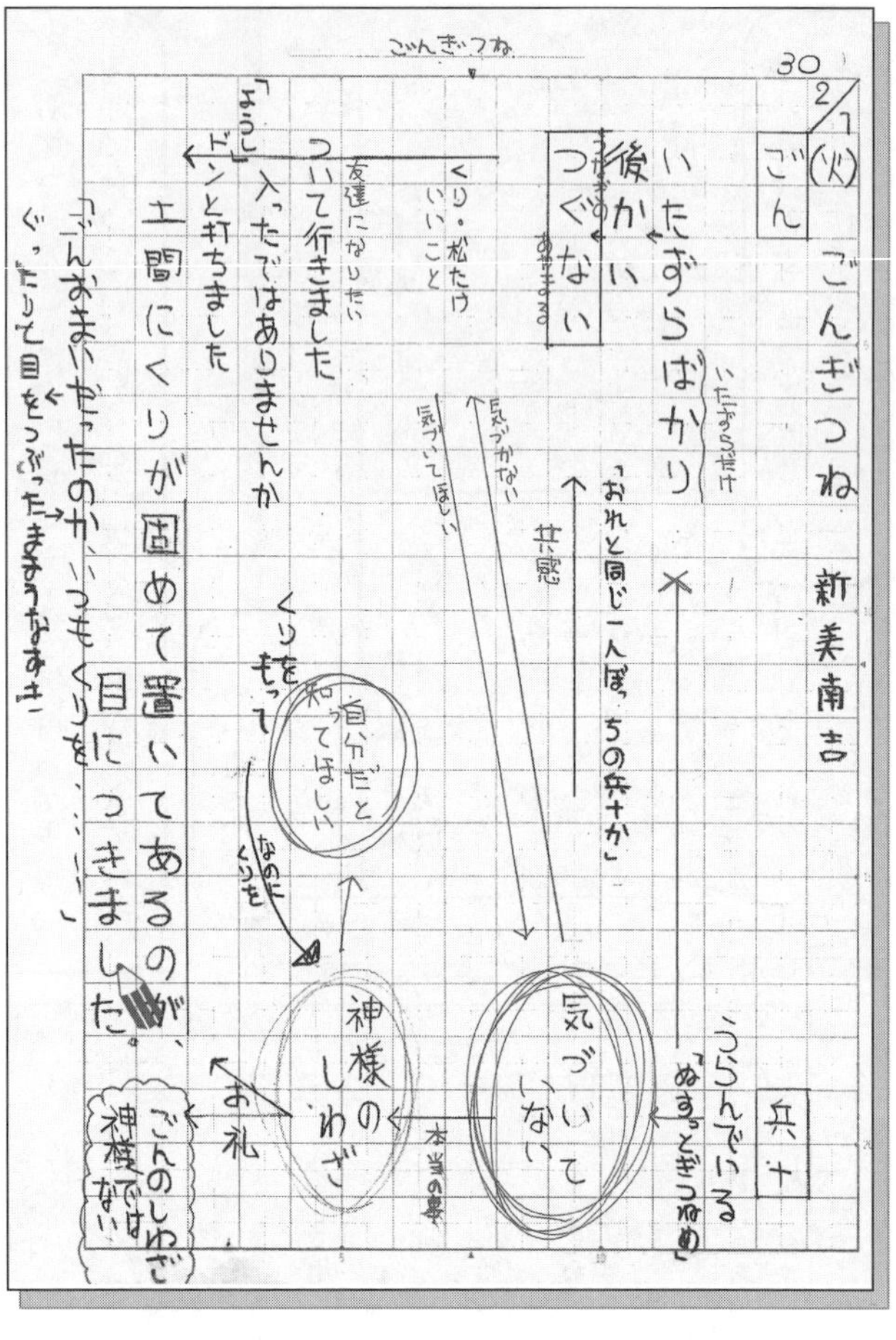

「ごんと兵十の心は、通い合えたのだろうか」という課題解決のためにキーワードを構造的に表して話し合う

下は、この時間の板書である。黒板の右端には、課題が書いてある。本時では、これまで、「ごん」の視点で書かれていた物語が、六場面の「そのとき、兵十はふと顔をあげました。」から、南吉が兵十に寄り添う視点に変わっている。それに気づかせるため、まず、「『ようし。』兵十は、……ドンと、うちました。」を板書し、課題についての話し合いを始めた。「神様のしわざ→ごんのしわざ、神様ではない」ということは、兵十に伝わった。

これまでは、上段がごん、下段が兵十で書いていたが、六場面は、兵十に寄り添う視点で書いてあることに気づかせる板書の工夫。

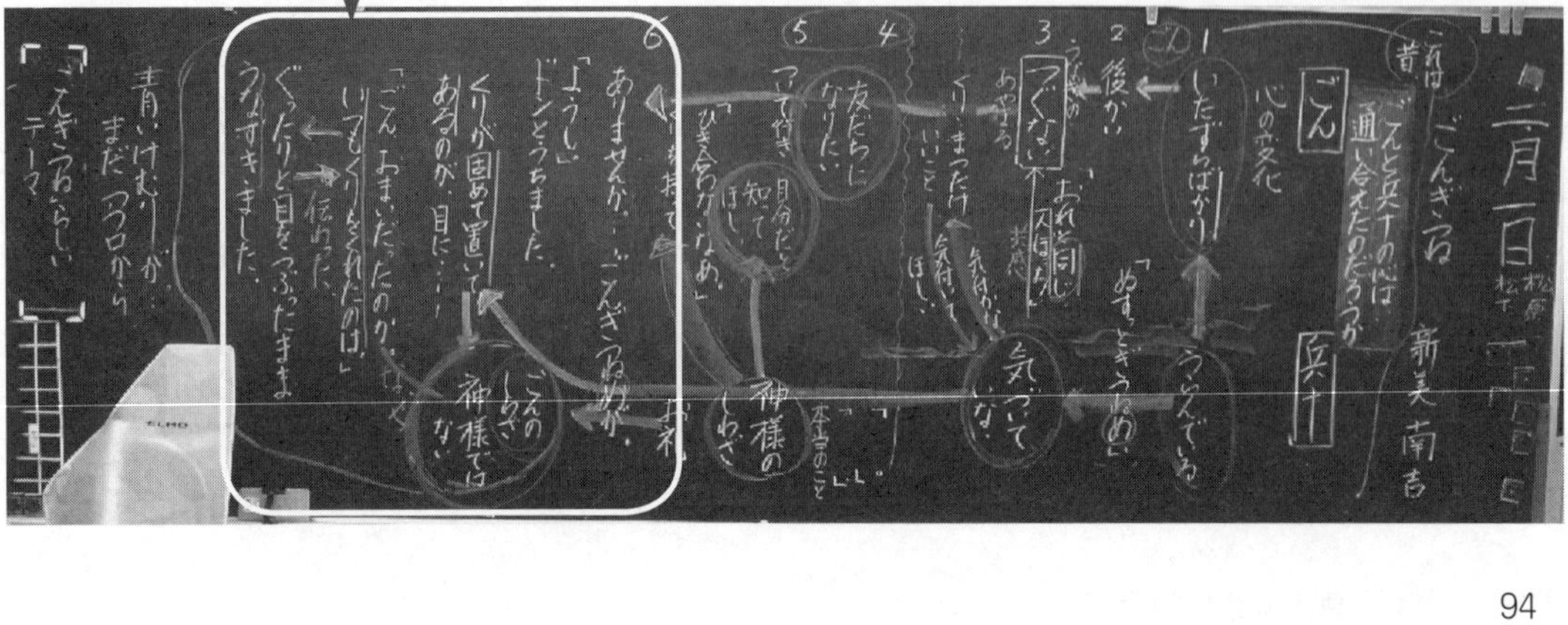

「ごんぎつね」⑤

テーマに深く関わる問いかけをまとめる

場面が必要か必要でないかを検討し根拠を明確にした上で意見を書く

四場面と五場面［加助と兵十がお念仏に行く場面］は、なくても話のストーリーに大きな影響はないのではないか、という問いかけをした。二つの場面が必要な理由を明確にすることは、課題にせまることになる。分かって欲しいごんの気持ちと、ごんの行為だと気づくはずもなく、「神様のしわざ」「神様にお礼を言う」兵十との気持ちのへだたりを捉えさせることをねらっている。

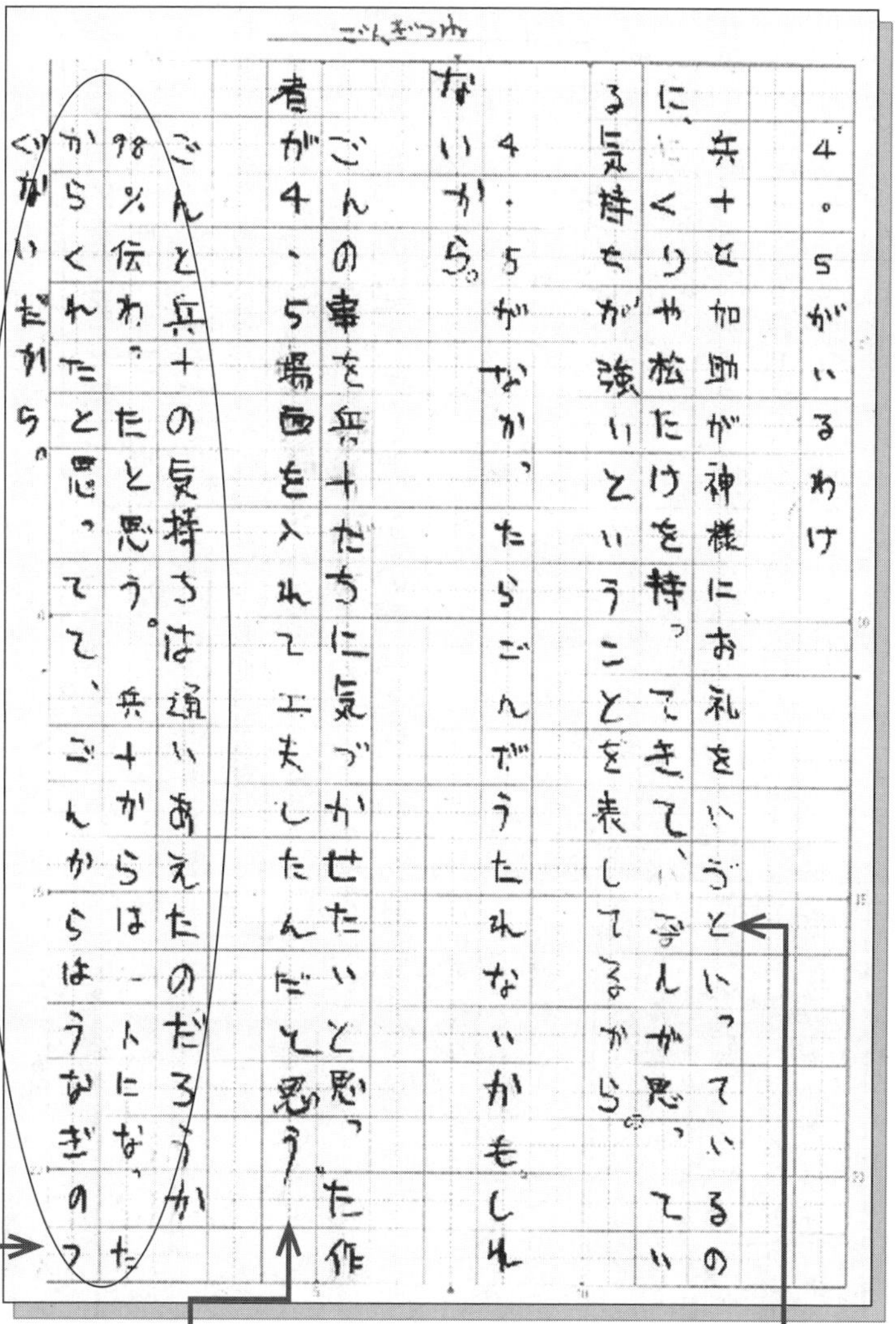

ごんぎつね

4・5がいるわけ

兵十と加助が神様にお礼をいうといっているのに、くりや松たけを持ってきて、ごんが思っている気持ちが強いということを表してるから。

4・5がなかったらごんがうたれないかもしれないから。

ごんの事を兵十たちに気づかせたいと思った作者が4・5場面を入れて工夫したんだと思う。

ごんと兵十の気持ちは通いあえたのだろうか

98％伝わったと思う。兵十からは一トにな、たからくれたと思ってて、ごんからはうなぎのつぐないだから。

◎ただ必要か必要でないか、を議論するのではなく、六場面の「その明くる日も、ごんはくりをもって兵十の家にでかけました。」をきちんと踏まえた上で、意見を書いている。「つまらないなあ」「引き合わないなあ」と不満に思っていても、それでも分かってもらいたいと言う気持ちの方が強いことを書いている。

◎兵十が、ごんのつぐないに気づいていないことを作者が読み手に知らせるために、この場面を入れたと書いている。作者の工夫や願いまで読み取っている事が分かる。

◎毎時間、学習の振り返りとして、課題について の考えを書いている。この日は98パーセント通い合ったと考えており、理由も書かれている。

1 「意見を整理しながら目的に向かって話し合おう」（光村・平成17年度版）①

テーマとめあてを持ち学習計画を立てる

テーマとめあてを持ち、学習計画を立てる

「目的を持った話し合い」を成功させるためには、どうすればよいかを学習する単元であることを確認する。

まず、テーマとめあてをしっかりと押さえることにより、どんなことを話し合い、どんな力をつけるのかを明確にさせた。

次に、どのような順序で話し合うのかをまとめ、これから行う学習に見通しを持つ。

班で目的を確認し、話し合う内容を決める

実際の話し合いは班ごと（四人）で行った。そこで、まず班ごとに分かれて目的を確認させ、話し合う内容を出し合った。その際には、共通点をまとめたり、失敗を減らす方法を考えたりしやすいように、実際の体験を出し合うようにした。

話し合う前に話し手と聞き手の観点を確認する

〈話し手〉テーマからずれず話す。

〈聞き手〉同じ経験がないか考えながら、というように、教師がこの単元で身につけさせたいと思う観点をしっかりと持っておくことが大切である。

全体で確認し合うと、自分で考えていた以外にも観点が出てきた。そこで、自分が大切だと思ったことは、赤で書き足している。常に、大切だと思ったことはメモを取り、学びが一目で分かるノートづくりを心がけさせた。

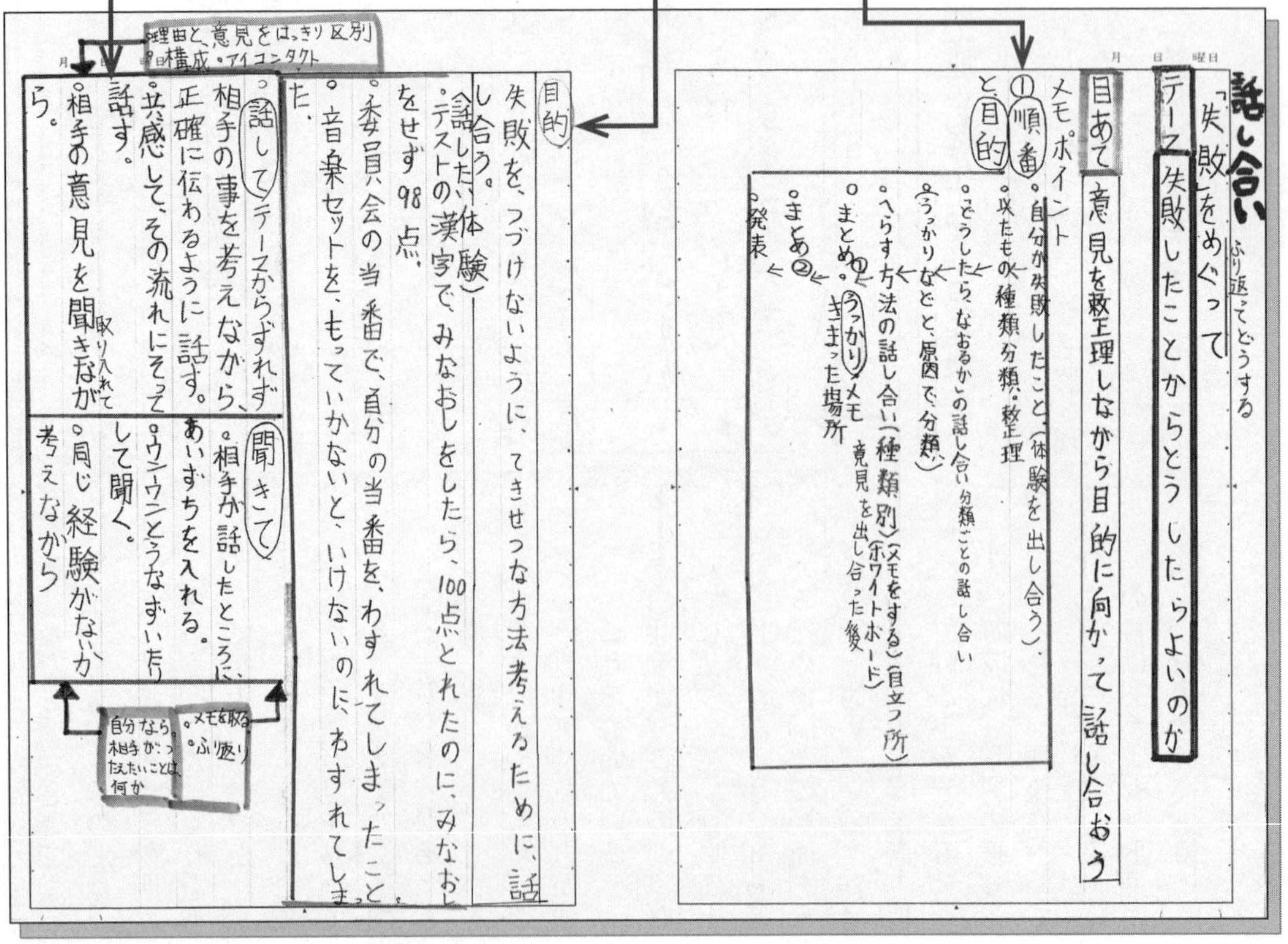

「意見を整理しながら目的に向かって話し合おう」（光村・平成17年度版）②

話し合いをレベルアップさせる

話し合いの内容をまとめる

①課題と体験　※課題ははっきりとさせる
②分類
③結論（解決策）

というふうに話し合いの内容をノートに整理している。

この他にもカードを使ったり画用紙にまとめたりするグループもいた。それぞれが分類・整理した内容をまとめやすい方法を考え（思考）、選び（判断）、まとめている（表現）。

話し合いを振り返り、新たなめあてを持つ

一回の話し合いでは、なかなかスムーズには進まない。うまくいき自信をつけたところもあったようだが、失敗から新たな話し合いの課題が見えてきたようであった。

そこで、二回目の話し合いに入る前に一回目の話し合いを振り返る時間を設けた。うまくいった理由とうまくいかなかった理由のどちらにも目を向けさせた。自分たちの話し合いの良いところはそのまま続けられるように声をかけた。うまくいかなかったところは、すべてをめあてにするのではなく、その中から一つ～二つを選ばせることによって、しっかりと取り組めるようにした。

この時間の最後には、次の話し合いの目標をしっかりノートにまとめさせ、次時につなげた。

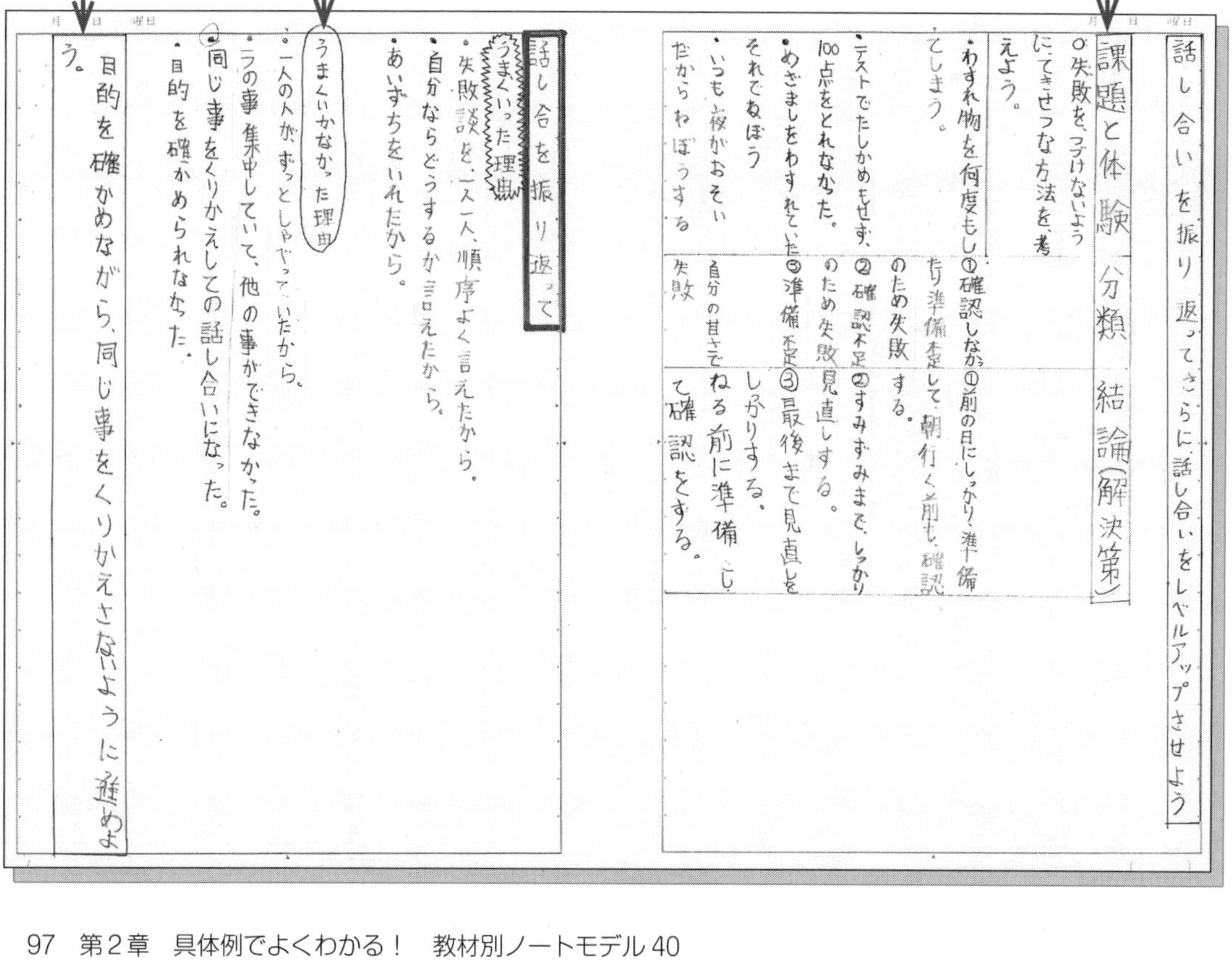

話し合いを振り返ってさらに話し合いをレベルアップさせよう

課題と体験	分類	結論（解決策）
○失敗をつづけないようにてきせつな方法を考えよう。		
・わすれ物を何度もしてしまう。	①確認しなかったり準備不足のため失敗	①前の日にしっかり準備して、朝行く前も確認する。
・テストでたしかめもせず、100点をとれなかった。	②確認不足のため失敗	②すみずみまでしっかり見直しする。
・めざましをわすれていた それでねぼう	③準備不足	③最後まで見直しをしっかりする。
・いつも夜がおそいだからねぼうする	自分の甘さで失敗	ねる前に準備をして確認をする。

話し合を振り返って

うまくいった理由
・失敗談を、一人一人、順序よく言えたから。
・自分ならどうするか言えたから。
・あいずちをいれたから。

うまくいかなかった理由
・一人の人がずっとしゃべっていたから。
・一つの事に集中していて、他の事ができなかった。
・同じ事をくりかえしての話し合いになった。
・目的を確かめられなかった。

目的を確かめながら、同じ事をくりかえさないように進めよう。

「意見を整理しながら目的に向かって話し合おう」（光村・平成17年度版）③

振り返りを生かし再度計画を立てる

話し合いの計画を立てる

前時の振り返りを基に新たなめあてを持ち二回目の話し合いの計画を立てた。

一回目の練習を生かし、順序よくノートにまとめることで、今から行おうとしていることを整理することができた。

①話題②目的③順序④班のめあて⑤話し手のめあて⑥聞き手のめあて⑦結論というふうに一つ一つ班で確認することで、意識して話し合いを行える。④班のめあては、前時で立てためあてがしっかりと取り入れられている。

一回目よりもくわしくまとめられており、目的は何か、どんな力をつけたいのか、何を話し合うのか、どのように進めるのかがはっきりしていることが分かる。

めあてを達成できたかどうか振り返る

話し合いを終えたら、話し手・聞き手としてめあてを達成できたかどうかを振り返る。話し合い後、めあての下に○を付け、達成できたことを確認している。

発表できるようにまとめさらに一工夫

話し合いの内容（課題と体験・共通点・結論）を表にまとめることで終わりではない。結論をみんなに発表できるように整理して赤でメモしている。それにより、スムーズな発表をすることにつながる。

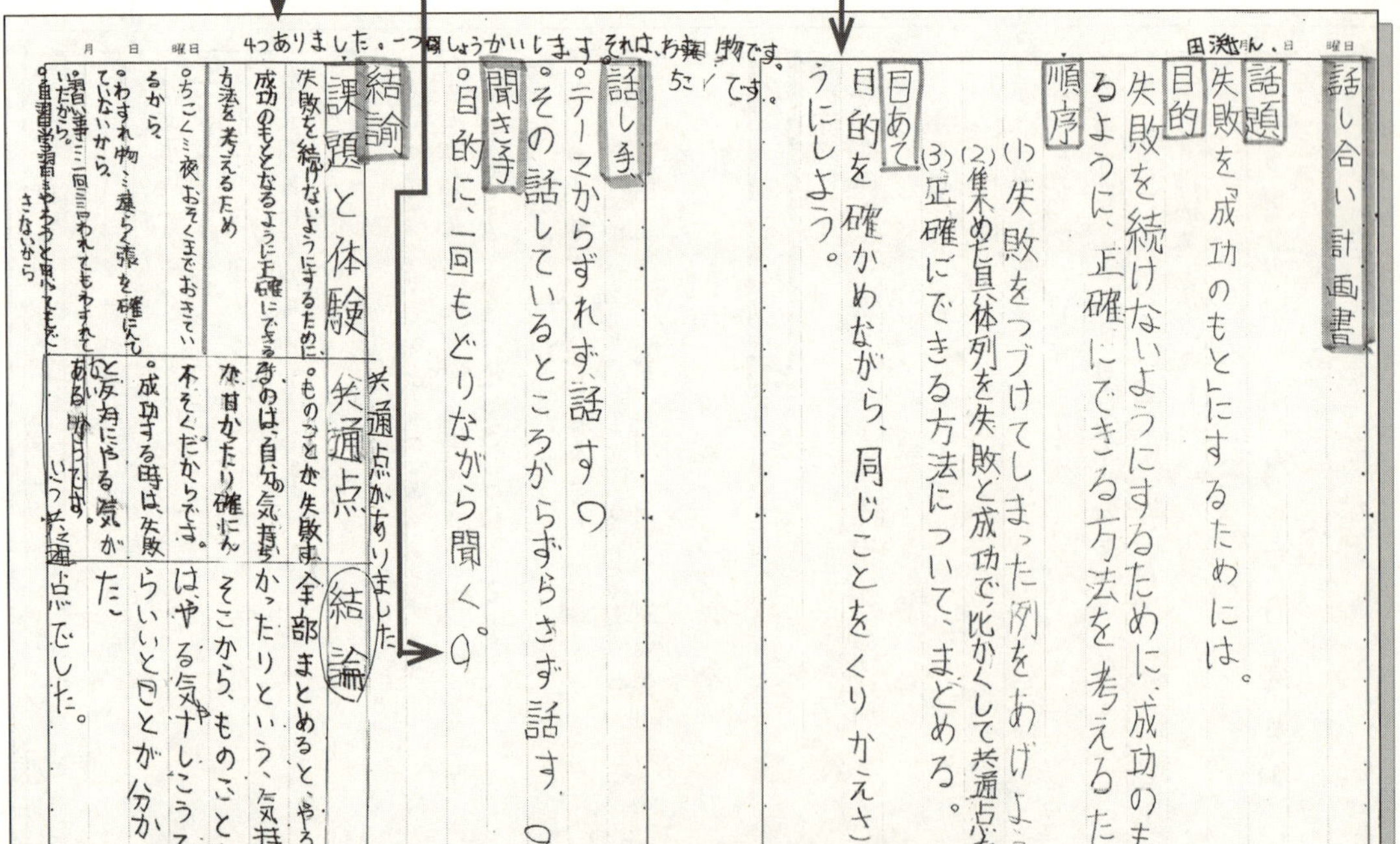

「意見を整理しながら目的に向かって話し合おう」(光村・平成17年度版)④

身についた力を振り返る

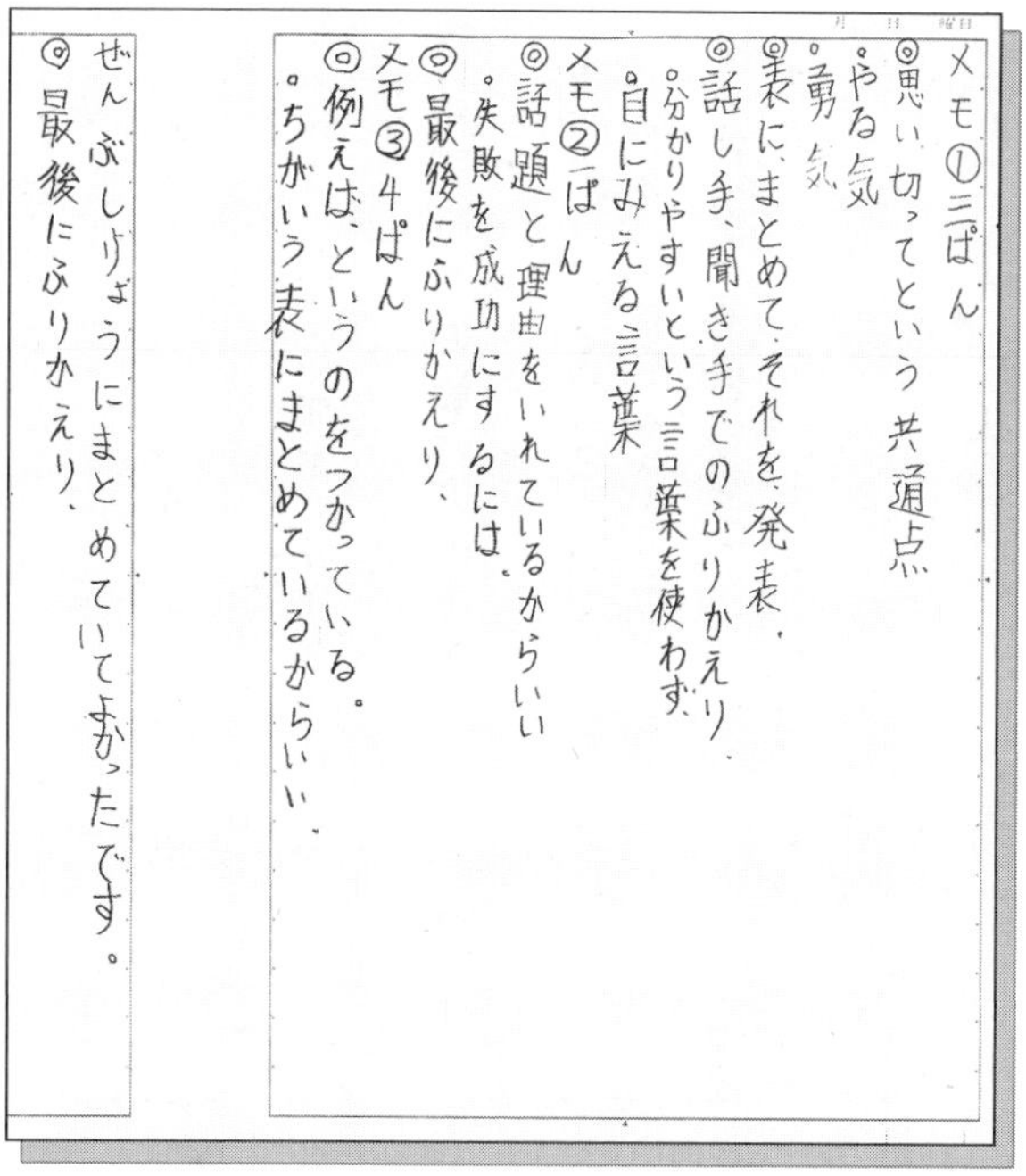
メモ①三ぱん
◎思い切ってという 共通点
。やる気
。勇気
◎表に、まとめて、それを、発表。
◎話し手、聞き手でのふりかえり。
。分かりやすいという言葉を使わず。
。目にみえる言葉
メモ②二ぱん
◎話題と理由をいれているからいい
。失敗を成功にするには。
◎最後にふりかえり、
メモ③4ぱん
◎例えは、というのをつかっている。
。ちがいう表にまとめているからいい。

ぜんぶしりょうにまとめていてよかったです。
◎最後にふりかえり、

各班の発表の良いところをメモする

話し手として発表するだけではなく、聞き手として各班の発表の良いところを見つけ、メモしていく。

「共通点を見つけている」「表にまとめている」「話題と理由を入れている」「例えを使っている」など発表方法についても深まりが見られた。自分たちの班ができたところには◎をつけ、分かりやすく区別している。これは、できたかどうか自分の力を確認するためである。このメモや確認がこの後の振り返りにつながっている。

身についた力を振り返る

学習の最後には、この単元で身につけた力を振り返る。教師側でこの単元で身につけて欲しい観点を表記し、◎・○・△を記入し自分の達成度を確認する。このように、こちらが観点別に振り返らせたいときなどには、プリントを用意し、ノートに貼るようにしている。

また、記号での振り返りだけでなく、自分の言葉で表現することも重要である。今回は、④話し合いで良かったところ、うまくいったところ(身についた力)、⑤今後の話し合いで生かしたいこと(今後の目標)を振り返った。このような振り返りが、話し合い活動をする際の意識を高め、意欲づけとなる。

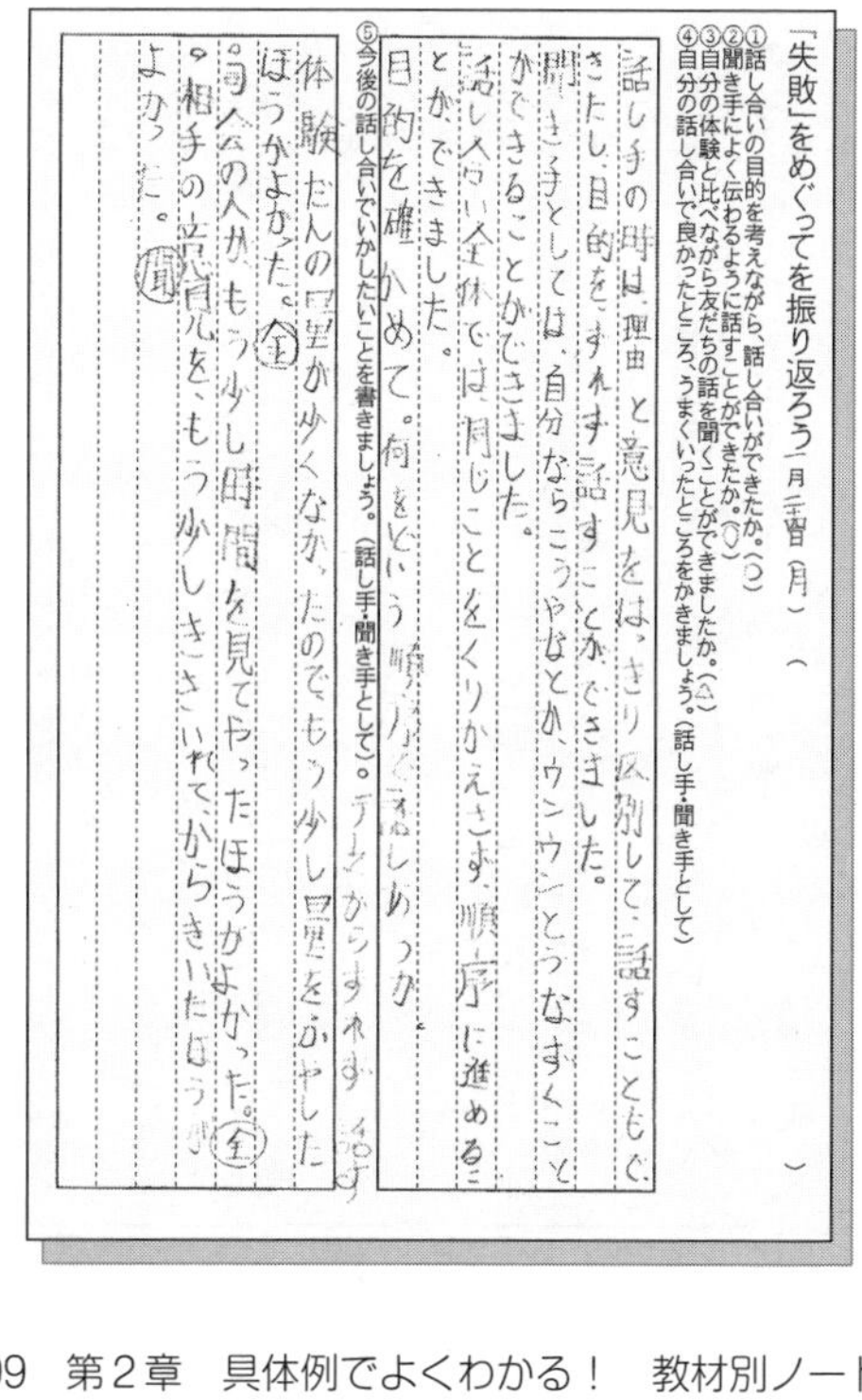
「失敗」をめぐってを振り返ろう 月 日 (月)
① 話し合いの目的を考えながら、話し合いができたか。(○)
② 聞き手によく伝わるように話すことができたか。(○)
③ 自分の体験と比べながら友だちの話を聞くことができましたか。(△)
④ 自分の話し合いで良かったところ、うまくいったところをかきましょう。(話し手・聞き手として)
話し手の時は、理由と意見をはっきり区別して、話すこともできたし、目的をわすれず話すことができました。

聞き手としては、自分ならこうやなとか、ウンウンとうなずくことができることができました。

話し合い全体では同じことをくりかえさず、順序に進めることができました。

目的を確かめて。
⑤ 今後の話し合いでいかしたいことを書きましょう。(話し手・聞き手として)
体験だんの量が少くなかったのでもう少し量をふやしたほうがよかった。㊎
。司会の人がもう少し時間を見てやったほうがよかった。㊎
。相手の意見を、もう少しきさいってからきいたほうがよかった。㊐

2 「新聞を読もう」（光村）①
新聞の編集の仕方や記事の特徴を書く

新聞の編集の仕方や記事の特徴を考える

〔第5学年及び第6学年〕の「C　読むこと」領域の言語活動例「ウ　編集の仕方や記事の書き方に注意して新聞を読むこと。」を具体化した授業実践である。

一般紙を読んで「新聞には何が載っているのか」「記事の特徴」を考えさせる。

思考→表現→判断→思考のサイクルになるように

①自分の考えを書かせる。
②考えたことを発表させて板書する。
③学習者は板書を見ながら自分の気づかなかった考えを「みんなが見つけたこと」として書き足していく。みんなの考えを赤や青など色分けするとはっきりする。「思考→表現→判断→思考」のサイクルになるように配慮した。

新聞記事の書き方のポイントを整理させる

新聞記事の書き方については、教科書に沿って確認し、ポイントを板書する。

意見を色分けさせる

まとめとして分かったことを書かせる。考えたことを発表させ、自分と同じ意見には○を付け、違う意見についてはメモさせる。色分けするとはっきりする。

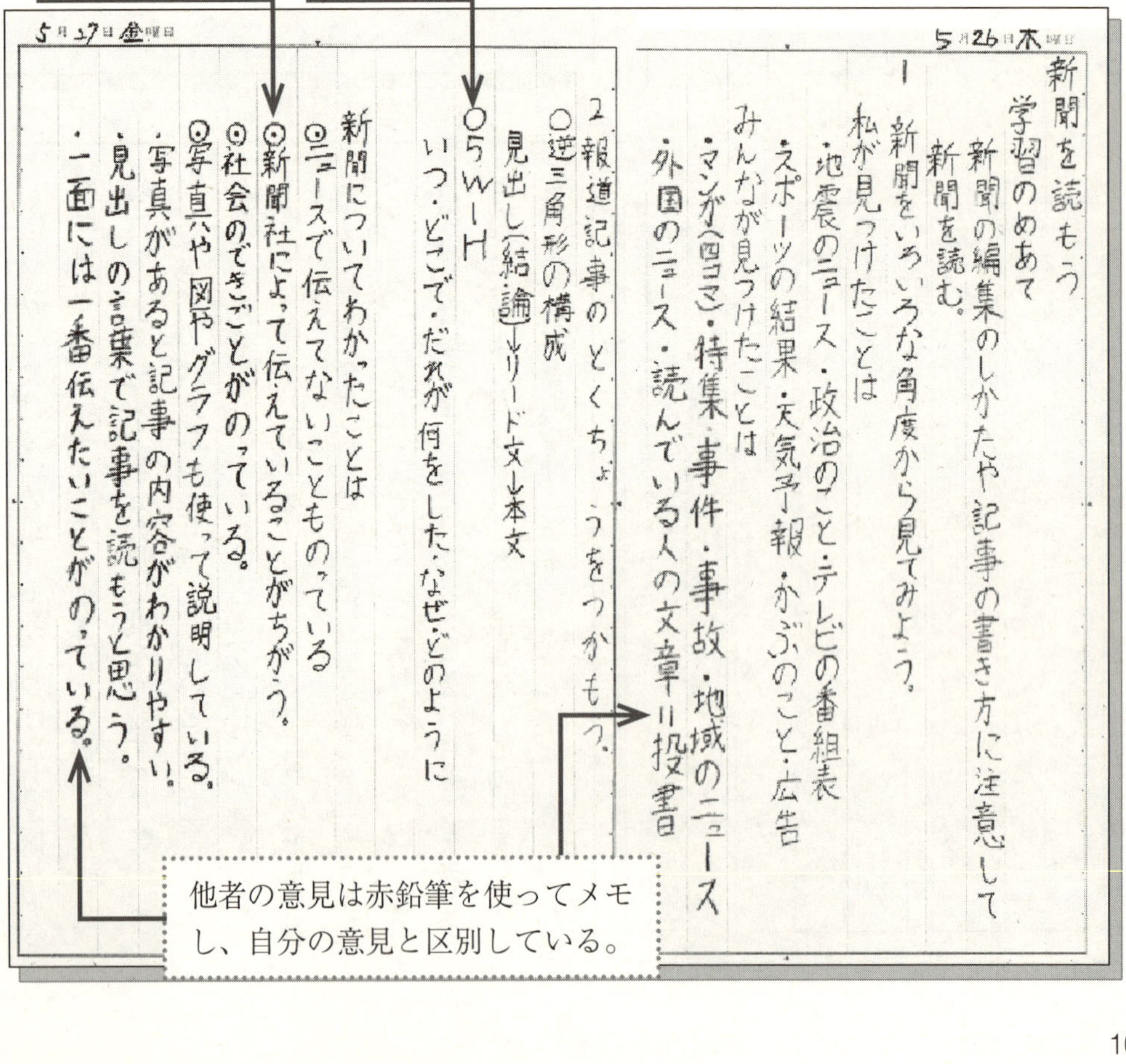
5月26日木曜日
新聞を読もう
学習のめあて
新聞の編集のしかたや記事の書き方に注意して
新聞を読む。
1 新聞をいろいろな角度から見てみよう。
私が見つけたことは
・地震のニュース・政治のこと・テレビの番組表
・スポーツの結果・天気予報・かぶのこと・広告
みんなが見つけたことは
・マンガ(四コマ)・特集・事件・事故・地域のニュース
・外国のニュース・読んでいる人の文章＝投書

5月27日金曜日
2 報道記事のとくちょうをつかもう。
○逆三角形の構成
見出し(結論)→リード文→本文
○5W1H
いつ・どこで・だれが何をした・なぜ・どのように
新聞についてわかったことは
◎ニュースで伝えてないこともものっている
◎新聞社によって伝えていることがちがう。
◎社会のできごとがのっている。
◎写真や図やグラフも使って説明している。
・写真があると記事の内容がわかりやすい。
・見出しの言葉で記事を読もうと思う。
・一面には一番伝えたいことがのっている。

他者の意見は赤鉛筆を使ってメモし、自分の意見と区別している。

「新聞を読もう」（光村）②
二つの記事を比べて分析する

二つの記事を分析する
二つの記事について、写真→見出し→本文の順に考えさせる。

思考力・判断力・表現力を育む
①写真、見出し、記事を比べて自分の考えを書く。（思考力・判断力・表現力）
②グループになって話し合い、意見をまとめて書く。（思考力・判断力・表現力）
③話し合ったことを発表させ、板書する。（表現力）
④学習者は板書を見ながらグループでは気づかなかった考えを書き足していく。みんなの考えを赤や青など色分けするとはっきりする。（思考力）

抜き書き（引用）についての留意点
教科書の言葉を抜き書きするときには、表現をそのまま（漢字は漢字、平仮名は平仮名）書くように注意する。

教師はしっかりと板書計画を立てる
ノートを読み直したときに、その一時間の学習が振り返ることができるよう、板書計画を立て、学習者の意見をまとめていけるように工夫することを忘れてはならない。

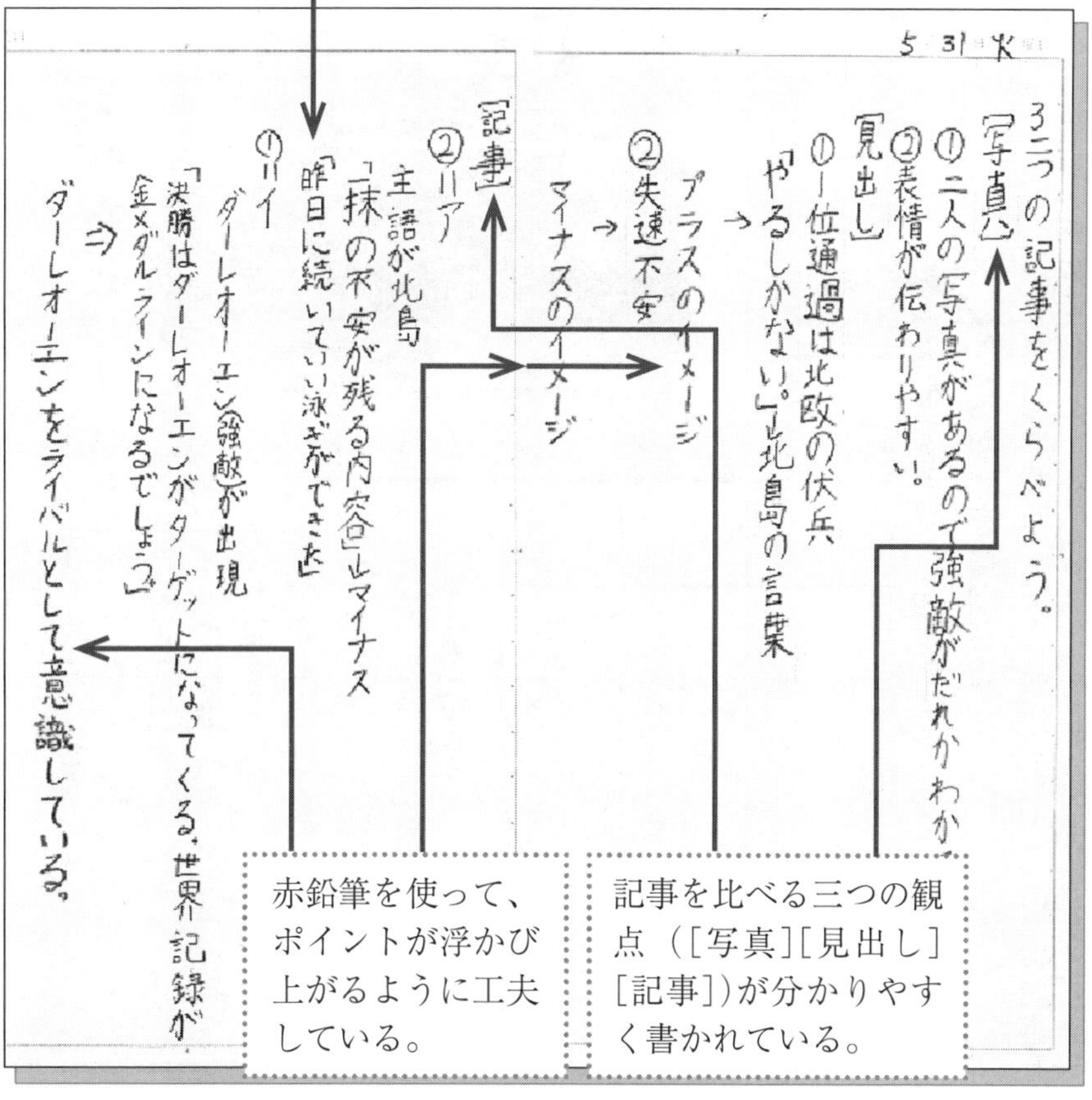
5 31 木
3 二つの記事をくらべよう。
[写真]
①二人の写真があるので強敵がだれかわかる。
②表情が伝わりやすい。
[見出し]
①一位通過は北欧の伏兵
「やるしかない」と北島の言葉
→プラスのイメージ
②失速不安
→マイナスのイメージ
[記事]
②＝ア
主語が北島
「一抹の不安が残る内容」＝マイナス
「昨日に続いていい泳ぎができた」
①＝イ
ダーレオーエン強敵が出現
「決勝はダーレオーエンがターゲットになってくる。世界記録が金メダルラインになるでしょう」
⇒
ダーレオーエンをライバルとして意識している。

記事を比べる三つの観点（[写真][見出し][記事]）が分かりやすく書かれている。

赤鉛筆を使って、ポイントが浮かび上がるように工夫している。

「新聞を読もう」（光村）③

新聞の報道写真を貼り紹介する

報道写真を紹介しよう

前時の学びを確認するために、学習の発展として、「報道写真を紹介しよう」を設定した。新聞記事が記者の意図を反映しているように、報道写真もまたカメラマンの意図を反映している。報道記事、報道写真と見出しは、それぞれが関連している内容となっている。

自分なりに読み取り考えを持つ

報道写真は、新聞を読む人に何かを訴えかけているのである。そこから読み取れる情報には、報道記事では表しきれない部分も内包している。報道写真やそれに関連した報道記事を自分なりに読み取って考えを持つことは、思考力・判断力・表現力を高めることにつながる。

写真が伝えようとしていることを書く

①新聞を読み、印象に残った写真とその見出しを選びノートに貼り、（思考力・判断力）選んだ理由とその写真が読み手に伝えようとしていることを書く。（表現力）

日付と新聞名は必ず書く。

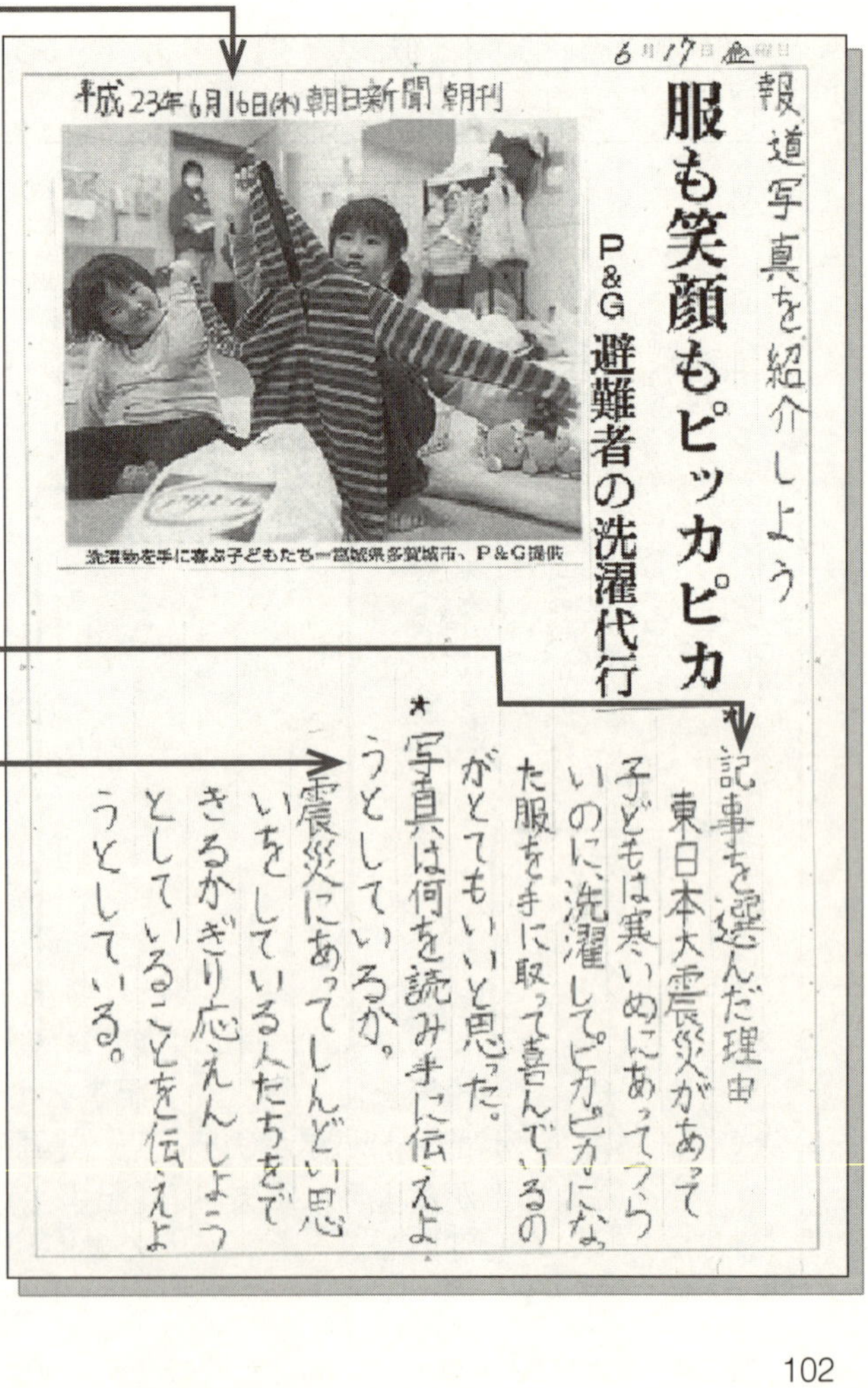
6月17日 金曜日
報道写真を紹介しよう
平成23年6月16日(木) 朝日新聞 朝刊
服も笑顔もピッカピカ
P&G 避難者の洗濯代行
洗濯物を手に喜ぶ子どもたち＝宮城県多賀城市、P&G提供
記事を選んだ理由
東日本大震災があって子どもは寒いめにあってつらいのに洗濯してピカピカになった服を手に取って喜んでいるのがとてもいいと思った。
★写真は何を読み手に伝えようとしているか。
震災にあってしんどい思いをしている人たちをできるかぎり応えんしようとしていることを伝えようとしている。

「選んだ理由と「何を読み手に伝えようとしているか」を書かせる

一週間程度時間を与え、報道写真・見出し・記事を切り抜かせておき、その中から、みんなに紹介したい報道写真を選ぶ。ノート1ページ目に写真と見出しを貼り、「記事を選んだ理由」「写真は何を読み手に伝えようとしているか。」を書く。写真や記事が大きい場合は折りたたんで貼るなど工夫させたい。

「新聞を読もう」（光村）④

新聞記事を貼り意見を伝え合う

②写真の記事を貼り、印象に残った文や共感した文に赤線を引く。（思考力・判断力）

③記事について、感じたことや思ったこと、自分の考えを書く。（思考力・表現力）

④選んだ写真と記事を伝え合い、他者の写真と記事について意見を書く。（思考力・判断力・表現力）

このように新聞を読み、「思考力・判断力・表現力」をはぐくむ場を多く設定したい。継続的に取り組むことにより、「効果的な読み方」を工夫することにつながっていく。

「自分の意見」と「みんなからの意見」をノートに書く

1ページ目に記事を貼り、「記事についての自分の考え」を書いた後、選んだ写真と記事を読み合い、ノートに「みんなからの意見」を書いてもらう。四人の班になり、ノートを順番に回していくとスムーズに活動できる。友達のノートに意見を書く場合、より丁寧に分かりやすく書くことを指導したい。

ノートをコピーして掲示する

上手にまとめているものについては、コピーをして掲示することによって、他の学習者の参考にさせたい。

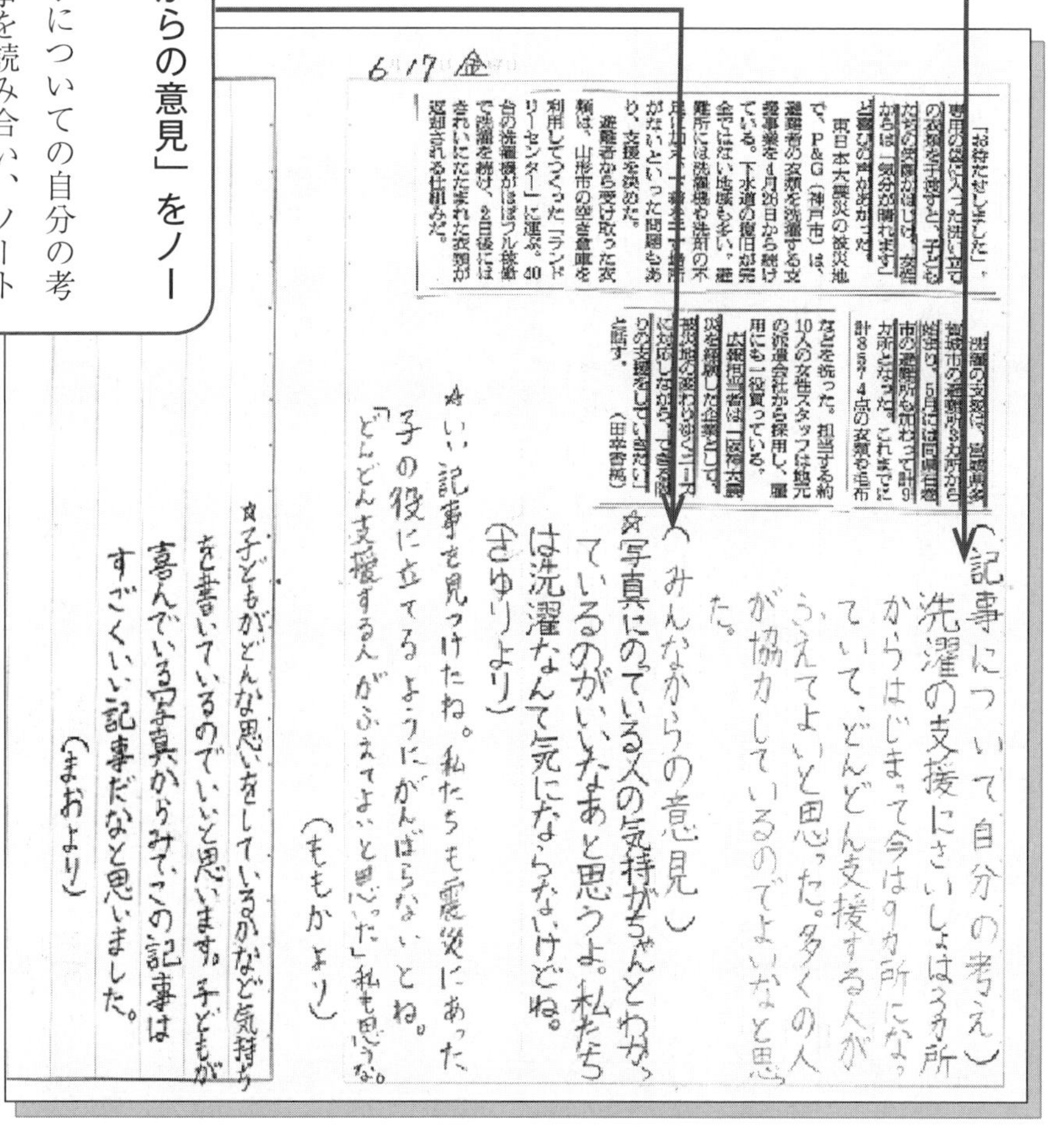

3 「のどがかわいた」（光村）①
語句の意味調べを通して言葉の力を身につける

調べる言葉を子どもが決める

ノートに意味調べを書かせることによって、子どもの語彙数を増やすことは重要な学習活動である。ただし、調べる語句がみんな同じである必要はない。すでに知っている語句もあるはずである。個人差があるため、どの言葉を調べるかは子ども自身に判断させることにしている。意味調べにおいても「思考―判断―表現」の流れを大切にしたい。

活用活動につなぐ習得活動を

意味調べだけでは「習得」活動のまま終わってしまう。調べた意味を使って、自分の考えた例文を書かせることにより、「活用」活動につないでいきたい。

主語と述語のそろった文を

例文は必ず「主語」と「述語」を入れた文を書くことになっている。意識的に書かせることによって、常に安定した文を書く習慣を身につけさせたい。

最初に「教材名（2行分）」と「作者名」をきちんと書かせる。

意…語句の意味：習得を図る学習活動
例…例文：自分の考えた文を書く→活用を図る学習活動

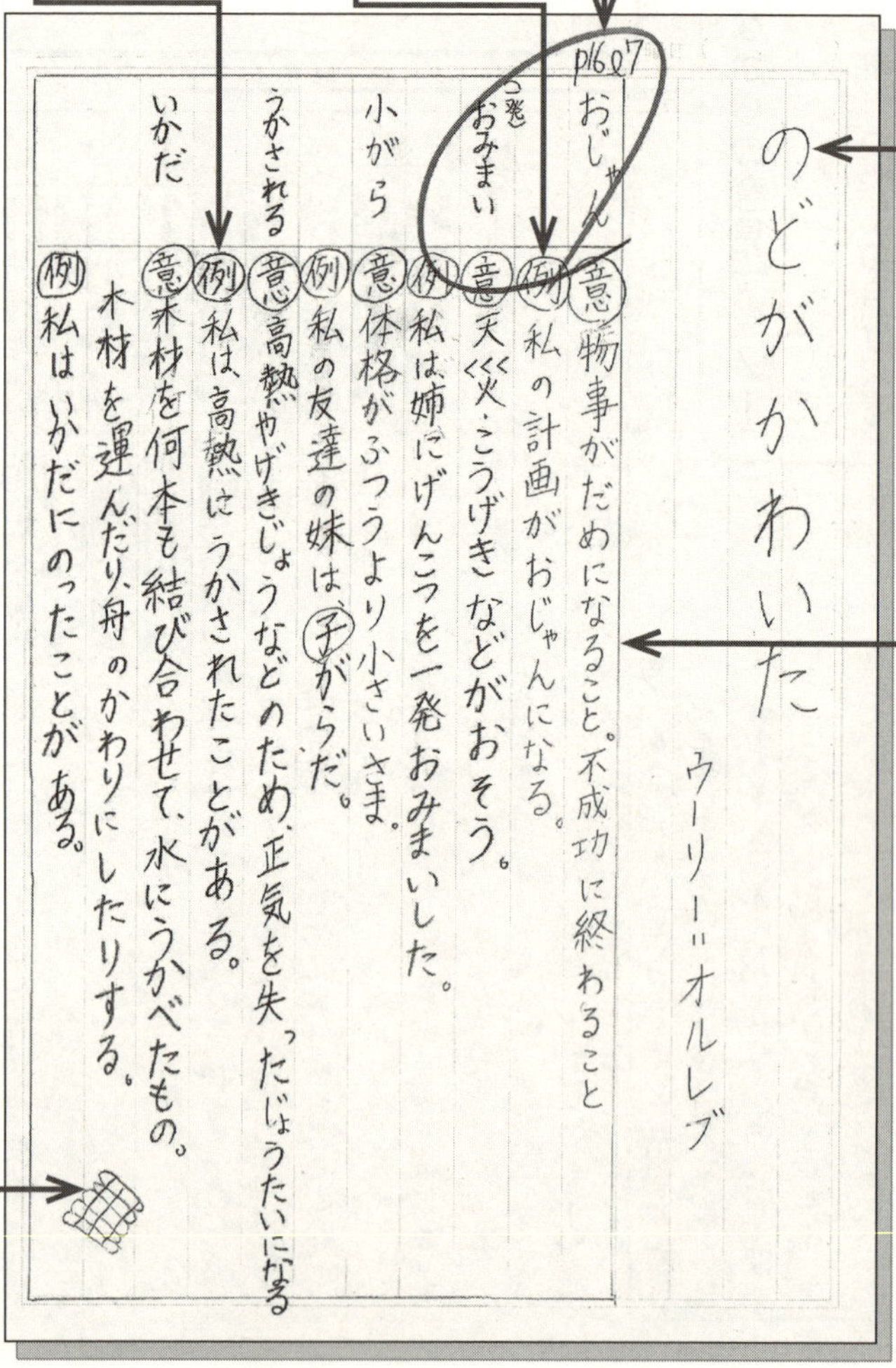

のどがかわいた
ウーリー＝オルレブ
p160 7 おじゃん
(一発) おみまい
小がら
うかされる
いかだ
意 物事がだめになること。不成功に終わること
例 私の計画がおじゃんになる。
意 天災・こうげきなどがおそう。
例 私は姉にげんこつを一発おみまいした。
意 体格がふつうより小さいさま。
例 私の友達の妹は、子がらだ。
意 高熱やげきじょうなどのため、正気を失ったじょうたいになる
例 私は、高熱にうかされたことがある。
意 木材を何本も結び合わせて、水にうかべたもの。
木材を運んだり、舟のかわりにしたりする。
例 私はいかだにのったことがある。

「私は高熱にうかされたことがある」のように、自分の体験と結び付け、自分が考え、判断した事柄を使い、主語と述語のある安定した文を生み出している。

必要があれば、挿絵を入れて意味を補助する。

「のどがかわいた」（光村）②

人物像を読み取る⑴—叙述に即した読み取りを大切に—

右のノートは自分で読み取った人物像

「めあて」には、学習活動のキーワードを書き入れる。さらに、次のような工夫により、人物像の概念を全体で共有化する。

線より上は読み取った人物像、下は読み取った理由である。

理由を書くことにより、単なる思いつきではなく、なぜそう読み取ったかを叙述の根拠から明確にする。現在求められている「論理的思考」の育成である。

左のノートは友達が読み取った人物像

「自分」「他の人」と書いてあるように、自分の読み取りと比較して、友達の発表で大切だと思ったことをノートに書いている。友達の発表を聞いて「思考」し、「判断」し、そして「表現」している。

「螺旋的な指導」の実例

〔第3学年及び第4学年〕の「C読むこと」の指導事項では、「場面の移り変わりに注意しながら、登場人物の性格や気持ちの変化、情景などについて、叙述を基に想像して読むこと。」となっている。

5年生でも3、4年生の指導事項を行うということは、国語科の特性である「螺旋的な指導」だといえる。

※理由を求める場合は、文末表現として理由を表す「から」を使うようにさせる。

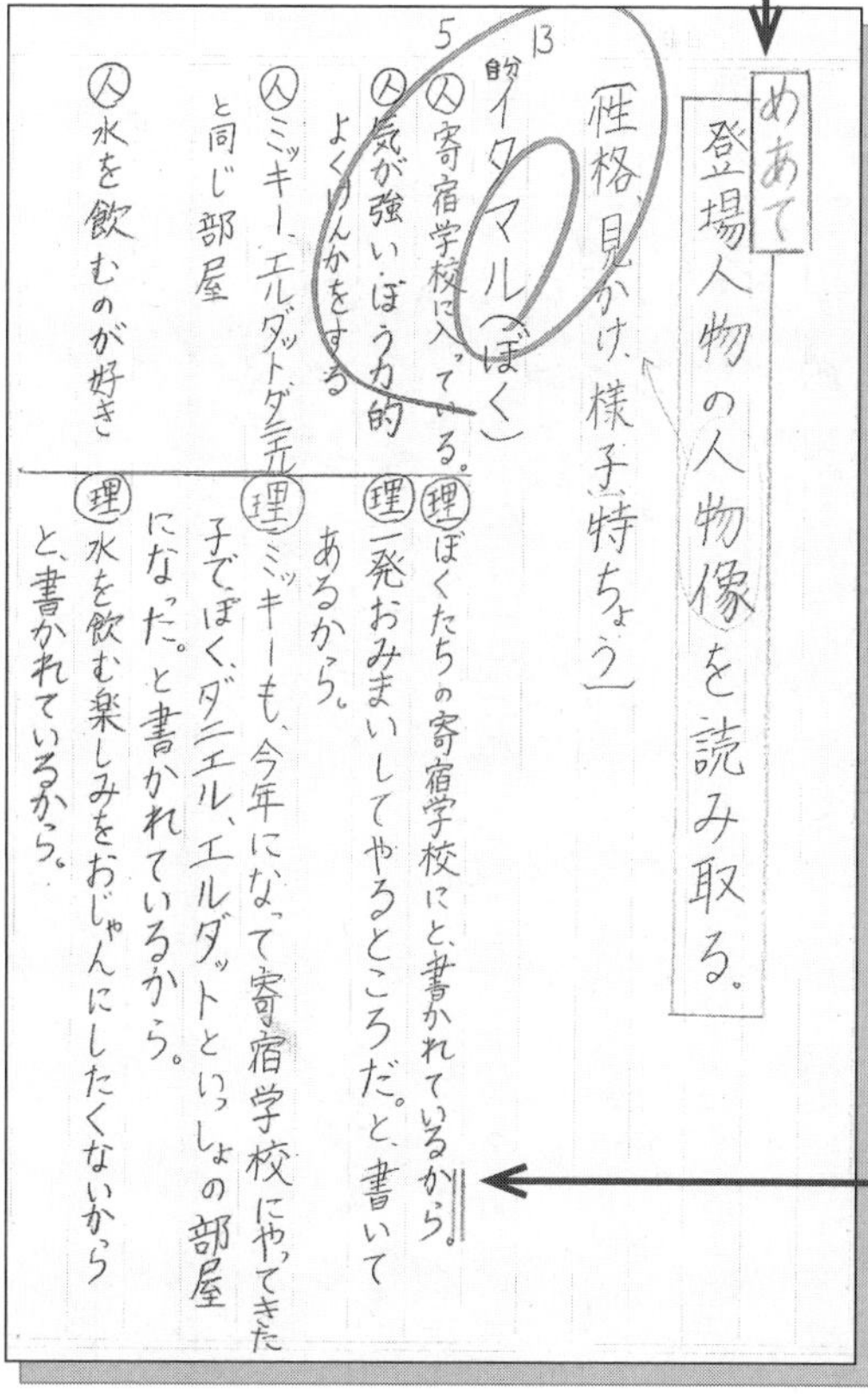
めあて 登場人物の人物像を読み取る。
（性格、見かけ、様子、特ちょう）
5 13
自分 イタマル（ぼく）
人 寄宿学校に入っている。
人 気が強い ぼうりょく的 よくけんかをする
人 ミッキー、エルダット、ダニエルと同じ部屋
人 水を飲むのが好き
理 ぼくたちの寄宿学校に、と書かれているから。
理 一発おみまいしてやるところだ、と書いてあるから。
理 ミッキーも、今年になって寄宿学校にやってきた子でぼく、ダニエル、エルダットといっしょの部屋になった。と書かれているから。
理 水を飲む楽しみをおじゃんにしたくないから、と書かれているから。

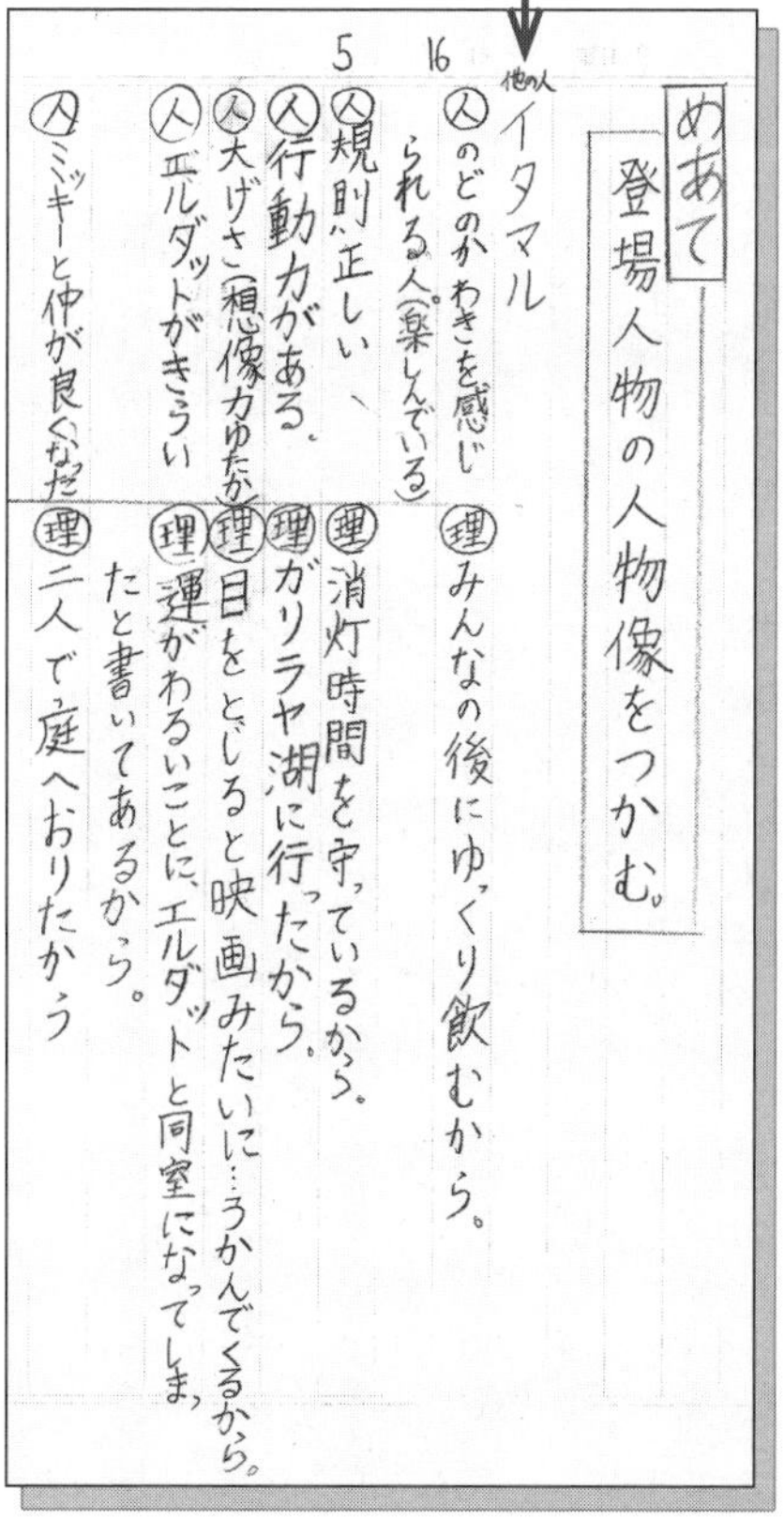
めあて 登場人物の人物像をつかむ。
5 16
他の人 イタマル
人 のどのかわきを感じられる人（楽しんでいる）
人 規則正しい
人 行動力がある。
人 大げさ（想像力ゆたか）
人 エルダットがきらい
人 ミッキーと仲が良くなった
理 みんなの後にゆっくり飲むから。
理 消灯時間を守っているから。
理 ガリラヤ湖に行ったから。
理 目をとじると映画みたいに…うかんでくるから。
理 運がわるいことに、エルダットと同室になってしまったと書いてあるから。
理 二人で庭へおりたから

「のどがかわいた」（光村）③

人物像を読み取る⑵―人物同士の関係へ広げる―

「具象」から「抽象」へ

「無口な子（静か）」と「小がら（小さい）やせている」というのは本文に出てくる言葉＝「具象」である。それに対して「無関心」＝「抽象」である。

「具象」→「抽象」→「具象」の往き来をすることにより、抽象思考が育っていく。こうしたところに着目させることも、教師の大切な役割の一つである。

教師の言葉を聞いてノートに書き込む

「二人の関係が～理由も書く」の箇所は教師が板書したものではない。教師の言葉を聞いて書いたものである。

板書を書き写すばかりでは変化（刺激）がない。手法を変えて負荷をかけることは、聞く力を高めるトレーニングになる。

登場人物の「関係」を考えノートに書き込む

「二人の関係が深まったことがわかる文章をみつける。そして、なぜそこに関係の深まりを感じるのか。その理由も書く。」という問いを用意した。

前と後を比較することによって、時間的な流れの中での変化を読み取った。前時で登場人物の人物像をしっかりと読み取る学習を行ったことを受け、さらに発展させた。

※文…抜き出した文章／理…理由を書くというルールを子どもと一緒に決めた。

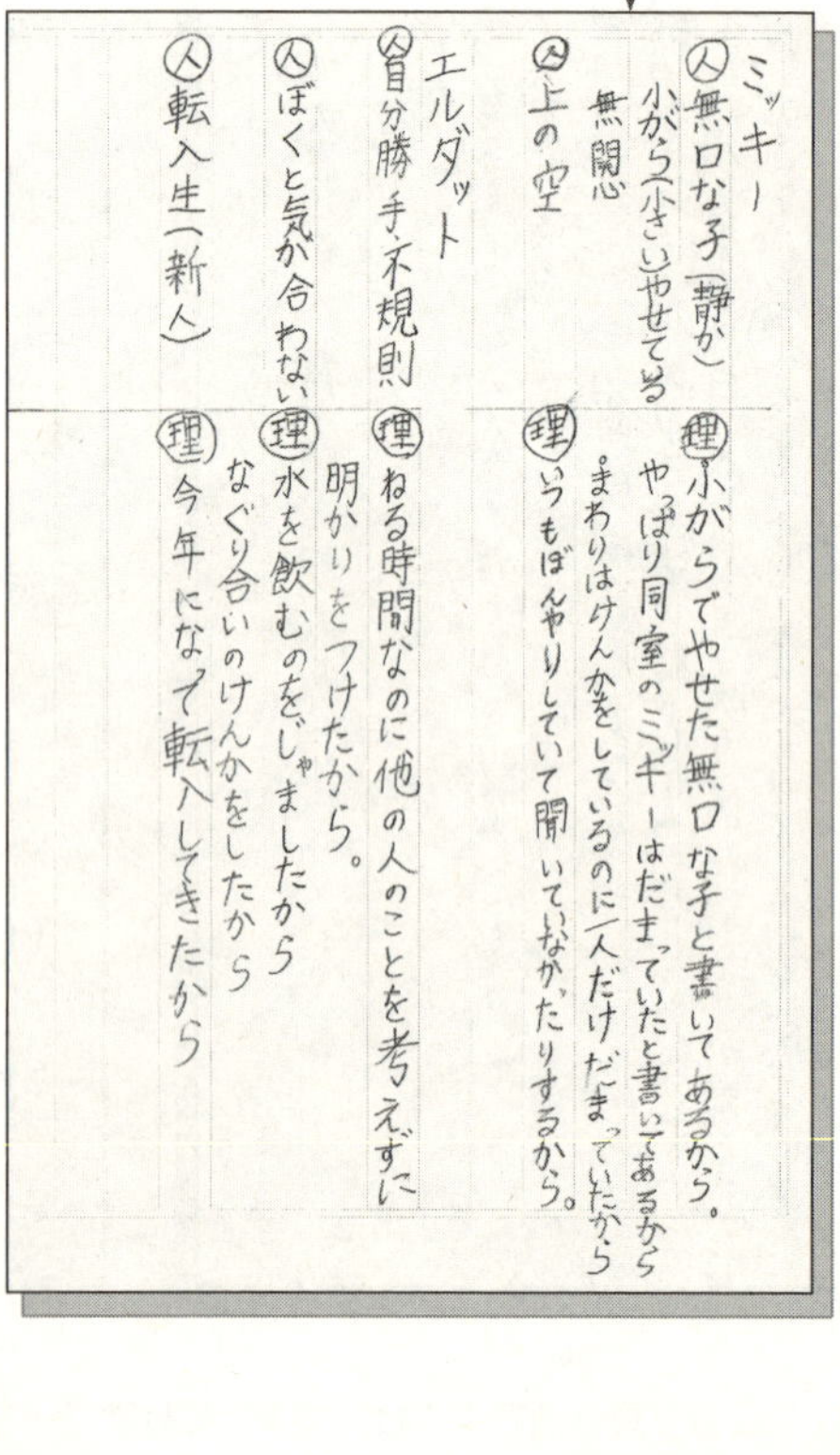

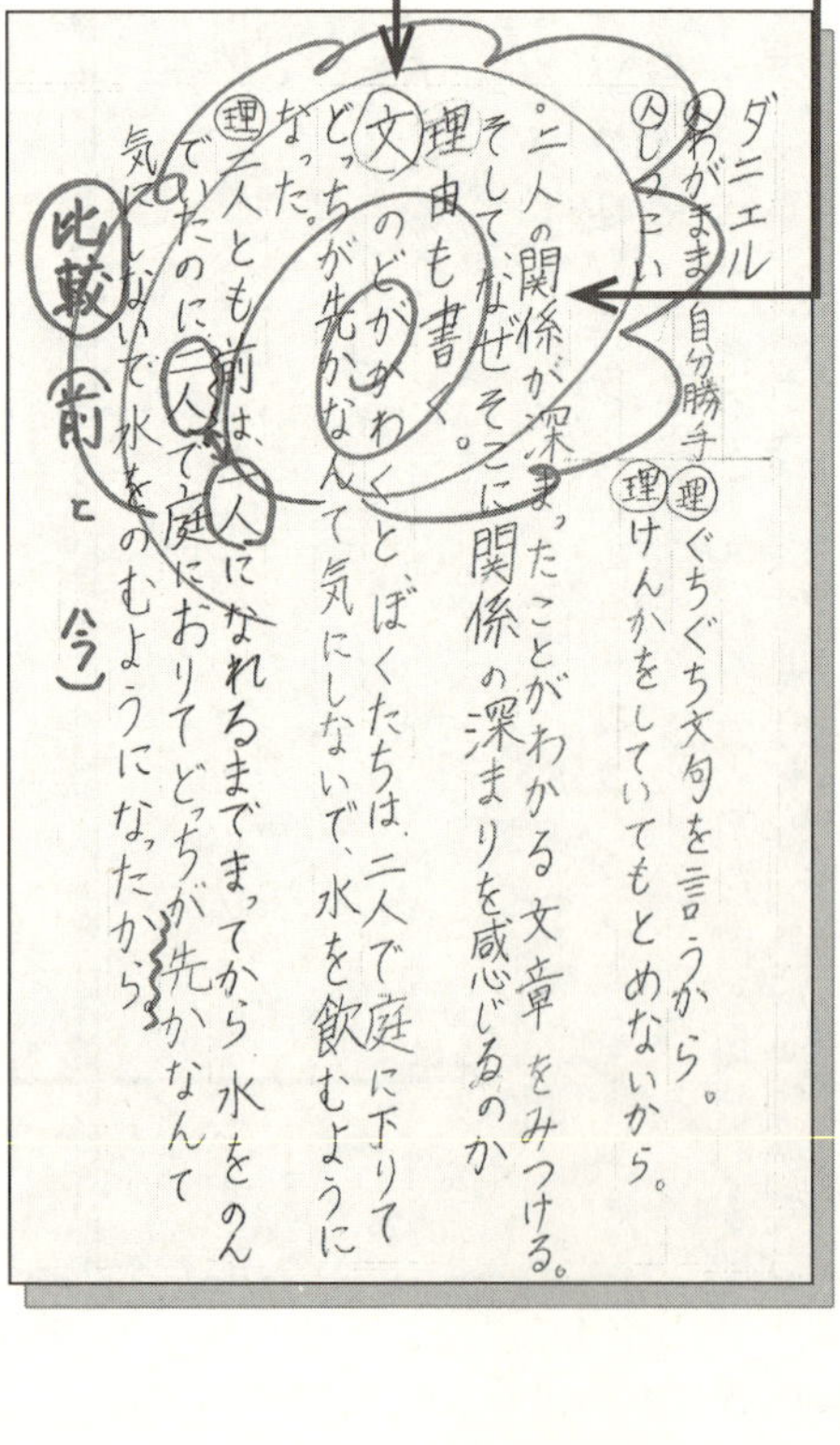

4 「大造じいさんとガン」①
感想の中から各自の課題を見つける

子どもたちから学習課題を引き出す

5年生最後の物語教材である「大造じいさんとガン」の学習では、一人一人が課題を持ち、これまでに身につけた学習方法を生かし、学習を進めていくことを確認した。

まず、本単元で身につけたい力の観点【話す・聞く】【読む】【書く】に着目させ、ここでどのような力をつけるのかを意識させた。

次に、子どもたちの感想（考えたこと・疑問に思ったこと・心に残ったこと）から学習したいこと（課題）を引き出す。「大造じいさんは、また会いたいという感じがします。」「野鳥に名前をつけるというのはおかしい。」「なぜ、お読み下さい、といかけをいれているからへん。」というように子どもたちの感想の中から、この作品を豊かに読み味わうための学習課題が生まれてくる。そして、本単元「大造じいさんとガン」の学習計画を立て学習を進めた。

感想の中から各自の課題を見つける

「題名をなぜ大造じいさんと残雪にしなかったのか。」「なぜ（この物語を書いたのか）という理由を最初に書いているのか。」といった課題を見つけている。

この課題を解決するために、あらすじの基になる5W1Hを確かめる。全員で確認した際に、付け足したいことや分かったことがあった場合には、赤で書き足している。このように、後で学習の成果が見えるように自分だけのノートづくりになることを求めている。

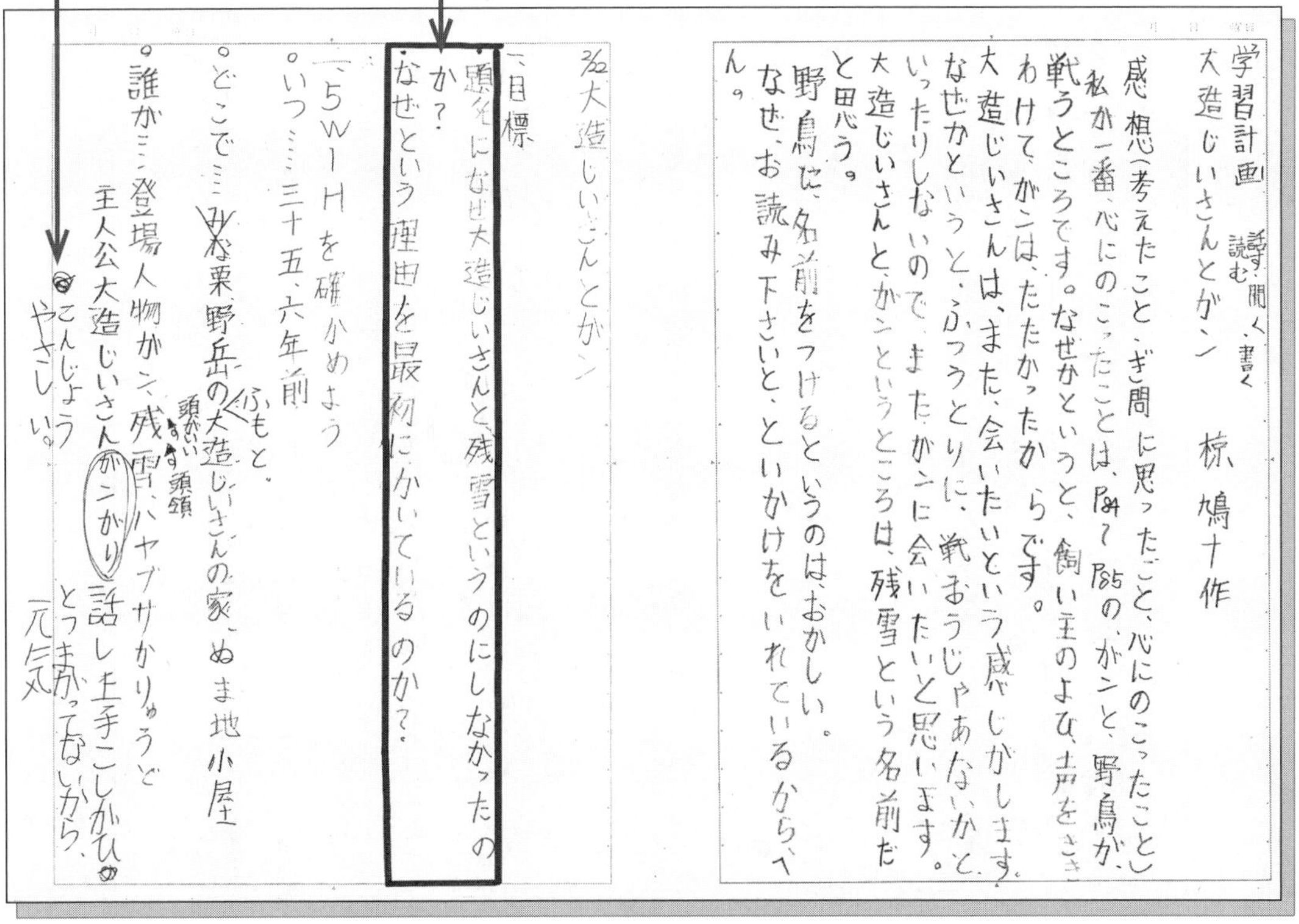
学習計画　話す・聞く・読む・書く
大造じいさんとガン　椋鳩十作
感想（考えたこと、ぎ問に思ったこと、心にのこったこと）
私が一番心にのこったことは、隊て隊の、ガンと、野鳥が、戦うところです。なぜかというと、飼い主のよな、声をさきわけて、ガンは、たたかったからです。
大造じいさんは、また、会いたいという感じがします。なぜかというと、ふつうとりに、戦おうじゃあないかといったりしないので、またガンに会いたいと思います。
大造じいさんとガンというところは、残雪という名前だと思う。
野鳥に、名前をつけるというのはおかしい。
なぜ、お読み下さいと、といかけをいれているからへん。

2/2 大造じいさんとガン
一、目標
題名になぜ大造じいさんと、残雪というのにしなかったのか？
なぜという理由を最初にかいているのか？
二、5W1Hを確かめよう
○いつ…三十五、六年前
○どこで…栗野岳のふもと、大造じいさんの家、ぬま地、小屋
○誰が…登場人物ガン、残雪、ハヤブサ、かりゅうど
主人公大造じいさん（ガンかり）話し上手こしかな
◎こんじょう　やさしい。
とっつかまってないから。

5年生

「大造じいさんとガン」②

根拠を示しながらあらすじを押さえる

あらすじを押さえるための工夫

これまでの学習（新しい友達・わらぐつの中の神様）から、物語には主人公の気持ちの変化があることを学んできた。

それを読み取るために、話の始めと終わりを読み比べる学習方法を取り入れている。その際、始めと終わりだけでなく、変化のきっかけとなることにも注目している。

高学年になると大まかに話のすじを読み取り、多くの本の中から選書する力も必要となってくるため、大切な力であるといえる。

その後、あらすじを5W1Hや変化したことを取り入れ、短く分かりやすくまとめている。あらすじは、一文から二文でまとめることを心がけている。

叙述（根拠）を大切にする

自分の言葉で分かりやすくまとめることはとても大切なことである。

しかし、いつもその考えがどこからきているのかという叙述（根拠）が大切であることを学習してきた。

このノートには、教科書の何ページにその根拠となる文が書いてあるかが示されている。

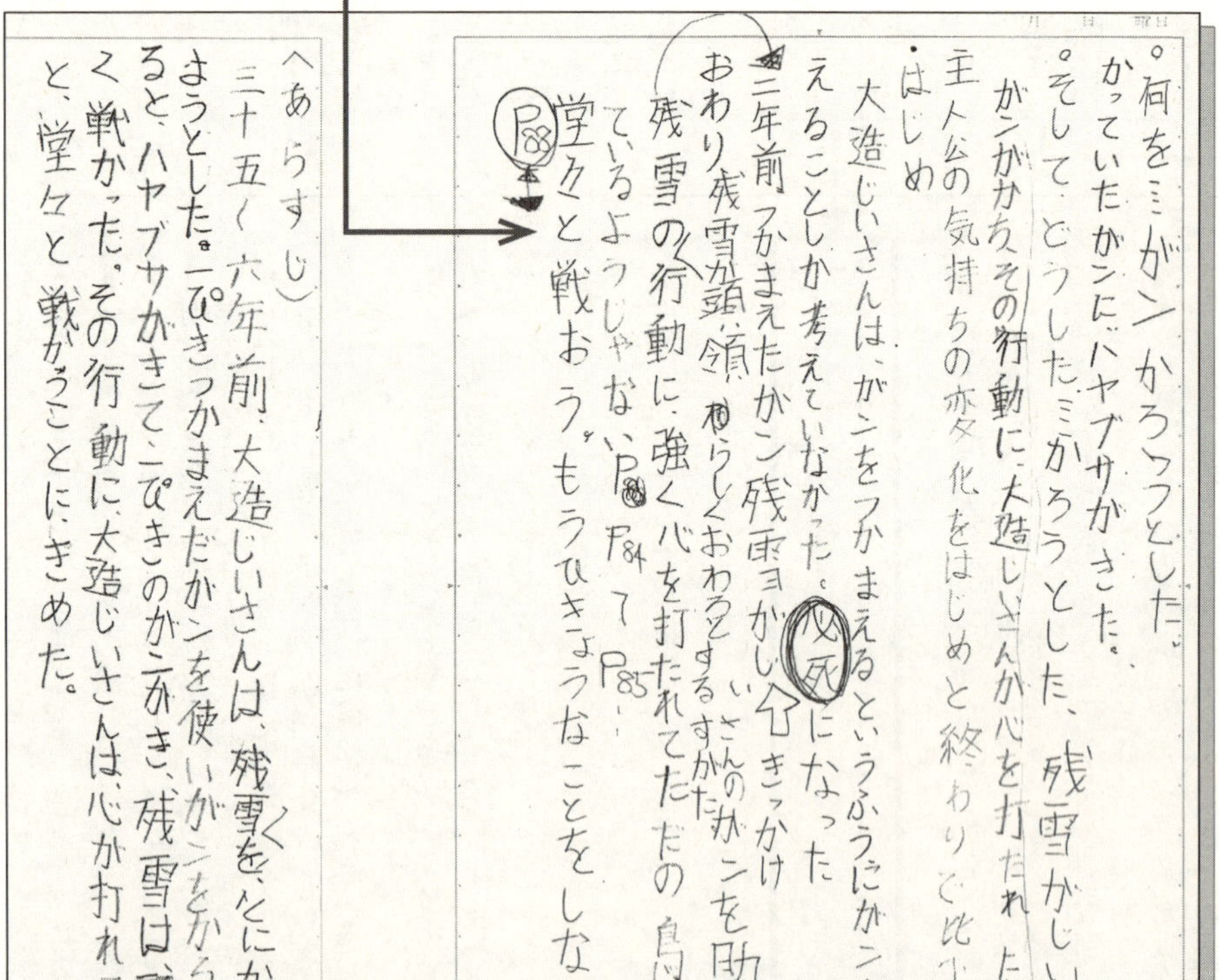
。何をミガンかろうとした。
かっていたガンにハヤブサがきた。
。そして、どうしたミかろうとした、残雪がじいさんのガンを
ガンがかちその行動に大造じいさんが心を打たれ たすけた。
主人公の気持ちの変化をはじめと終わりで比べよう
・はじめ
大造じいさんは、ガンをつかまえるというふうにガンをつかまえることしか考えていなかった。
になった
三年前つかまえたガン残雪がじいさんのガンを助けた。
おわり残雪頭領らしくおわろうとするすがた
きっかけ
残雪の行動に強く心を打たれてただの鳥に対しているようじゃない
P84 P85
堂々と戦おう、もうひきょうなことをしない！
P88
〈あらすじ〉
三十五、六年前、大造じいさんは、残雪を、とにかくとらえようとした。一ぴきつかまえたガンを使いガンをとらうとすると、ハヤブサがきて一ぴきのガンがき、残雪は、頭領らしく戦かった。その行動に、大造じいさんは心が打れて、残雪と、堂々と戦かうことにきめた。

「大造じいさんとガン」③

叙述から分かることを書き、前書きの効果を考える

題名から分かることを考える

まず、題名に着目することにより、これから読み取ろうとする物語がどのようなものなのか予想できる。それと同時にこの物語に興味を持つきっかけとなることをねらいとしている。

叙述から分かることをまとめる

叙述を抜き出し、そこから分かることや考えられることをその下に書き出していく。自分の意見を基にクラスで伝え合いをすることによって新たな気づきも生まれよう。また、前書きの効果を考えるための伏線ともなる。

前書きの効果を考える

「すがすがしい」と情景描写を表す言葉に着目することに気づいた児童は、さらに読みを深めることで大造じいさんの気持ちともつながっていることに気づいた。このように、叙述（言葉）が話を豊かに読むためのキーワードとなっている。

常に叙述（言葉）に着目する学習を積み重ねていたが、この教材の学習の中でその力が大いに発揮されたように感じた。

前書きの効果においても、児童一人一人の考えがあった。これらも伝え合いをすることにより、より多くの考えを取り入れることができている。

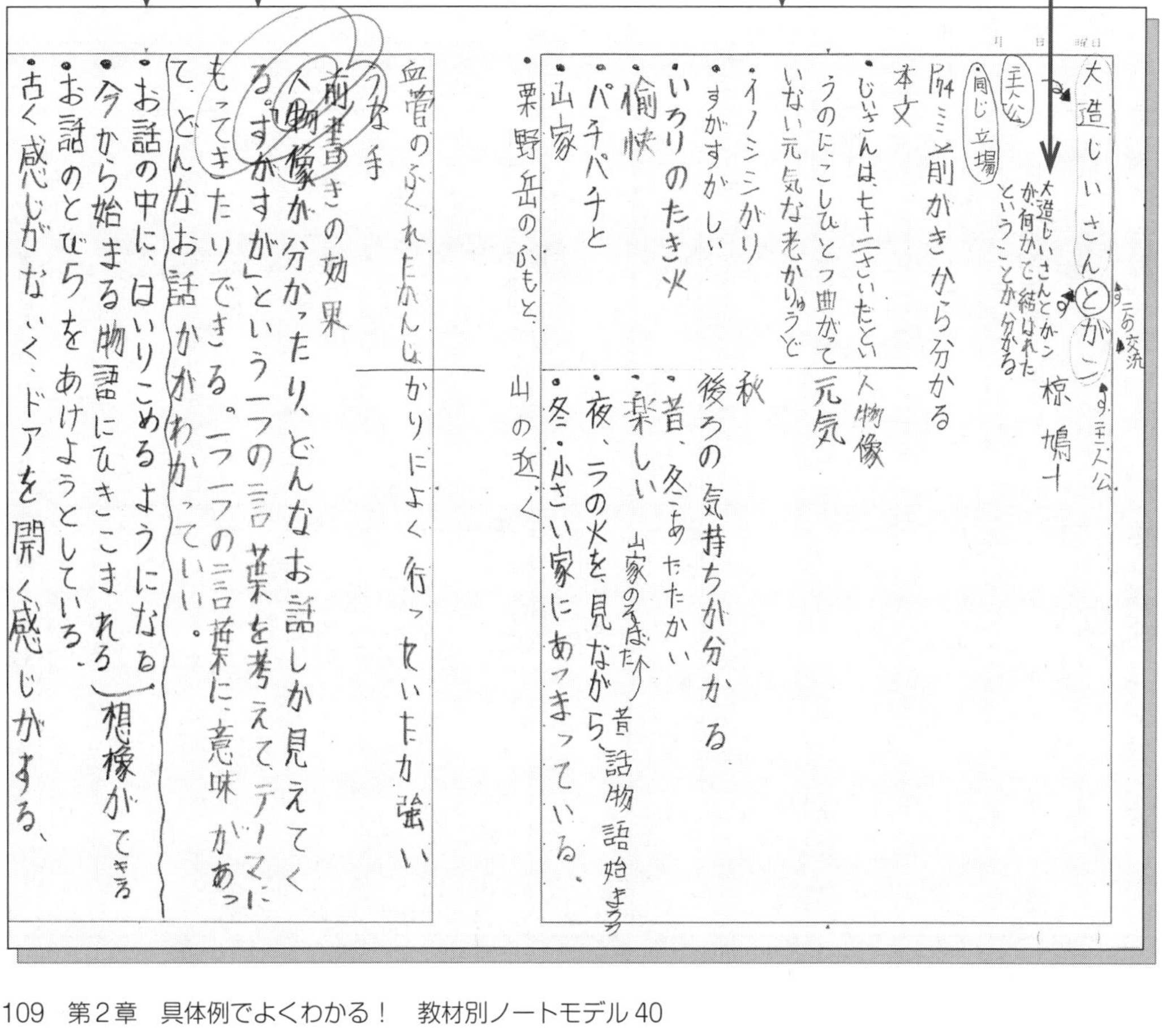
大造じいさんとガン
椋鳩十
主人公
同じ立場
大造じいさんとガンが何かで結ばれたということが分かる
本文
P74 三行目 前がきから分かる
・じいさんは、七十二さいだというのにこしひとつ曲がっていない元気な老かりゅうど
人物像
元気
・イノシシがり
・すがすがしい
・いろりのたき火
秋
・愉快
・パチパチと
・山家
・栗野岳のふもと
山の近く
後ろの気持ちが分かる
・昔、冬、あたたかい
・楽しい
・夜、一つの火を見ながら
昔話物語始まる
・冬・小さい家にあつまっている。
血管のふくれたがんじょうな手
かりによく行っていたか力強い
前書きの効果
人物像が分かったり、どんなお話しか見えてくる。「すがすが」という一つの言葉を考えて、テーマにもってきたりできる。一つ一つの言葉に意味があって、どんなお話かわかっていい。
・お話の中に、はいりこめるようになる。
・今から始まる物語にひきこまれる）想像ができる
・お話のとびらをあけようとしている。
・古く感じがない、ドアを開く感じがする、

5年生

「大造じいさんとガン」④
場面ごとの読みを基に自分の課題を書く

場面ごとに大まかな流れを読む

これまでにあらすじは押さえている。しかし、これからの学習で一人一人が課題を見つけることができるよう話の流れや必ず押さえておきたいこと（前書きの効果）については、全体で学習を進めた。

一人では考えられない・分からないところについては、友達の意見をしっかりと聞き、取り入れている。ただし、自分の考えと区別できるように赤で書き込んでいる。小見出しは、本文の中から必ずキーワードとなる言葉を使うことを指導している。

これらの学習後、「さらに読みを深めたいことは何か。」と子どもたちに問いかけた。「情景描写と大造じいさんとの関係を深く読みたい。」「大造じいさんとガンの気持ちの変化を読みたい。」「大造じいさんとガンの行動を比較しどこから変わったのかを読みたい。」「残雪の行動から分かることを読み取りたい。」「作者の書きぶりを見つけたい。」などいくつかの課題が出てきた。

自分で解決したい課題を見つける

自分が見つけた課題以外にも知りたいと思った課題も取り入れてよいことを助言した。一人一人がそれぞれの課題を立て、これまでに学習した方法で課題を解決する学習を始めた。

下のノートは、ノートの上に残雪の行動を書き出し、その下に自分の考えをまとめている。

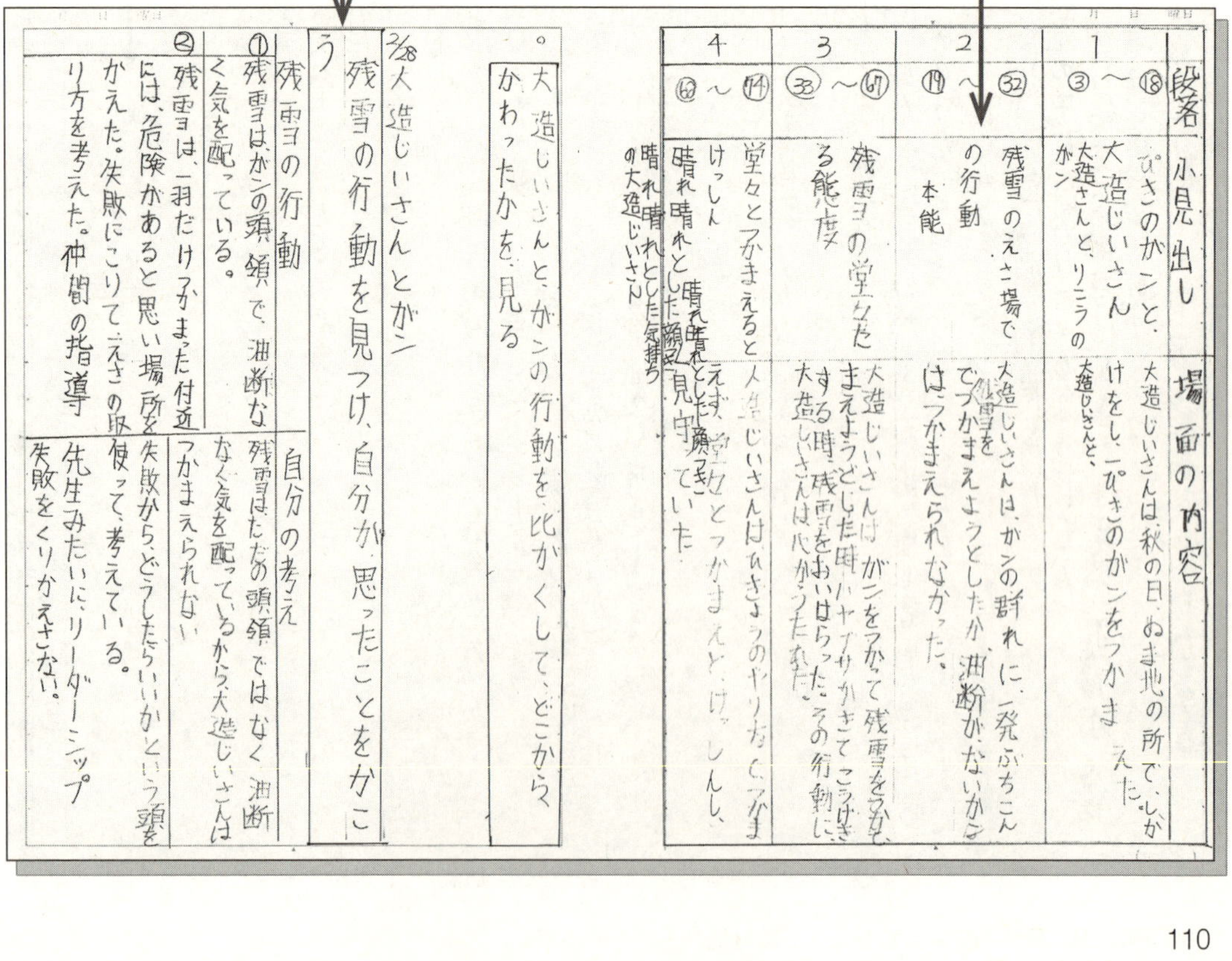

段落	小見出し	場面の内容
1 ③〜⑱	ぴきのガンと、大造じいさん　大造さんと、リニラのガン	大造じいさんは秋の日、ぬま地の所で、しかけをし、一ぴきのガンをつかまえた。
2 ⑲〜㉜	残雪のえさ場での行動　本能	大造じいさんは、ガンの群れに、一発ぶちこんでつかまえようとしたが油断がないから はつかまえられなかった。
3 ㉝〜㊼	残雪の堂々たる態度	大造じいさんはガンをつかって残雪をつかまえようとした時ハヤブサがきて こうげきする時、残雪をおいはらった。その行動に、大造じいさんは心がうたれた。
4 ㊽〜	堂々とつかまえると けっしん　晴れ晴れとした気持ちの大造じいさん　晴れ晴れとした顔で見守っていた	大造じいさんはひきょうなやり方でつかまえず、堂々とつかまえんとけっしんし、

2/28 大造じいさんとガン

◦大造じいさんとガンの行動を比がくして、どこからかわったかを見る

う　残雪の行動を見つけ、自分が思ったことをかこう

残雪の行動	自分の考え
① 残雪はガンの頭領で、油断なく気を配っている。	残雪はただの頭領ではなく油断なく気を配っているから大造じいさんはつかまえられない
② 残雪は、一羽だけつかまった付近には、危険があると思い場所をかえた。失敗にこりて、えさの取り方を考えた。仲間の指導	失敗から、どうしたらいいかという頭を使って、考えている。先生みたいに、リーダーシップ　失敗をくりかえさない。

「大造じいさんとガン」⑤

個人の課題に対する考えを書く

最後に課題に対する考えをまとめる

表などを用い、効果的にまとめることはすばらしい工夫である。しかし、それだけでは、自分がそこから何を学んだのかが分からない。

そこで、課題に対しての考えを自分の言葉でまとめる。その際に、理由を述べることや例えを入れることにより、さらに説得力のあるものになる。自分の考えには、いつも理由をつけることを大切にしている。

このようにまとめることによって、課題と根拠と考えがつながる。

一人一人に応じた課題づくり

個人の力や学習状況に応じて、課題の数や内容は変化する。一つの課題が解決した後に、新たに出てくる課題もあるであろう。

「大造じいさんの気持ちの変化をしり、大造じいさんの行動に結びつけよう」という課題に対して、①段落②行動③心情曲線④心情というふうにノートを四つに区切りつなげている。段落と本文を書き出し、叙述を大切にしている。ただ心情曲線を描くだけでなく、本文と分かることをつなげていることで根拠を明確にした分かりやすいノートとなっている。矢印を活用することも工夫の一つであるといえる。

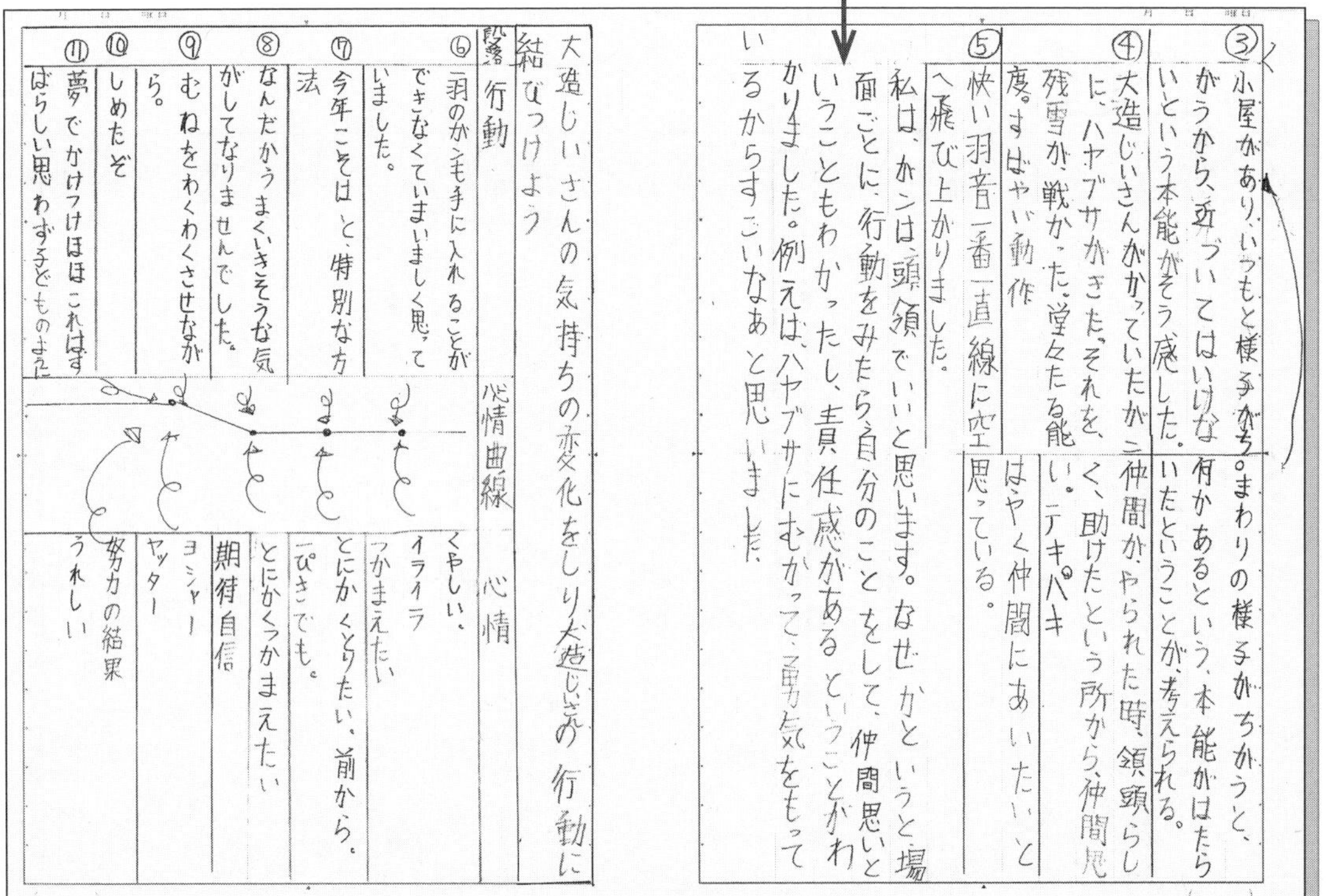
③ 小屋があり、いつもと様子がちがうから、近づいてはいけないという本能がそう感じた。
まわりの様子がちがうと、何かあるという、本能がはたらいたということが、考えられる。
④ 大造じいさんがかっていたガン仲間に、ハヤブサがきた、それを、残雪が戦った。堂々たる態度。すばやい動作
仲間がやられた時、領頭らしく、助けたという所から、仲間思い。テキパキ
⑤ 快い羽音一番一直線に空へ飛び上がりました。
はやく仲間にあいたいと思っている。
私は、ガンは、頭領でいいと思います。なぜかというと場面ごとに、行動をみたら自分のことをして、仲間思いということもわかったし、責任感があるということがわかりました。例えは、ハヤブサにむかって、勇気をもっているからすごいなぁと思いました。
大造じいさんの気持ちの変化をしり大造じいさんの行動に結びつけよう
段落 行動 心情曲線 心情
⑥ 「羽のか手に入れることができなくていまいましく思っていました。
くやしい、イライラ
⑦ 今年こそはと、特別な方法
つかまえたい、とにかくとりたい、前から。
⑧ なんだかうまくいきそうな気がしてなりませんでした。
一ぴきでも。とにかくつかまえたい
⑨ むねをわくわくさせながら。
期待 自信
⑩ しめたぞ
ヨシャー ヤッター
⑪ 夢でかけつけほほこれはすばらしい思わず子どものよう
努力の結果 うれしい

5年生

「大造じいさんとガン」⑥

自分の考えの変化を自覚しまとめる

学んだことをクラス全体に伝える

一人学習の時間には、限りがある。また、観点も一人一人違う。そこで、全体で自分の課題とそれを解決するための方法、そこから分かったことや考えを発表する伝え合いの時間をとった。

学級全体でテーマを考える

一人学びの後、一人一人がテーマを考えた。課題も様々であったため、「素直でまっすぐな気持ち」「相手や仲間への思いやり」「最後まであきらめない」など多様なテーマが出てきた。

児童は、友達の意見をメモしながら聞いていた。これが次の学習で自分の考えを深めることにつながる。

ノートを活用し自分の考えの変化を自覚しながらまとめる

最後に、これまで学習してきたことのまとめとして、作者が伝えようとしていることを考えた。最初の読みと最後の読みを比べて考えの変化をまとめている。

また、大造じいさんの視点から読みを深めた児童やガンの視点から読みを深めた児童がいる。お互いの意見を伝え合うことにより、大造じいさんの心情と残雪の行動がつながり「立場をこえた結びつき」を伝えたかったというふうにまとめている。

これで終わりではなく、これらのノートに残っている読みが椋鳩十作品に興味・関心を持ち多読へとつながる。テーマや書きぶりなど共通点を多く見つけたことにより椋鳩十作品に引き込まれていった。

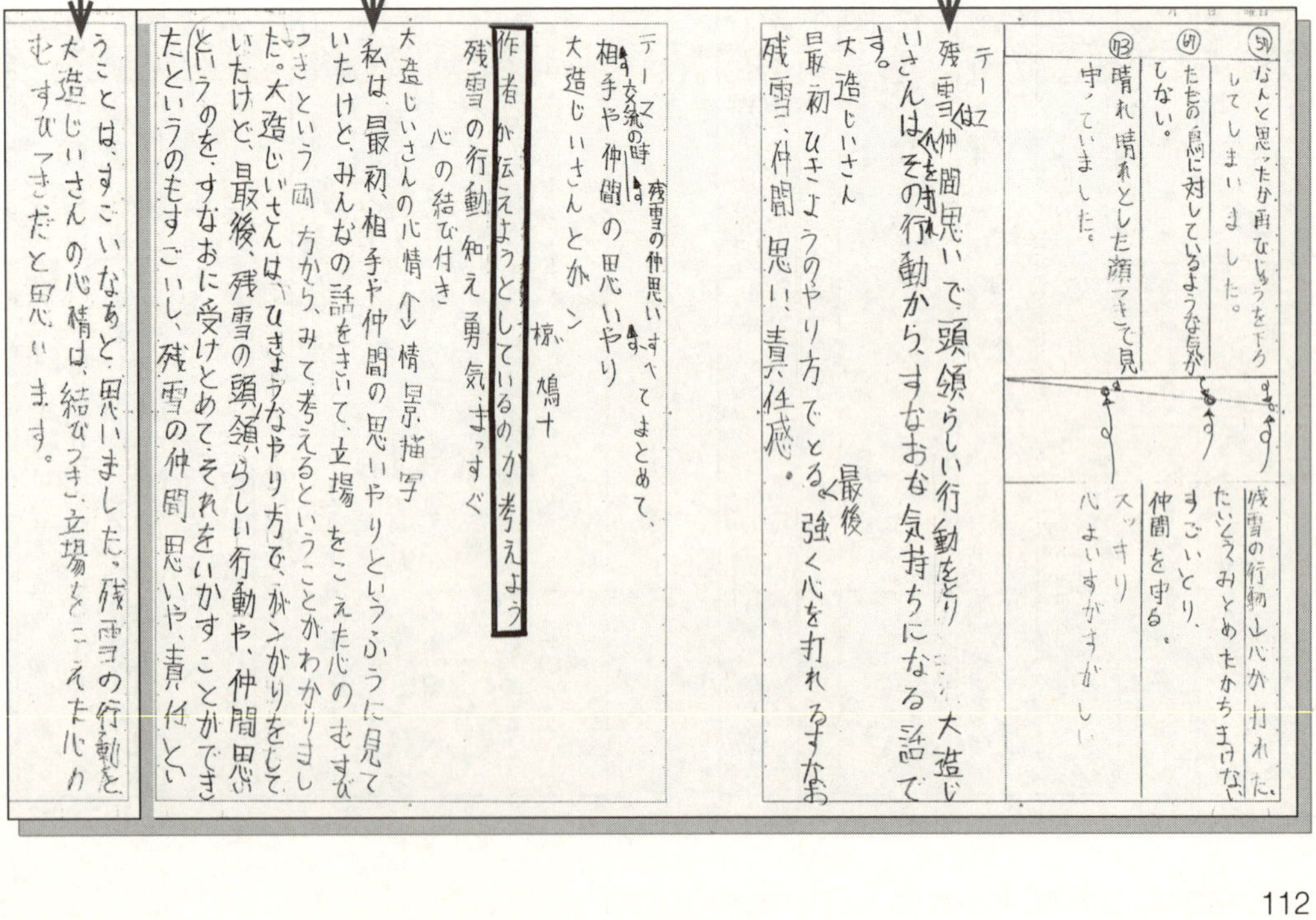

5 「わらぐつの中の神様」（光村）①
第一場面の分析から物語に引き込む

つけたい力を明確にする

小学校学習指導要領〔第5学年及び第6学年〕の「C読むこと」領域の指導事項エに「登場人物の相互関係や心情、場面についての描写をとらえ、優れた叙述について自分の考えをまとめること」とある。指導事項には、登場人物の相互関係から人物像やその役割を捉え、そのことによって、内面にある深い心情も合わせて捉えることや登場人物相互の関係に基づいた行動や会話、情景など心情を描写する表現の仕方にも注意し、想像を豊かにしながら、読んだりすることが大切であるとされている。

第一場面（現在）の分析から物語に引き込む

まず、この物語の第一文「雪がしんしんとふっています。」に着目させた。この一文から「雪」＝冬であることや「しんしん」とオノマトペで表現することにより、静かで今から昔話が始まろうとしていることなどを想像することができた。さらに、「います。」と臨場感を感じる文末表現になっていることも一緒に押さえていった。

次に、話が始まった場所が茶の間（こたつ）であることから、家族の団らんであることや昔話が始まるときの常套手段であることから設定場所なども作者が工夫していることに着目しながら読み進めた。

マサエとお母さんの人物像を捉える

マサエとお母さんの人物像がどこから分かるのか根拠となる叙述があるページを書いている。教科書にある叙述に線を引き、どこから分かるのかを確認しながら書き出している。ここで、行動や会話などから人物像を読み取れることを押さえた。

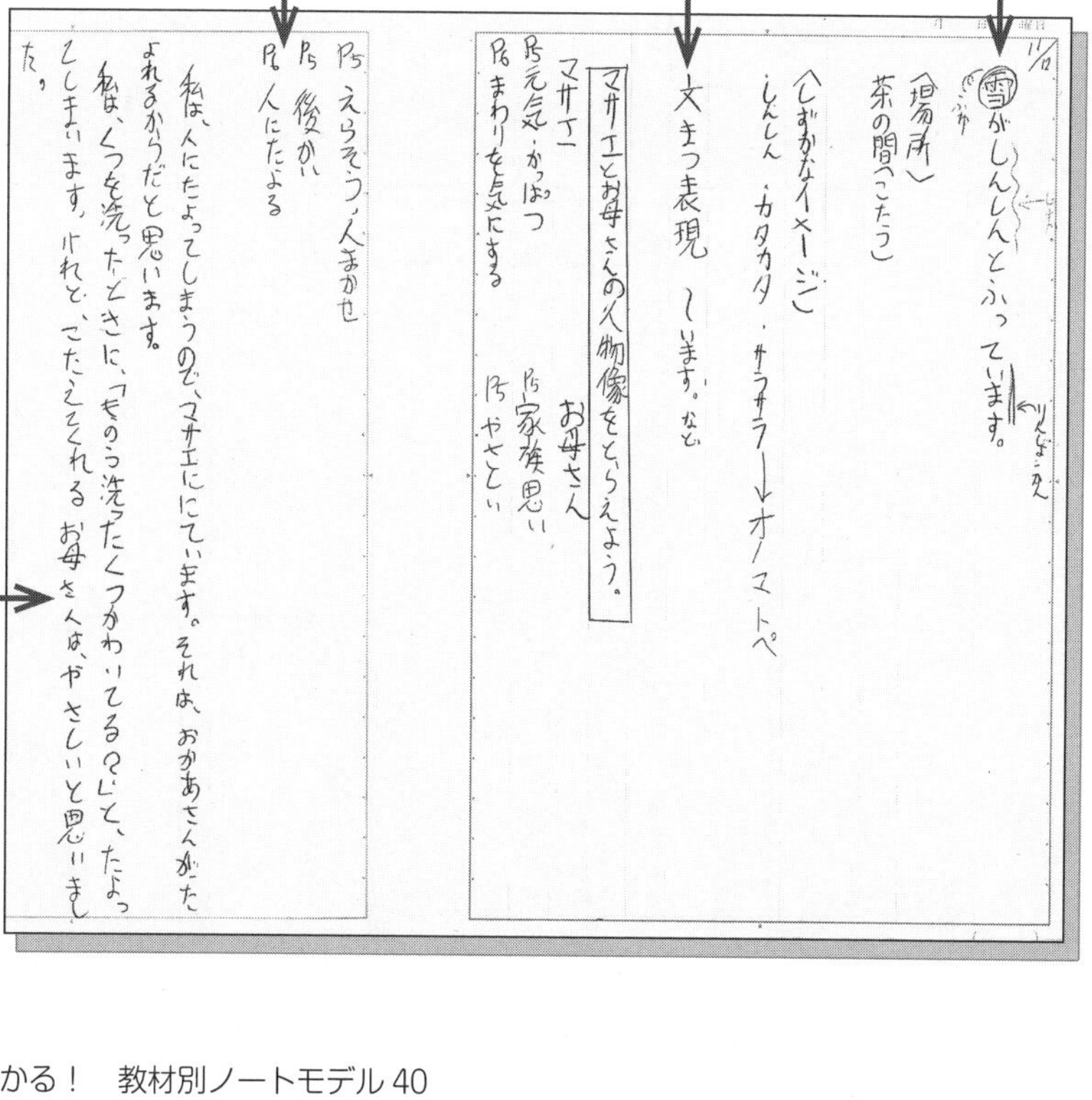
雪がしんしんとふっています。
（場所）
茶の間（こたつ）
（しずかなイメージ）
しんしん・カタカタ・サラサラ→オノマトペ
文まつ表現　います。など
マサエとお母さんの人物像をとらえよう。
マサエ
P5 元気・かっぱつ
P8 まわりを気にする
お母さん
P5 家族思い
P5 やさしい
P5 えらそう、人まかせ
P5 後かい
P5 人にたよる
私は、人にたよってしまうので、マサエににています。それは、おかあさんがたよれるからだと思います。私は、くつを洗ったときに、「その洗ったくつかわいてるの?」と、たよってしまいます。けれど、こたえてくれるお母さんは、やさしいと思いました。

マサエの人物像と自分を比べて感想をまとめる

一学期に学習した単元「新しい友達」において、「わたしならこうする。」「ぼくだったらどう思うか。」など自分に引き寄せて考える力をつけており、文章と「対話」しながら読むことを学習してきている。その力を生かして、「自分ならどうするか。」ということを考えながらまとめている。

5年生

「わらぐつの中の神様」（光村）②

叙述に着目し課題にせまる

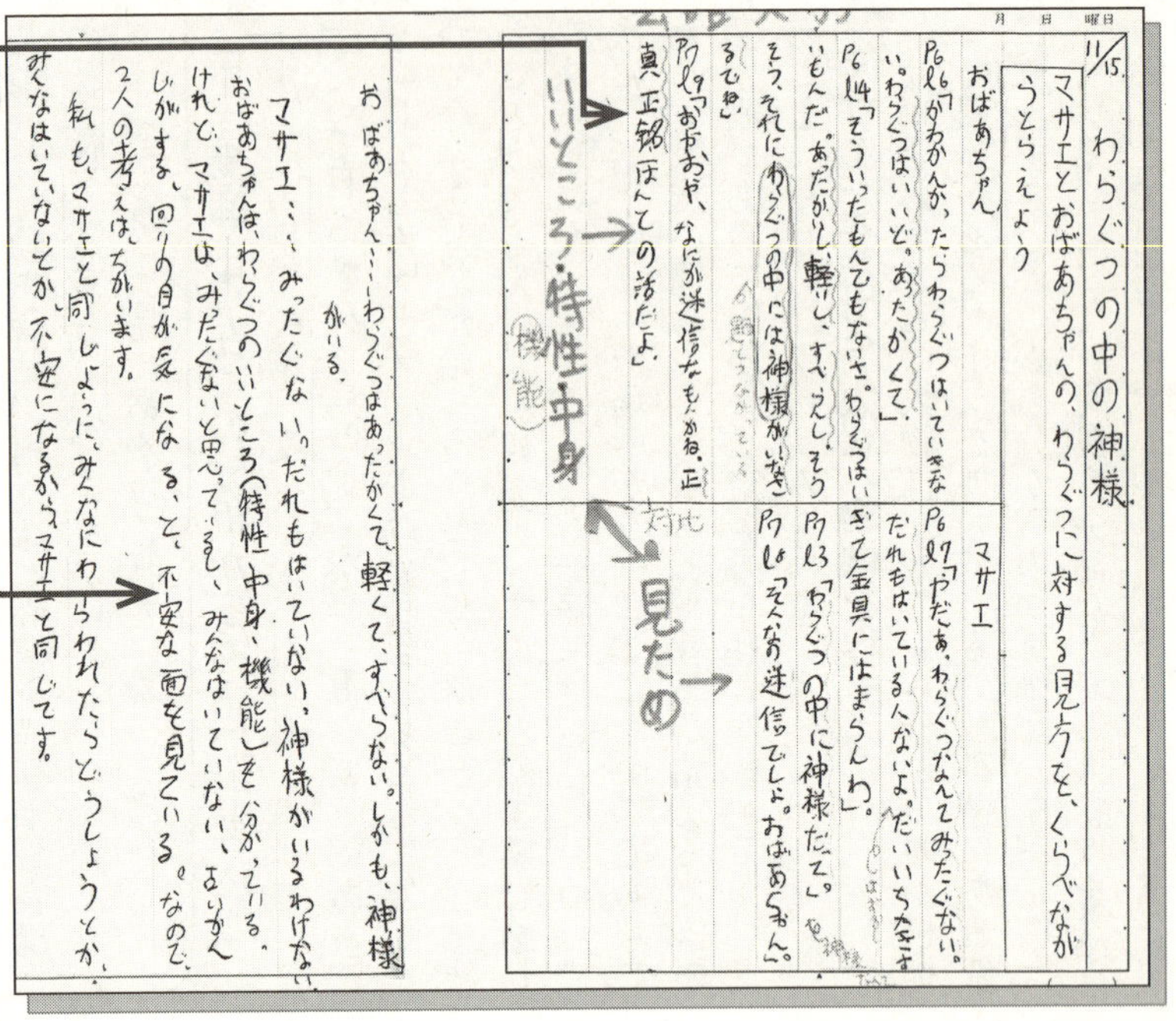

叙述を抜き出し、わらぐつに対する見方を考える

マサエとおばあちゃんの会話文に着目し、そこから二人のわらぐつに対する見方（マサエ：見た目）（おばあちゃん：中身・機能）を考えた。その時間のまとめとして、課題に対する答えを自分なりの言葉でまとめた。その際に、マサエと対話しながら書くこともできている。

おみつさんの人物像を捉える

おみつさんの人物像をつかむために、叙述を大切に読み進めた。人物の説明では、「特別美しいむすめではないが、体がじょうぶで気立てがよく……」と悪いことから良いことと書いていることを確認した。これは、次時の学習につながる書きぶりの工夫である。

また、雪下駄を説明する描写からも人物像にせまり、「きれいになりたい」「先のことを考えている」といった考えをまとめている。

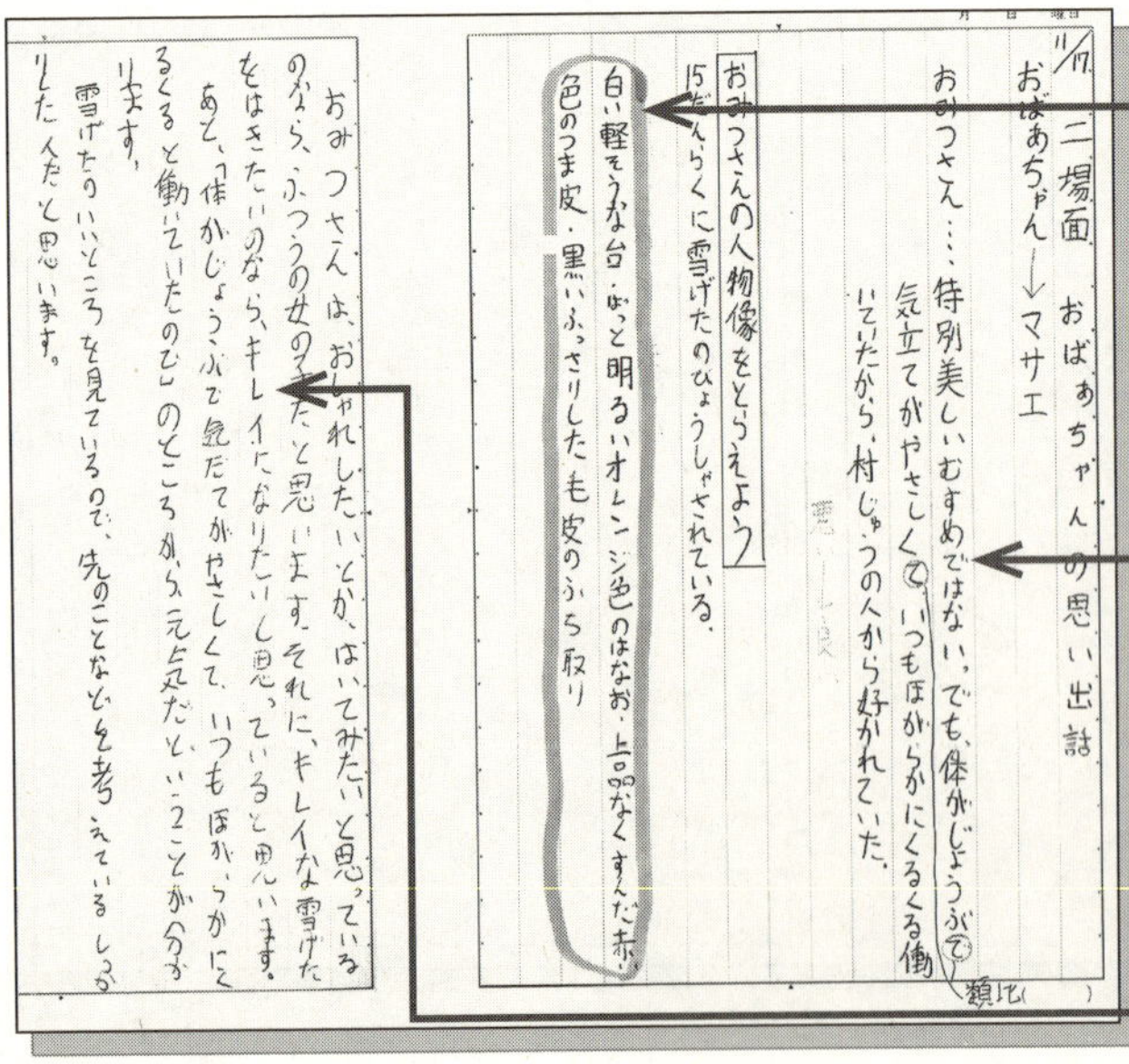

「わらぐつの中の神様」（光村）③

場面と場面をつないで読む

場面と場面のつながりを大切にして読む

おみつさんが心をこめてわらぐつを編んでいることを押さえるだけでなく、一場面にすでにこのことが書いてあることを押さえている。これにより、場面と場面がつながっていることを意識するようになってきた。

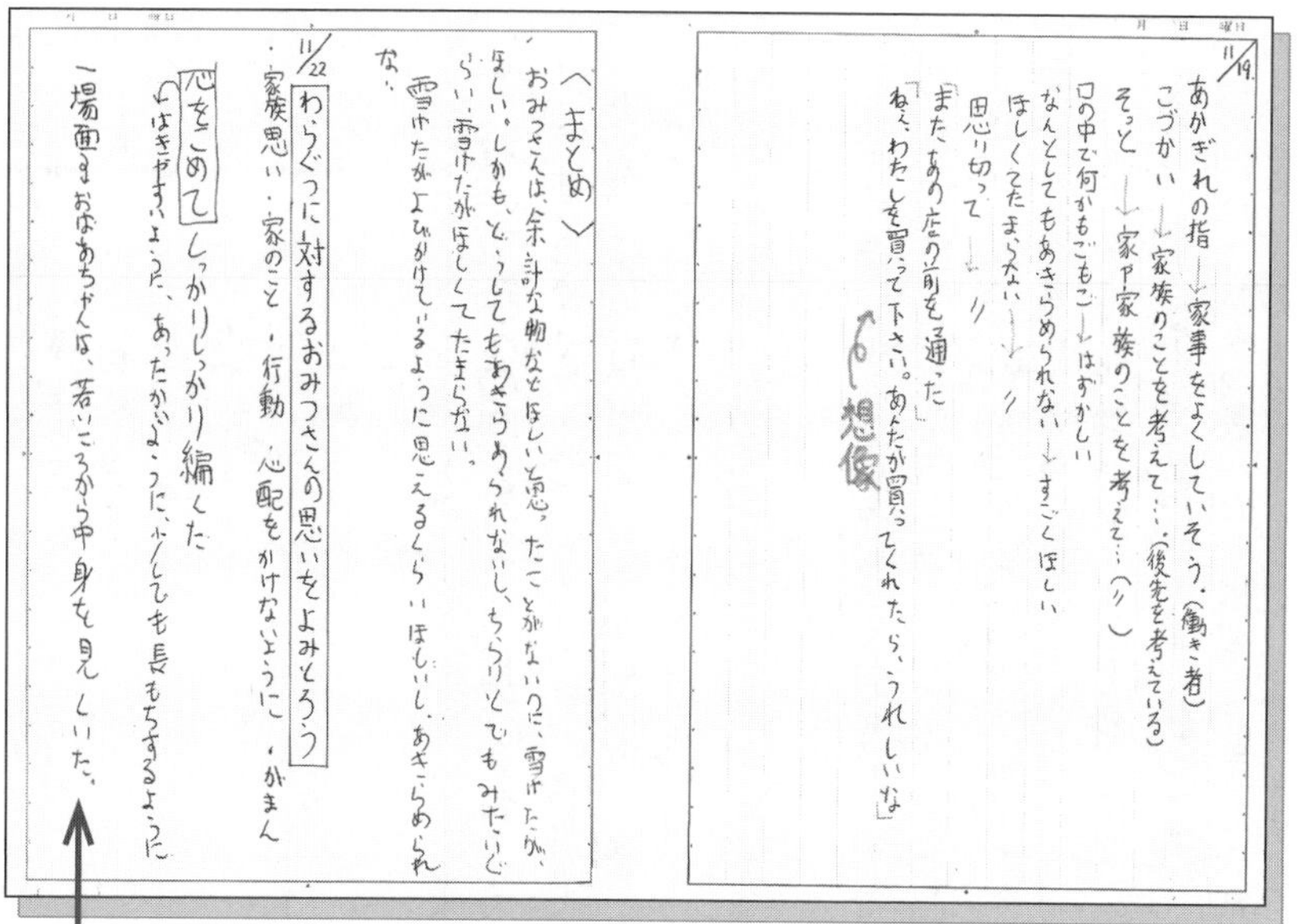
11/19
あかぎれの指↓家事をよくしていそう。（働き者）
こづかい↓家族のことを考えて…（後先を考えている）
そっと↓家や家族のことを考えて…（〃）
口の中で何かもごもご↓はずかしい
なんとしてもあきらめられない↓すごくほしい
ほしくてたまらない↓〃
思い切って↓〃
「またあの店の前を通った
ねえ、わたしを買って下さい。あんたが買ってくれたら、うれしいな」
↑想像

〈まとめ〉
おみつさんは、余計な物などほしいと思ったことがないのに、雪げたが、ほしい。しかも、どうしてもあきらめられないし、ちらりとでもみたいぐらい、雪げたがほしくてたまらない。
雪げたがよびかけているように思えるくらいほしい、あきらめられない。

11/22
わらぐつに対するおみつさんの思いをよみとろう
・家族思い・家のこと・行動・心配をかけないように・がまん
心をこめて　しっかりしっかり編んだ
はきやすいように、あったかいように、ぶつけても長もちするように
一場面でおばあちゃんは、若いころから中身を見ていた。

場面をこえて、書きぶりや内容もつなげる

できあがったわらぐつ（見た目はよくない↓機能は良い）とおみつさんの人物像（特別美しいむすめではない↓体がじょうぶで気立てがよく……）を比較させ、良いところを強調するという前時に学習した作者の工夫を押さえている。

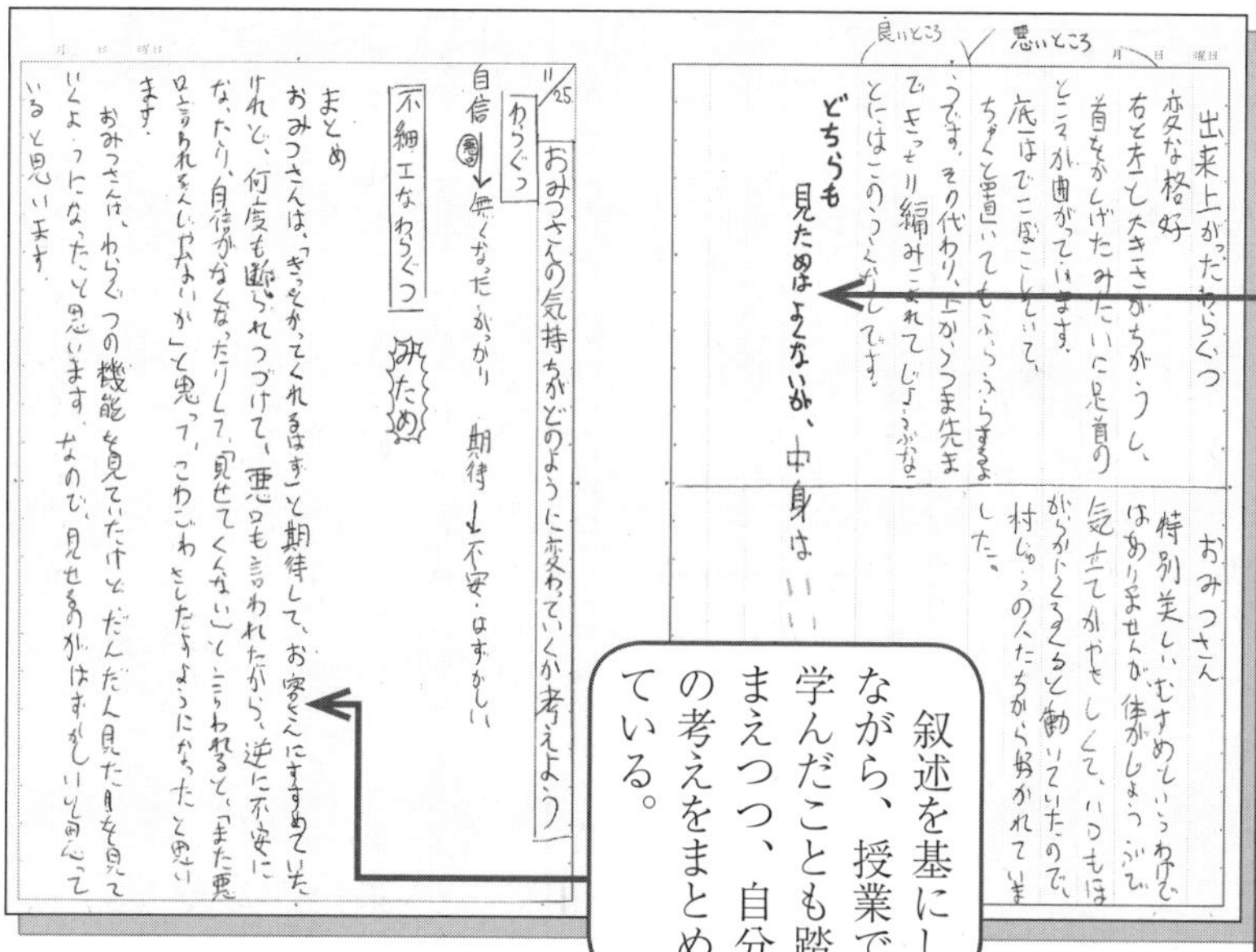
良いところ　悪いところ
出来上がったわらぐつ
変な格好
右と左と大きさがちがうし、首をかしげたみたいに足首のところが曲がっています。
底はでこぼこしていて、ちょっと置いてもふらふらするようです。その代わり、上からうまく先までぎっちり編みこまれてじょうぶなことはこのうえなしです。
どちらも見ためはよくないが、中身はいい
おみつさん
特別美しいむすめというわけではありませんが、体がじょうぶで、気立てがやさしくて、いつもほがらかくるくると働いていたので、村の人たちから好かれていました。

11/25
おみつさんの気持ちがどのように変わっていくか考えよう
わらぐつ
自信 有↓無くなった・がかり　期待↓不安・はずかしい
不細工なわらぐつ　見ため
まとめ
おみつさんは、「きっと、かってくれるはず」と期待して、お客さんにすすめていたけれど、何度も断られつづけて、悪口も言われたから、逆に不安になったり、自信がなくなったりして、「見せてくんない」と言われると、「また悪口を言われるんじゃないか」と思って、こわごわさし出すようになったと思います。
おみつさんは、わらぐつの機能を見ていたけど、だんだん見た目を見ていくようになったと思います。なので、見せるのがはずかしいと思っていると思います。

叙述を基にしながら、授業で学んだことも踏まえつつ、自分の考えをまとめている。

「わらぐつの中の神様」(光村)④

叙述を比較して変化を読み取る

おみつさんの隠された気持ちを考える

「うまくできねかったけど—。」に隠された思いを考え、『また買ってもらえないかも・売れないだろうな・でも買ってほしい・丈夫に作ってきた』といった不安だけれど期待もしているといった考えを書いている。

おみつさんは、何回もわらぐつを買ってもらううちに嬉しさと自信が出てきた。しかし、わらぐつの機能は大丈夫かと相手のことを考えるおみつさんのやさしさも表れている。

このように、情景描写を読み進める中で、人に対するやさしさや相手を思いやった物づくりをしているといったおみつさんの人物像にせまっている。

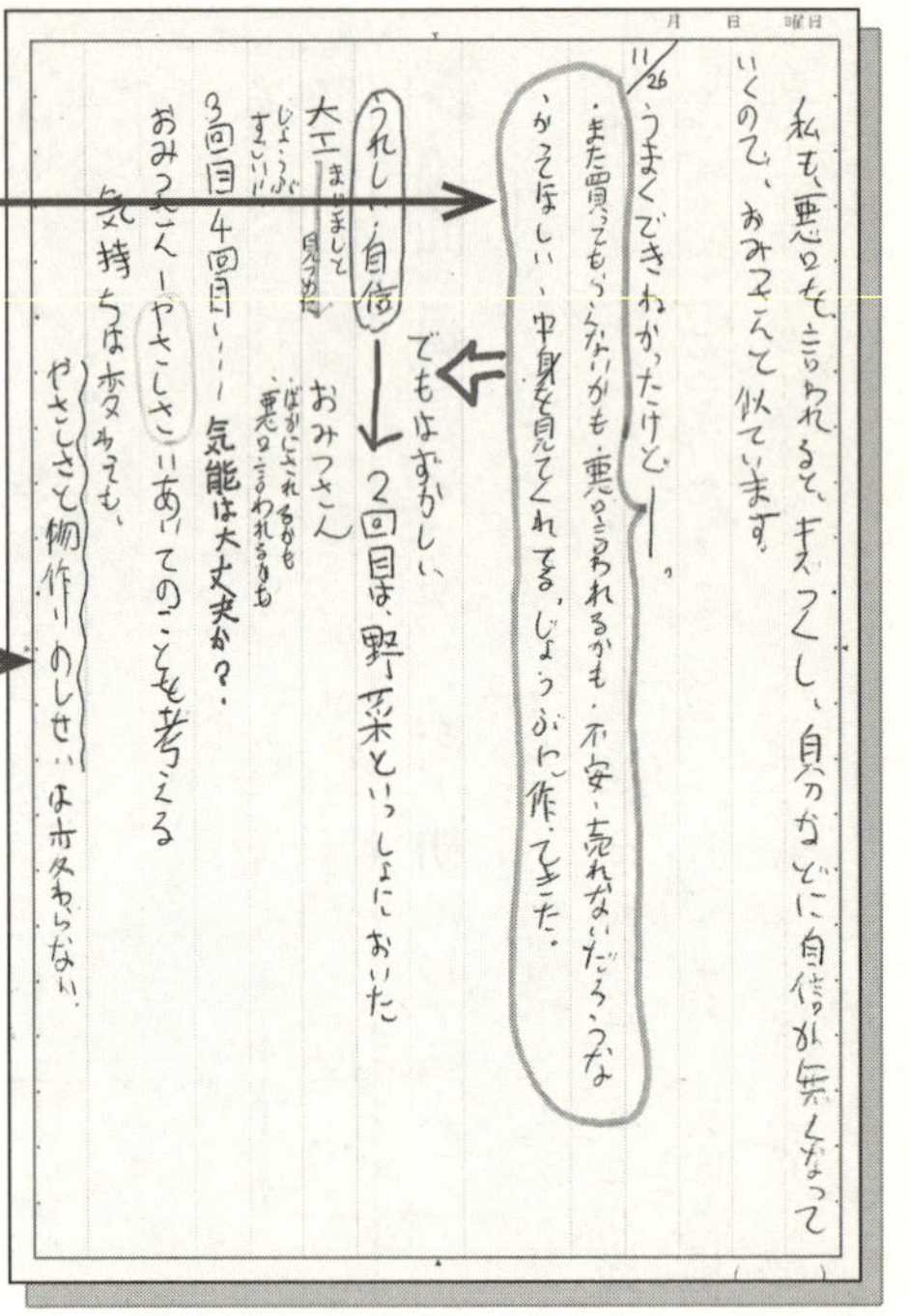

大工さんの人物像を捉える

職人↓中身を見ている(丈夫で良いわらぐつであることを分かっている)・近所の人の分も↓やさしい(相手のことを考えている)など、叙述から大工さんの人物像を捉えている。また、おみつさんと大工さんを比較することによって、二人には共通点(優しい・中身を見ている・目標があるなど)があることにも気づいている。

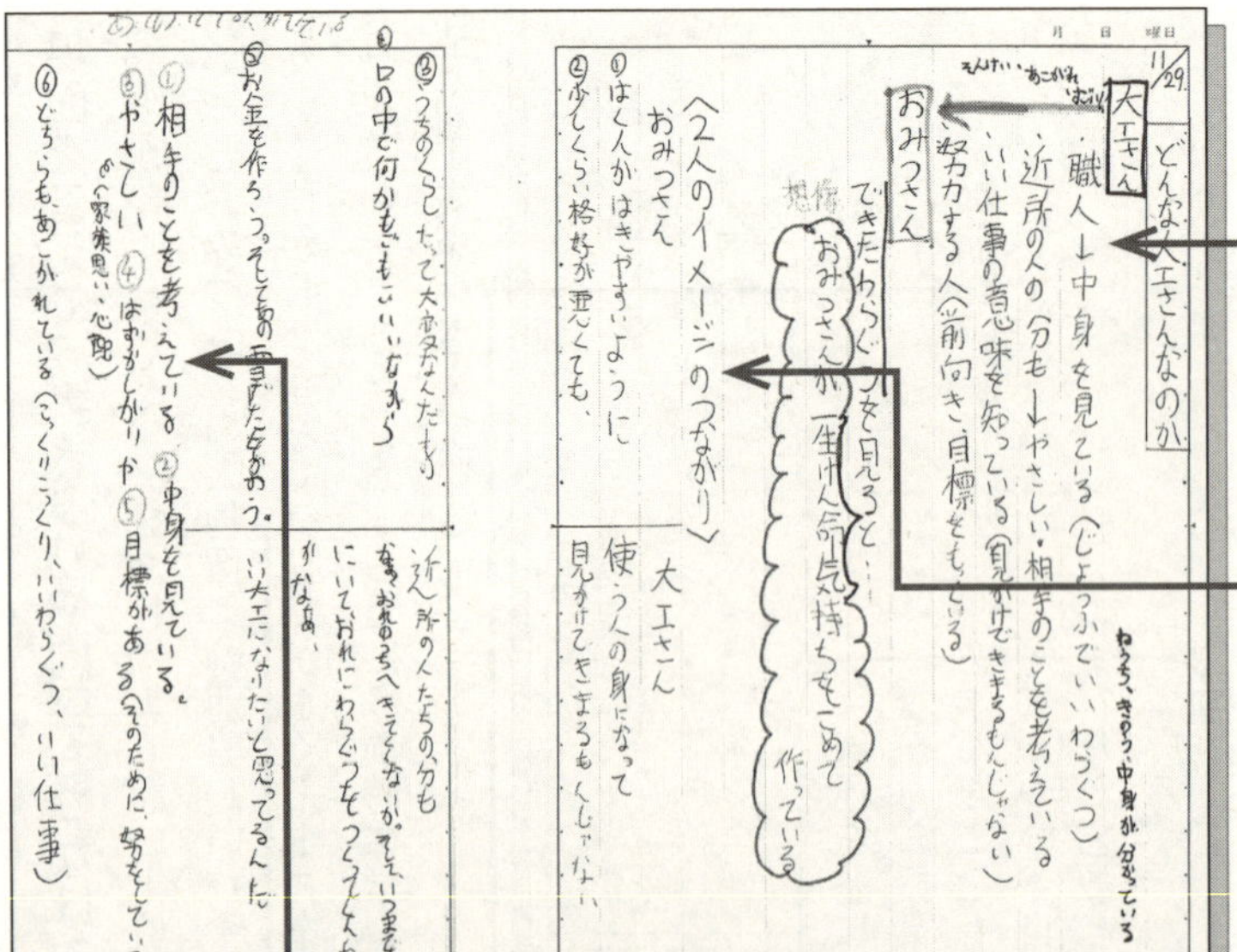

「わらぐつの中の神様」（光村）⑤

これまでの学習を基に感想をまとめる

物語のはじめと終わりを比べる

物語のはじめと終わりでマサエのわらぐつへのイメージの変化（見た目から中身重視）を読み取り、なぜ変わったのかを考えている。学習後、はじめと終わりがあることで「マサエの成長が分かる」「【神様】の意味を考えられる」など、読み手を話に入り込ませるための工夫がされていることに気づいている。

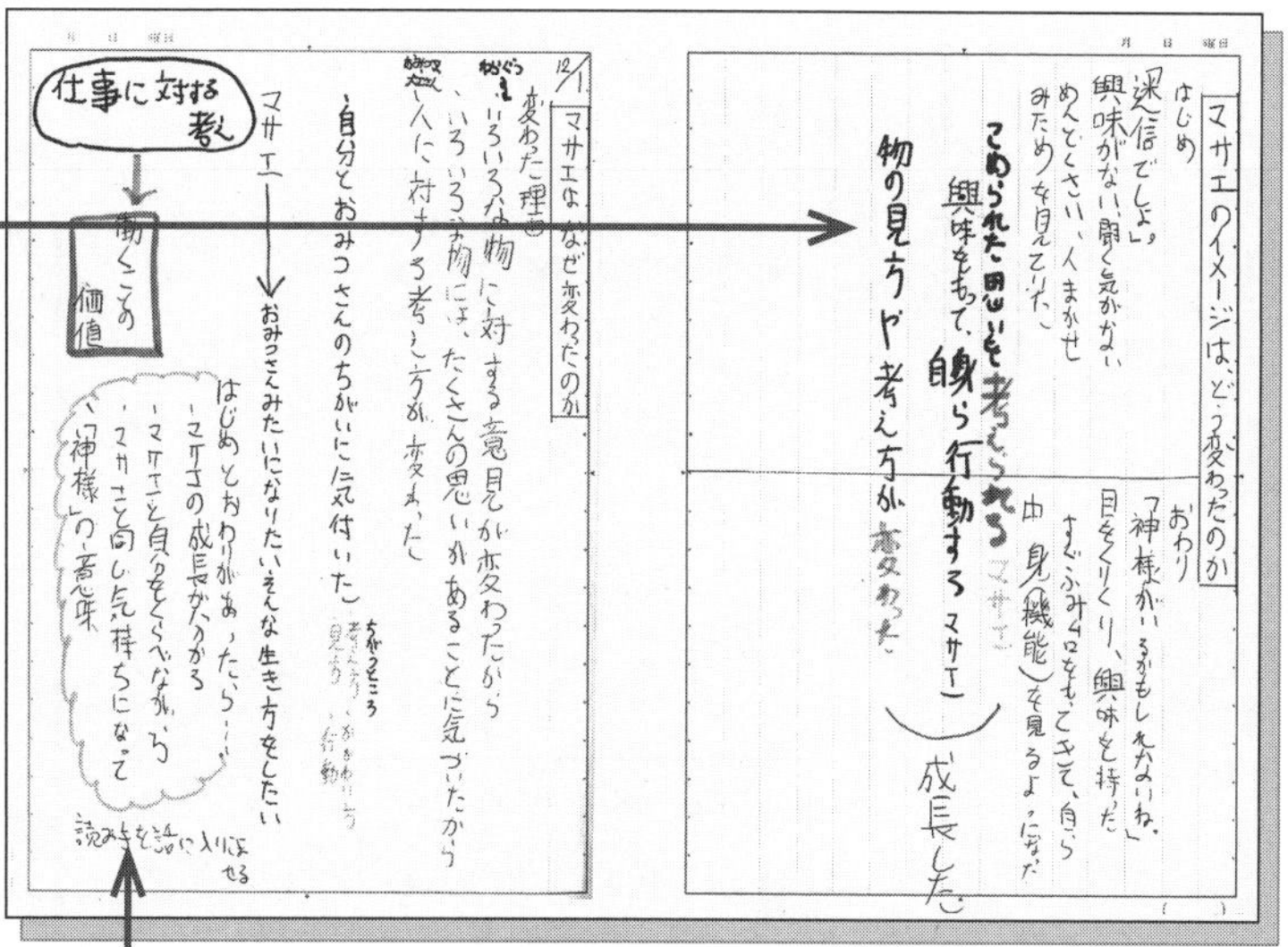

感想を友達と伝え合う

終わりの感想として、読み取ったマサエの成長（物の見方や考え方、行動）だけでなく、自分の考えの変化や体験談も交えながらまとめている。書き終わった後は、友達と伝え合い、メッセージを書き込んでもらっている。

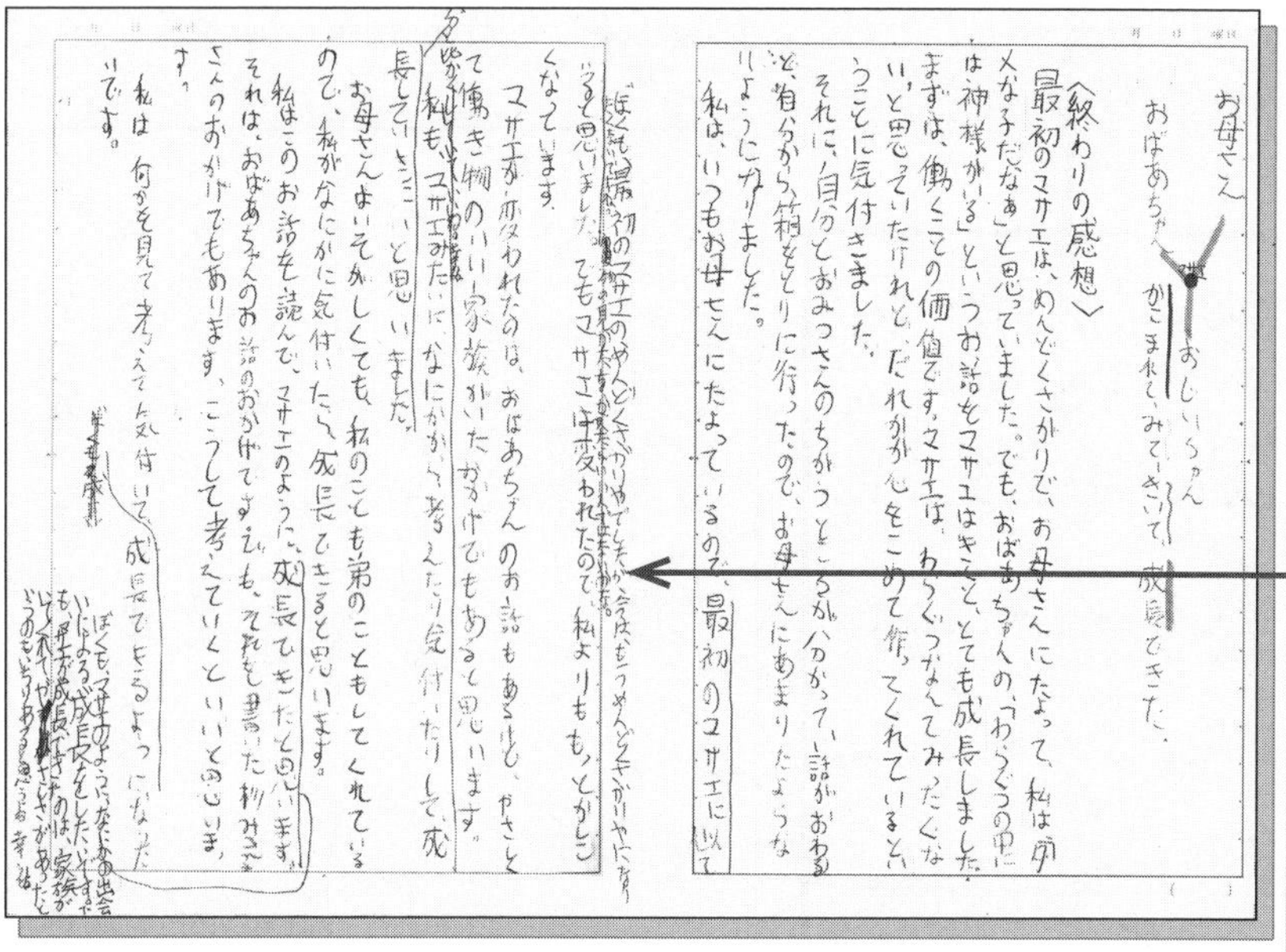

「わらぐつの中の神様」（光村）⑥

この単元でついた力を振り返る

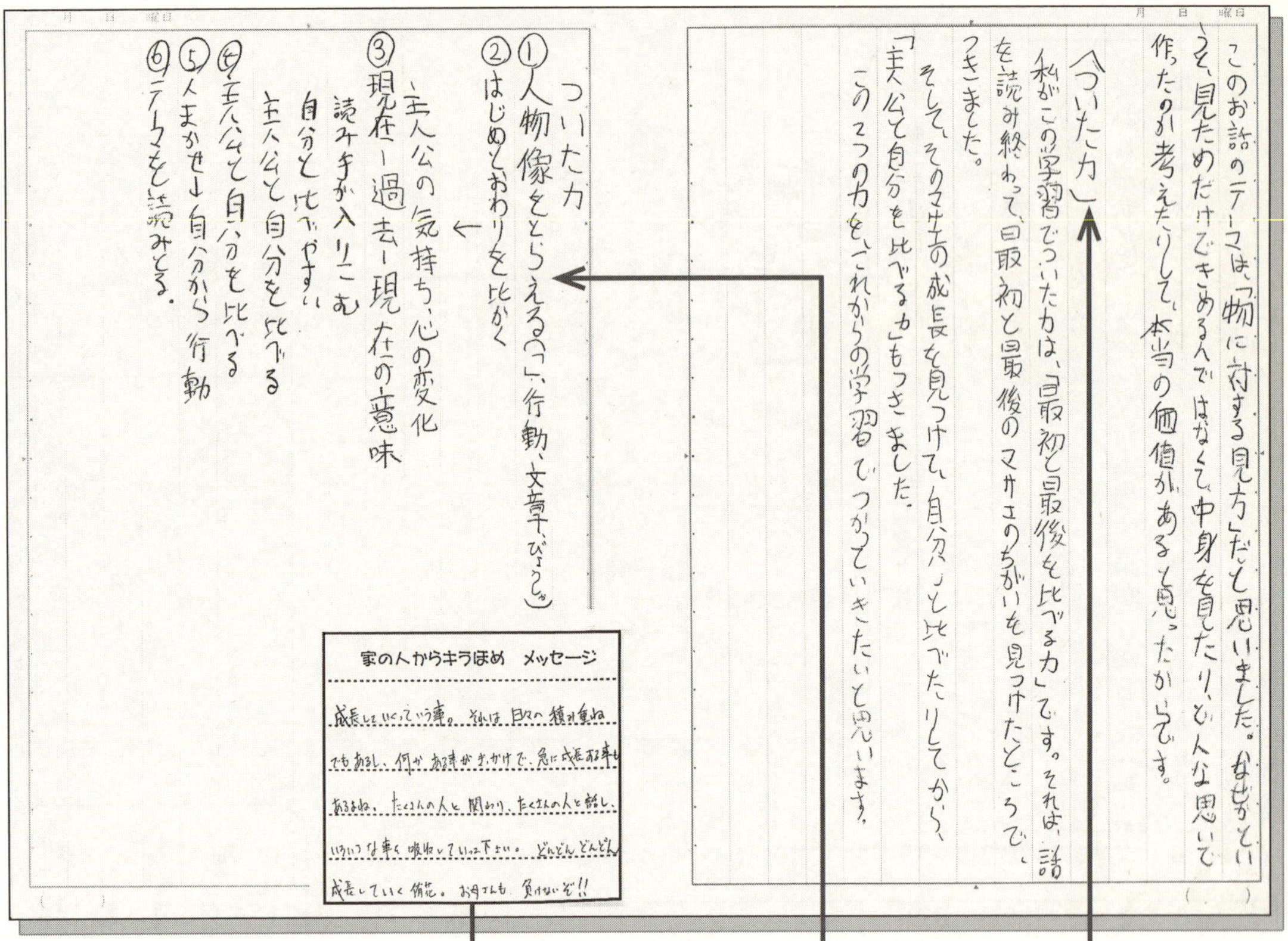

このお話のテーマは「物に対する見方」だと思いました。なぜかというと、見ためだけできめるんではなくて中身を見たり、どんな思いで作ったのか考えたりして、本当の価値があると思ったからです。

〈ついた力〉

私がこの学習でついた力は、「最初と最後を比べる力」です。それは、話を読み終わって、最初と最後のマサエのちがいを見つけたところで、つきました。

そして、そのマサエの成長を見つけて、自分ととも比べたりしてから、「主人公と自分を比べる力」もつきました。

この２つの力を、これからの学習でつかっていきたいと思います。

ついた力

①人物像をとらえる（「」、行動、文章、ひょうじょう）

②はじめとおわりを比かく ←

主人公の気持ち、心の変化

③現在－過去－現在の意味

読み手が入りこむ

自分と比べやすい

主人公と自分を比べる

④主人公と自分を比べる

⑤人まかせ↓自分から行動

⑥テーマを読みとる。

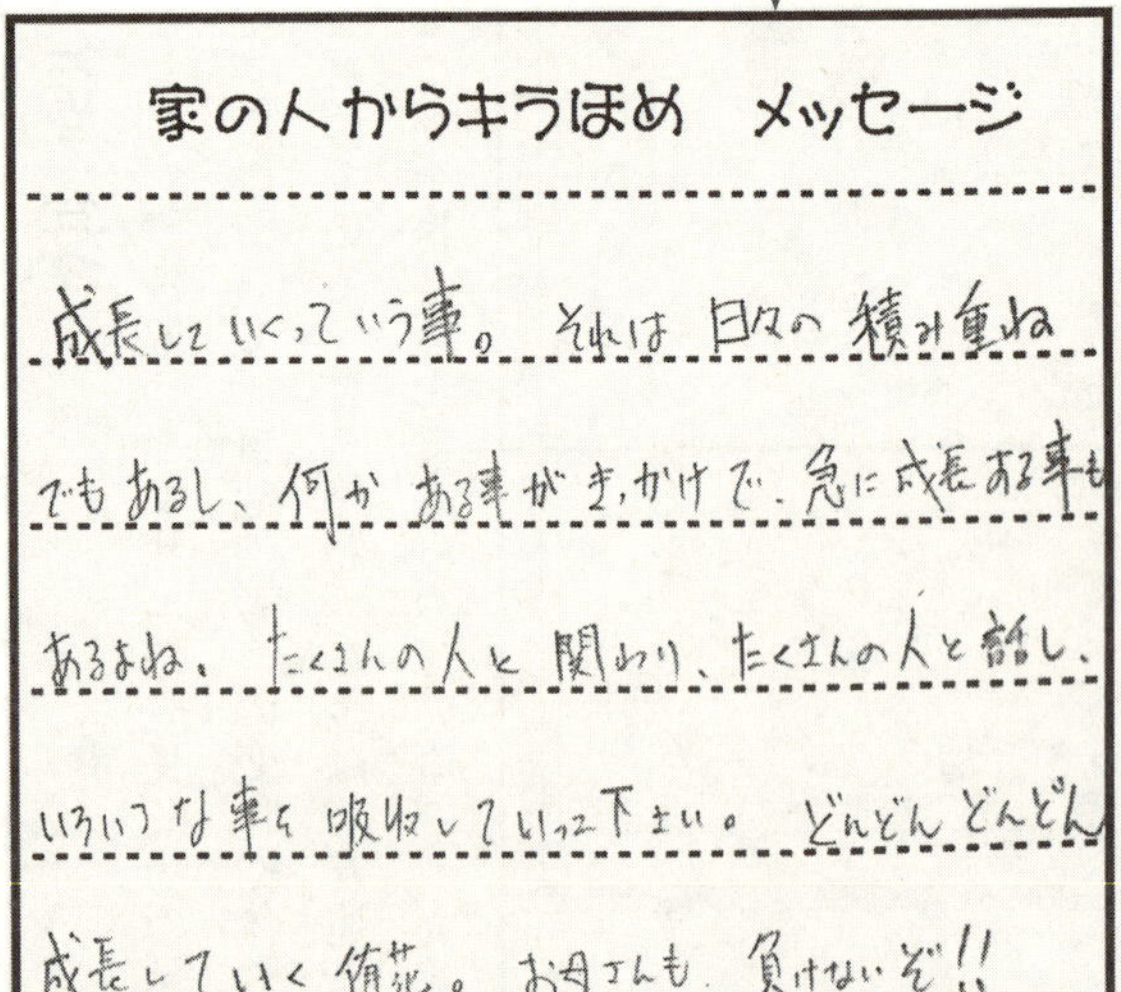

家の人からキラほめ　メッセージ

成長していくっていう事。それは日々の積み重ねでもあるし、何かある事がきっかけで、急に成長する事もあるよね。たくさんの人と関わり、たくさんの人と話し、いろいろな事を吸収していって下さい。どんどんどんどん成長していく侑花。お母さんも負けないぞ!!

この単元でついた力を振り返る

学習の最後に、この単元で身についた力を振り返った。自分の言葉で、できるようになったこと・学んだことを書き出している。

振り返り後、家に持ち帰り、学習したことや身についた力を説明するようにした。そして、家の人からキラほめメッセージ（頑張っているところや良かったところ）を書いてもらう。このメッセージが子どもたちに自信とやる気をさらにつけてさせてくれる。

1 「カレーライス」（光村）①
どんな学習をしたいか子どもから引き出す

どんな学習をしたいかを子どもから引き出す

まずは、「◎どんな学習をしたいか。」という問いかけから始まる。「登場人物の心情を考えたい。」「自分の体験と合わせて読みたい。」「作者の伝えたいこと（テーマ）。本文のキーワード。」「題名↓関係ある言葉。」「主人公の気持ちが大きく変わる。」というように、子どもたちはこれまでの学習活動の中から、この作品を豊かに読み味わうための観点を提示している。「題名↓関係ある言葉。」は、一見関係のない観点のように思われるが、後に大きな意味を持ってくる。

下に示したのは、この日の板書である。ノートが板書そのままでないことに注目したい。常に「自分に引き付けて、自分らしいノート」を書くことを求めている。

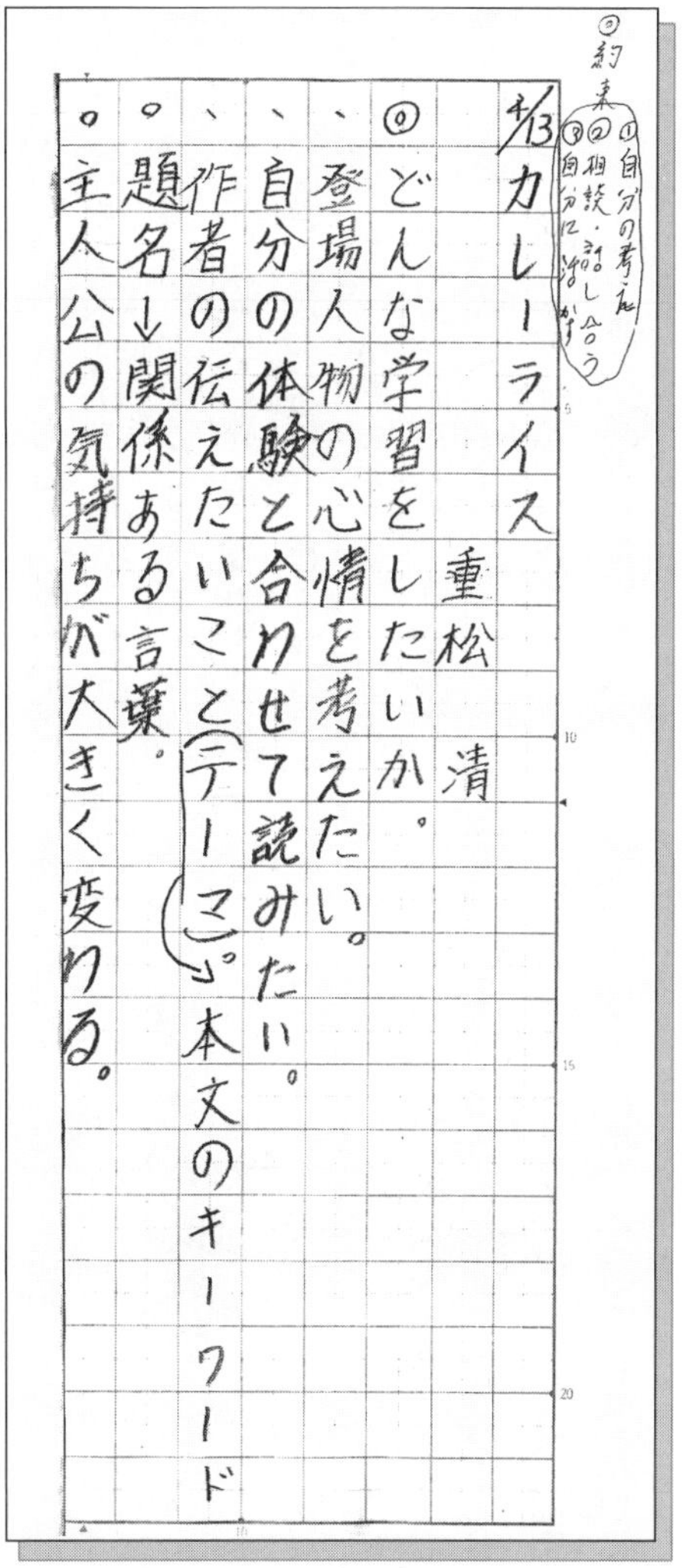

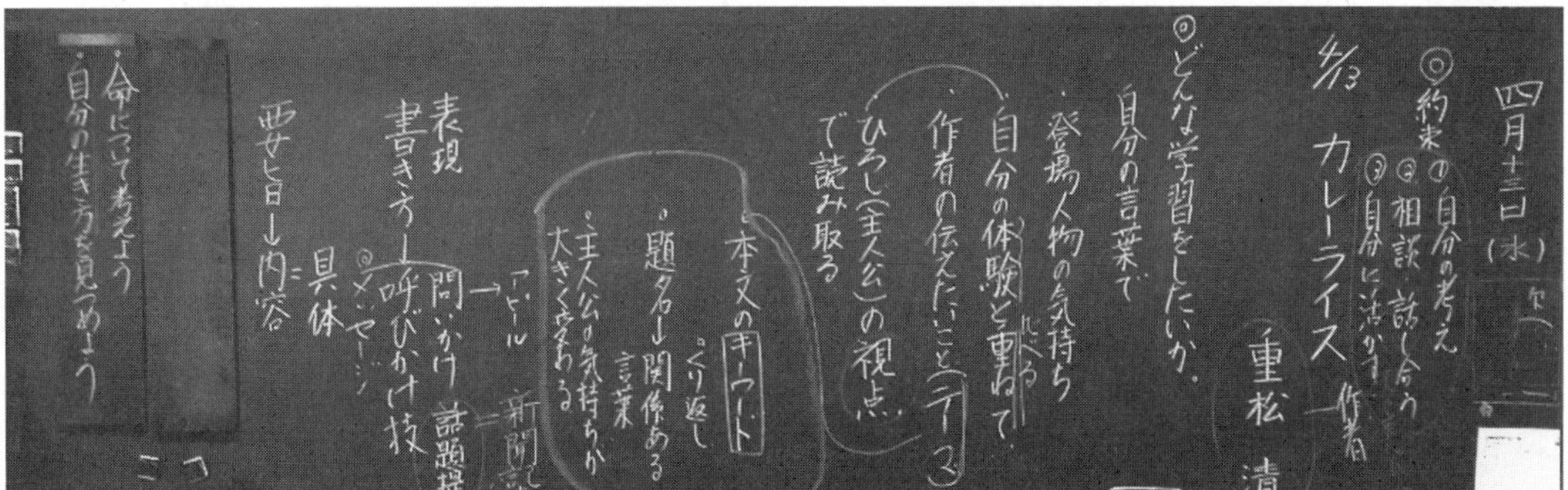

「カレーライス」（光村）②

子どもと一緒に学習計画を立てる

「初めの感想」を書く

いわゆる初発の感想とは異なっている。「わたしが見つけた教材の特徴」という内容になっている。これは「思ったこと、見つけたことを、三つ箇条書きにしよう。」という指示が影響している。「始まり方が少しちがう理由を考えたい。」という意見は、この教材が「ぼくは悪くない。」という一文から始まることを踏まえている。「書きぶりの効果と工夫やね。」という教師のほめ言葉が添えられている。

学習計画を立てる

6年生では子どもたち自身が学習計画を立てる力を身につけさせたい。もちろん、教師も一緒に考える。時間数は教師が指定する。教科書の題名の欄外下には、「自分の体験と重ねて読み、感想を書こう」というめあてが書かれている。子どもたちと一緒に、それを意識しながら学習計画を立てていった。

最後に「感想文」を書く学習活動を位置づけている。後に、「反抗期」を扱った感想文を生み出すことになる。

「作者の書きぶりの工夫を調べよう」という時間を設けている。これは、教科書の題名の手引きに示された【ぼく（ひろし）の視点で書かれている。どのような表現によって、「ぼく」の心の状態がえがかれているか、本文の記述を追って、ていねいに読もう。】を踏まえ、自分たちの言葉で表したものである。

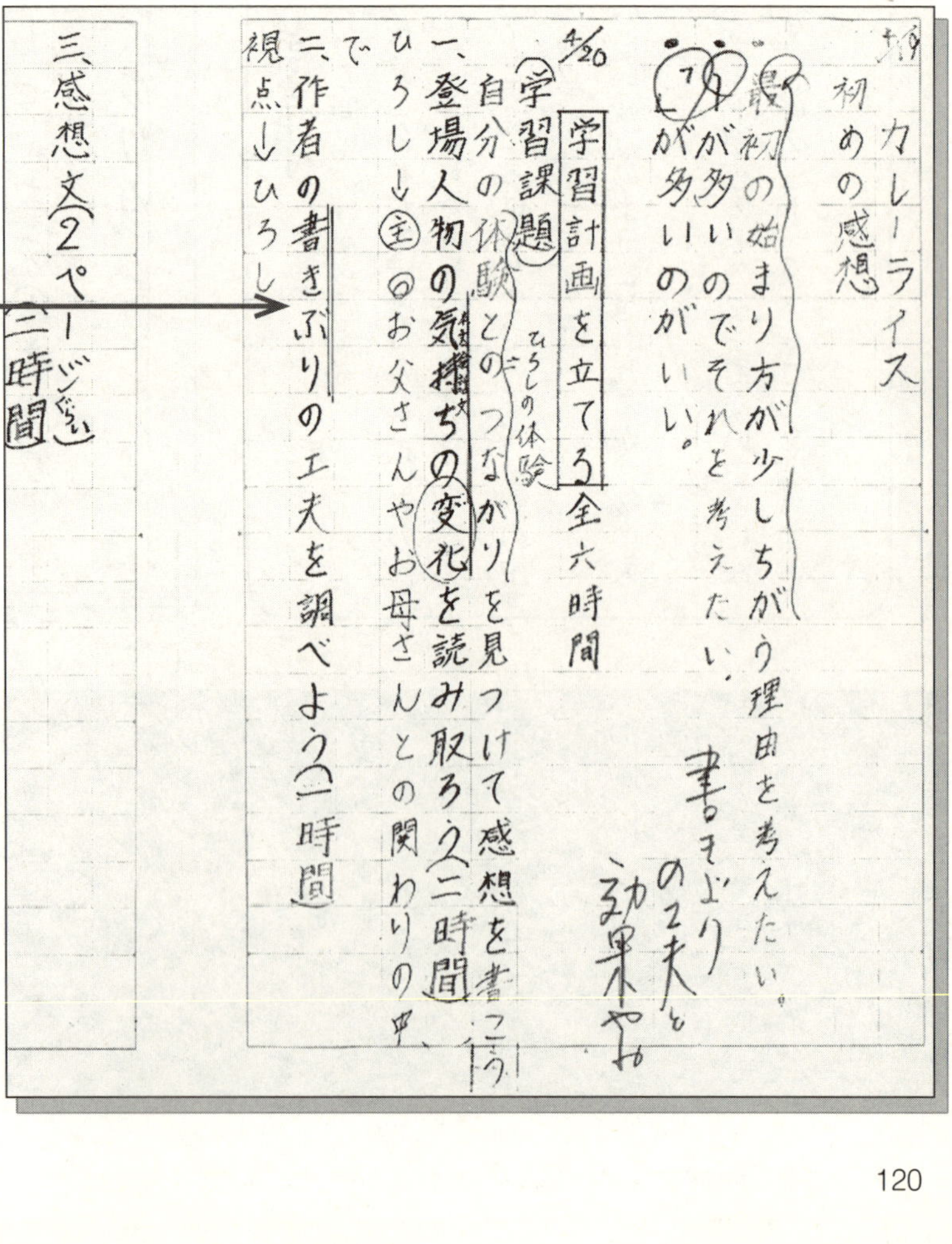
カレーライス
初めの感想
①最初の始まり方が少しちがう理由を考えたい。
②が多いのでそれを考えたい。
③が多いのがいい。
書きぶりの工夫と効果やね
4/20
学習計画を立てる　全六時間
学習課題　自分の体験とのつながりを見つけて感想を書こう
一、登場人物の気持ちの変化を読み取ろう（二時間）
ひろし↓㊤のお父さんやお母さんとの関わりの中で
二、作者の書きぶりの工夫を調べよう（一時間）
視点↓ひろし
三、感想文（2ページ程度）（二時間）

「カレーライス」（光村）③
叙述から根拠を引き出し意見を書く

叙述から根拠を引き出した上で、意見を書く

下のノートに書かれた表の右端の項目に注目したい。

（1）場面／（2）「お父さん」「お母さん」の言動／（3）「ぼく」の言動や気持ち／（4）「ぼく」の心情を想像すると

（2）と（3）は、叙述から根拠を引き出す作業である。「思いつき意見」ではなく、しっかりと叙述から根拠を引き出し、それを基に自分の言葉によって意見を書いている。

「情報の取り出し—解釈—熟考・評価」

（3）は、（二〇〇六年調査までの）PISA型読解力の枠組み「情報の取り出し—解釈—熟考・評価」の「情報の取り出し」に相当しよう。また、（4）「ぼくの心情を想像すると」は、「解釈」ということになる。

物語の部分と全体とを関係させる

ノートに書かれた表の（1）場面に注目したい。7→6→5→4→3→2と、逆から書かれている。この物語は結末部にクライマックスがある。それを踏まえて、重要なところから書いていった結果、この表のような順になったということである。

このように、物語の部分と全体とを関係させるようなノートづくりになるよう工夫を凝らしたい。

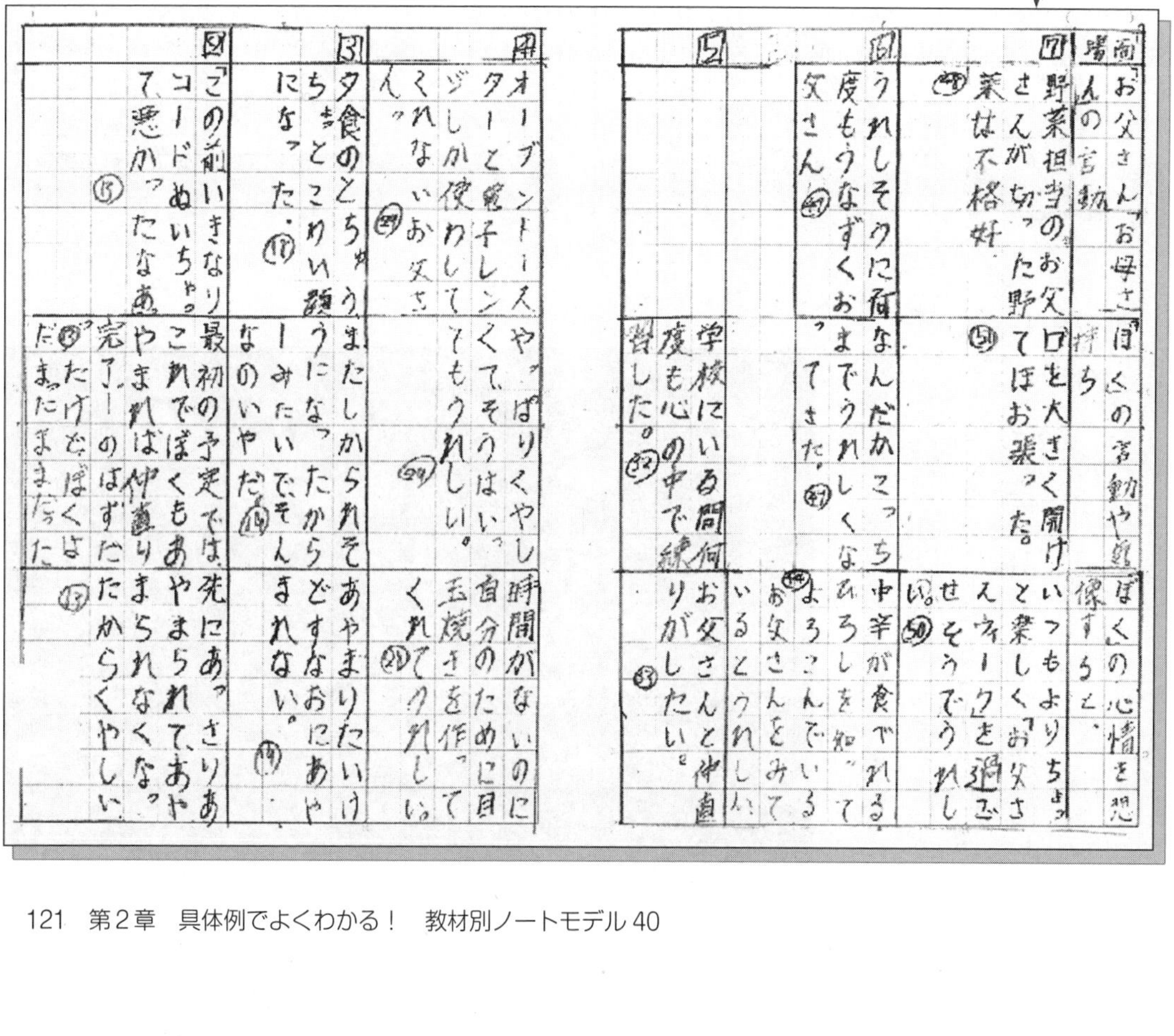

場面	「お父さん」「お母さん」の言動	ぼくの言動や気持ち	ぼくの心情を想像すると、
7	野菜担当のお父さんが切った野菜は不格好(49)	口を大きく開けてほお張った。(51)	いつもより楽しく「お父さんウィーク」を過ごせそうでうれしい。(50)
6	うれしそうに何度もうなずくお父さん(52)	なんだかこっちまでうれしくなってきた。(53)	中辛が食べれるよろこびを知ってよろこんでいるお父さんをみてうれしい。(54)
5		学校にいる間何度も心の中で練習した。(32)	お父さんと仲直りがしたい。(33)
4	オーブントースターと電子レンジくらいしか使わしてくれないお父さん(29)	やっぱりくやしくてそうはいってもうれしい。(27)	時間がないのに自分のために目玉焼きを作ってくれてうれしい。(28)
3	夕食のとちゅうちょっとこわい顔になった。(17)	またしかられそうになったから一みたいでそんなのいやだ(16)	あやまりたいけどすなおにあやまれない。(19)
2	「この前いきなりコードぬいちゃって、悪かったなあ。」(15)	最初の予定ではこれでぼくもあやまれば仲直り完了！のはずだったけどぼくはだまったままだった(18)	先にあっさりあやまられて、あやまられなくなったからくやしい。(17)

「カレーライス」（光村）④

テーマに深く関わる問いかけについて考える

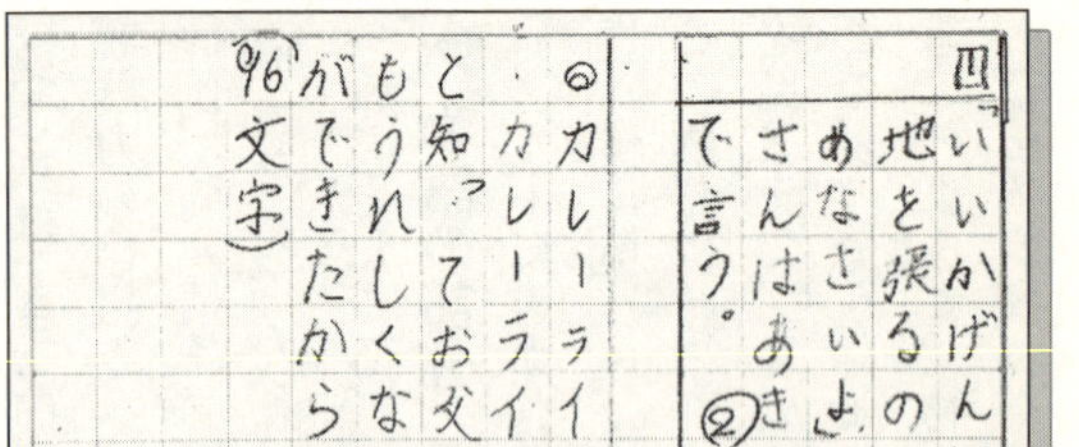

テーマに深く関わる問いかけ

119ページで、「題名→関係ある言葉。」は、一見関係のない観点のように思われるが、と述べたが、右のノートがその部分である。

「叙述から根拠を引き出して意見を書く」学習活動を丁寧に行った後、「カレーライスがなぜ題名か」という、この物語のテーマに深く関わる問いかけを投げかけ、書きまとめさせている。

（96文字）と書かれているところに注目したい。これは「100字以内でまとめること」という条件を添えたため、字数を明記している。「全国学力・学習状況調査」のB問題の中で課題となっているのは、字数指定作文である。普段の授業においてもこうした条件作文を書かせたい。

右のように小黒板に「主人公の気持ちの変化を読み取ろう」というめあてを掲げて、叙述を押さえながら丁寧な読み取りを行った。そして、「題名がカレーライスとついたのはなぜだろう」というテーマに関する問いかけを投げかけた。

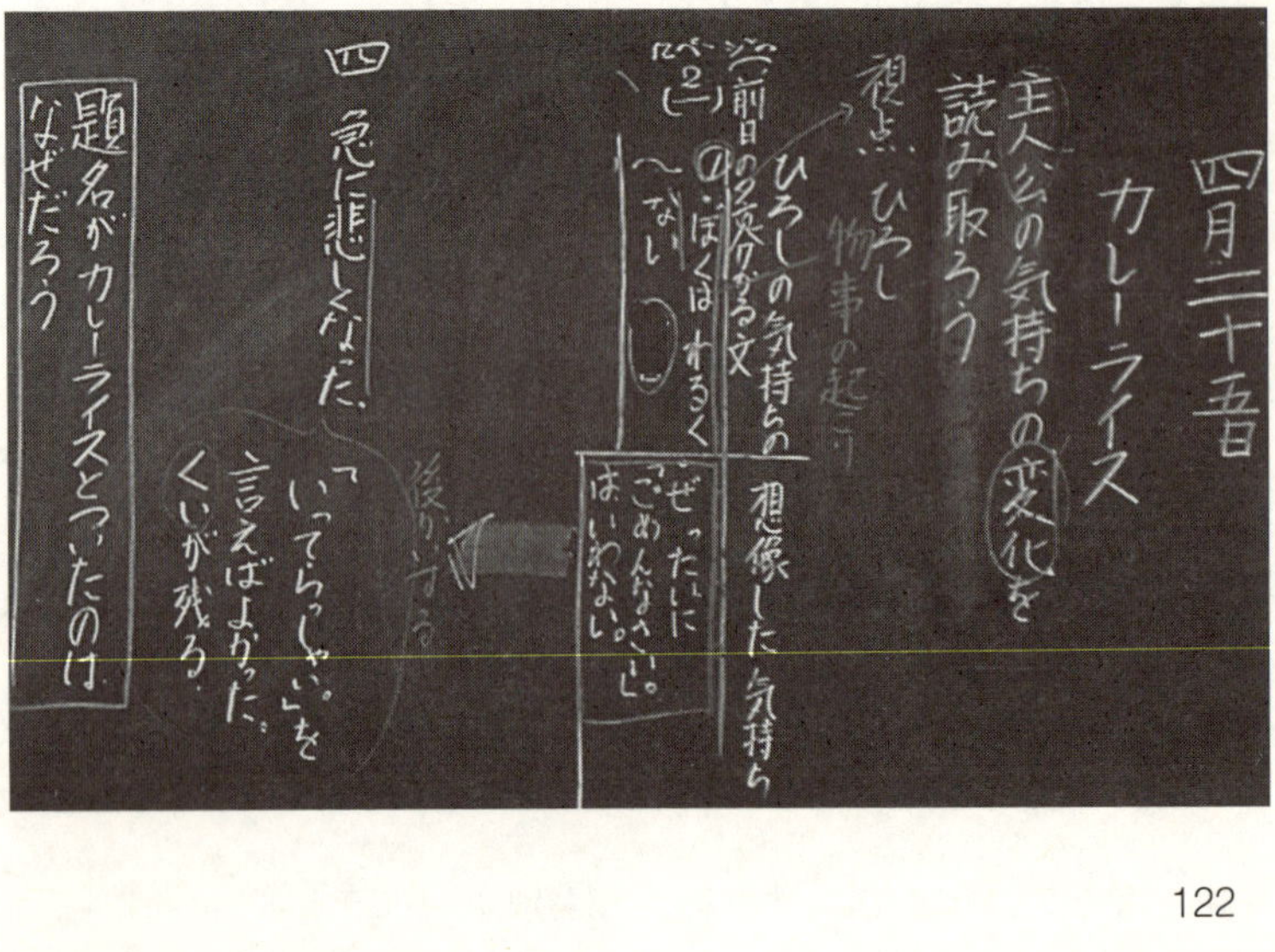

「カレーライス」（光村）⑤

感想文をどのように書いたかを自覚させる

自分の体験と重ねて読み、感想を書く

ノートに書きまとめられた感想文を下に示した。教科書の題名の欄外下に示された「自分の体験と重ねて読み、感想を書こう」を踏まえた学習活動である。

「いっしょの反抗期」という題名を掲げている。この物語のテーマを示す「反抗期」という言葉をうまく使った題目と言うことができよう。

感想文をどのように書いたかを自覚させる

学習者が書き添えた朱書きに注目したい。

■題名…自分が題目に工夫を凝らしたことを確認。

■始―中1―中2―中3―終…「始め―中―終わり」という文章展開の基本を意識したことの確認。

■あ＝あらすじ…この物語のあらすじを短く的確にまとめたことの確認。

■中1・テーマ…中1として物語のテーマについて述べたことの確認。

■中2・気持ち…登場人物の気持ちについて述べたことの確認。

■中3・書きぶり…倒置法の効果をまとめたことを確認。

■終・思ったこと・まとめ…思ったことを中心にまとめたことの確認。

このように、感想文をどのように書いたかを自覚できているのである。

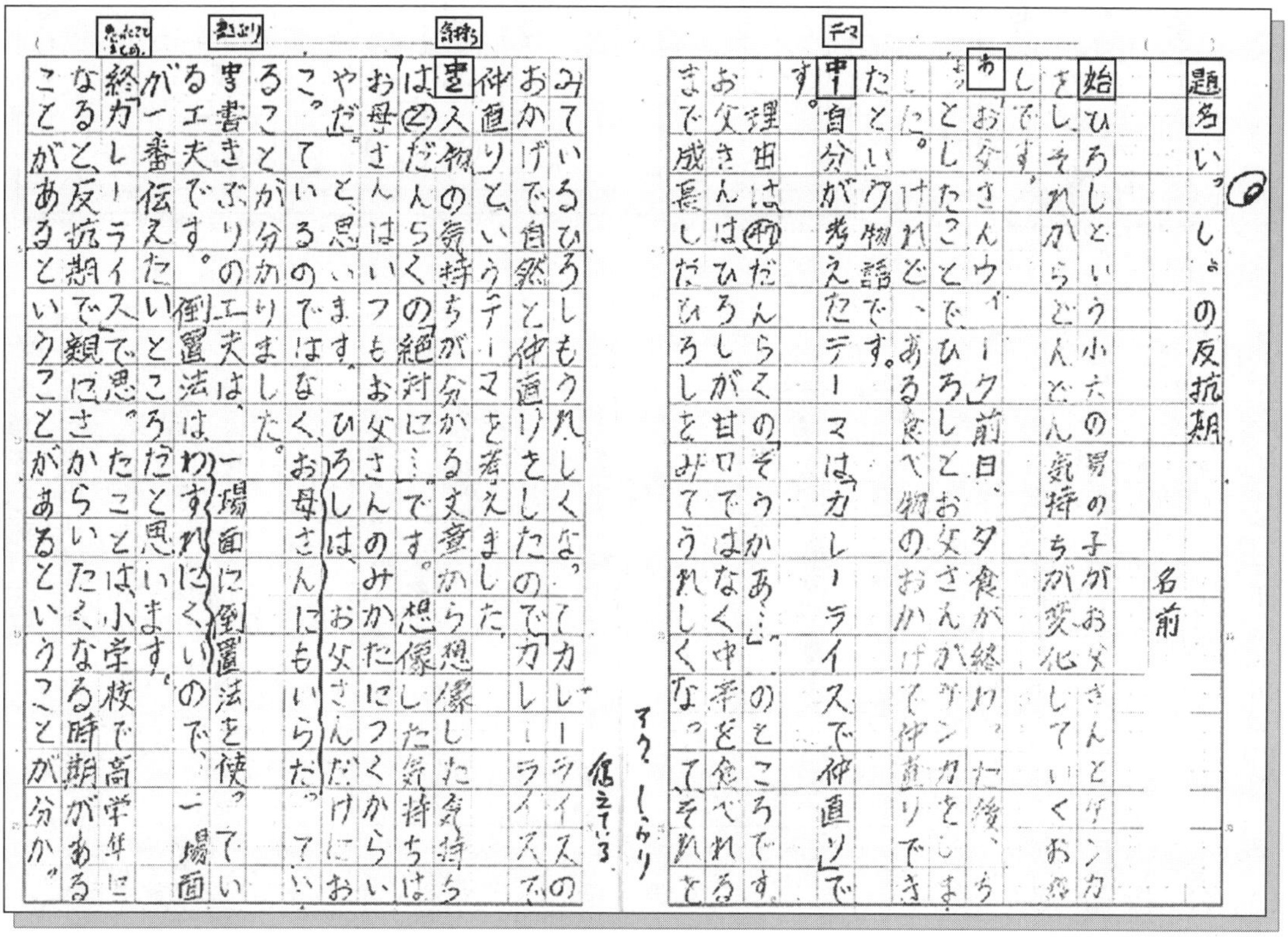
題名 いっしょの反抗期
名前
始 ひろしという小六の男の子がお父さんとケンカをしそれからどんどん気持ちが変化していくお話しです。
あ お父さんウィーク前日、夕食が終わった後、ちょっとしたことでひろしとお父さんがケンカをしました。けれど、ある食べ物のおかげで仲直りできたという物語です。
テーマ
中1 自分が考えたテーマは「カレーライスで仲直り」です。
理由は㊃だんらくの「そうかあ…」のところです。
お父さんは、ひろしが甘口ではなく中辛を食べれるまで成長したひろしをみてうれしくなってそれをみているひろしもうれしくなって「カレーライスのおかげで自然と仲直りをしたのでカレーライスで仲直りというテーマを考えました。
気持ち
登 人物の気持ちが分かる文章から想像した気持ちは②だんらくの「絶対に…です。」から想像した気持ちはお母さんはいつもお父さんのみかたにつくからいやだ」と思います。「ひろしは、お父さんだけにおこっているのではなく、お母さんにもいらだっていることが分かりました。
書きぶり
書 書きぶりの工夫は、一場面に倒置法を使っている工夫です。倒置法はわかりにくいので、一場面が一番伝えたいところだと思います。
思ったこと まとめ
終 カレーライスで思ったことは、小学校で高学年になると、反抗期で親にさからいたくなる時期があることがあるということが分か。
伝えている

6年生

「カレーライス」（光村）⑥

この単元でどんな力を身につけたかを書く

☆「カレーライス」を学習して、身につけた力を振り返りましょう。
☆友だちの意見も参考にしましょう。

	自己評価の観点	○△
読む	①キーワードに気をつけて人物の気持ちの変化を、くわしく読み取ることができた。	◎
	②筆者の書きぶりの工夫に気をつけて読んだ。	◎
書くこと	③始め・中・終わりの構成で書けているか。	◎
	④テーマを読み取り、本文の引用やテーマを見つけた理由が書けたか。	◎
	⑤自分の体験と重ね合わせて、感想文を書くことができた。	○
	⑥読みたくなる題名をつけたか。	○
	⑦内容のまとまりで段落をかえているか。	◎

この単元でどんな力を身につけたかを書かせる

「読むこと」「書くこと」の領域ごとに項目を示し、その力を身につけることができたかどうかを、◎○△によって振り返らせる。教師の願いとしての身につけて欲しい力についての確認である。

言葉でも振り返る

読んで終わり、書いて終わりではなく、この単元での学習活動を通して、どのような言葉の力を身につけたかを、しっかりと振り返らせたい。

※言葉でも振り返りましょう。
○テーマの理由や本文の引用が書けた
○だん落をまとまりでかえた。
○筆者の書きぶりの工夫を書けた

より具体的な振り返り

学習者自身が言葉によって、どんな力が身についたかを書いている。「テーマの理由や本文の引用が書けた」「だん落をまとまりでかえた」「筆者の書きぶりの工夫を書けた」と、具体的に振り返っている。

2 「生き物はつながりの中に」（光村）①
これまでの学びを確認し学習計画を立てる

前学年までの説明的文章でどんな学習をしどんな力をつけてきたか

まずは、「五年生の説明的文章でどんな学習をしてきたか」という問いかけから始まる。「サクラソウとトラマルハナバチとの関係」「題名から感じたこと」「筆者が伝えたいこと」「問い・説明・答え」「意味段落」「初めの感想を最後と比べる」「筆者が伝えたいことを最後の感想に入れる」「文章構成を見る」というように、子どもはこれまでの学びを確認し、そこからこの教材を読み味わうための観点を提示している。

子どもと一緒に学習計画を立てる

6年生では子どもたち自身が学習計画を立てる力を身につけさせたい。これまで身につけた力を基に、自分で考え、それを全体の場で話し合い、学習計画を立てていった。下に示したのは、学習計画がつくられる過程が見られるノートである。この中に、これまでの学びが生かされていることに注目したい。

みんなで考えた学習計画

自分で考えた学習計画

最初に「単元名　教材名」と「筆者」を書かせる。

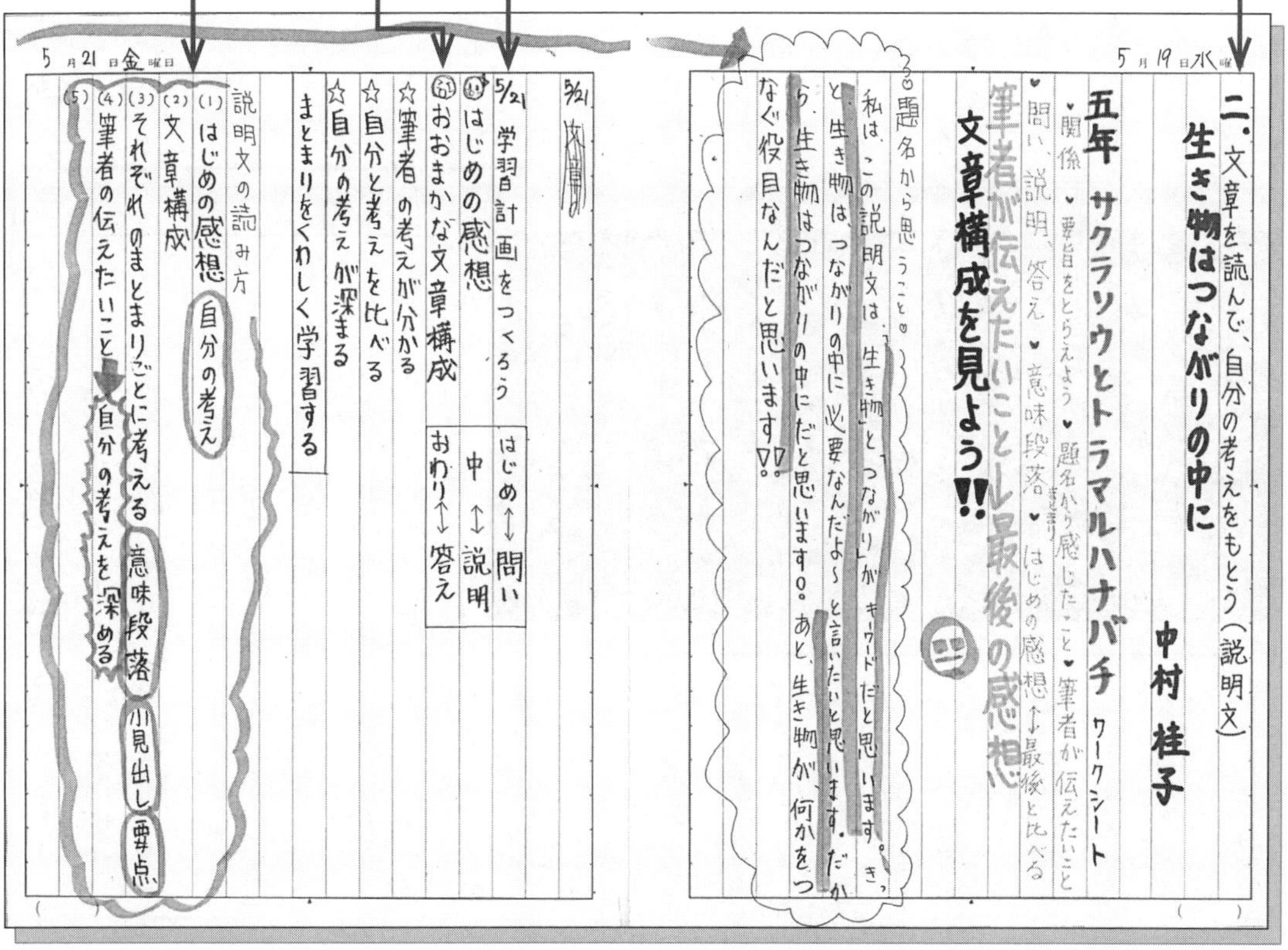

6年生

「生き物はつながりの中に」（光村）②

感想を伝え合い説明の仕方に目を向ける

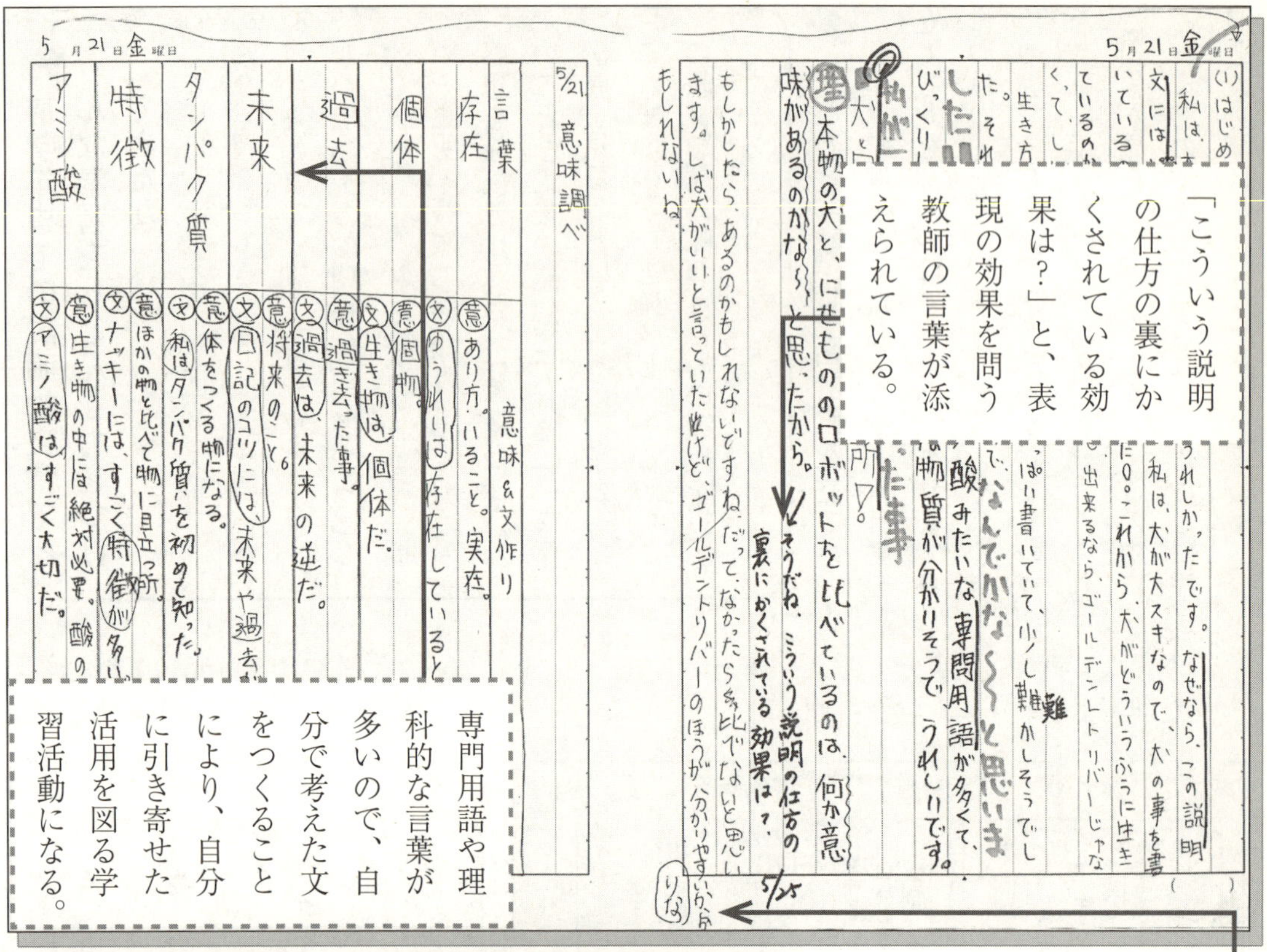

「こういう説明の仕方の裏にかくされている効果は？」と、表現の効果を問う教師の言葉が添えられている。

専門用語や理科的な言葉が多いので、自分で考えた文をつくることにより、自分に引き寄せた活用を図る学習活動になる。

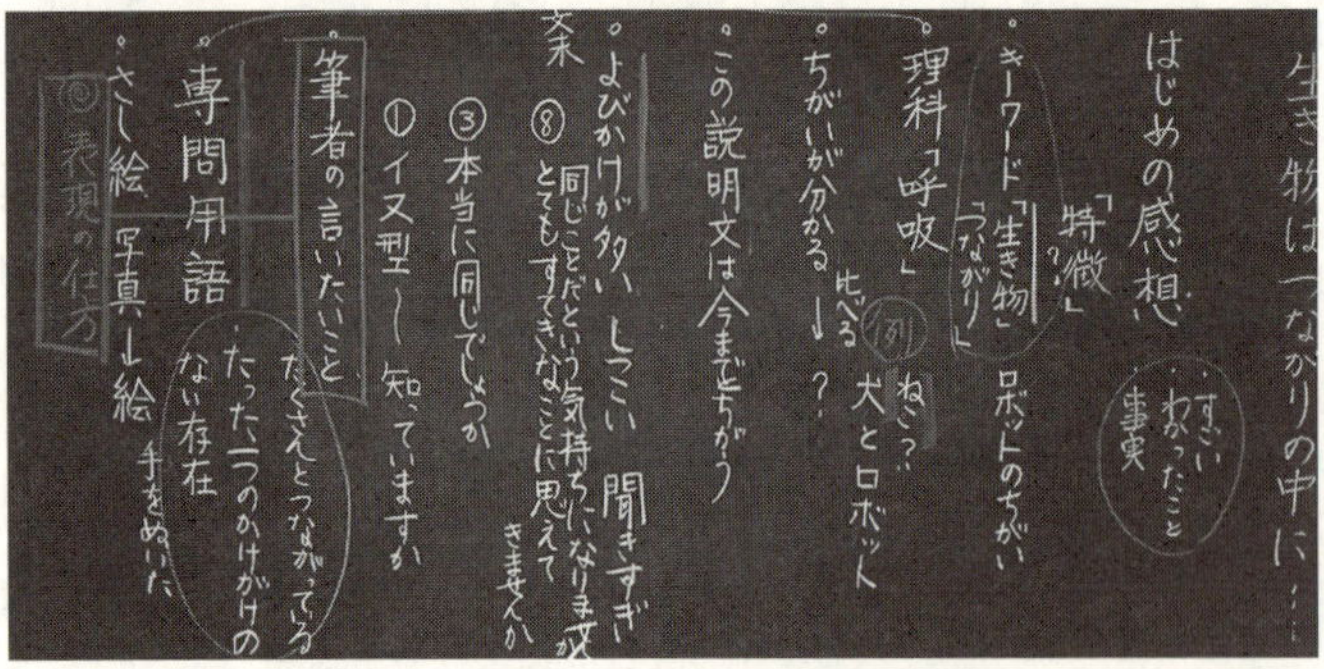

「初めの感想」を伝え合う

「初めの感想」は、内容についての感想だけではなく、説明の仕方や表現の特徴を捉えた内容になっている。

まず、その「初めの感想」をとなりの友達と伝え合い、次に、全体で伝え合う。

左に示したのは、全体の伝え合いの板書である。「キーワードの言葉がある」「犬とロボットを比べたのはなぜか」「読者へのよびかけが多い」「専門用語が多い」「挿絵が、写真から絵になっている」など、この説明的文章において、筆者が伝えたいことを支えるための論の進め方や表現の工夫に気づいている。

「生き物はつながりの中に」（光村）③

文章構成を考えながら要旨をつかむ

要旨はどこにあるのか

小学校第5学年及び第6学年の「C読むこと」の指導事項は、「目的に応じて、文章の内容を的確に押さえて要旨をとらえたり、事実と感想、意見などとの関係を押さえ、自分の考えを明確にしながら読んだりすること」となっている。

要旨（筆者の主張）をつかむために、この教材文のおおまかな文章構成を下のように図で表す。その際、根拠のない「思いつき意見」ではなく、必ずしっかりと叙述から根拠を引き出し、それを基に自分の言葉によって考えを書く。

「自分の考え」と「みんなからの考え」をノートに書き、自分の思考の過程を残す

下のノートのように何回も書いているのは、班の中で考えを伝え合うことを通して、自分の考えに友達の考えを付け足していったからである。

この文章構成図は、この次の学習活動である各段落の要点をまとめる活動の中で、明らかになっていくため、あえてここでは一つにまとめないことにした。次のページに、もう一度考え直した文章構成図とその理由を書いていることに注目したい。

このように、自分の思考の過程を残せるようなノートづくりになるよう指導する。

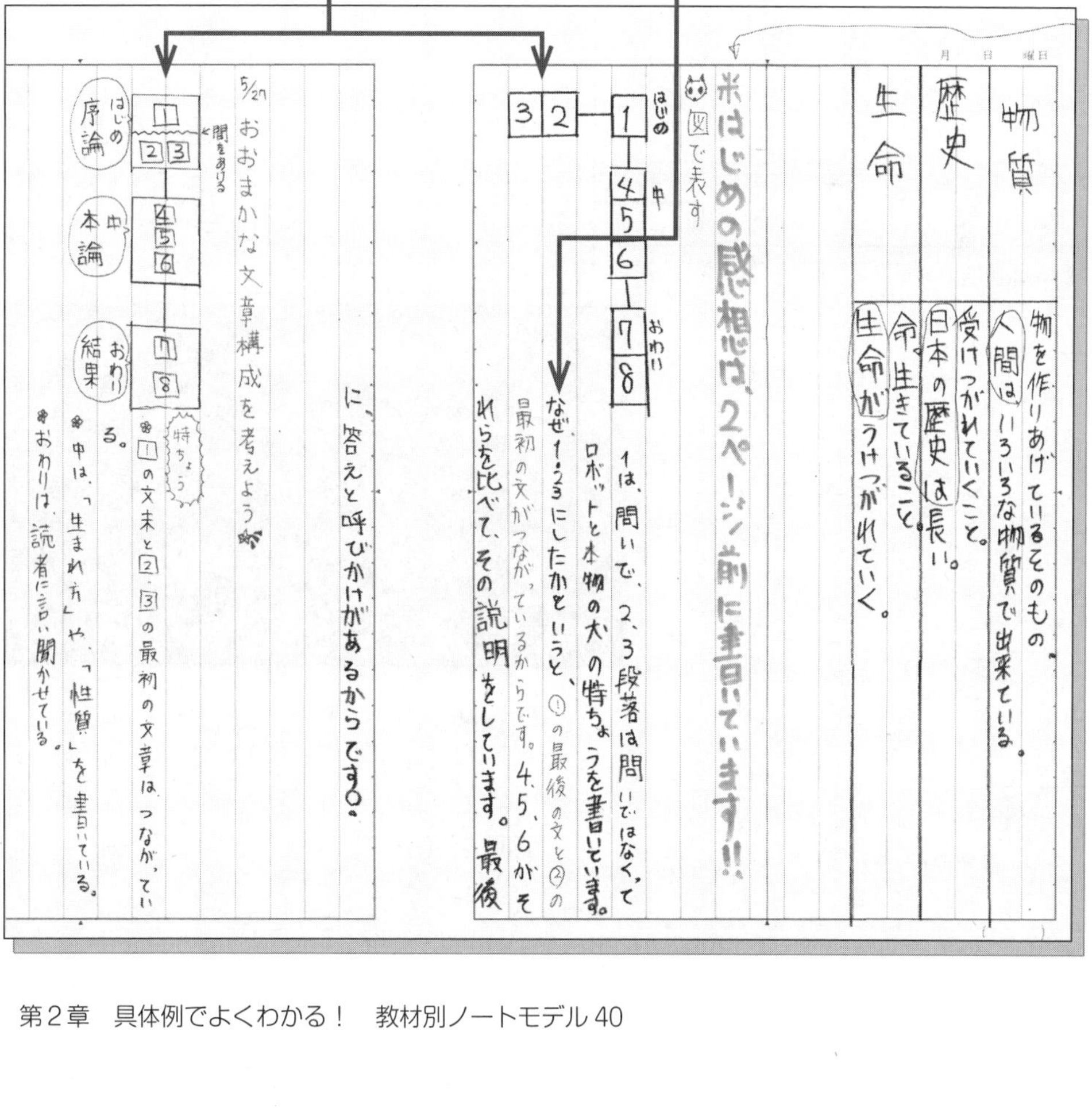

「生き物はつながりの中に」（光村）④

意味のまとまりをつかみ要点をまとめる

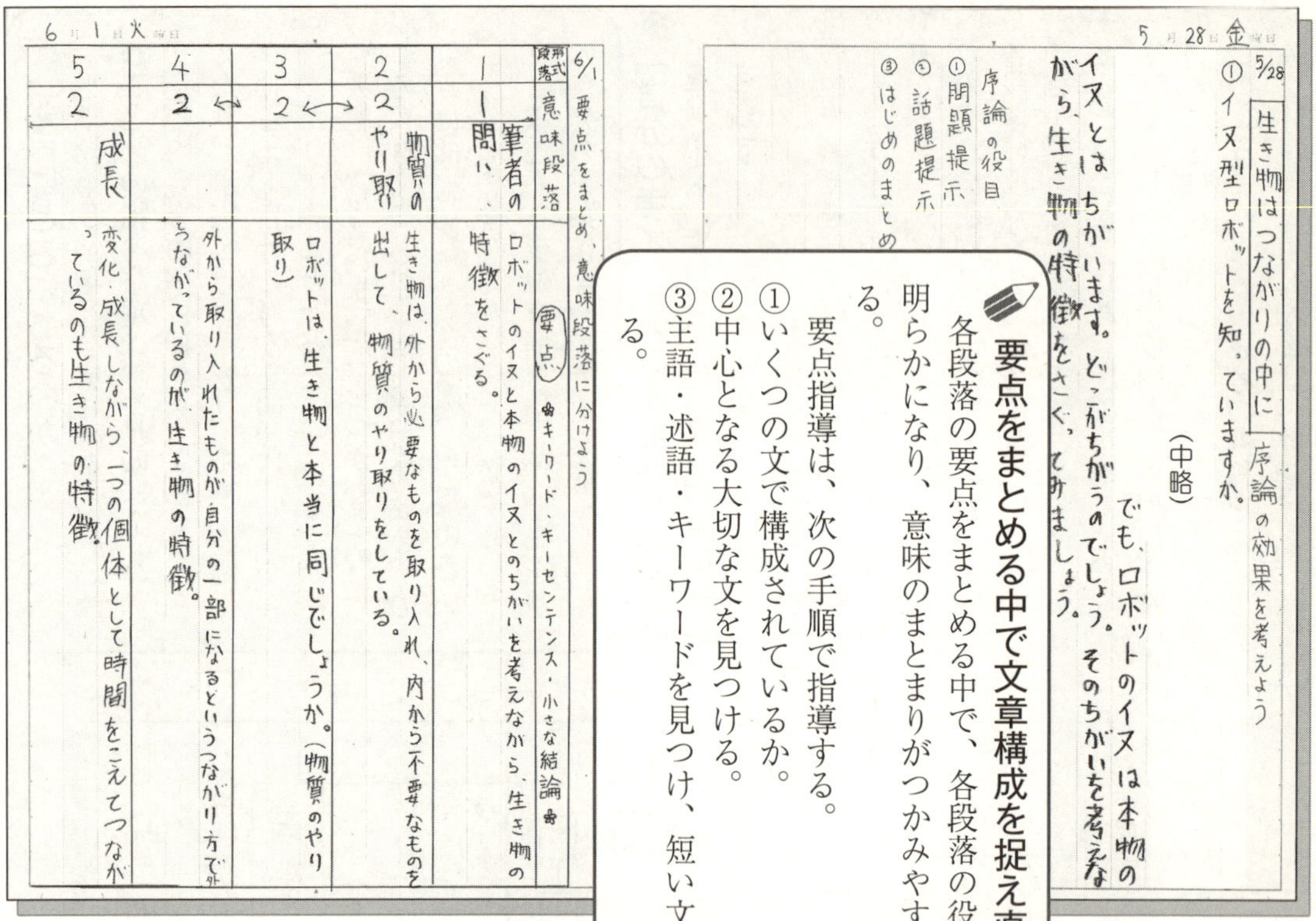

要点をまとめる中で文章構成を捉え直す

各段落の要点をまとめる中で、各段落の役割が明らかになり、意味のまとまりがつかみやすくなる。

要点指導は、次の手順で指導する。

①いくつの文で構成されているか。
②中心となる大切な文を見つける。
③主語・述語・キーワードを見つけ、短い文にする。

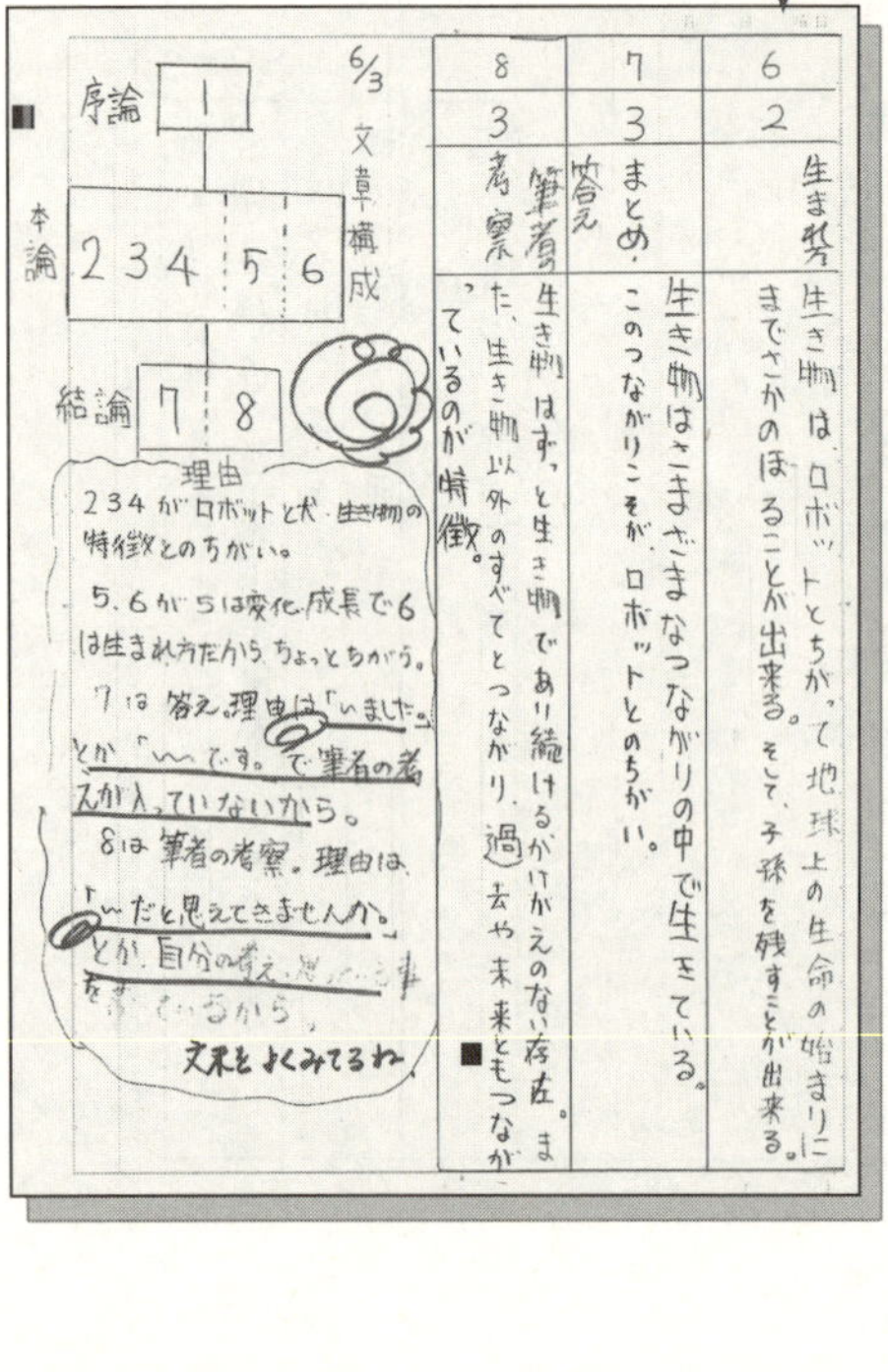

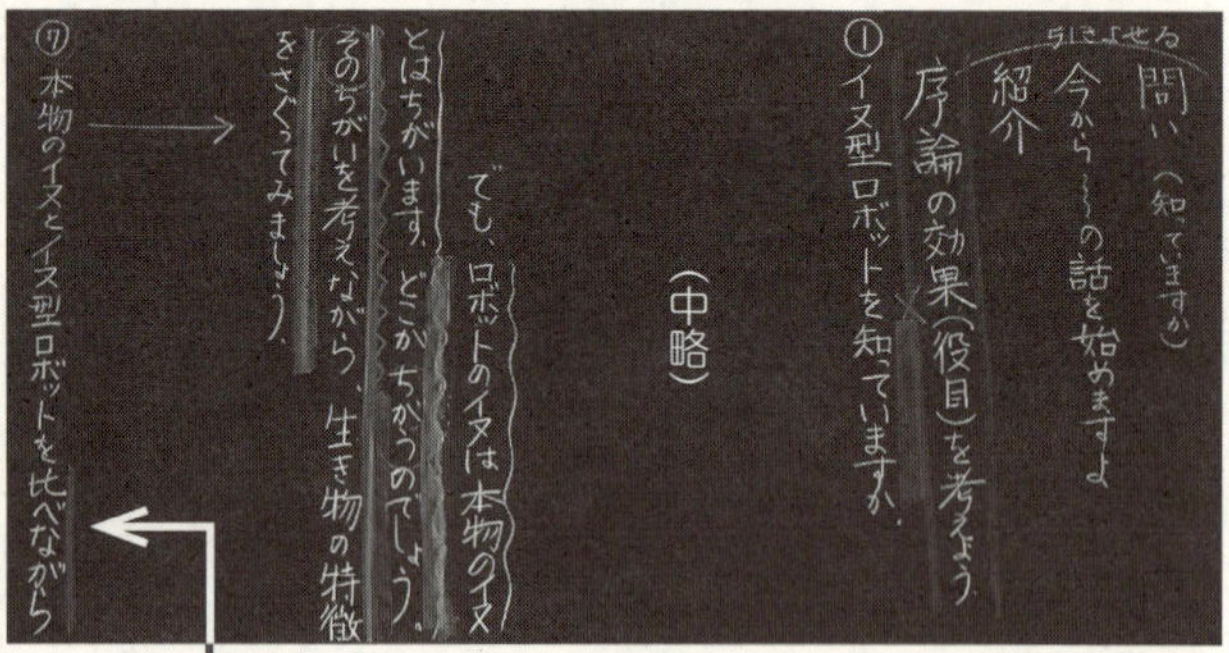

序論の効果

序論の効果を考える中で、部分と全体とを関係づける。「ちがいを比べる」「生き物の特徴」という①⑦段落にあるキーワードを見つけることによって、この序論は、話題提示的な役割をしていることに気づいていく。

「生き物はつながりの中に」（光村）⑤

筆者の意図を捉え要旨・要約をまとめる

「要旨」を読む方法

説明的文章の学習において「要点」「要旨」「要約」等の言葉の意味とそれぞれをまとめる方法を明確にしておく必要がある。「要点」のまとめ方は先のページに示した。

「要点」をまとめることができたら「意味段落」も見えてくる。さらに、高学年の指導内容である「要旨」「要約」の指導にも生きてくる。

「要旨」は筆者の主張であり、文学作品では「主題」に相当する。説明文の筆者の主張は、題名につながる「抽象」的な言葉が用いられ、それが具体的な言葉を用いて言い換えられていることが多い。題名につながるキーワードを使って、要旨をまとめることができるようにしていきたい。

また、この説明文が「頭括型」であるか、「尾括型」であるか、それとも「双（両）括型」なのか見分けられるようにしておく。この文型を見分けることも「要旨」を読み取る一つの方法になる。

「要約」する方法

「要約」とは、文章全体のあらましをまとめることをいう。文学作品で言うと「あらすじ」にあたる。全体の文章構成を捉え、要点をつないで文章化していくと要約文を書くことができる。

「要旨」を読み取り、「要約」をまとめる力については、言葉の意味とその方法について、丁寧に指導したい。なぜなら、これから先、積極的に子どもが文章に立ち向かう読みの力をつけるとともに、自分の考えを述べる活動に生きて働くからである。

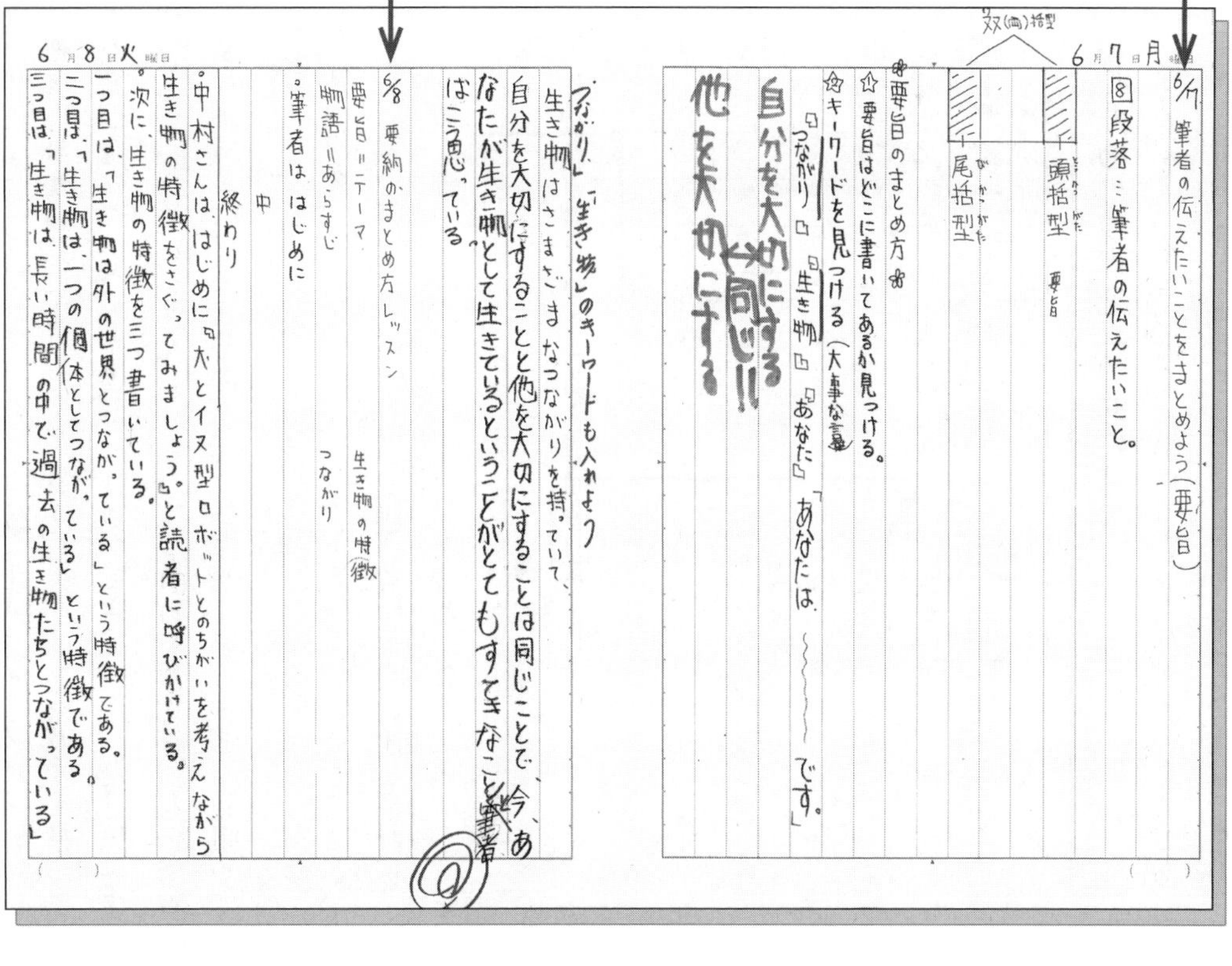
6月7日月曜日
6/7 筆者の伝えたいことをまとめよう（要旨）
8段落＝筆者の伝えたいこと。
頭括型　要旨
尾括型
双（両）括型
☆要旨はどこに書いてあるか見つける。
☆キーワードを見つける（大事な言葉）
「つながり」「生き物」「あなた」
「あなたは～～～です。」
要旨のまとめ方
自分を大切にする＝同じ!!
他を大切にする
6月8日火曜日
6/8 要約のまとめ方レッスン
要旨＝テーマ　生き物の特徴
物語＝あらすじ　つながり
。筆者ははじめに
中
終わり
。中村さんははじめに「犬とイヌ型ロボットとのちがいを考えながら生き物の特徴をさぐってみましょう。」と読者に呼びかけている。
。次に、生き物の特徴を三つ書いている。
一つ目は、「生き物は外の世界とつながっている」という特徴である。
二つ目は、「生き物は、一つの個体としてつながっている」という特徴である。
三つ目は、「生き物は長い時間の中で過去の生き物たちとつながっている」
「つながり」「生き物」のキーワードも入れよう
生き物はさまざまなつながりを持っていて、自分を大切にすることと他を大切にすることは同じことで、今あなたが生き物として生きているということがとてもすてきなことと筆者はこう思っている。

6年生

「生き物はつながりの中に」（光村）⑥

自分の考えを持ち単元でつけた力を書く

6月8日火曜日

という特徴である。
最後に筆者は、
。生き物はさまざまなつながりを持っているということ。
。自分を大切にするのと他を大切にするというのは同じことだということ。
。生き物として生きているのはとてもすてきなことということ。
を語っている。

◎が条書きをうまく取り入れて要約しているね。

自分の考え

私は、こんの意見に賛成です。なぜなら、ロボットや作られた物は外とのつながりとかも出来ないけれど、私達生き物は呼吸するだけで外とつながっているから本当にすてきだと思うからです。

私は、もともと犬とロボットは違うんじゃないかなと思っていたけど、この説明文を読んで、なるほど!とさらに納得した。これからもいろいろなつながりを持っている生き物にほこりを持っていきたいなぁ、と思った。あと、生き物は多分これからもさまざまなつながりを持っていくと思うけど三つだけじゃなくて、五つぐらいがいいなぁと思いました♪これからもいろいろなつながりとつながっていきたいと思いました☆

でもみんなが大切と思っていればストレスで自殺、いじめ、殺人は全くないのになと思いました。そういう人にも　さんはこの本読んでいってもらいたいと思っていると思います。

動物界は、弱肉強食の世界です。強い者が生き残り、弱い者が死んでいく…。でも、それで強い者は弱い者の分まで子孫をたくさん残します。もし、み～んなに「仲良くしましょう」と言ってもすぐにおさまるわけではないことは分かっています。でも、その一部分のほんの少しの私達がそれを知り、生き物はさまざまなつながりを持っていると思えば、中村さんもうれしいだろうなぁ、と思いました♪

。つながりという言葉がたくさん入っているので、それを持っていることにほこりを持っていきたいことがよく伝わってきました。

。動物のことも出しているので、そこまでつながりをたくさん持っていることが伝わってきました。

。つながりは五つだけではないでしょう。少なくとも[illegible]ぐらいはあ

身についた力を書く

学習者自身が言葉によって、どんな力が身についたかを書いている。「筆者が伝えたいことを要約できた」「自分の考えを持つことができた」「これからはその力を日記に生かしていきたい」と、これからの目標も書いている。

6/11　振り返りカード　（　　　　　）

○この単元の学習で身につけた力を振り返りましょう。

身につけた力	振り返り信号 青	黄色	赤
①説明的文章を読み取って筆者の問いかける内容に関心を持つことができましたか。	●	○	○
②自分たちがつくった学習計画に基づいて進んで学習できましたか。（自学）	●	○	○
③文章構成に気をつけて、筆者の考え（要旨）をとらえることができましたか。	●	○	○
④筆者がこの文章で伝えたいことを要約できましたか。	●	○	○
⑤自分が生き物として生きることや、筆者の考えについて自分なりの考えをもつことができましたか。	●	○	○

○「生き物はつながりの中に」を学習して、ついた力を書きましょう。

筆者が伝えたい事を要約出来たのと、それと同時に自分の考え・意見を持つ事が出来ました。これからは　その力を日記の『ここすは!?』に生かしたいと思います!?

家の人からのメッセージ	先生からのメッセージ
自分なりの考えを持つことができて良かったと思います。要旨や対比等、難しい学習になっているけれど、頑張っているんですね。6/14 母	人の話を聞く時、必ず「自分はどう思うか？」と考えがもてるといいですね。

保護者とつながるノート

「自分なりの考えを持つことができて良かったと思います。要旨や対比等難しい学習になっているけど、頑張っているんですね。」と、このノートを保護者に見せることで、保護者に説明責任を果たし、保護者とつながるノートになる。

筆者の考えに対して自分の考えを述べるために書くための視点を具体的に持つ

筆者の主張に対して自分の考えを表現するのは難しい。どうしても、筆者の考えに納得できる部分が多いためである。この説明文の特徴である読者に対する問いかけに注目して批判できる視点を持たせているところに注目したい。

3 「やまなし」（光村）①
「難教材」だけに感性を発揮させる

感性を発揮させるノートづくり

難教材と言われる「やまなし」だからこそ、子どもたちに感性を発揮させるノートづくりをしたい。

「はじめの感想」をノートに書く

ただ単に「はじめの感想」を書かせるのではなく、次のような観点を示した。

○好きなところ

もっとも感性を発揮しやすい、「好きなところ」についてノートに叙述に即しながら書かせた。

○題名から

「題名」から何を読みとることができるか。

○不思議だな

いわゆる「疑問」または「課題」である。

この学習者は「クラムボンってなに?」という疑問を持ち、「クラムボンは、あわだと思う!」と答え。さらに、3つの理由を自分の言葉で、ノートに書きまとめている。

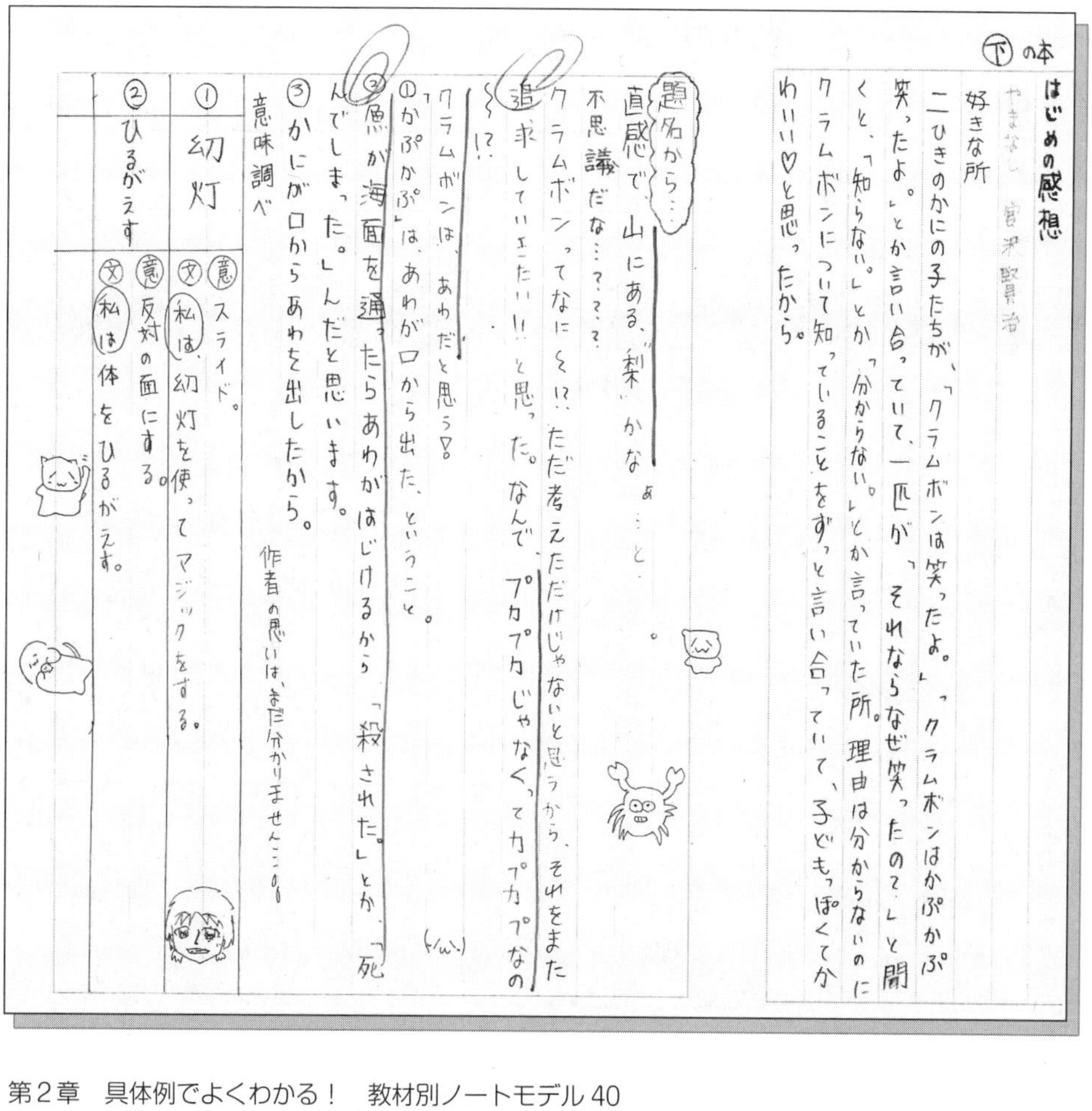

Ⓣの本

はじめの感想

やまなし　宮沢賢治

好きな所

二ひきのかにの子たちが、「クラムボンは笑ったよ。」「クラムボンはかぷかぷ笑ったよ。」とか言い合っていて、一匹が「それならなぜ笑ったので。」と聞くと、「知らない。」とか「分からない。」とか言っていた所。理由は分からないのにクラムボンについて知っていることをずっと言い合っていて、子どもっぽくてかわいい♡と思ったから。

題名から…

直感で、山にある、"梨"かなぁ…と。

不思議だな…?????

クラムボンってなに〜!?ただ考えただけじゃないと思うから、それをまた追求していきたい!!と思った。なんでプカプカじゃなくってカプカプなの〜!?

「クラムボンは、あわだと思う!!」

①「かぷかぷ」は、あわが口から出た、ということ。

②「魚が海面を通ったらあわがはじけるから「殺された。」とか「死んでしまった。」」んだと思います。

③かにが口からあわを出したから。

作者の思いは、まだ分かりませんこ。

意味調べ

①	幻灯	㊤スライド。㊛私は、幻灯を使ってマジックをする。
②	ひるがえす	㊤反対の面にする。㊛私は体をひるがえす。

「やまなし」（光村）②

学習計画や叙述を読む観点を整理

子どもたちと一緒にノートの上で学習計画を立てる

子どもたちと一緒に次のような学習計画を立てた。

1. 形式段落
2. 五月の谷川の底をイメージする
3. 十二月の谷川の底をイメージする
4. なぜ五月と十二月なのか
5. 作者の伝えたいこと（テーマ）
6. 題名の意味

「題名の意味」が最後に来ているところに注目したい。作品の構造やテーマを押さえた後でないと、「題名の意味」を深く捉えることができないということである。

叙述の中の注目すべき点をノートに書き出す

「五月の谷川の底をイメージしよう」において、子どもたちは叙述の中の注目すべき点をノートに書き出す作業を行った。

○色／○比喩／○擬声語／○かにの行動
○会話文／○オノマトペ

これらは6年生までの学習の中で身につけたものである。

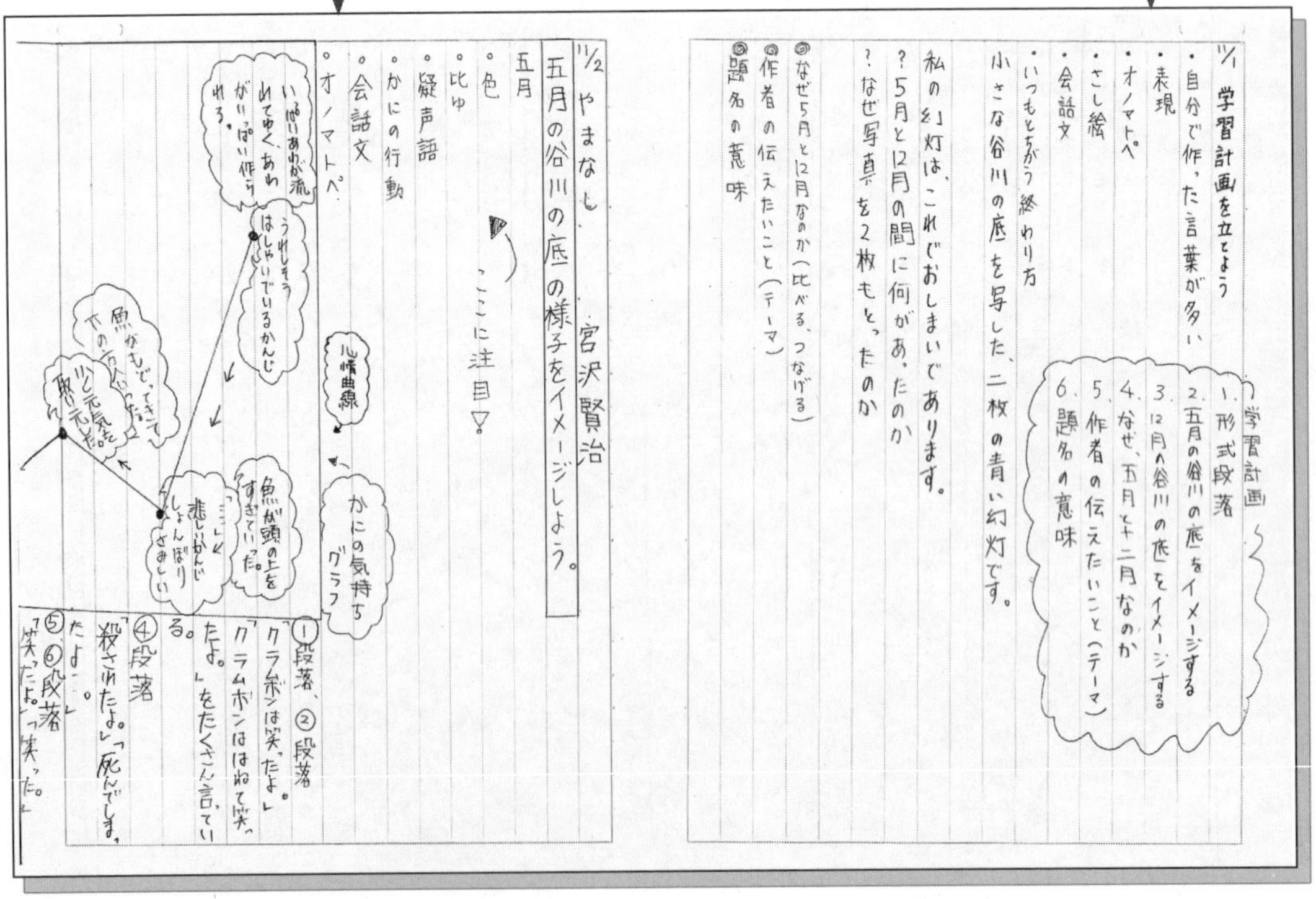

「やまなし」（光村）③

「心情曲線」による展開の把握へ

「心情曲線（かにの気持ちグラフ）」による展開の把握

五月と十二月について、「心情曲線（かにの気持ちグラフ）」を書いている。かにの気持ちを考えているところに、きちんと叙述を添えている点に注目したい。

「叙述グラフ」になっているところに価値がある。よく心情曲線を線だけで示すことがあるが、必ず叙述を添えるようにしたい。もちろん、ノートの上でそれを実現する。

黒い丸い大きなものが天井から落ちて、ずうっとしずんで、また上へ上っていった。

かわせみだ！食べられちゃうヨ〜！

「心情曲線（かにの気持ちグラフ）」を言葉で説明する

心情曲線を書いた後、ノートの上で、それをもう一度言葉によって説明させたい。これによって心情曲線による全体把握と叙述との関係を基に、より深い読みへと導くことができる。

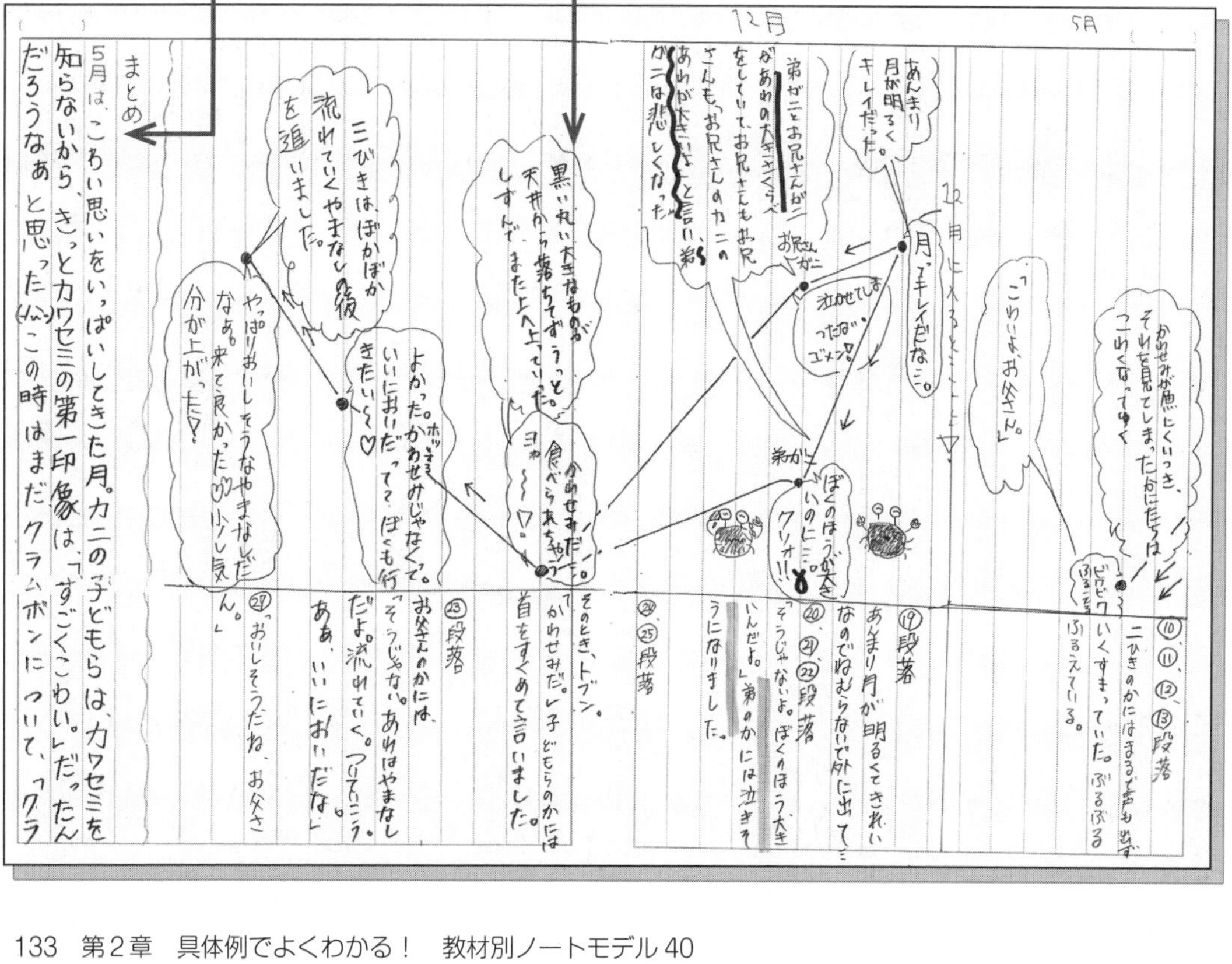

6年生

「やまなし」（光村）④

「題名の意味」について書きまとめる

比較という観点からの整理

子どもたちは、「5月と12月のちがうところ」という比較という観点を用い始める。

さらに「同じところ」も指摘している。

どちらもクラムボンが出てくる。カニが3びきいる。

「題名の意味」についてノートに書きまとめる

子どもたちと一緒に立てた学習計画の最後に「6．題名の意味」が位置づけられていた。子どもたちは、計画どおり、最後に「題名の意味」について自分の言葉でノートの上に書きまとめている。

作者賢治の生き方につなぐ

賢治の伝記である「イーハトーブの夢」につなぐ。

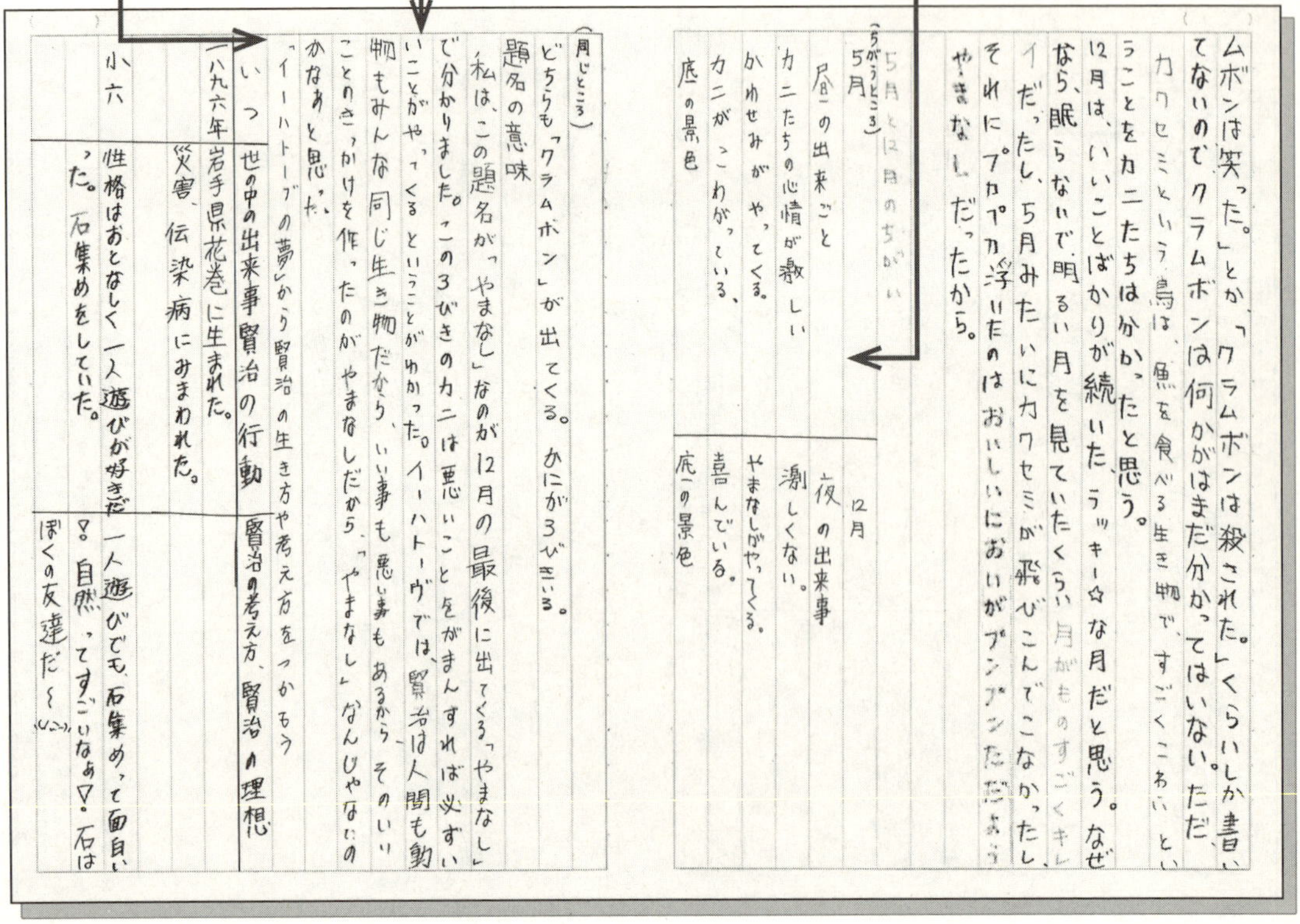

4 「海の命」①
6年間の学習を基に学習の進め方を書く

これまでの学習を生かして、学習の進め方を話し合う

まずは、この単元では、どういう学習の進め方をするのか子どもたちと確認する。

下に示したのは、二月七日と二月八日の板書である。教科書の「学習の進め方」を参考に、どのように学習を進めるか、みんなで話し合う。この場合、一つ一つの教材の進め方は、個人に任せるが、単元としての学習の流れはこれまでの学習を生かしてみんなで話し合う。つまり、この単元のゴールを共通理解するのである。

「自分に引き付けて、自分らしいノート」を

この日のノートは、大きく1ページに単元名と教材名を書いている。これは、インデックス（目次）的な役目がある。ここから、自分でこれまで学んだことを生かして、計画を立て、自分でノートをつくっていこうとしている。あわせて、このページからノートの下にページ数も書きこんでいる。常に「自分に引き付けて、自分らしいノート」を書き、自学できることを求めている。

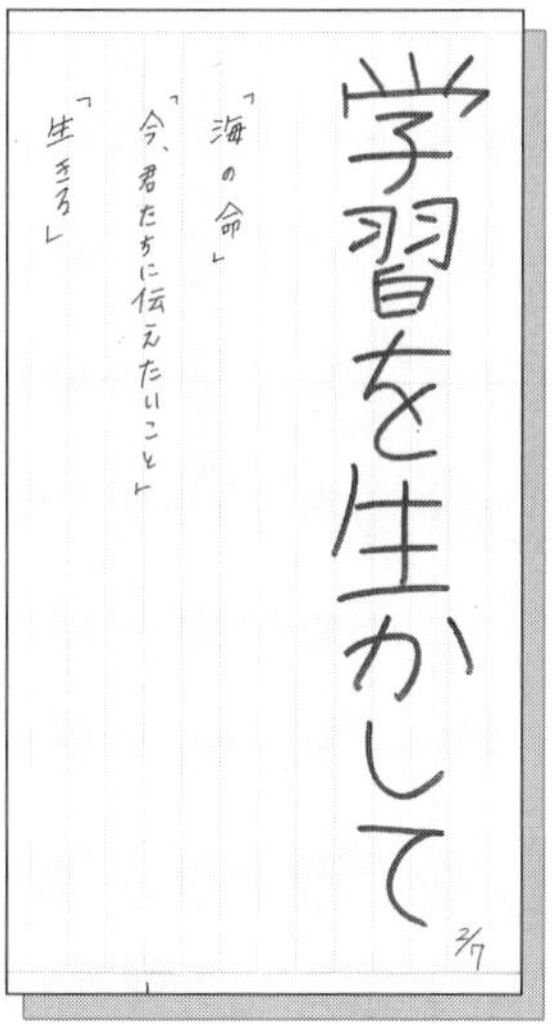

①単元名と教材名をノート1ページに書く
②日付を書く
③ページ番号を入れる

この3つを書くことにより、このページはインデックス（目次）的な役目を持ったページになる。日付を書くことで、自分の学習の足跡を残し、考えの変化がつかめる。ページ番号を書くことを通して、学習の深まりを感じ取り、学ぶ意欲を高めることにつながる。こういう意味も合わせて指導したい。

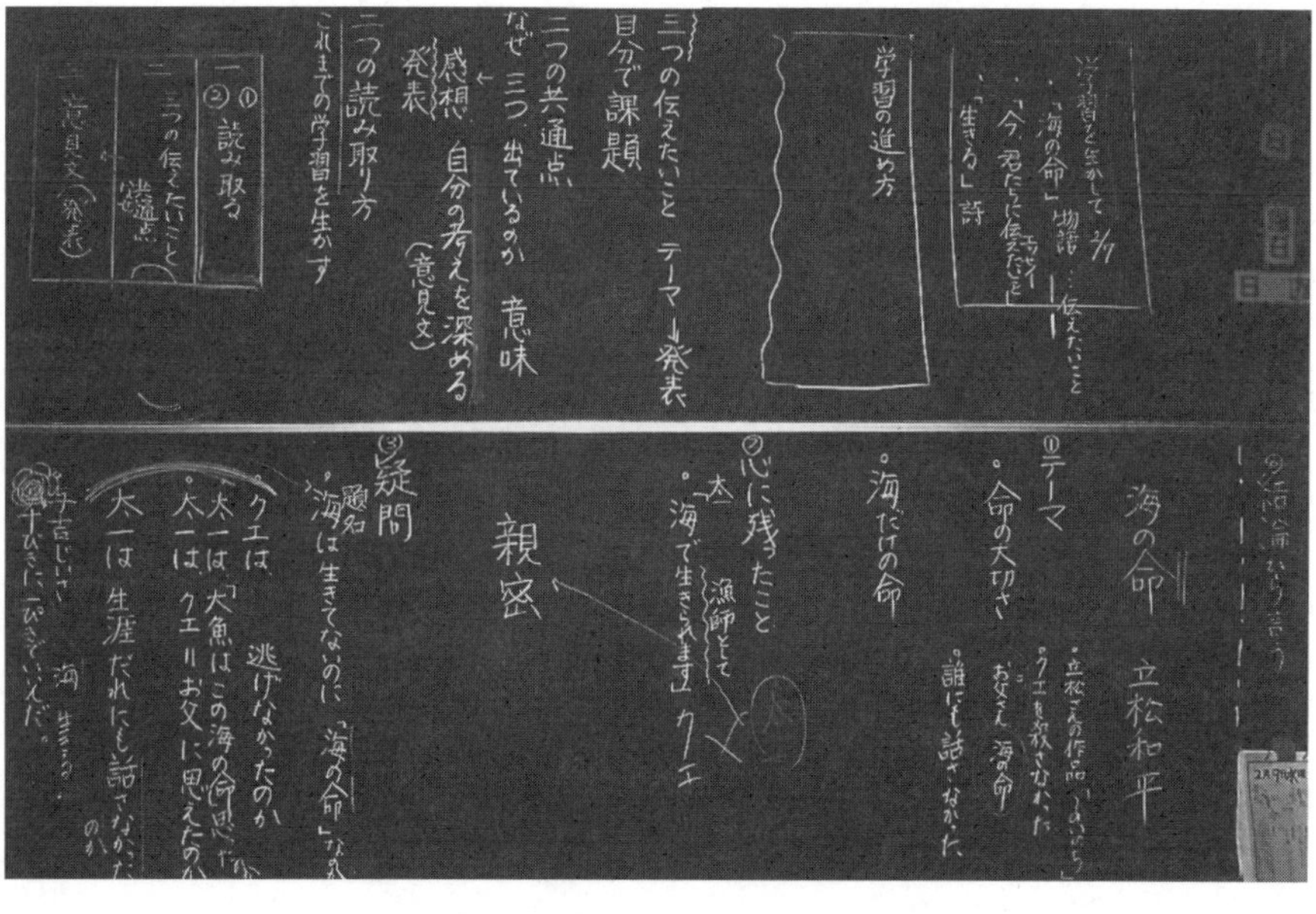

6年生

「海の命」②

学習計画を確認し自学ノートを始める

生き方についての考えを深めよう ～「海の命」から意見文へ【卒業論文】～		
	1	**「海の命」を読み深め、テーマを読み取る。**
		①「海の命」を読み、感想を話し合い、自分の課題をつくる。 ②全体を読み、お話の構造をとらえる。 ・冒頭の役割　・あらすじ　・クライマックス ③太一が父・与吉じいさ・母・クエとの関わりを通して、変容していく姿を、キーワードに着目しながら読み取る。（一人調べ⇔グループ⇒全体） ④「海の命」が何を意味しているか、考えよう。 ⑤「海の命」のテーマについてまとめる。 ・「海の命」ってなんだろう
	2	**「海の命」「今、君たちに伝えたいこと」「生きる」の共通点やなぜこの三つがあげられているのか意味を考える。**
	3	**同じ作者の作品を読み広げる。**
		・比べ読みしたり、重ね読みしたりして、「生き方」についての考えを深める。
	4	**自分の意見を深め、意見文にまとめる。（卒業論文）**
		①「生きる」という意見文について構想を練る ②意見文（卒業論文：原稿用紙10枚）を書き、お互いの考えを交流する。

自学ノートを始める

6年生後半にもなれば、子どもたちはどう教材を読み取っていくか身につけている。前時で話し合ったことを基に、左のような単元の学習計画を教室に掲示しておく。もちろん、変更はある。時間数は教師が指定する。最後に「意見文」を書く学習活動を位置づけている。後に、「十二歳の自分が考える、生きるということ」の卒業論文を生み出すことになる。

整った文を生み出す

学習の進め方の話し合いを自分なりにまとめている。難語句調べで注目して欲しいのは、意味を調べるだけでなく、主語・述語の整った文づくりをしているところである。

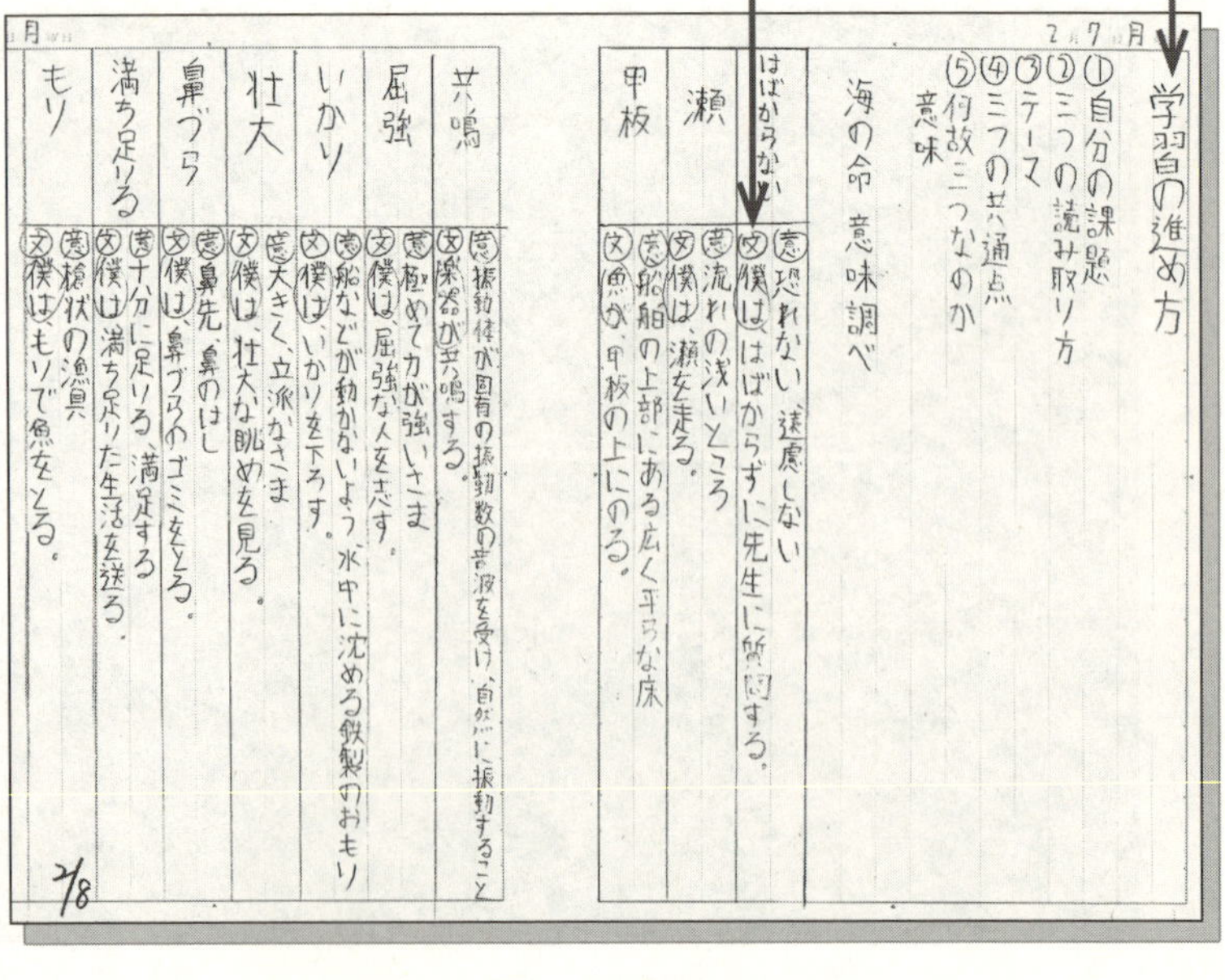

「海の命」③
初めの感想から自分の読みの課題を書く

何のために「初めの感想」を書かせるのか

ほとんどの教師が、教材文の導入で「初めの感想」を書かせる。それは、何のためか考えた時、次の三つの意義があろう。

①一人一人の児童の読みを教師が知る。

②児童が、学習後、初めに思っていたことと比べ自分の読みの変化を知る。

③児童が、これからの学習の読みの課題をつくる。

特に、今回は③を重視した。

初めの感想を書いた後、まず、隣の児童と「伝え合い」を行う。そして、全体で、感想や疑問を出し合い、それでも納得できないものは、自分の読みの課題へとなる。

初めの感想から自分の読みの課題へ

児童同士の「伝え合い」では、ノートに色を使ってメッセージを書き、名前（※本書では消してある）も入れる。

初めの感想に「疑問に思ったことは、何故太一がクエを海の命だと思ったのか。それを海の命として大切にしたことは分かったが、何故太一がそう思ったのか分からなかった。」とある。これが、「太一の心情を中心に読み取っていく」という自分の読みの課題設定につながっている。そしてまず、全体を読み、物語の構造を捉えるため、あらすじの確認を行っている。

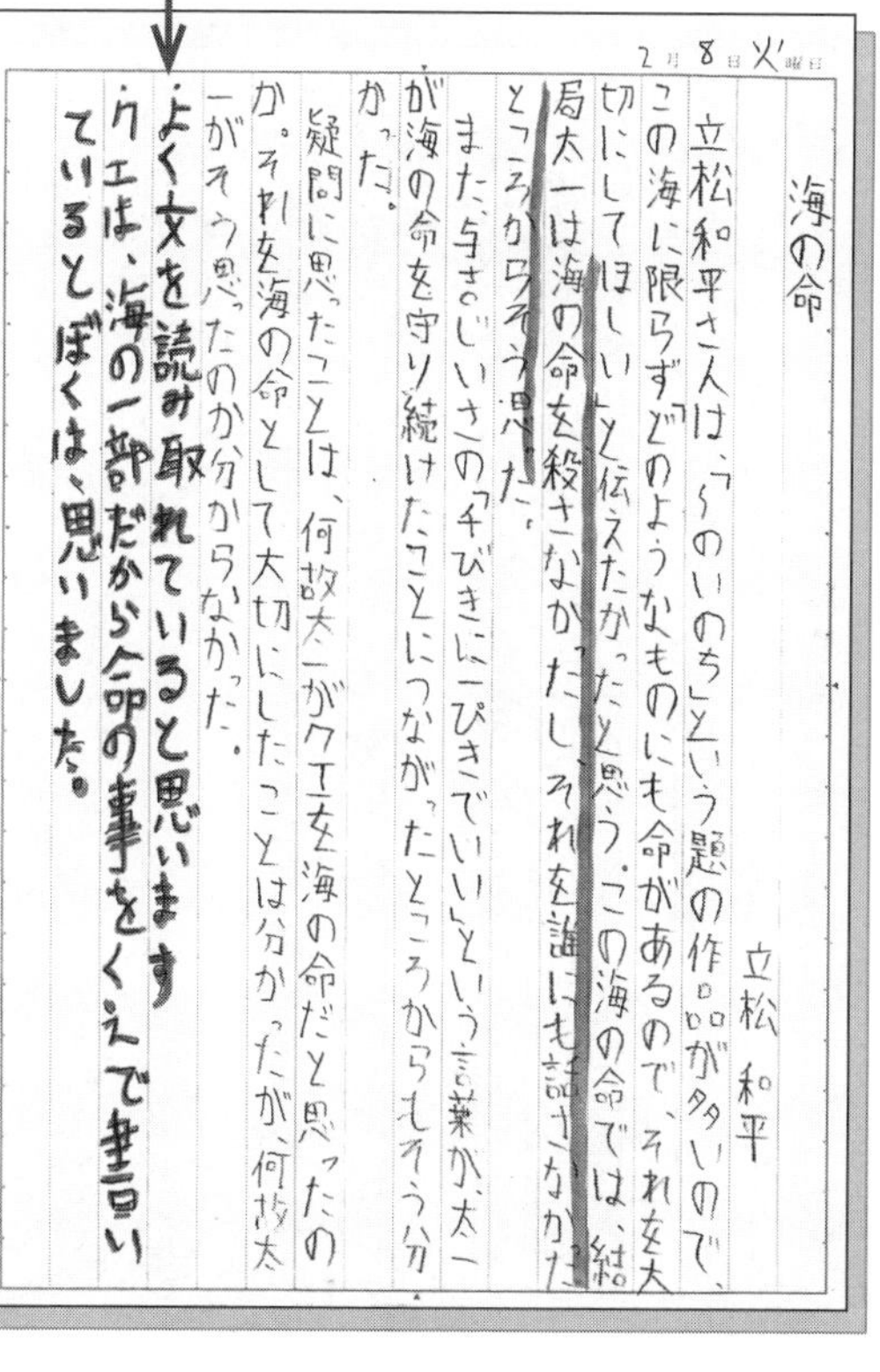

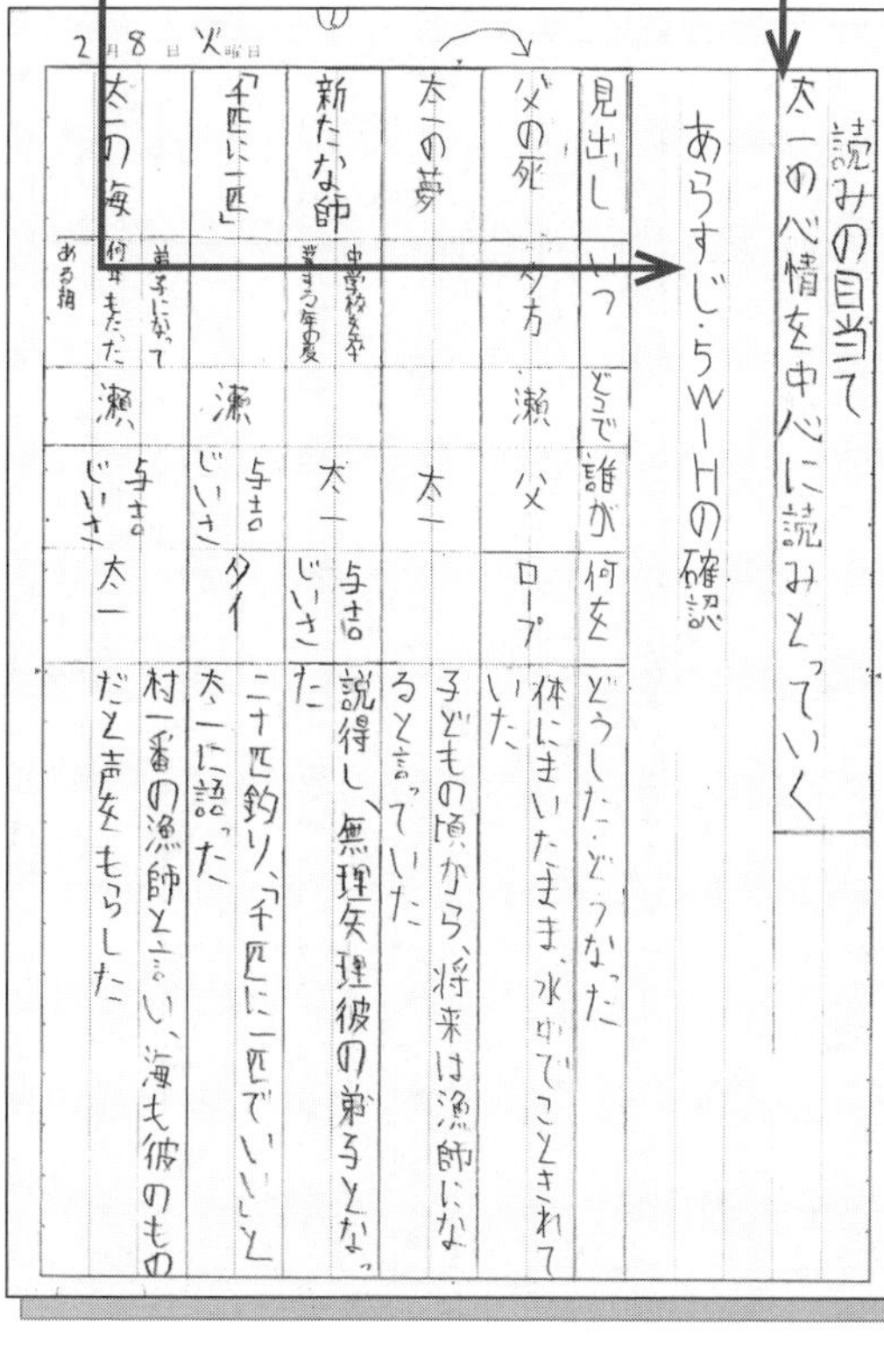

6年生

「海の命」④
叙述から根拠を引き出し考えを書く

叙述から根拠を引き出した上で考えを書く

下のノートが二段組みになっているところに注目したい。ここには、項目が書かれていないが、(前ページに書いている) それは、次のようになっている。

①段落番号
②太一の言動
③そこから分かる太一の心情と自分の考え

②は、叙述から根拠を引き出す作業である。根拠のない「思いつき意見」ではなく、しっかりと叙述から根拠を引き出し、それを基に自分の言葉によって③にそこから分かることや自分の考えを書いている。

「情報の取り出し―解釈―熟考・評価」

②は、(二〇〇六年調査までの) PISA型読解力の枠組み「情報の取り出し―解釈―熟考・評価」の「情報の取り出し」に相当しよう。また、③「そこから分かる太一の心情と自分の考え」は、「解釈」ということになる。

物語の部分と全体とを関係づける

教師の「どんな夢か?」という言葉が添えられている。これは、この「夢」は、冒頭部分につながる。冒頭部分の役割についてすでに学習しているが、少し弱い読みになってきた時には、このように言葉を添えることで、物語の部分と全体とを関係づけられるようノートの中で対話する指導をしたい。

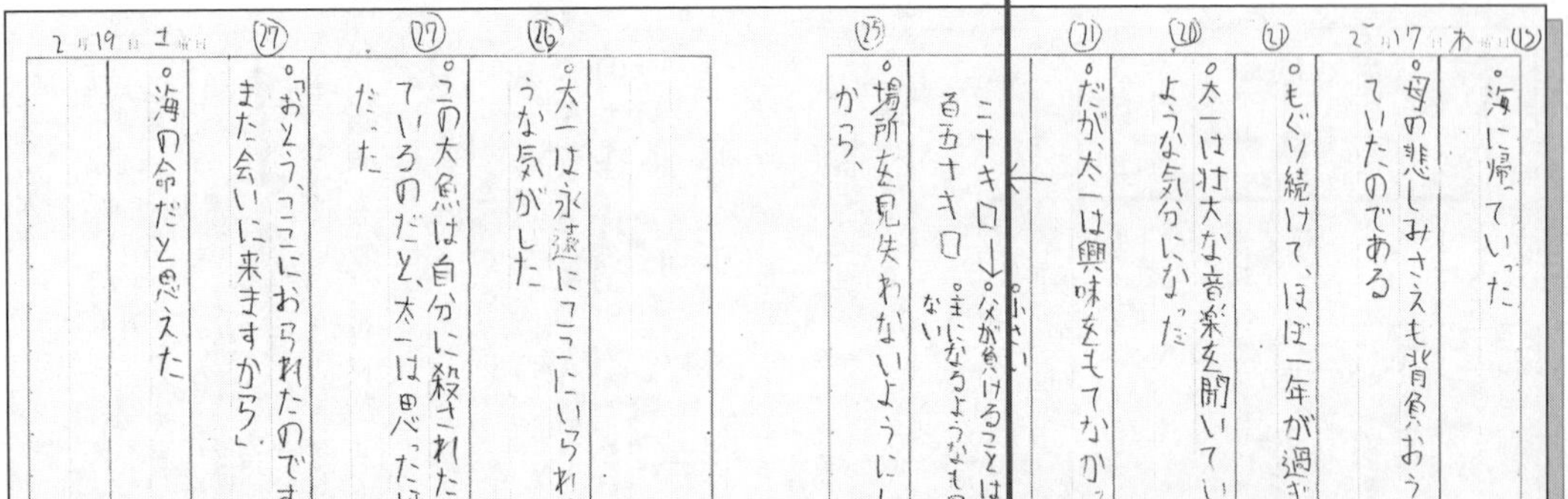

2月17日 木曜日 (12)
。海に帰っていった
。母の悲しみさえも背負おうとしていたのである
(21) 。もぐり続けて、ほぼ一年が過ぎた
(20) 。太一は壮大な音楽を聞いているような気分になった
(21) 。だが、太一は興味をもてなかった
二十キロ → 。父が負けることはない
百五十キロ 。主になるようなものじゃない
(25) 。場所を見失わないようにしてから、

。海が、漁師にとっての天国のようなところだった
。母の「死」という悲しみも背負い、太一は瀬にもぐり、クエをとることを決意した。
。一年間、クエをとる為もぐり続けたので、それだけ決意が固い。
。やっと父の海に来たので、それだけワクワクしているような達成感があった
。やはり、自分の追い求めてきた夢を早く実現させたかった。
どんな夢か?
。父も勝てなかったクエを破るという夢
。今までは、自分が追い求めたクエ以外は興味を持てなかった

2月19日 土曜日
(26) 。太一は永遠にここにいられるような気がした
(27) 。この大魚は自分に殺されたがっているのだと、太一は思ったほどだった
(27) 。「おとう、ここにおられたのですか。また会いに来ますから。」
。海の命だと思えた

。が、やっとそれを見つけたと太一は思ったのでそれだけ集中していた
。本来自分が殺すべきなのに、殺されたがっているということは少し抵抗を覚えていたので「海の命」意識が芽生えた
。父の海に住み、父を破り、その海の主となった魚なので、父との関係が深いので、そう思った
。父と同じように海に生きる一つの「命」だと太一は思った。

「海の命」⑤

物語の部分と全体とを関係づける

ノートの上であれこれ考える

「六場面が何故あるのか」、消去法・仮定法・置き換え法などのいろんな思考方法を駆使して、これも思いつきではなく、必ず叙述から考えを引き出すように指導したい。

そうすることで、テーマにも深くせまることができ、物語のキーマンという新しい発見にもつながっていく。

テーマに深く関わる問いをノートに書きまとめる

ノート例④で「物語の部分と全体とを関係づける」と述べた。下のノートがその部分である。

「叙述から根拠を引き出して考えを書く」学習活動を丁寧に行った後、「六場面が何故あるのか」という、この物語のテーマに深く関わる問いかけを投げかけ、書きまとめさせている。

普段の授業からこうした物語を構造的に読む読み方をさせたいものである。なぜなら、こういう読みがテーマに深く関わってくるからである。

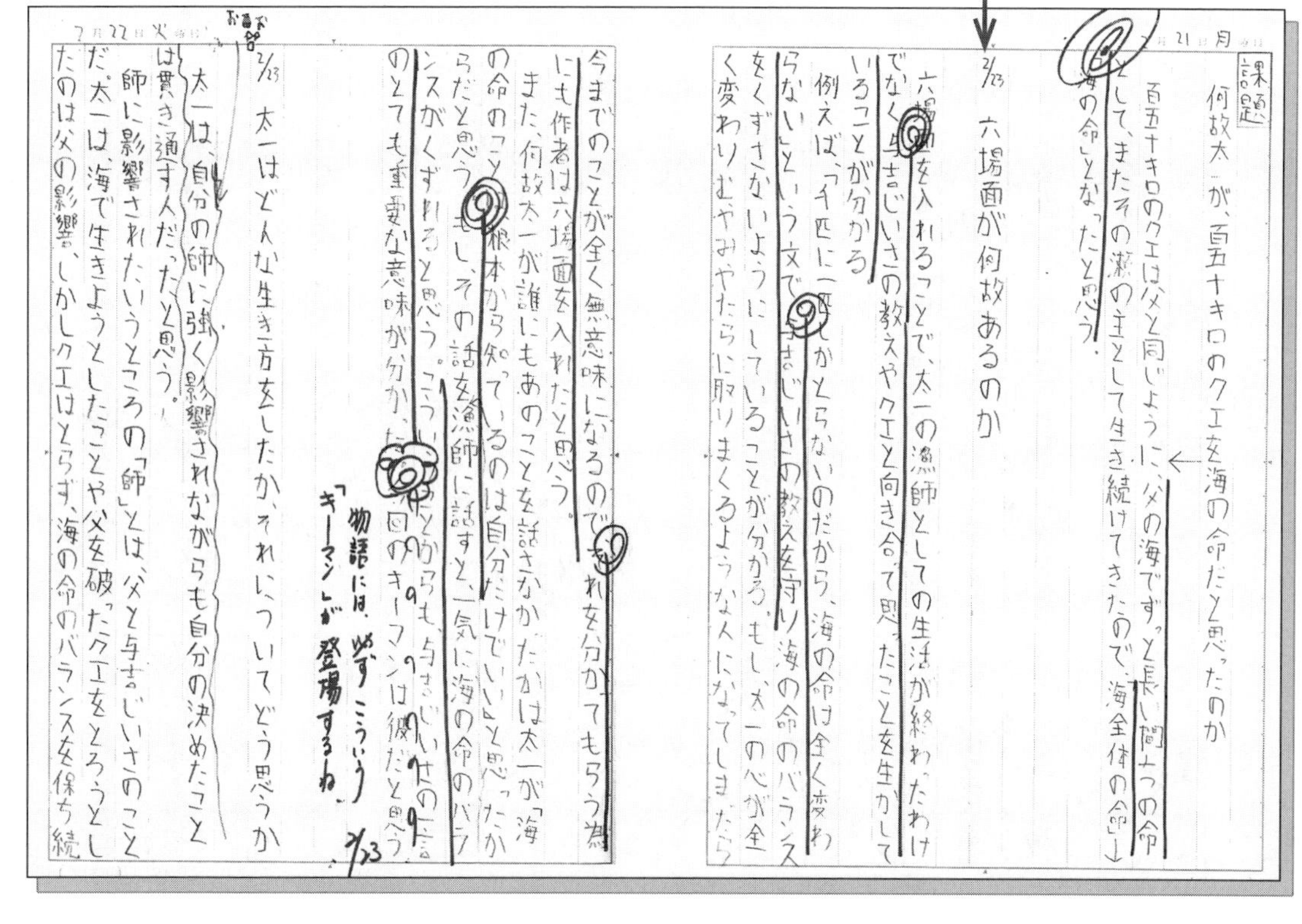
7月21日 月
課題 何故太一が、百五十キロのクエを海の命だと思ったのか
百五十キロのクエは父と同じように、父の海でずっと長い間一つの命として、またその瀬の主として生き続けてきたので、海全体の命「海の命」となったと思う。
2/23
六場面が何故あるのか
六場面を入れることで、太一の漁師としての生活が終わったわけでなく、与吉じいさの教えやクエと向き合って思ったことを生かしていることが分かる
例えば、「千匹に一匹しかとらないのだから、海の命は全く変わらない」という文で与吉じいさの教えを守り海の命のバランスをくずさないようにしていることが分かる。もし、太一の心が全く変わりむやみやたらに取りまくるような人になってしまったら今までのことが全く無意味になるので、それを分かってもらう為にも作者は六場面を入れたと思う。
また、何故太一が誰にもあのことを話さなかったかは太一が「海の命のこと」を根本から知っているのは自分だけでいいと思ったからだと思う。もし、その話を漁師に話すと、一気に海の命のバランスがくずれると思う。こういうことからも、与吉じいさの言のとても重要な意味が分かった。今回のキーマンは彼だと思う
物語には、必ずこういう「キーマン」が登場するね。2/23
7月22日 火
2/23 太一はどんな生き方をしたか、それについてどう思うか
太一は、自分の師に強く影響されながらも自分の決めたことは貫き通す人だったと思う。
師に影響されたいうところの「師」とは、父と与吉じいさのことだ。太一は、海で生きようとしたことや父を破ったクエをとろうとしたのは父の影響、しかしクエはとらず、海の命のバランスを保ち続

6年生

「海の命」⑥

課題について自分の考えをまとめ次につなぐ

自分の課題について考えをまとめる

ノートに書きまとめられた感想文を下に示した。初めの感想で疑問に思ったことを踏まえた学習活動である。

友達と交流する中で自分の考えの深まりを自覚させる

たくさんの友達が書き添えた朱書きに注目したい。友達からのこのようなほめ言葉は、自分の考えの深まりを自覚させる。

ノートでの学習の成果をさらに活用していく

この感想文は、これで終わりではない。学習計画の第三次や第四次につながる。特に、最後の卒業論文の中で生かされてくる。実際に、この児童の場合、「第一章　太一の生き方」という項を起こし、原稿用紙二枚半に立松和平作品に流れる「命」について考えている。

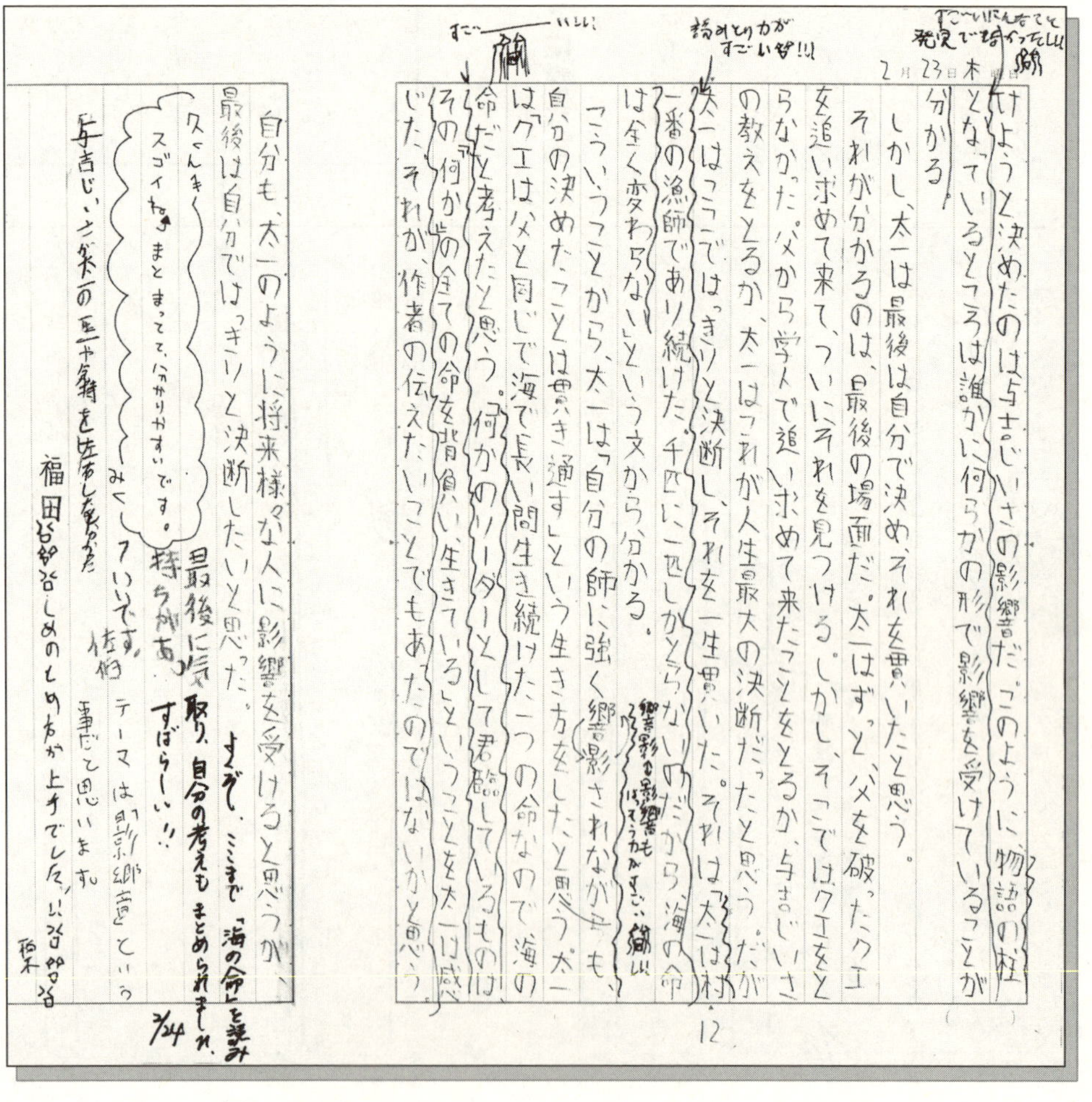

2月23日木曜日

けようと決めたのは与吉じいさの影響だ。このように物語の柱となっているところは誰かに何らかの形で影響を受けていることが分かる。

しかし、太一は最後は自分で決め、それを貫いたと思う。

それが分かるのは、最後の場面だ。太一はずっと、父を破ったクエを追い求めて来て、ついにそれを見つける。しかし、そこではクエをとらなかった。父から学んで追い求めて来たことをとるか、与吉じいさの教えをとるか、太一はこれが人生最大の決断だったと思う。だが太一はここではっきりと決断し、それを一生貫いた。それは「太一は村一番の漁師であり続けた。千匹に一匹しかとらないのだから海の命は全く変わらない」という文から分かる。

こういうことから、太一は「自分の師に強く響影されながらも、自分の決めたことは貫き通す」という生き方をしたと思う。太一は「クエは父と同じで海で長い間生き続けた一つの命なので海の命だと考えたと思う。何かのリーダーとして君臨しているものはその何かの全ての命を背負い生きている」ということを太一は感じた。それが、作者の伝えたいことでもあったのではないかと思う。

12

自分も、太一のように将来様々な人に影響を受けると思うが、最後は自分ではっきりと決断したいと思った。

すごい。ここまで「海の命」を読み最後に読み取り、自分の考えもまとめられました。

2/24

スゴイねまとまってて、わかりやすいです。

6年間の学習を生かして「卒業論文」作成①
学習計画を立てる

これまでの学習を生かして学習の進め方を話し合う

このノートの子どもは、直前の実践「6年生のノートづくり『海の命』」実践の学級において、支援が必要な子どもである。したがって、「6年生のノートづくり『海の命』」と照らし合わせながら見て頂きたい。

子どもの実態は、情緒面において支援を要するが、学力的には交流学級の子どもたちと一緒に学習することが十分に可能である。そのため、学級において単元のゴールを共通理解し、個別の学習では支援学級において行う形をとっている。

個別に学習計画を立てる

子どもは、交流学級での話し合いと、板書（「海の命」参照）を理解できているため、学習計画をスムーズに立てることができた。一方で、言葉の独特な使い方や、短い言葉で表すため伝わりにくいところは一つずつ確認しながら計画を立てた。学習計画を立てることは見通しを持って学習を進めることであり、ゴールがはっきり見え、情緒的に支援を要する子どもにとって安心して取り組むことができる。

構造的にまとめナンバリングを添えるという支援

このノートの特徴は、二つある。

一つ目は、構造的にまとめている点である。例えば、「2　学習の進め方」にあるように「それぞれの読み取り」の具体的内容を横に書くのではなく、下に書くことにより全体の計画がすっきりと見やすいものになる。

二つ目は、ナンバリングである。数字にこだわりを持つ子どもの特性が現れているだけではなく、番号を付けることにより学習の流れ（順序性）をしっかりと意識できる。

各項目の上に書かれた絵は、難易度や重要なポイント等を表しており、自分のノートづくりを楽しんで行っていることにも注目したい。

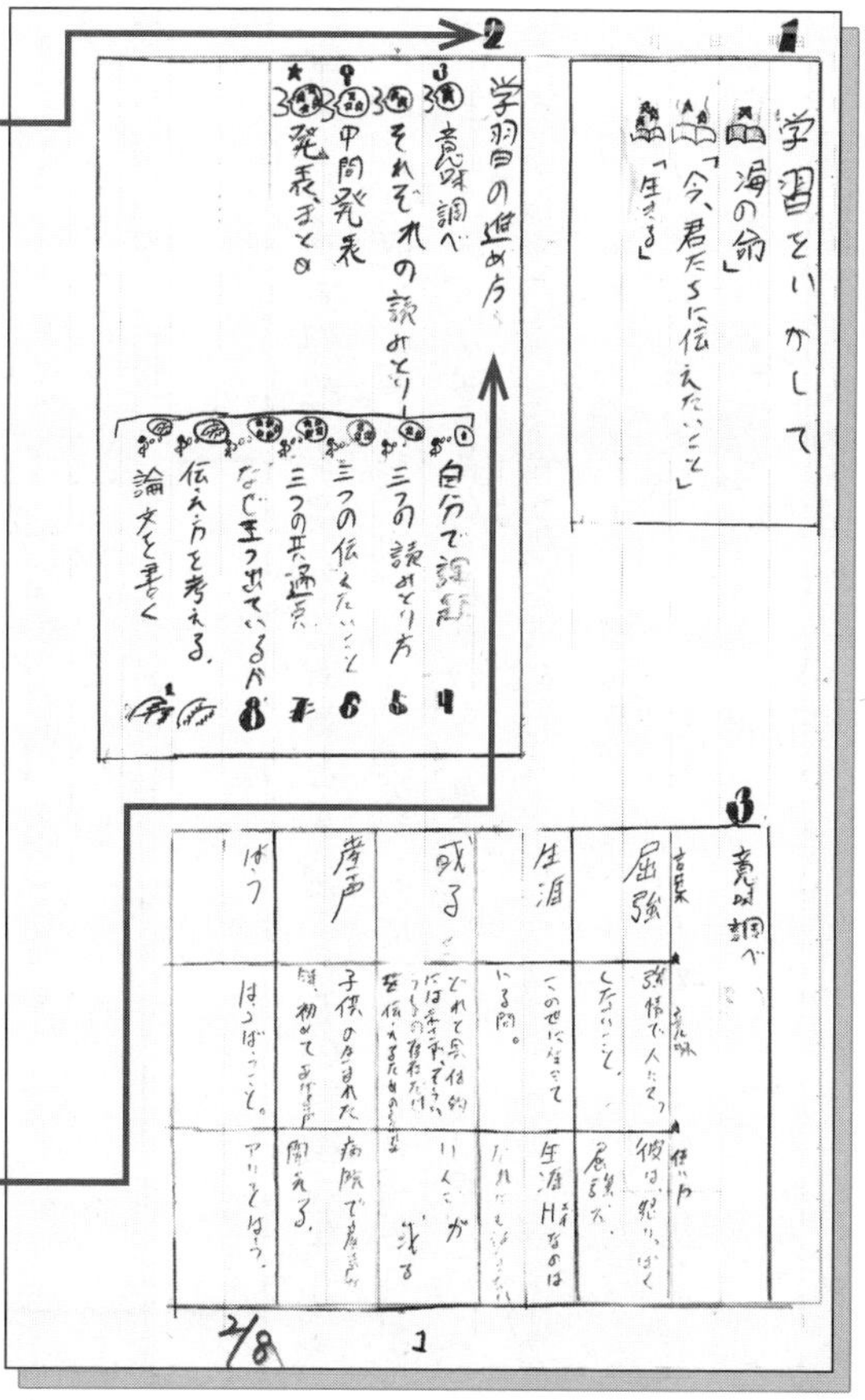

６年間の学習を生かして「卒業論文」作成②
ページ番号と行だけを書く

情報の取り出し方とまとめ方の特徴

三つの作品をどのように読み取っていくか、それぞれの作品の特徴をつかんだ上で進めている。

情報の取り出しとして、交流学級の子どもと違うところはノートに本文を書き抜くのではなく、ページ番号と行だけを書いている。形は違うが叙述を根拠に自分がどのように解釈したのか、短い言葉であるがまとめられている。

さらに、学習を構造的に進めている子どもの特徴として、線を引いて同じ形式で項目ごとに簡潔な言葉で書いている。一目で何が書かれているか分かるという形でこの子どもの特徴が現れている。

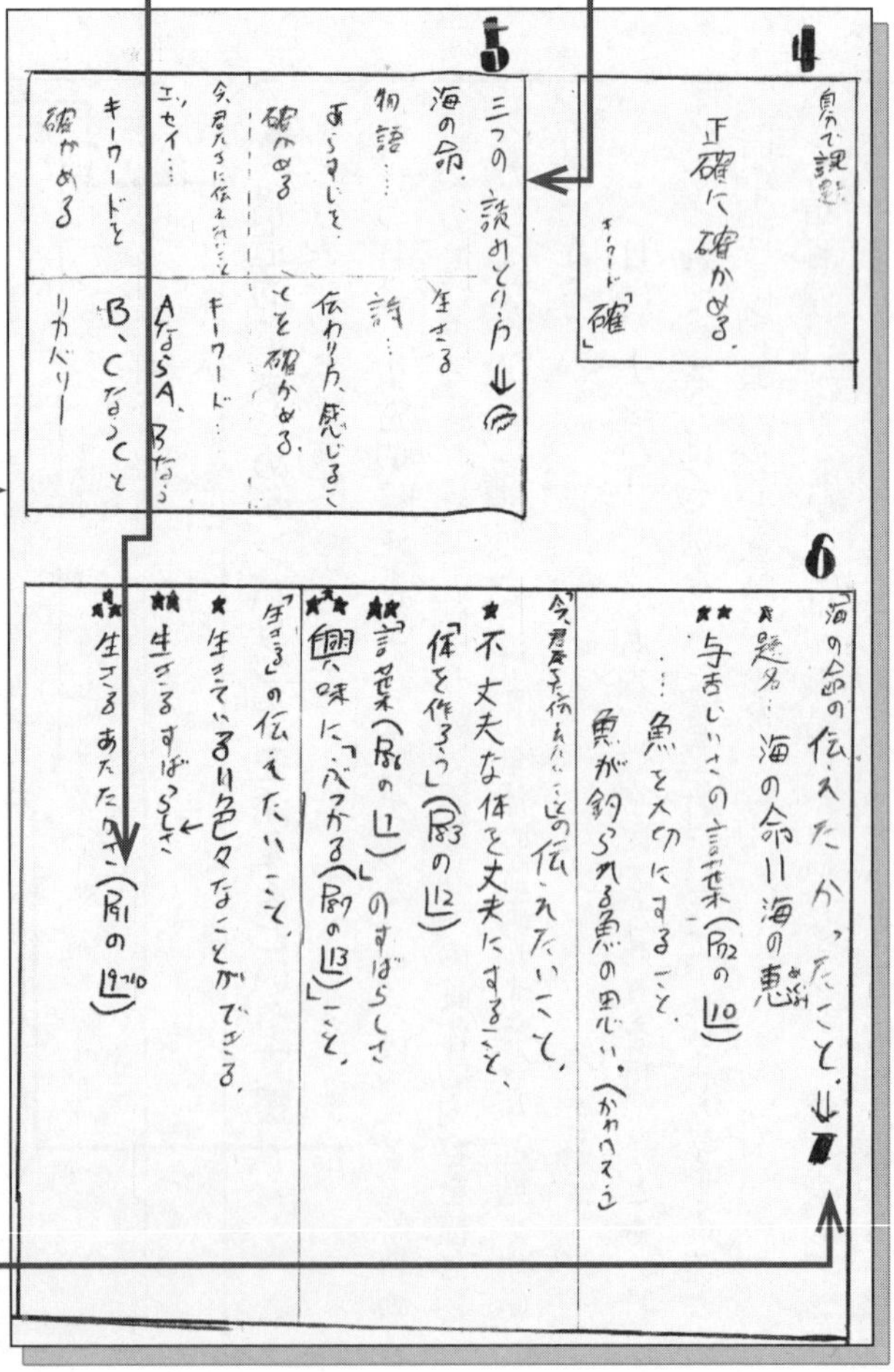

言葉より図で理解することを得意とする子どもの特徴を生かす

ここで読み取ったことが、次にどこで生かされているか目次番号が書かれている。このようなことができるのも、最初に学習の全体計画が頭に入っているからである。学習が構造的に行えるのも、言葉より図で理解することを得意とするこの子どもの特徴である。

読み取りが短い言葉で書かれているため、子どもの考えを聞き出し、話す中で読みを深める支援を行った。

６年間の学習を生かして「卒業論文」作成③
ベン図で三つの作品を関連づける

図を用いて表すことの方が得意な子どもの特性を生かす

ベン図である。自分の考えを言葉で表すよりも、図を用いて表すことの方が得意な子どもの特性が表れている。三つの作品をどのように捉え、関連づけているか一目で分かるように書かれている。

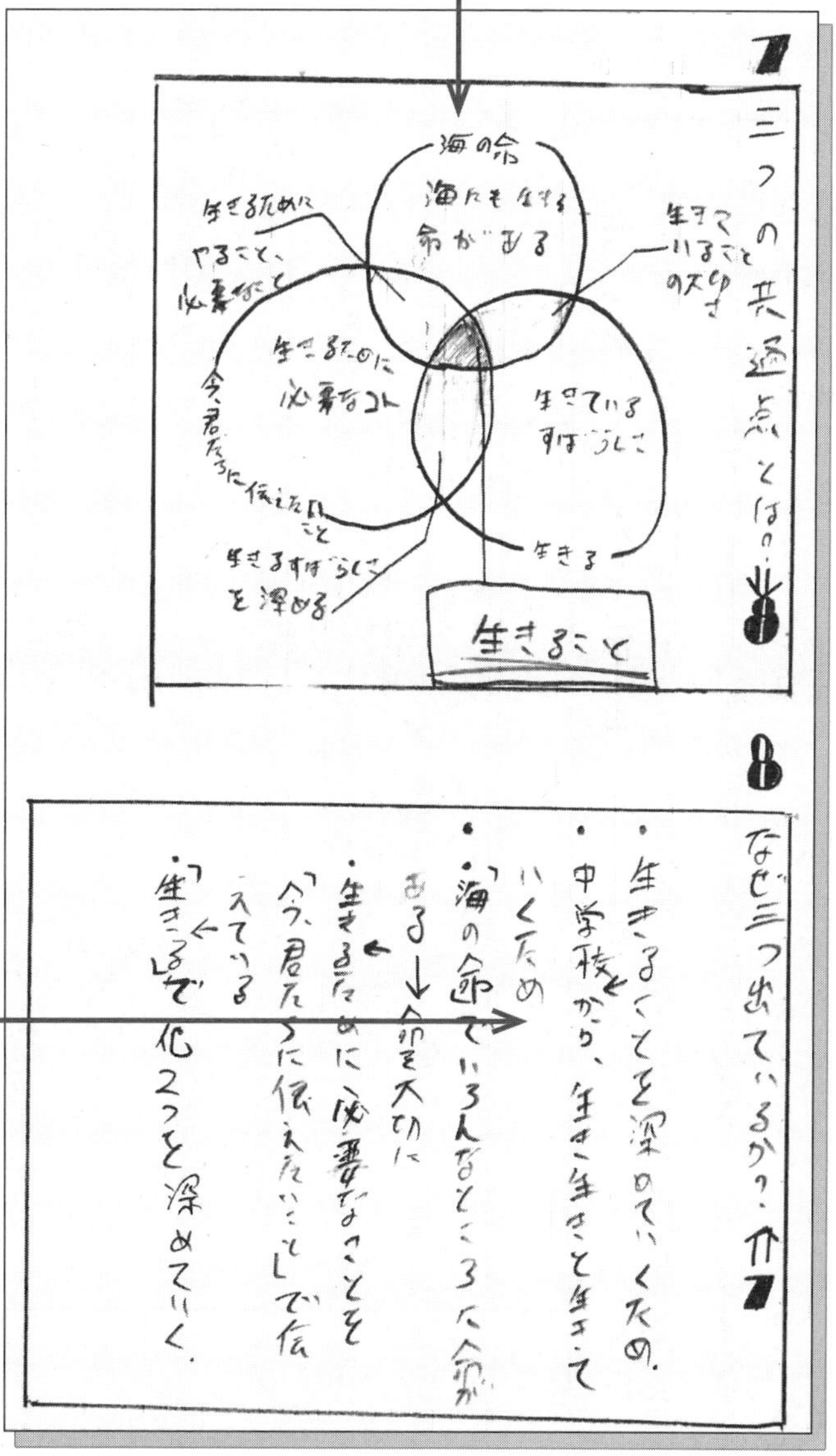

学習の全体計画とゴールの卒業論文が頭に入っていることの重要性

「海の命」「今、君たちに伝えたいこと」「生きる」の三つの共通点と三つ取り上げられている意味を考えさせることにより、学習の内容を焦点化し、この学習におけるテーマに迫ることができる。

ここでも、最初に学習の全体計画とゴールの卒業論文が頭に入っているからこそ、自分がこの作品を通して何を感じ取っていかなければならないか、ぶれることなく気づくことができる。

教材を扱う「旬」がある

「なぜ三つ出ているのか」という問いは教材を俯瞰的に捉えるものである。卒業という時期に、共通するテーマを持つ三つの作品から感じ取るものは、「自分の生き方」であり、そのことをこのノートから読み取ることができる。教材を扱う「旬」があることに納得する。

６年間の学習を生かして「卒業論文」作成④

Q＆A方式のまとめ方を生かす

感想のまとめ方の良さを生かす

自分の考えを長文で表すよりも、短い言葉で端的に表す子どもの特徴が現れている。ページ番号と行、引用から短い言葉であるが感想を書いている。

さらに、引用した部分への問いを自分へ投げかけ、Q&A方式でまとめている。例えば、Q「『自由な世界』とは？」A「太一が大好きな漁ができる海」である。

自学で読みを進めている形そのものをノートに表しており、読みやすく、分かりやすいノートである。

交流学級の子どもたちと伝え合い

交流学級の子どもたちと伝え合いをすることを通して、自分の読みを振り返らせた。読みの弱いところは事前に交流学級担任と確認し、その部分をアドバイスしてくれる子どもを中心に伝え合いを行った。

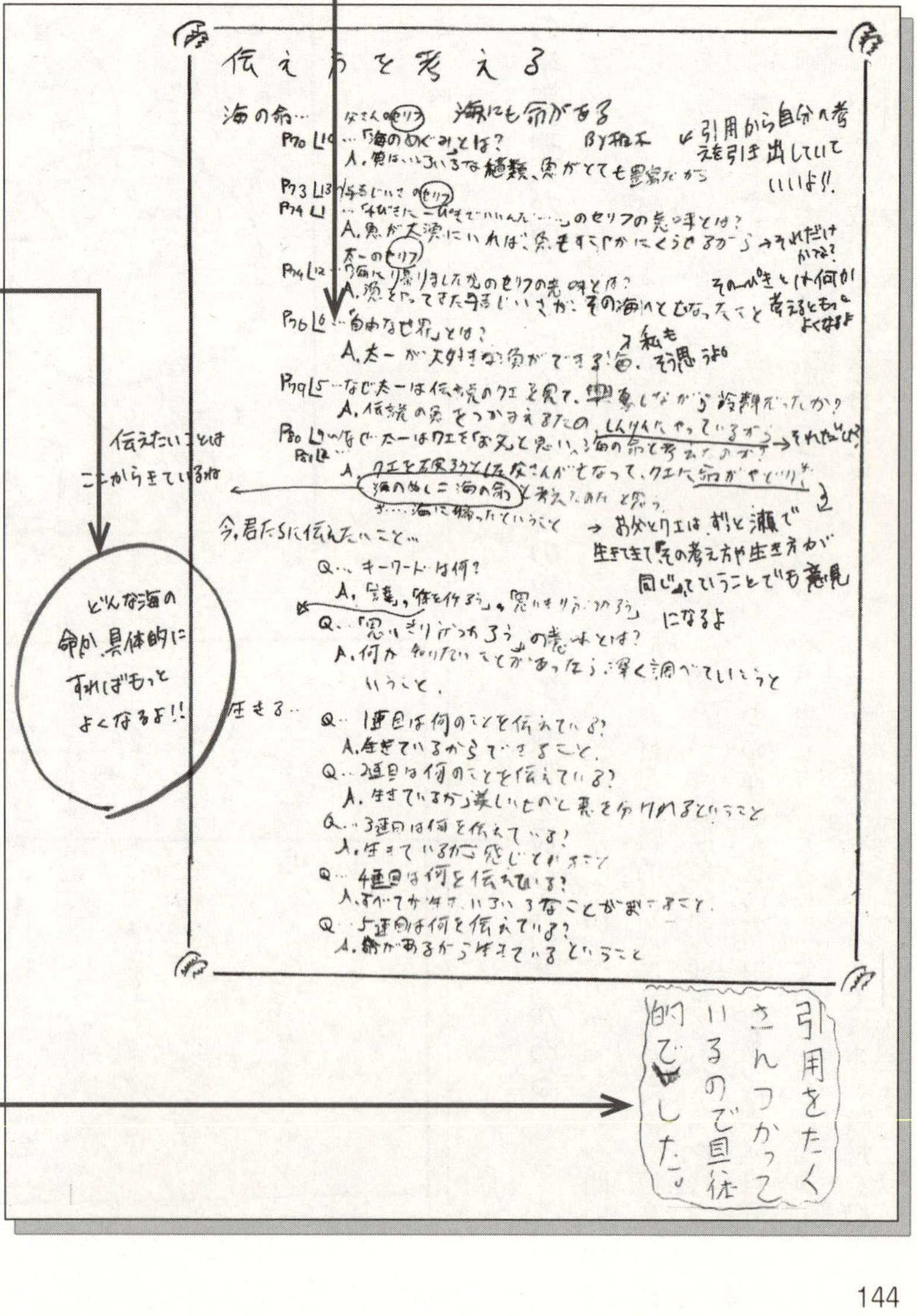

６年間の学習を生かして「卒業論文」作成⑤

伝え合いが子どもの学びを支える

単元のゴールである卒業論文の下書きノート

単元のゴールである卒業論文の下書きノートである。これまでの自学を生かして自分の考えをまとめている。

第一章に「海の命」で読み取ったことが書かれている。論文の導入として、自分は命をどう捉えるか、定義づけしている。第二章には、自分がつくった詩を書いている。詩「生きる」を意識してつくったものである。

このように論文の構成をみていくと、三つの作品を工夫して論文に引用していることが分かる。作品から読み取った内容だけを取り上げるのではなく、構成も含めてダイナミックに取り入れることができるのは、交流学級の子どもと違うこの子どもの力であり、良さといえる。

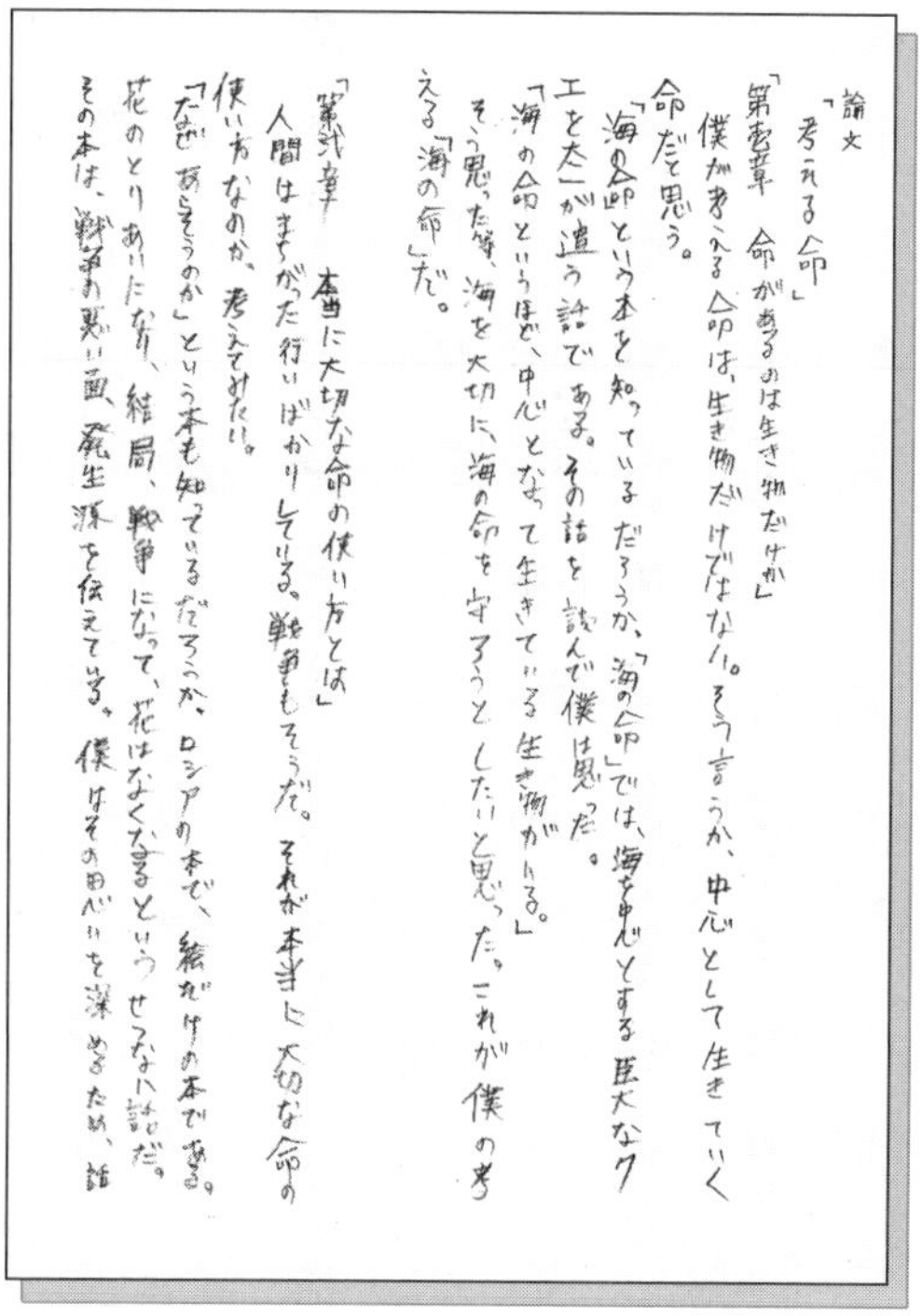
論文
「考える命」
「第壱章　命があるのは生き物だけか」
僕が考える命は、生き物だけではない。そう言うか、中心として生きていく
命だと思う。
「海の命」という本を知っているだろうか。「海の命」では、海を中心とする巨大なク
エを太一が追う話である。その話を読んで僕は思った。
「海の命というほど、中心となって生きている生き物がいる。」
そう思った時、海を大切に、海の命を守ろうとしたいと思った。これが僕の考
える「海の命」だ。
「第弐章　本当に大切な命の使い方とは」
人間はまちがった行いばかりしている。戦争もそうだ。それが本当に大切な命の
使い方なのか、考えてみたい。
「なぜ　あらそうのか」という本も知っているだろうか。ロシアの本で、絵だけの本である。
花のとりあいになり、結局、戦争になって、花はなくなるというせつない話だ。
その本は、戦争の悪い面、残酷さを伝えている。僕はその思いを深めるため、詩

伝え合い学習の利点を生かす

構成の段階の伝え合い（前ページ参照）の中で、自分の体験に基づいた具体的な内容を取り上げることに気づかせた。支援の必要な子どもにとっても、伝え合いから学ぶことは多い。伝え合いがあったからこそ、子どもの良さが引き立ち、厚みのある論文を完成させることができた。

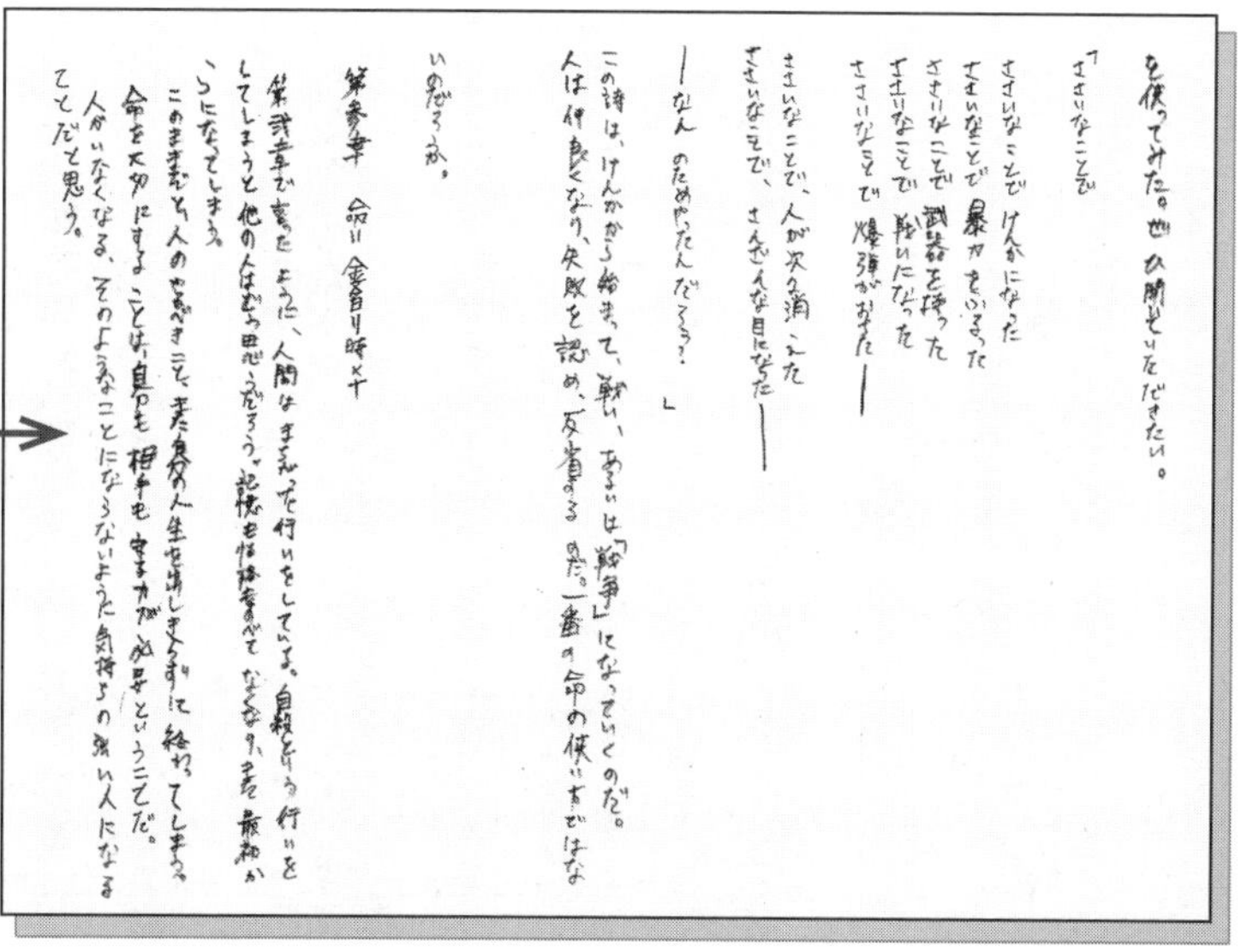
を使ってみた。ぜひ聞いていただきたい。
「ささいなことで
ささいなことで　けんかになった
ささいなことで　暴力をふるった
ささいなことで　武器を持った
ささいなことで　争いになった
ささいなことで　爆弾がおちた――
ささいなことで、人が次々消えた
ささいなことで、さんざんな目にあった――
――なんのためやったんだろう？」
この詩は、けんかから始まって、戦い、あるいは「戦争」になっていくのだ。
人は仲良くなり、失敗を認め、反省するのだ。一番の命の使い方ではな
いのだろうか。
第参章　命は金より勝る
第弐章で言ったように、人間はまちがった行いをしている。自殺という行いを
してしまうと他の人はどう思うだろう。記憶も性格もすべてなくなり、喪失感か
らになってしまう。
このままだと、人の生きがいも、また自分の人生も消してしまわずに終わってしまう。
命を大切にすることは、自分も相手も守ることが必要ということだ。
人がいなくなる、そのようなことにならないような気持ちの強い人になる
べきだと思う。

＊コラム＊　学習指導要領とノート指導の関係

「学習指導要領解説　国語編」（平成20年8月）においては、次のような「ノート指導」に関する記述がある。（引用中の傍線は引用者が添えたものである。以下同様。）学習指導要領においても、「ノート指導」が重視されているのである。

■〈第1学年及び第2学年〉における「A話すこと・聞くこと」の指導事項

指導事項「ア　身近なことや経験したことなどから話題を決め、必要な事柄を思い出すこと。」についての解説の中に、次のような「ノート」に関する記述がある。

> 話題が決定すれば、話すために必要な事柄を思い出してノートやカードに書き出すなど、必要な材料を集める取材を行うことになる。これは、話題を具体化することや話したり聞いたりする内容を充実させることにつながる。

■〈第1学年及び第2学年〉における「B書くこと」の指導事項

指導事項「ア　経験したことや想像したことなどから書くことを決め、書こうとする題材に必要な事柄を集めること。」についての解説の中に、次のような「ノート」に関する記述がある。

> 「書こうとする題材に必要な事柄を集めること」とは、取材に関することである。書くために必要な事柄を思い出したり、想像したりして、ノートやカードにメモを取っていくことなどを求めている。

■〈第5学年及び第6学年〉における「A話すこと・聞くこと」の指導事項

指導事項「ア　考えたことや伝えたいことなどから話題を決め、収集した知識や情報を関係付けること。」についての解説の中に、次のような「ノート」に関する記述がある。

> メモやノートの内容を比較、対照したり、関連のあることをまとめたり、分類したりして、自分の考えに生かすようにする。このような取材を通して話題を練り直し、話題の目的や意図を一層明確にすることにつないでいくようにさせることが重要である。話したり聞いたりする学習が進んだとき、記録に立ち返って計画的に学習が進められるように、個人で考えたいこととグループや学級全体で考えたいこととをそれぞれメモやノートを利用し明確に書き留めておくことが必要である。

【編著者紹介】

堀江　祐爾（ほりえ　ゆうじ）

兵庫教育大学大学院教授，元中央教育審議会初等中等教育分科会教育課程部会国語専門部会委員，平成20年版中学校学習指導要領（国語）作成協力者，「国語教育の実践と研究をつなぐ会」世話役代表

メールアドレス：yujhorie@hyogo-u.ac.jp

毎月２回土曜日に，自宅を開放して「国語教育の実践と研究をつなぐ会」を開催。
メール会員も全国に多数（携帯メール OK）。会費など一切無し。
入会希望者は上のアドレスか，次のアドレスにメール送信を。
kokugotunagukai@yahoo.co.jp

【執筆者一覧】（執筆順）

堀江　祐爾（兵庫教育大学大学院）…はじめに，第１章，コラム
立花　美佐（明石市立藤江小学校）…１年生ノートづくりの基本①②③④
桑垣多津代（豊岡市立資母小学校）…１年生ノートづくりの基本⑥⑦，１年生2
井阪　恵子（上牧町立上牧第三小学校）…１年生ノートづくりの基本⑤，１年生1，３年生1245，４年生3
西垣　惠子（元豊岡市立高橋小学校）…２年生15
芦田多恵子（豊岡市立五荘小学校）…２年生234，３年生37
井上　京子（香美町立香住小学校）…３年生6
三木　惠子（たつの市立小宅小学校）…４年生15，６年生1
國京　雅人（高砂市立伊保南小学校）…４年生2
酒井　達哉（武庫川女子大学・元篠山市立大山小学校）…４年生4
廣門　知紗（赤穂市立赤穂小学校）…５年生145
徳永　加代（堺市立竹城台小学校）…５年生2
岡村　英樹（池田市立緑丘小学校）…５年生3
塩江理栄子（赤穂市立原小学校）…６年生234
河本恵津子（兵庫県立赤穂特別支援学校）…支援の必要な子どものノートづくり①②③④⑤

小学校国語科授業アシスト
実物資料でよくわかる！教材別ノートモデル40

2012年８月初版第１刷刊　©編著者　堀　江　祐　爾
2013年７月初版第４刷刊　発行者　藤　原　久　雄
発行所　明治図書出版株式会社
http://www.meijitosho.co.jp
（企画・校正）林　知里
〒114-0023　東京都北区滝野川7-46-1
振替00160-5-151318　電話03(5907)6702
ご注文窓口　電話03(5907)6668

＊検印省略　組版所　中　央　美　版

Printed in Japan　ISBN978-4-18-037210-2